おとな旅プレミアム
PREMIUM

MAP

付録 街歩き地図

東京

おとな旅プレミアム
PREMIUM

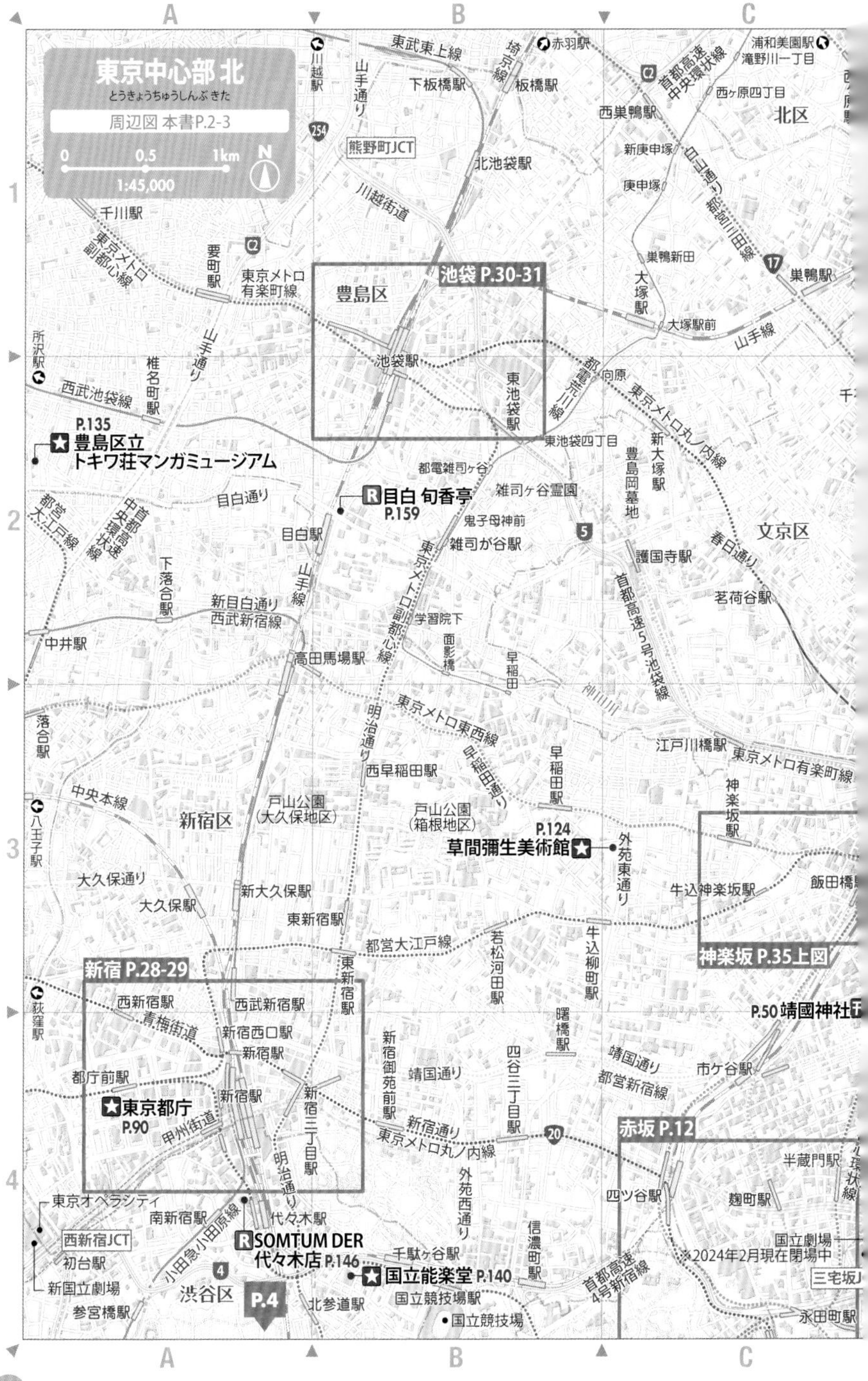
東京中心部 北
とうきょうちゅうしんぶ きた
周辺図 本書P.2-3
0
0.5
1km
1:45,000
N
A
B
C
1
2
3
4
東武東上線
川越駅
山手通り
下板橋駅
埼京線
赤羽駅
板橋駅
首都高速中央環状線
浦和美園駅
滝野川一丁目
西ケ原四丁目
西巣鴨駅
北区
254
熊野町JCT
新庚申塚
北池袋駅
庚申塚
明治通り
都電荒川線
川越街道
千川駅
東京メトロ副都心線
要町駅
C2
巣鴨新田
17
巣鴨駅
東京メトロ有楽町線
池袋 P.30-31
豊島区
大塚駅
大塚駅前
山手線
所沢駅
山手通り
椎名町駅
池袋駅
東池袋駅
向原
東京メトロ丸ノ内線
西武池袋線
P.135
豊島区立
トキワ荘マンガミュージアム
東池袋四丁目
新大塚駅
都電雑司ヶ谷
豊島岡墓地
雑司ヶ谷霊園
目白通り
R 目白 旬香亭
P.159
鬼子母神前
都営大江戸線
首都高速中央環状線
目白駅
5
文京区
雑司が谷駅
護国寺駅
春日通り
東京メトロ副都心線
下落合駅
山手線
首都高速5号池袋線
茗荷谷駅
新目白通り
西武新宿線
学習院下
中井駅
面影橋
早稲田
高田馬場駅
神田川
東京メトロ東西線
落合駅
明治通り
江戸川橋駅
東京メトロ有楽町線
早稲田通り
西早稲田駅
早稲田駅
神楽坂駅
中央本線
戸山公園
(大久保地区)
戸山公園
(箱根地区)
八王子駅
新宿区
P.124
草間彌生美術館
外苑東通り
大久保通り
牛込神楽坂駅
飯田橋
新大久保駅
大久保駅
東新宿駅
都営大江戸線
若松河田駅
牛込柳町駅
神楽坂 P.35上図
新宿 P.28-29
東新宿駅
荻窪駅
西新宿駅
西武新宿駅
P.50 靖國神社
青梅街道
新宿西口駅
曙橋駅
新宿駅
新宿御苑前駅
四谷三丁目駅
靖国通り
都庁前駅
靖国通り
市ケ谷駅
都営新宿線
新宿駅
新宿三丁目駅
東京都庁
P.90
甲州街道
新宿通り
20
赤坂 P.12
東京メトロ丸ノ内線
明治通り
外苑西通り
半蔵門駅
東京オペラシティ
四ツ谷駅
麹町駅
南新宿駅
代々木駅
西新宿JCT
R SOMTUM DER
代々木店 P.146
信濃町駅
国立劇場
初台駅
小田急小田原線
千駄ヶ谷駅
首都高速4号新宿線
※2024年2月現在閉場中
新国立劇場
4
国立能楽堂 P.140
三宅坂JCT
渋谷区
P.4
国立競技場駅
参宮橋駅
北参道駅
国立競技場
永田町駅

D
E
F
1
2
3
4
観光・見どころ
寺院
神社
教会
飲食店
カフェ・甘味処
ナイトスポット
ショップ
ショッピングセンター
宿泊施設
観光案内所
温泉
大宮駅
尾久駅
見沼代親水公園駅
都電荒川線
東尾久三丁目
町屋駅前
町屋二丁目
赤土小学校前駅
町屋駅
荒川七丁目
荒川二丁目
北千住駅
東北新幹線
京浜東北線
明治通り
古河庭園
日暮里・舎人ライナー
尾久橋通り
荒川区
京成本線
東北本線
山手線
田端駅
新三河島駅
荒川区役所前
常磐線
駒込駅
六義園 P.50/P.109
西日暮里駅
荒川一中前
三ノ輪橋
南千住駅
三河島駅
尾竹橋通り
三ノ輪駅
明治通り
谷中・根津・千駄木 P.6-7
日暮里駅
東京メトロ千代田線
千駄木駅
P.159
レストラン香味屋
本駒込駅
東京メトロ日比谷線
東京メトロ南北線
白山駅
文京区
鶯谷駅
入谷駅
本郷通り
言問通り
小石川植物園
都営三田線
東大前駅
根津駅
言問通り
首都高速1号上野線
台東区
浅草 P.10-11
竹久夢二美術館
P.121
不忍通り
京成上野駅
不忍池
上野駅
稲荷町駅
浅草駅
つくばエクスプレス
P.153
restaurant Nabeno-Ism
東京大
東京メトロ銀座線
浅草駅
隅田公園
小石川後楽園 P.50/P.109
春日駅
清洲橋通り
田原町駅
隅田川
首都高速6号向島線
後楽園駅
都営大江戸線
上野御徒町駅
御徒町駅
本郷三丁目駅
湯島駅
上野広小路駅
仲御徒町駅
新御徒町駅
本所吾妻橋駅
東京ドーム天然温泉スパラクーア P.135
東京ドーム
上野 P.8
蔵前駅
国際通り
Pelican CAFE P.167
東京メトロ銀座線
水道橋駅
宝生能楽堂 P.140
末広町駅
中央通り
蔵前駅
墨田区
中央本線
蔵前橋通り
都営浅草線
両国国技館 P.110
東京大神宮 P.103
御茶ノ水駅
秋葉原駅
P.125
東京都江戸東京博物館
旧安田庭園
CAFE & BAKERY MIYABI 神保町店
P.167
秋葉原 P.9上図
浅草橋駅
新御茶ノ水駅
神田川
総武本線
九段下駅
神保町駅
小川町駅
東北新幹線
江戸屋
P.175
両国駅
京葉道路
靖国通り
淡路町駅
岩本町駅
柳ばし小松屋 P.177
神保町よしもと漫才劇場
P.142
小伝馬町駅
馬喰町駅
都営大江戸線
日本武道館
竹橋JCT
神田駅
新日本橋駅
馬喰横山駅
東日本橋駅
北の丸公園
東京メトロ丸ノ内線
両国JCT
首都高速7号小松川線
本八幡駅
千鳥ヶ淵緑道
竹橋駅
清寿軒
P.177
P.117
東京国立近代美術館
神田橋JCT
浜町駅
都営新宿線
森下駅
千鳥ヶ淵公園 P.50
東京駅・丸の内・日本橋 P.14-15
清洲橋通り
人形町駅
大手町駅
三越前駅
江東区
押上駅
日本橋 P.13上図
江戸橋JCT
水天宮前駅
日本橋駅
清澄白河駅
皇居外苑
人形町 P.13下図
東京メトロ半蔵門線
二重橋前駅
東京駅
東京メトロ銀座線
茅場町駅
東京メトロ東西線
P.5
清澄庭園
P.109
千代田区
桜田門駅
中央区

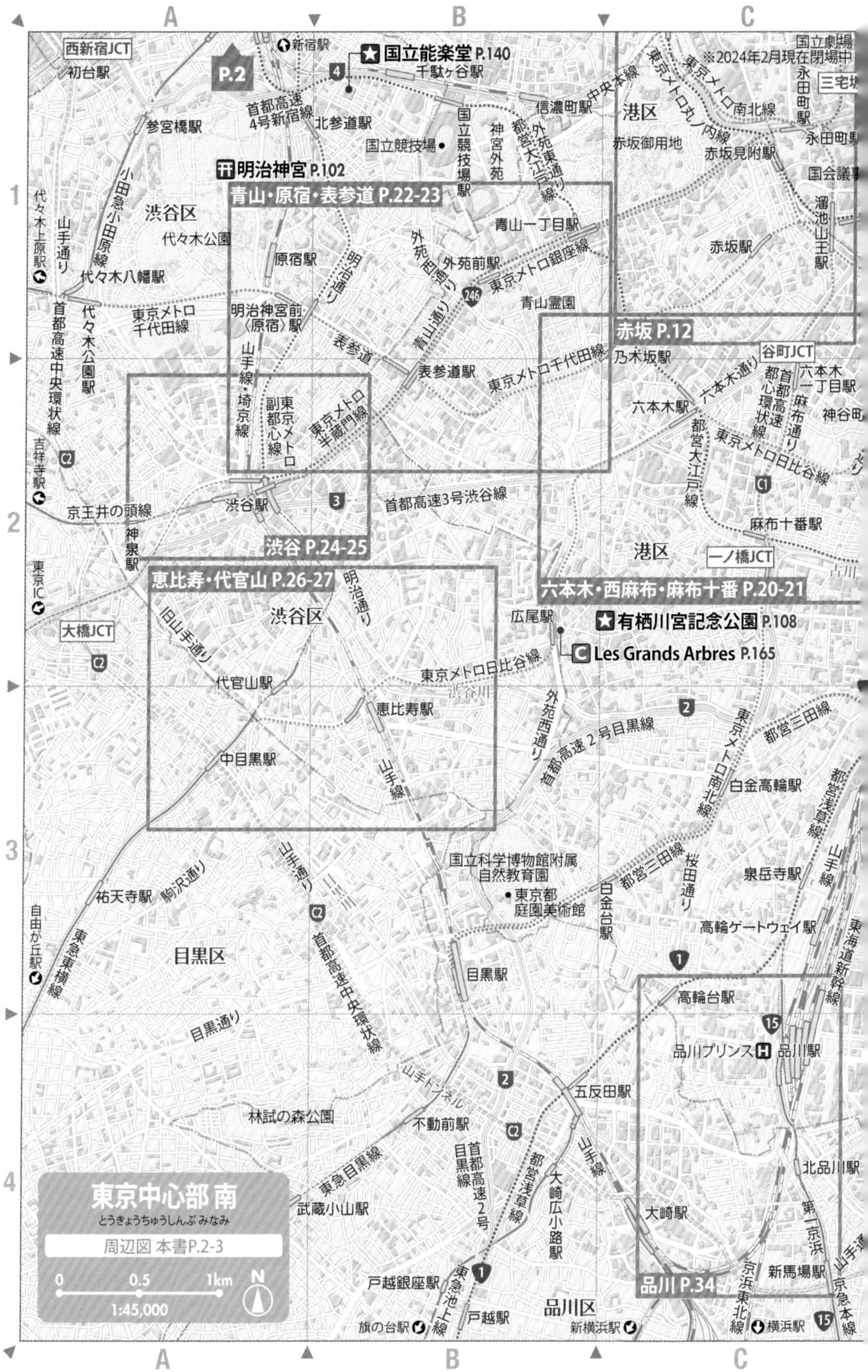
東京中心部 南
とうきょうちゅうしんぶ みなみ
周辺図 本書P.2-3
0
0.5
1km
1:45,000
N
A
B
C
1
2
3
4
P.2
国立能楽堂 P.140
明治神宮 P.102
有栖川宮記念公園 P.108
Les Grands Arbres P.165
青山・原宿・表参道 P.22-23
赤坂 P.12
渋谷 P.24-25
恵比寿・代官山 P.26-27
六本木・西麻布・麻布十番 P.20-21
品川 P.34
※2024年2月現在閉場中
西新宿JCT
初台駅
新宿駅
千駄ヶ谷駅
首都高速4号新宿線
北参道駅
参宮橋駅
国立競技場
国立競技場駅
神宮外苑
都営大江戸線
外苑東通り
信濃町駅
中央本線
港区
赤坂御用地
東京メトロ丸ノ内線
東京メトロ南北線
国立劇場
永田町駅
永田町
三宅坂
赤坂見附駅
国会議事
溜池山王駅
赤坂駅
小田急小田原線
渋谷区
代々木公園
代々木上原駅
山手通り
代々木八幡駅
原宿駅
明治通り
外苑西通り
外苑前駅
青山一丁目駅
東京メトロ銀座線
青山霊園
246
青山通り
明治神宮前〈原宿〉駅
東京メトロ千代田線
首都高速中央環状線
代々木公園駅
表参道
表参道駅
乃木坂駅
谷町JCT
六本木一丁目駅
首都高速都心環状線
六本木駅
六本木通り
麻布通り
神谷町
都営大江戸線
東京メトロ日比谷線
山手線・埼京線
副都心線
東京メトロ
東京メトロ半蔵門線
吉祥寺駅
C2
渋谷駅
3
首都高速3号渋谷線
C1
京王井の頭線
麻布十番駅
神泉駅
港区
一ノ橋JCT
古川
東京IC
明治通り
渋谷区
広尾駅
大橋JCT
旧山手通り
東京メトロ日比谷線
渋谷川
代官山駅
恵比寿駅
外苑西通り
2
首都高速2号目黒線
東京メトロ南北線
都営三田線
中目黒駅
山手線
白金高輪駅
都営浅草線
国立科学博物館附属自然教育園
東京都庭園美術館
白金台駅
桜田通り
泉岳寺駅
祐天寺駅
駒沢通り
山手通り
目黒川
自由が丘駅
東急東横線
目黒区
首都高速中央環状線
目黒駅
高輪ゲートウェイ駅
1
東海道新幹線
高輪台駅
目黒通り
15
品川プリンス
品川駅
山手トンネル
五反田駅
林試の森公園
不動前駅
東急目黒線
武蔵小山駅
首都高速2号目黒線
都営浅草線
大崎広小路駅
山手線
北品川駅
大崎駅
第一京浜
新馬場駅
京浜東北線
京急本線
戸越銀座駅
東急池上線
戸越駅
品川区
旗の台駅
新横浜駅
横浜駅

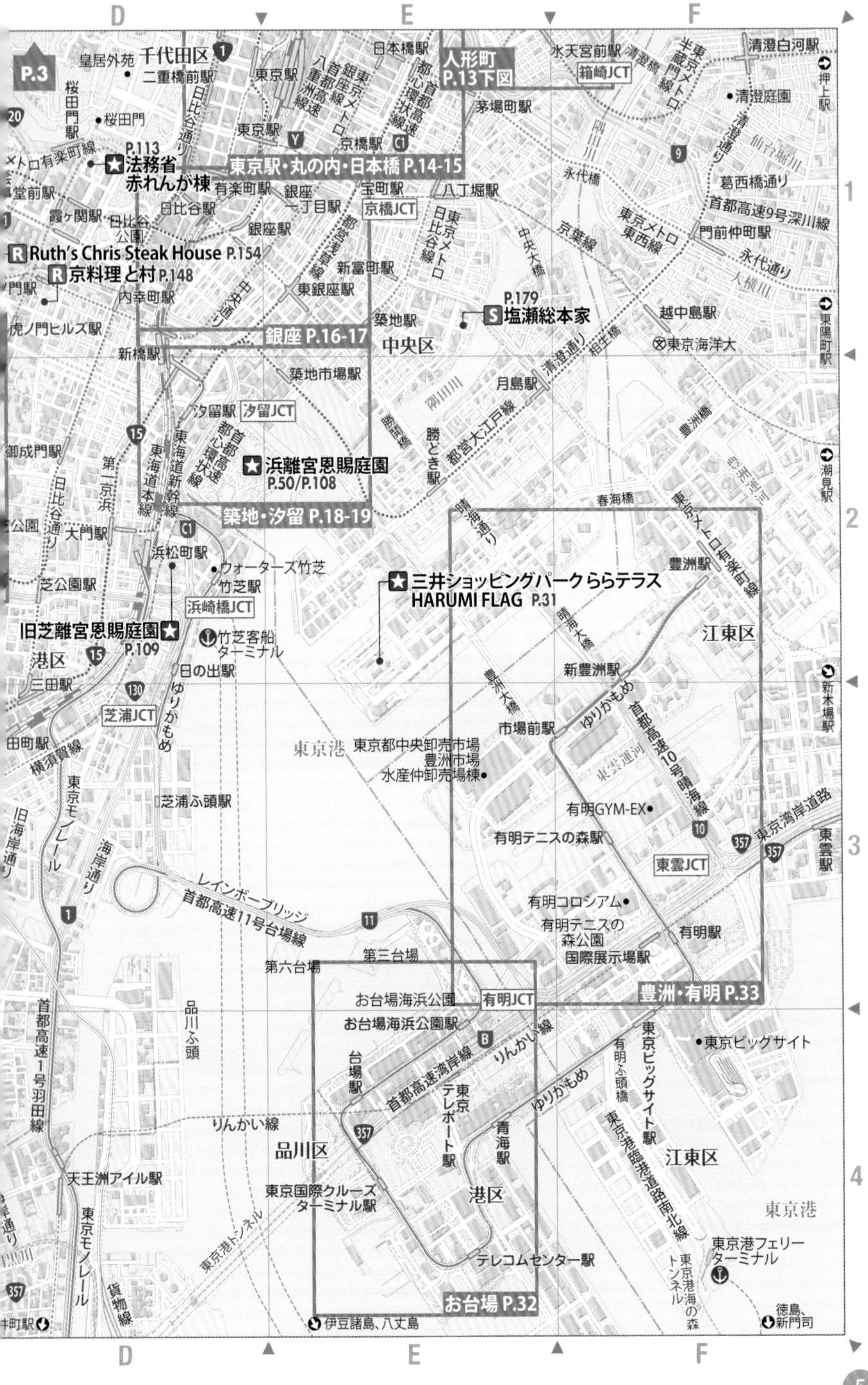
D
E
F
P.3
皇居外苑
千代田区
二重橋前駅
桜田門駅
桜田門
メトロ有楽町線
P.113
法務省
赤れんが棟
霞ヶ関駅
日比谷公園
日比谷駅
有楽町駅
日比谷通り
東京駅
八重洲線
首都高速
銀座線
東京メトロ
日本橋駅
都心環状線
首都高速
人形町
P.13下図
水天宮前駅
清澄橋
箱崎JCT
半蔵門線
東京メトロ
清澄白河駅
押上駅
清澄庭園
茅場町駅
京橋駅
東京駅・丸の内・日本橋 P.14-15
宝町駅
八丁堀駅
永代橋
隅田川
仙台堀川
清澄通り
葛西橋通り
首都高速9号深川線
銀座一丁目駅
京橋JCT
東京メトロ日比谷線
東京メトロ東西線
京葉線
中央大橋
門前仲町駅
永代通り
大横川
銀座駅
都営浅草線
Ruth's Chris Steak House P.154
京料理 と村 P.148
内幸町駅
新富町駅
東銀座駅
中央通り
P.179
塩瀬総本家
越中島駅
東陽町駅
虎ノ門ヒルズ駅
築地駅
銀座 P.16-17
中央区
相生橋
清澄通り
東京海洋大
新橋駅
築地市場駅
月島駅
汐留駅
汐留JCT
朝潮運河
都営大江戸線
勝鬨橋
勝どき駅
豊洲橋
東海道新幹線
東海道本線
都心環状線
首都高速
浜離宮恩賜庭園
P.50/P.108
御成門駅
第一京浜
日比谷通り
潮見駅
春海橋
築地・汐留 P.18-19
晴海通り
東京メトロ有楽町線
大門駅
芝公園
浜松町駅
ウォーターズ竹芝
竹芝駅
豊洲駅
三井ショッピングパーク ららテラス
HARUMI FLAG P.31
芝公園駅
浜崎橋JCT
旧芝離宮恩賜庭園
P.109
竹芝客船ターミナル
晴海大橋
江東区
港区
日の出駅
新豊洲駅
三田駅
芝浦JCT
ゆりかもめ
豊洲大橋
新木場駅
田町駅
横須賀線
東京港
東京都中央卸売市場
豊洲市場
水産仲卸売場棟
市場前駅
ゆりかもめ
首都高速10号晴海線
東雲運河
東京モノレール
芝浦ふ頭駅
有明GYM-EX
旧海岸通り
海岸通り
有明テニスの森駅
東京湾岸道路
東雲JCT
東雲駅
レインボーブリッジ
首都高速11号台場線
有明コロシアム
有明テニスの森公園
国際展示場駅
有明駅
第三台場
第六台場
お台場海浜公園
有明JCT
豊洲・有明 P.33
お台場海浜公園駅
品川ふ頭
東京ビッグサイト
首都高速1号羽田線
台場駅
首都高速湾岸線
りんかい線
東京テレポート駅
有明ふ頭橋
東京ビッグサイト駅
ゆりかもめ
りんかい線
品川区
青海駅
江東区
東京港臨港道路南北線
天王洲アイル駅
港区
東京国際クルーズターミナル駅
東京港
東京モノレール
東京港トンネル
東京港フェリーターミナル
貨物線
テレコムセンター駅
東京港海の森トンネル
お台場 P.32
伊豆諸島、八丈島
徳島、新門司
1
2
3
4

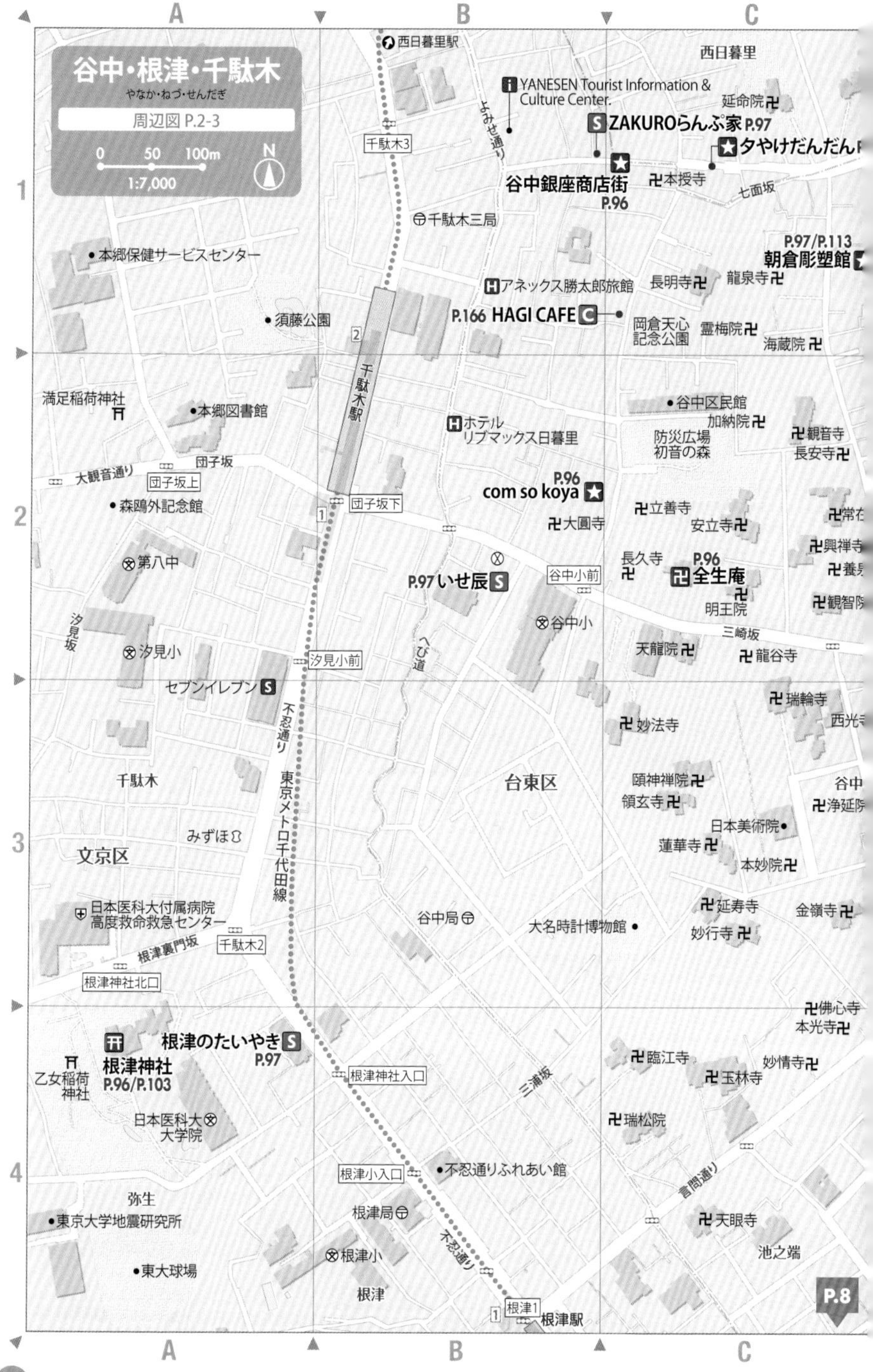
谷中・根津・千駄木
やなか・ねづ・せんだぎ
周辺図 P.2-3
0 50 100m
1:7,000
N
A
B
C
1
2
3
4
西日暮里駅
西日暮里
YANESEN Tourist Information & Culture Center
延命院
よみせ通り
ZAKUROらんぷ家 P.97
夕やけだんだん
千駄木3
谷中銀座商店街
P.96
本授寺
七面坂
千駄木三局
P.97/P.113
朝倉彫塑館
本郷保健サービスセンター
アネックス勝太郎旅館
長明寺
龍泉寺
須藤公園
P.166 HAGI CAFE
岡倉天心記念公園
霊梅院
海蔵院
千駄木駅
満足稲荷神社
本郷図書館
谷中区民館
加納院
ホテル リブマックス日暮里
防災広場 初音の森
観音寺
長安寺
大観音通り
団子坂
団子坂上
P.96
com so koya
森鴎外記念館
団子坂下
立善寺
大圓寺
安立寺
常在
興禅寺
第八中
長久寺
P.96
全生庵
養
P.97 いせ辰
谷中小前
明王院
観智院
汐見坂
谷中小
三崎坂
汐見小
汐見小前
へび道
天龍院
龍谷寺
セブンイレブン
不忍通り
瑞輪寺
妙法寺
西光
千駄木
台東区
頤神禅院
谷中
領玄寺
浄延院
東京メトロ千代田線
日本美術院
みずほ
蓮華寺
文京区
本妙院
日本医科大付属病院 高度救命救急センター
延寿寺
谷中局
金嶺寺
大名時計博物館
妙行寺
千駄木2
根津裏門坂
根津神社北口
佛心寺
本光寺
根津のたいやき
P.97
根津神社
P.96/P.103
乙女稲荷神社
根津神社入口
臨江寺
妙情寺
玉林寺
三浦坂
日本医科大 大学院
瑞松院
不忍通りふれあい館
根津小入口
言問通り
弥生
根津局
天眼寺
東京大学地震研究所
池之端
根津小
不忍通り
東大球場
根津
根津1
根津駅
P.8

D
E
F
1
2
3
4
西日暮里駅
行寺
殿坂
ニュートーキョービル
HABUTAE1819
羽二重団子日暮里駅前 P.97
日暮里中央通り
日暮里繊維街
東日暮里5・6
第二日暮里小
アートホテル日暮里ラングウッド
荒川区
日暮里駅
日暮里駅
ホテルマイステイズ日暮里
東日暮里
善性寺
幸田露伴旧宅跡
京成本線
東北本線
日暮里南公園
地蔵堂
天王寺
竹台高
常磐線
安立院
了ごん寺
尾久橋通り
山手線・京浜東北線
東北新幹線
根岸薬師寺
竹台高校前
徳川家墓地
根岸二局
台東区立書道博物館
台東区
セレッソ
根岸
八二神社
谷中霊園 P.96
寛永寺陸橋
寛永寺陸橋
谷中茶屋町三番地
鶯谷駅前
上野駅
総持院
養寿院
長久院
浄名院
上野桜木2
徳川家墓地
大泉寺
感應寺
寛永寺
SCAI THE BATHHOUSE P.96
上野桜木
鶯谷駅
大雄寺
下町風俗資料館付設展示場
カヤバ珈琲 P.97
上野桜木
上野中
上野駅
一乗寺
東京芸術大附属音楽高
谷中6
東京文化財研究所
円珠院
奏楽堂
寛永寺霊園
桜木局
東京芸術大
平成館
音楽学部
国立国会図書館
国際子ども図書館
護国院
東京藝術大学大学美術館
資料館
京成本線
P.125 東京国立博物館
黒田記念館
上野高
法隆寺宝物館
東京国立博物館表慶館 P.113
吉祥院
旧東京音楽学校奏楽堂
上野恩賜公園 P.50/P.94
修禅院
京成上野駅

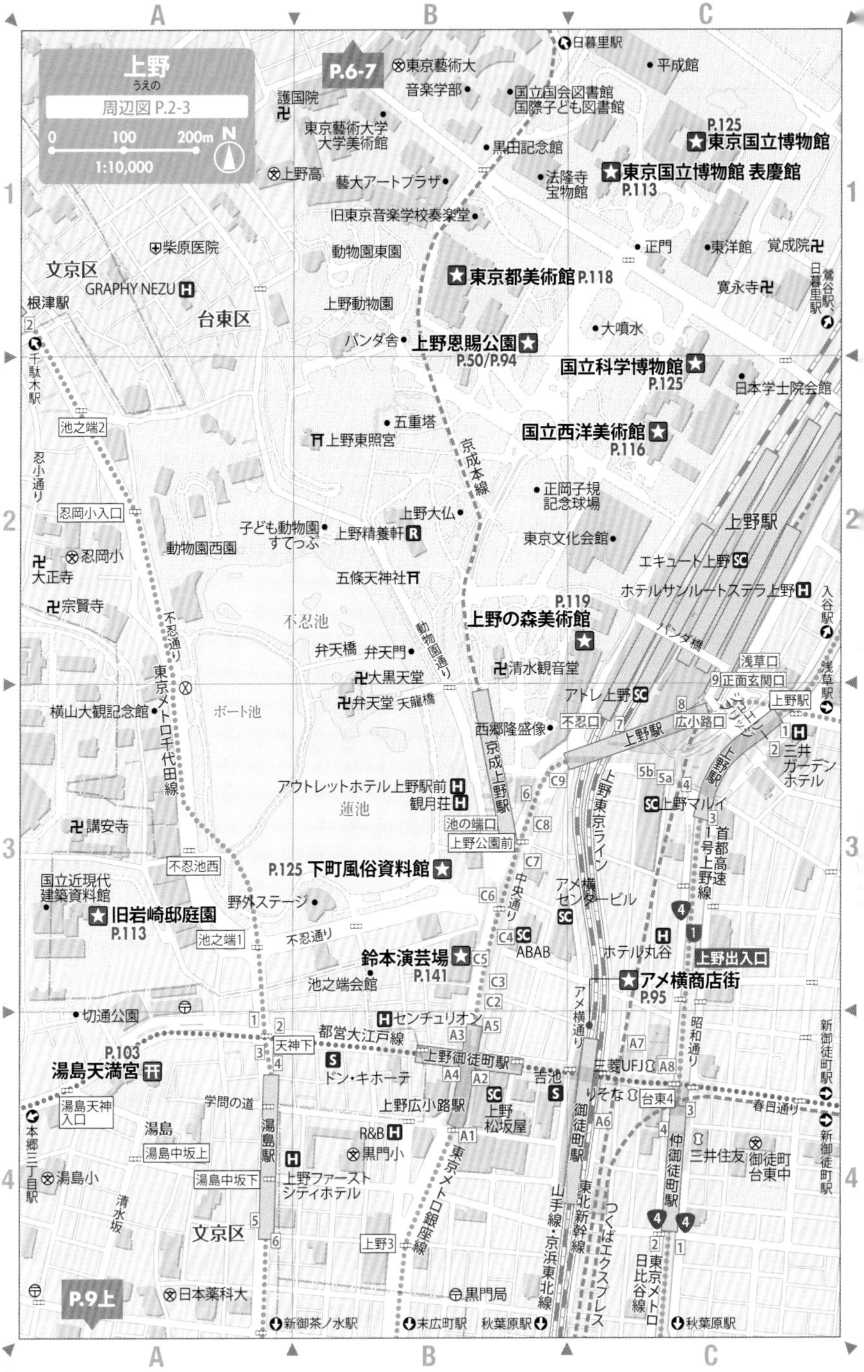
上野
うえの
周辺図 P.2-3
0 100 200m
1:10,000
N
P.6-7
P.9上
A
B
C
1
2
3
4
日暮里駅
東京藝術大
平成館
音楽学部
国立国会図書館
国際子ども図書館
護国院
東京藝術大学
大学美術館
P.125
東京国立博物館
黒田記念館
上野高
東京国立博物館 表慶館
P.113
藝大アートプラザ
法隆寺
宝物館
旧東京音楽学校奏楽堂
正門
東洋館
覚成院
柴原医院
動物園東園
文京区
東京都美術館 P.118
寛永寺
日暮里駅、鶯谷駅
GRAPHY NEZU
根津駅
台東区
上野動物園
大噴水
パンダ舎
上野恩賜公園
P.50/P.94
千駄木駅
国立科学博物館
P.125
日本学士院会館
池之端2
五重塔
上野東照宮
国立西洋美術館
P.116
忍小通り
京成本線
正岡子規
記念球場
忍岡小入口
上野大仏
上野駅
子ども動物園
すてっぷ
上野精養軒
動物園西園
東京文化会館
忍岡小
大正寺
エキュート上野
五條天神社
宗賢寺
ホテルサンルートステラ上野
入谷駅
P.119
不忍通り
不忍池
上野の森美術館
動物園通り
パンダ橋
弁天橋
弁天門
浅草口
東京メトロ千代田線
清水観音堂
浅草駅
大黒天堂
9
正面玄関口
ボート池
アトレ上野
横山大観記念館
弁天堂
天龍橋
上野駅
8
ジェイ・ブリッジ
不忍口
7
広小路口
西郷隆盛像
京成上野駅
上野駅
1
2
三井ガーデンホテル
C9
5b
5a
4
上野東京ライン
上野駅
アウトレットホテル上野駅前
蓮池
鶴月荘
6
上野マルイ
池の端口
C8
3
上野公園前
首都高速1号上野線
講安寺
C7
中央通り
不忍池西
アメ横センタービル
P.125 下町風俗資料館
国立近現代
建築資料館
野外ステージ
C6
4
旧岩崎邸庭園
P.113
C4
ABAB
1
池之端1
不忍通り
ホテル丸谷
鈴本演芸場
C5
上野出入口
P.141
アメ横商店街
池之端会館
C3
P.95
C2
アメ横通り
切通公園
センチュリオン
1
2
A5
都営大江戸線
A3
昭和通り
新御徒町駅
P.103
天神下
上野御徒町駅
A7
3
湯島天満宮
4
三菱UFJ
A8
ドン・キホーテ
A4
A2
吉池
りそな
台東4
湯島天神
入口
学問の道
上野広小路駅
上野松坂屋
春日通り
3
本郷三丁目駅
湯島駅
A6
御徒町駅
湯島
R&B
A1
4
仲御徒町駅
新御徒町駅
湯島中坂上
黒門小
三井住友
御徒町台東中
湯島小
湯島中坂下
上野ファースト
シティホテル
東京メトロ銀座線
清水坂
山手線・京浜東北線
東北新幹線
つくばエクスプレス
4
4
5
文京区
6
上野3
2
1
東京メトロ日比谷線
日本薬科大
黒門局
新御茶ノ水駅
末広町駅
秋葉原駅
秋葉原駅

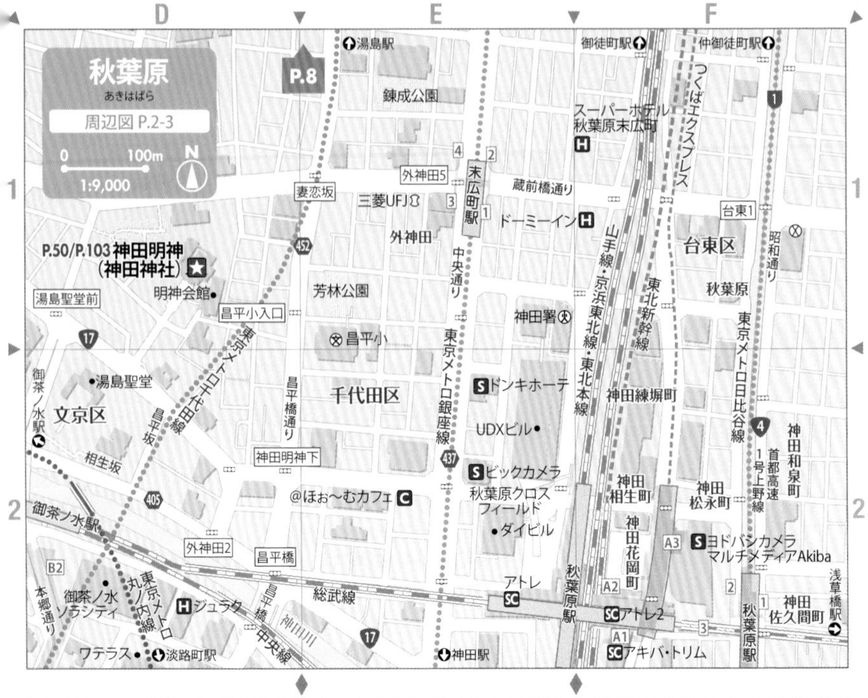
秋葉原
あきはばら
周辺図 P.2-3
0 100m N
1:9,000
P.8
湯島駅
御徒町駅
仲御徒町駅
練成公園
スーパーホテル秋葉原末広町
つくばエクスプレス
外神田5
末広町駅
妻恋坂
三菱UFJ
蔵前橋通り
ドーミーイン
台東1
P.50/P.103 神田明神（神田神社）
外神田
山手線・京浜東北線・東北本線
東北新幹線
台東区
昭和通り
明神会館
湯島聖堂前
芳林公園
中央通り
昌平小入口
秋葉原
神田署
昌平小
東京メトロ千代田線
東京メトロ銀座線
東京メトロ日比谷線
湯島聖堂
昌平橋通り
千代田区
ドンキホーテ
神田練塀町
御茶ノ水駅
文京区
昌平坂
UDXビル
首都高速1号上野線
神田和泉町
相生坂
神田明神下
ビックカメラ
神田相生町
神田松永町
御茶ノ水駅
@ほぉ〜むカフェ
秋葉原クロスフィールド
ダイビル
神田花岡町
外神田2
昌平橋
ヨドバシカメラマルチメディアAkiba
本郷通り
御茶ノ水ソラシティ
東京メトロ丸ノ内線
ジュラク
総武線
アトレ
秋葉原駅
アトレ2
神田佐久間町
浅草橋駅
昌平橋
中央線
神田川
ワテラス
淡路町駅
神田駅
アキバ・トリム
秋葉原駅

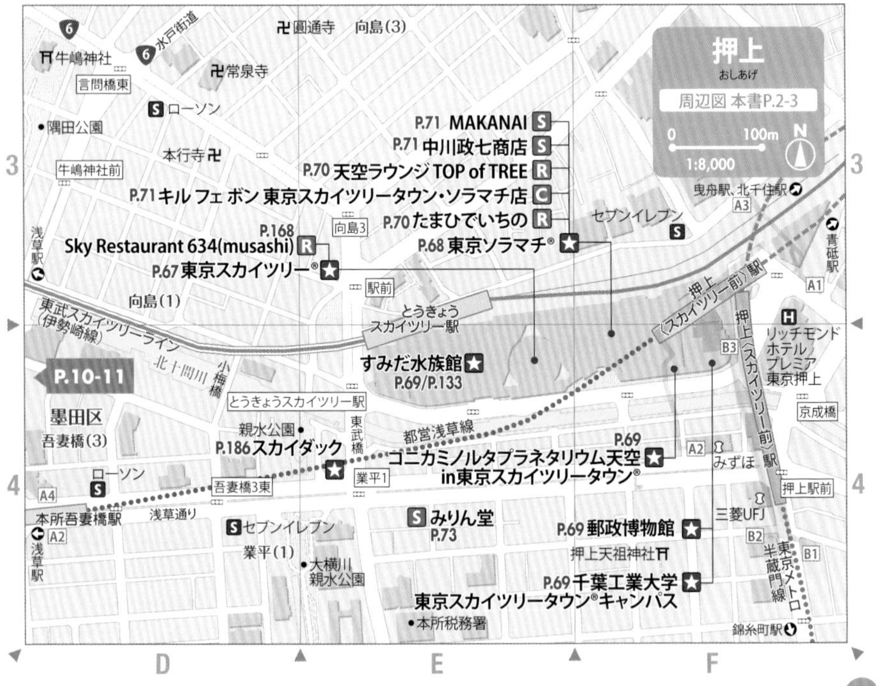
押上
おしあげ
周辺図 本書P.2-3
0 100m N
1:8,000
水戸街道
圓通寺
向島(3)
牛嶋神社
常泉寺
言問橋東
ローソン
隅田公園
本行寺
牛嶋神社前
P.71 MAKANAI
P.71 中川政七商店
P.70 天空ラウンジ TOP of TREE
P.71 キル フェ ボン 東京スカイツリータウン・ソラマチ店
P.70 たまひでいちの
曳舟駅、北千住駅
セブンイレブン
浅草駅
P.168 Sky Restaurant 634(musashi)
向島3
P.68 東京ソラマチ®
青砥駅
P.67 東京スカイツリー®
駅前
押上〈スカイツリー前〉駅
向島(1)
とうきょうスカイツリー駅
東武スカイツリーライン（伊勢崎線）
押上〈スカイツリー前〉駅
リッチモンドホテルプレミア東京押上
北十間川
小梅橋
すみだ水族館
P.69/P.133
P.10-11
とうきょうスカイツリー駅
京成橋
墨田区
親水公園
都営浅草線
吾妻橋(3)
P.186 スカイダック
東武橋
P.69 コニカミノルタプラネタリウム天空in東京スカイツリータウン®
みずほ
ローソン
業平1
吾妻橋3東
押上駅前
本所吾妻橋駅
浅草通り
三菱UFJ
浅草駅
セブンイレブン
みりん堂
P.73
P.69 郵政博物館
業平(1)
押上天祖神社
東京メトロ半蔵門線
大横川親水公園
P.69 千葉工業大学東京スカイツリータウン®キャンパス
本所税務署
錦糸町駅

A
B
C
1
2
3
4
合羽橋北
金竜公園
萬隆寺
南千住駅
セブンイレブン
親疎通り
江戸たいとう伝統工芸館
浅草タワー
ライフ
P.168
THE DINING シノワ 唐紅花＆
鉄板フレンチ 蒔絵
浅草(2)
ひさご通り
つくばエクスプレス
浅草花やしき P.6
西浅草(3)
かっぱ橋道具街通り
浅草ビューホテル
ファミリーマート
花やしき通り
日枝神社
ホテル京阪浅草
西浅草局
天嶽院
日輪寺
六区ブロードウェイ
WINS浅草
薬師堂
合羽橋
良狭院
感応稲荷
P.64
浅草西参道商店街
日本基督教団浅草教会
浅草駅
リッチモンドホテル
浅草木馬館
大衆劇場 P.6
ロック座
五重塔
西浅草
川村公園
浅草今半
国際通り本店
P.179
公園六区入口
奥山おまいりまち(五重塔通り)
公園本通商店街
かっぱ橋道具街通り
P.64
六区花道
浅草寺こども図書館
西浅草(2)
P.64/P.141 浅草演芸ホール
セブンイレブン
六区通
渡辺医院
三平ストア浅草店
ファッション市場サンキ
いっぷく横丁
伝法院
浅草寺幼稚園
P.64 浅草六区
伝法院通り
P.140
浅草ROX・3G
浅草公会堂
旅館指月
国際通り・浅草1
合羽橋南
ローソン
新仲見世通り
P.179
浅草満願堂
浅草(1)
台東旅館
たぬき通り
オレンジ通り
新仲見世通り
太鼓館
東本願寺
善龍寺
専勝寺
雷門1
来応寺
浅草セントラルホテル
西浅草(1)
三菱UFJ
雷門旅館
雷門通り
通覚寺
浅草1
清光寺
雷門
国際通り
善照寺
ザ・ゲートホテル雷門by HULIC
サンルート浅草
杵屋通り
三井住友
長敬寺
徳本寺
雷門仲通り
セブンイレブン
APA
上野駅
浅草局
田原小
雷門
北陸
西浅草1
田原町駅
台東区
仙蔵寺
本法寺
田原町シティビル
寿4
浅草通り
東京メトロ銀座線
永見寺
寿ビル
威光院
アゴーラ・プレイス浅草
ホテル浅草&カプセル
駒形1
駒形橋西詰
玉宗寺
ことぶきこども園通り
偕楽ビル
Pelican P.164
寿
ファミリーマート
A1
A2
寿
アパ
竜宝寺鯉寺
桃林寺
黒船神社
世界のカバン博物館
セブンイレブン
寿2
P.65 駒形どぜう
西光院
東横INN
浅草消防署前
駒形(1)
金蔵寺
新御徒町駅
浅草署
蔵前駅

浅草
あさくさ
周辺図 P.2-3
0
50
100m
1:6,000
N
D
E
F
1
2
3
4
浅草(3)
浅草(6)
馬車通り
浅草観音堂裏
セブンイレブン
浅草寺病院
自性院
馬道
言問通り
セブンイレブン
マルエツプチ
浅草神社
ヴィアイン浅草
隅田公園
言問橋西
花川戸(2)
浅草寺 P.60
花川戸局
九品寺
二天門
台東区民会館
産業貿易センター
二天門前
江戸通り
花川戸公園
言問橋
宝蔵門
花川戸公園
隅田川
木村家本店 P.63
弁天堂
浅草小
江戸趣味小玩具
仲見世 助六 P.63
助六夢通り
浅草ちょうちんもなか P.63
P.9下
花川戸(1)
浅草柳通り
浅草2
浅草EKIMISE P.64
松屋浅草店
仲見世通り P.60/P.62
浅草駅
花川戸ビル
P.72 東京ミズマチ®
仲見世 杵屋 P.62
とうきょうスカイツリー駅
すみだリバーウォーク
P.72
隅田公園
舟和 仲見世2号店 P.62
ドーミーイン
新仲通り入口
P.186
東京水辺ライン
東武スカイツリーライン
(伊勢崎線)
雷門 三定 P.65
神谷バー P.65
墨田区吾妻橋発着場
墨田区役所前
北十間川
浅草駅
TOKYO CRUISE
P.186
吾妻橋
吾妻橋観光案内所
墨田区役所
吾妻橋(1)
リバーサイド
ホール
浅草文化観光センター P.64
吾妻橋
アサヒビール
つるや旅館
源森橋
清雄寺
アサヒグループ
本社ビルホール棟
吾妻橋東詰
三ツ目通り
雷門局
リバーピア
吾妻橋
如意輪寺
首都高速6号向島線
浅草通り
墨堤通り
天祥寺
墨田区役所入口
弘法寺
押上駅
都営浅草線
駅前局
セブンイレブン
本所吾妻橋駅
霊光寺
駒形橋
妙縁寺
清澄通り
松嶺寺
墨田区
唐沢医院
法華寺
福厳寺

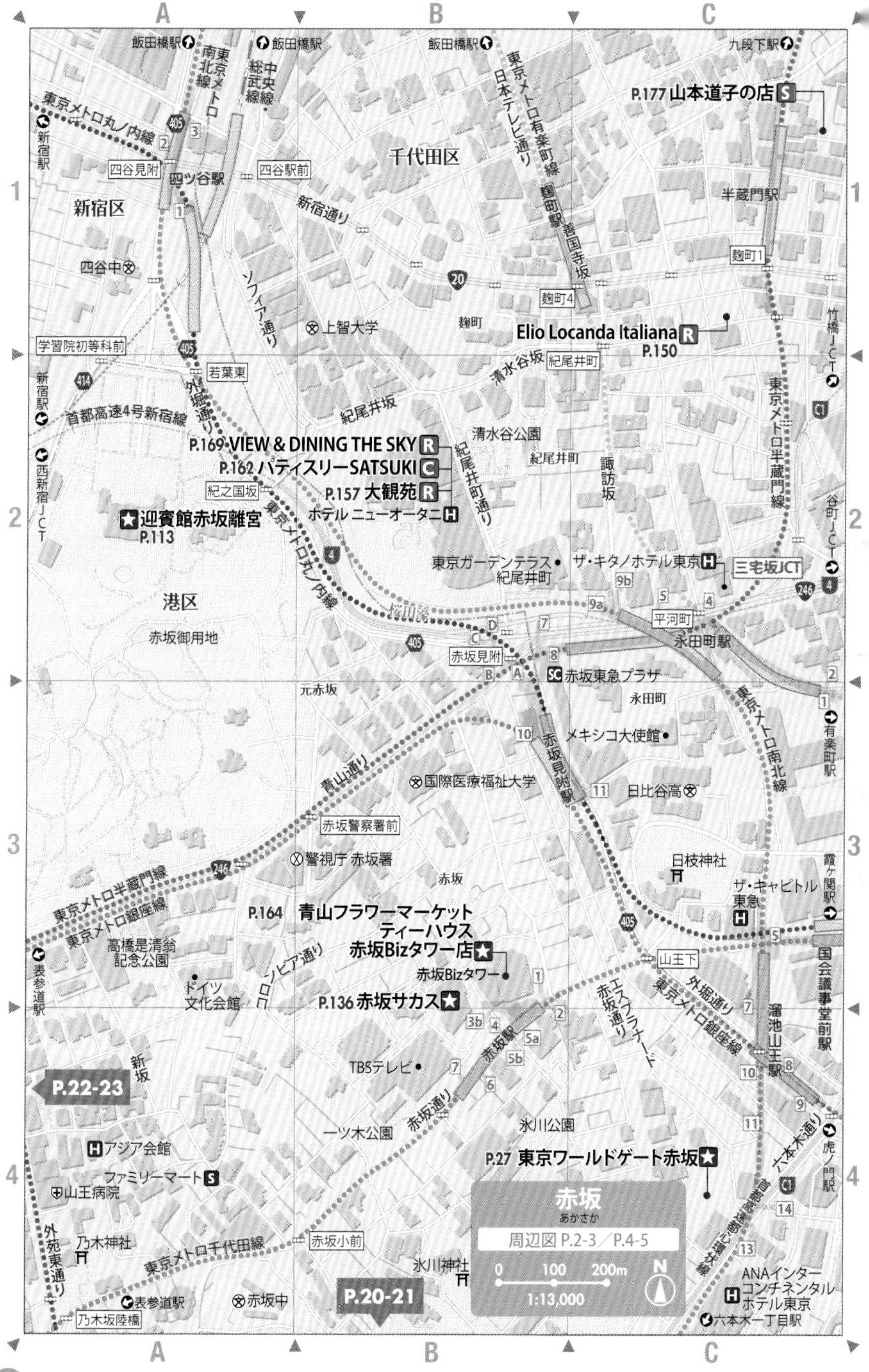

赤坂
あかさか
周辺図 P.2-3／P.4-5
0
100
200m
1:13,000
N
P.177 山本道子の店
Elio Locanda Italiana
P.150
P.169 VIEW & DINING THE SKY
P.162 パティスリーSATSUKI
P.157 大観苑
ホテル ニューオータニ
迎賓館赤坂離宮
P.113
ザ・キタノホテル東京
赤坂東急プラザ
P.164 青山フラワーマーケット ティーハウス 赤坂Bizタワー店
赤坂Bizタワー
P.136 赤坂サカス
TBSテレビ
P.27 東京ワールドゲート赤坂
ザ・キャピトル東急
ANAインターコンチネンタルホテル東京
アジア会館
ファミリーマート
山王病院
乃木神社
氷川神社
氷川公園
一ツ木公園
日枝神社
メキシコ大使館
国際医療福祉大学
警視庁 赤坂署
日比谷高
上智大学
四谷中
赤坂中
高橋是清翁記念公園
ドイツ文化会館
東京ガーデンテラス紀尾井町
清水谷公園
千代田区
新宿区
港区
赤坂御用地
麹町
紀尾井町
永田町
元赤坂
赤坂
四ツ谷駅
半蔵門駅
永田町駅
赤坂見附駅
赤坂駅
溜池山王駅
飯田橋駅
九段下駅
新宿駅
西新宿JCT
竹橋JCT
谷町JCT
三宅坂JCT
有楽町駅
霞ケ関駅
国会議事堂前駅
虎ノ門駅
表参道駅
六本木一丁目駅
東京メトロ丸ノ内線
東京メトロ南北線
東京メトロ有楽町線
東京メトロ半蔵門線
東京メトロ銀座線
東京メトロ千代田線
中央・総武線
首都高速4号新宿線
首都高速都心環状線
新宿通り
外堀通り
青山通り
赤坂通り
六本木通り
外苑東通り
紀尾井町通り
ソフィア通り
日本テレビ通り
エスプラナード赤坂通り
みすじ通り
清水谷坂
紀尾井坂
紀之国坂
諏訪坂
善国寺坂
新坂
四谷見附
四谷駅前
学習院初等科前
若葉東
紀尾井町
麹町1
麹町4
平河町
赤坂見附
赤坂警察署前
山王下
赤坂小前
乃木坂陸橋
P.22-23
P.20-21

日本橋
にほんばし
周辺図 P.2-3/P.14-15
0 100m N
1:7,500
神田駅
神田駅
錦糸町駅
銀座線
東京メトロ
新日本橋駅
本町入口
首都高速1号上野線
P.48 誠品生活日本橋 S
P.48 東京焼肉 一頭や R
P.49 いい乃じ R
P.147 Gino Sorbillo Artista Pizza Napoletana R
P.48 COREDO 室町テラス ★
室町3
中央通り
三井ガーデン
日本橋本町(3)
中央区
P.13下
総武本線
江戸通り
新常盤橋
ミニストップ
日本橋本石町(3)
千代田区
千疋屋総本店 日本橋本店 S P.178
三越前駅
日本橋室町(2)
日本橋本町(2)
本町2
COREDO室町1
COREDO室町2
昭和通り
大手町駅
山手線・京浜東北線
P.113 日本銀行本店本館 ★
マンダリンオリエンタル東京 H
貝新
COREDO室町3 P.49
宝町局
P.175
日本橋さるや
常盤橋公園
首都高速都心環状線
外堀通り
日本橋本石町(2)
日銀通り
日本橋室町(2)
P.123 三井記念美術館 ★
総武本線・東北本線・中央本線
東北新幹線
日本橋三越本店 S
三越劇場
P.176 神茂 S
日本橋室町(1)
水天宮前駅
中央区
常盤橋
常盤橋
三菱UFJ
貨幣博物館
三越新館 SC
按針通り
スルガ
江戸橋北
三越前駅
一石橋
日本橋本石町(1)
日本橋川
東京メトロ半蔵門線
朝日生命ビル
常盤橋出入口
呉服橋出入口
P.14-15
日本橋
江戸橋出入口
江戸橋
東京駅
(再開発中)

小伝馬町駅
東日本橋駅
日比谷線
東京メトロ
都営浅草線
中央区
浜町公園前
明治座 P.140
日本橋小舟町
中央区
東横INN H
出世稲荷神社
堀留児童公園
ゆかた博物館
日本橋人形町
うぶけや
橋稲荷神社
末広神社
明治座通り
人形町
人形町駅
P.149
R 㐂寿司
甘酒横丁
清洲橋通り
P.13上
S 人形焼本舗 板倉屋 P.49
日本橋浜町
S 人形町今半 惣菜本店 P.49
浜町中ノ橋
西鉄イン
大観音寺
日本橋人形町局
森乃園
双葉
三越前駅
東京メトロ半蔵門線
みずほ
都営浅草線
甘酒横丁
玉英堂
浜町出口
小舟町
トルナーレ日本橋浜町
浜町神社
日本橋小
小春軒 R
新大橋通り
人形町通り
ピーコックストア S
玉ひで R
日本橋駅
江戸橋JCT
小網神社
小網町児童公園
P.49 甘味処初音 C
水天宮前
日本橋蛎殻町
茶ノ木神社
東京水天宮
東横INN
相鉄フレッサイン
水天宮前駅
有馬小
蛎殻町公園
東京証券取引所
銀杏八幡宮
S 三原堂本店 P.177
人形町
にんぎょうちょう
周辺図 P.2-3/P.14-15
0 100m N
1:9,000
日本橋小網局
日本橋小網町
蛎殻町
日本橋区民センター
日本橋公会堂
ロイヤルパーク
東京メトロ日比谷線
新大橋通り
とうかん堀通り
水天宮通り
首都高速6号向島線
箱崎JCT
茅場町駅
清澄白河駅

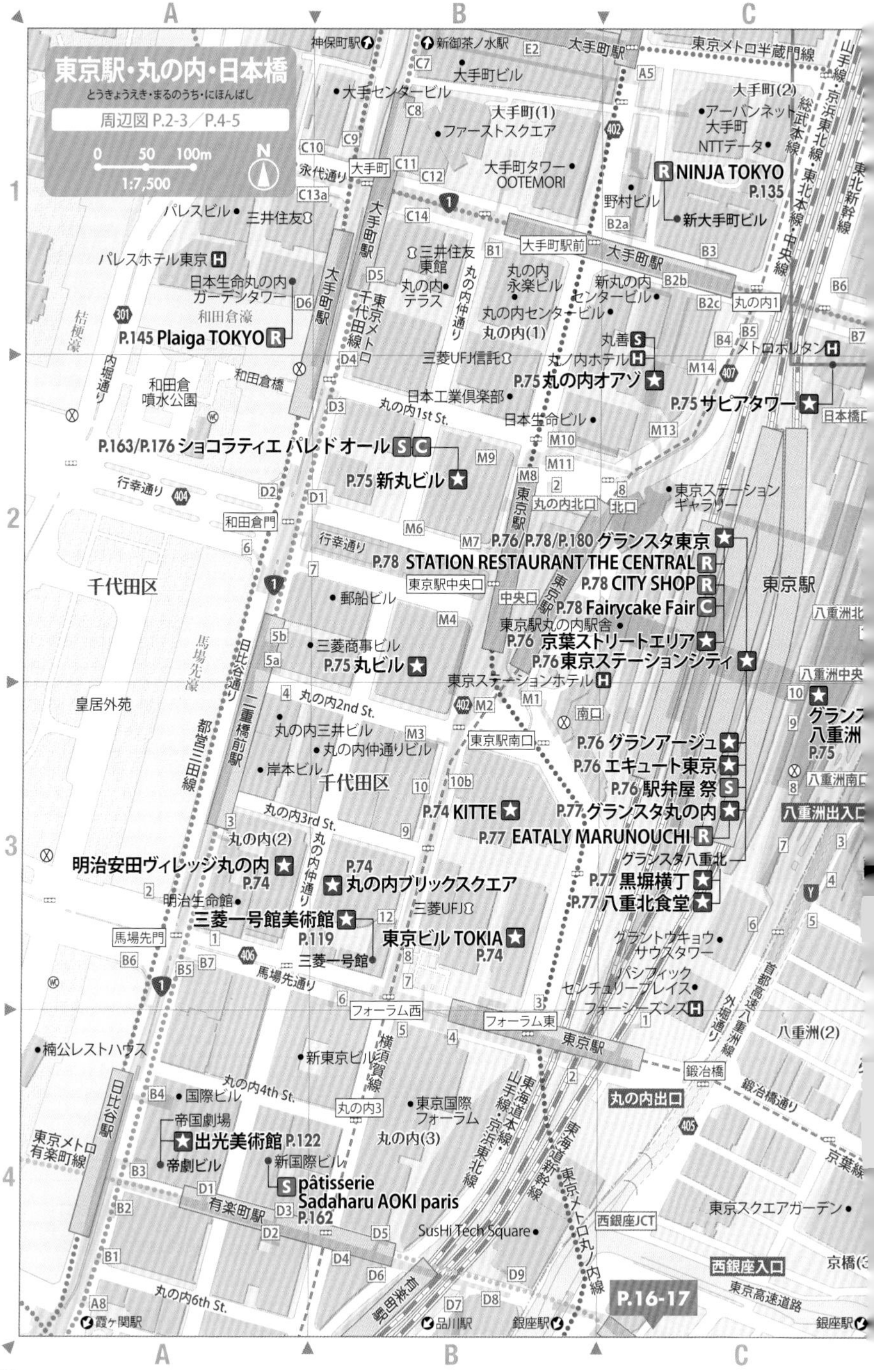
東京駅・丸の内・日本橋
とうきょうえき・まるのうち・にほんばし
周辺図 P.2-3／P.4-5
0 50 100m
1:7,500
N
A
B
C
1
2
3
4
神保町駅
新御茶ノ水駅
大手町駅
東京メトロ半蔵門線
大手町ビル
大手センタービル
大手町(1)
ファーストスクエア
大手町(2)
アーバンネット大手町
NTTデータ
大手町タワー OOTEMORI
永代通り
大手町
NINJA TOKYO P.135
野村ビル
新大手町ビル
パレスビル
三井住友
パレスホテル東京
大手町駅前
大手町駅
三井住友東館
丸の内テラス
丸の内永楽ビル
新丸の内センタービル
日本生命丸の内ガーデンタワー
和田倉濠
丸の内センタービル
丸の内(1)
丸の内1
桔梗濠
P.145 Plaiga TOKYO
東京メトロ千代田線
丸の内仲通り
丸善
メトロポリタン
三菱UFJ信託
丸ノ内ホテル
内堀通り
和田倉噴水公園
和田倉橋
P.75 丸の内オアゾ
日本工業倶楽部
P.75 サピアタワー
日本橋口
丸の内1st St.
日本生命ビル
P.163/P.176 ショコラティエ パレド オール
P.75 新丸ビル
行幸通り
丸の内北口
北口
東京ステーションギャラリー
和田倉門
P.76/P.78/P.180 グランスタ東京
P.78 STATION RESTAURANT THE CENTRAL
P.78 CITY SHOP
P.78 Fairycake Fair
東京駅中央口
中央口
東京駅
千代田区
郵船ビル
東京駅丸の内駅舎
八重洲北口
三菱商事ビル
P.76 京葉ストリートエリア
P.75 丸ビル
P.76 東京ステーションシティ
東京ステーションホテル
八重洲中央口
皇居外苑
馬場先濠
日比谷通り
二重橋前駅
丸の内2nd St.
丸の内三井ビル
南口
グランスタ八重洲 P.75
丸の内仲通りビル
東京駅南口
P.76 グランアージュ
都営三田線
岸本ビル
P.76 エキュート東京
P.76 駅弁屋 祭
八重洲南口
P.74 KITTE
P.77 グランスタ丸の内
八重洲出入口
丸の内3rd St.
丸の内(2)
P.77 EATALY MARUNOUCHI
グランスタ八重北
明治安田ヴィレッジ丸の内 P.74
P.74 丸の内ブリックスクエア
P.77 黒塀横丁
P.77 八重北食堂
明治生命館
三菱UFJ
三菱一号館美術館 P.119
東京ビル TOKIA P.74
グラントウキョウサウスタワー
馬場先門
三菱一号館
馬場先通り
パシフィックセンチュリープレイス
フォーラム西
フォーラム東
フォーシーズンズ
外堀通り
首都高速八重洲線
八重洲(2)
楠公レストハウス
新東京ビル
横須賀線
鍛冶橋
丸の内出口
鍛冶橋通り
国際ビル
丸の内4th St.
丸の内3
東京国際フォーラム
帝国劇場
出光美術館 P.122
丸の内(3)
東海道本線
山手線・京浜東北線
東京メトロ有楽町線
日比谷駅
帝劇ビル
新国際ビル
pâtisserie Sadaharu AOKI paris P.162
東海道新幹線
東京メトロ丸ノ内線
京葉線
有楽町駅
東京スクエアガーデン
西銀座JCT
SusHi Tech Square
西銀座入口
京橋(3)
東京高速道路
丸の内6th St.
P.16-17
霞ケ関駅
品川駅
銀座駅
山手線・京浜東北線・東北本線・中央線
総武本線
東北新幹線

D
E
F
1
2
3
4
日本銀行本店本館 P.113
日本橋本石町(2)
P.123 三井記念美術館
常盤橋公園
首都高速都心環状線
外堀通り
日本橋三越本店
三越劇場
日銀通り
常盤橋
三菱UFJ
三越新館
三越前駅
日本ビル
日本橋本石町(1)
一石橋
朝日生命ビル
(再開発中)
常盤橋出入口
呉服橋出入口
B9(閉鎖中)
呉服橋
日本橋川
中央通り
貝新
COREDO室町3 P.49
宝町局
日本橋さるや P.175
P.176 神茂
日本橋室町(1)
按針通り
スルガ
江戸橋北
本町入口
上野線
首都高速1号
昭和通り
日本橋本町(1)
水天宮前駅
小舟町
人形町駅
江戸橋
江戸橋出入口
江戸橋JCT
日本橋 P.13上
日本橋
江戸橋南
日本橋局
箱崎JCT
東京証券取引所
東京メトロ東西線
TGビル
百五
龍名館
八重洲仲通り
日本橋(1)
COREDO日本橋
丸の内トラストタワー
八重洲(1)
シャングリ・ラ
日本橋駅
(閉鎖中)
大丸東京店 P.75/P.180
P.161 サラベス 東京店
グラントウキョウノースタワー
東京日本橋タワー
榛原 P.174
ターミナル
日本橋南局
日本橋プラザビル
日本橋(2)
江戸橋1
永代通り
みずほ
日本橋高島屋S.C.(新館)
八重洲さくら通り P.50
人形町 P.13下
八重洲北口通り
東京メトロ銀座線
日本橋2
日本橋高島屋S.C. P.47
千疋屋総本店 日本橋高島屋店
糖朝 P.156
日本橋兜町
中央署
茅場町
茅場町駅
日本橋高島屋S.C.(東館)
日本橋署
門前仲町駅
中央区
日本橋(3)
日本橋フロント
中央通り
都営浅草線
昭和通り
新場橋
阪本小
センターホテル東京
日本橋3
スーパー
東京ミッドタウン八重洲 P.27
ブルガリ ホテル 東京
ブルガリ ラウンジ P.27
ヤエスパブリック P.27
アーティゾン美術館
ミュージアムタワー京橋
日本橋茅場町(2)
茅場町局
朝日ビル
三井ガーデン
トダビル
宝町出入口
平成通り
ランプ入口
ランプ出口
コートヤード・バイ・マリオット
京橋(1)
八重洲宝町ビル
日本橋茅場町(3)
八重洲通り
三井住友海上テプコビル
京橋2
京橋エドグラン
明治屋
八丁堀2
八丁堀(1)
秋葉原駅
東京メトロ日比谷線
新大橋通り
京橋駅
味の素本社
京橋(2)
清水建設
首都高速都心環状線
八丁堀(2)
八丁堀
相鉄フレッサイン
八丁堀局
二八通り
西八丁堀児童遊園
鈴らん通り
京橋
宝町駅
八丁堀(3)
八丁堀駅
京橋通局
東銀座駅
京橋JCT
築地駅

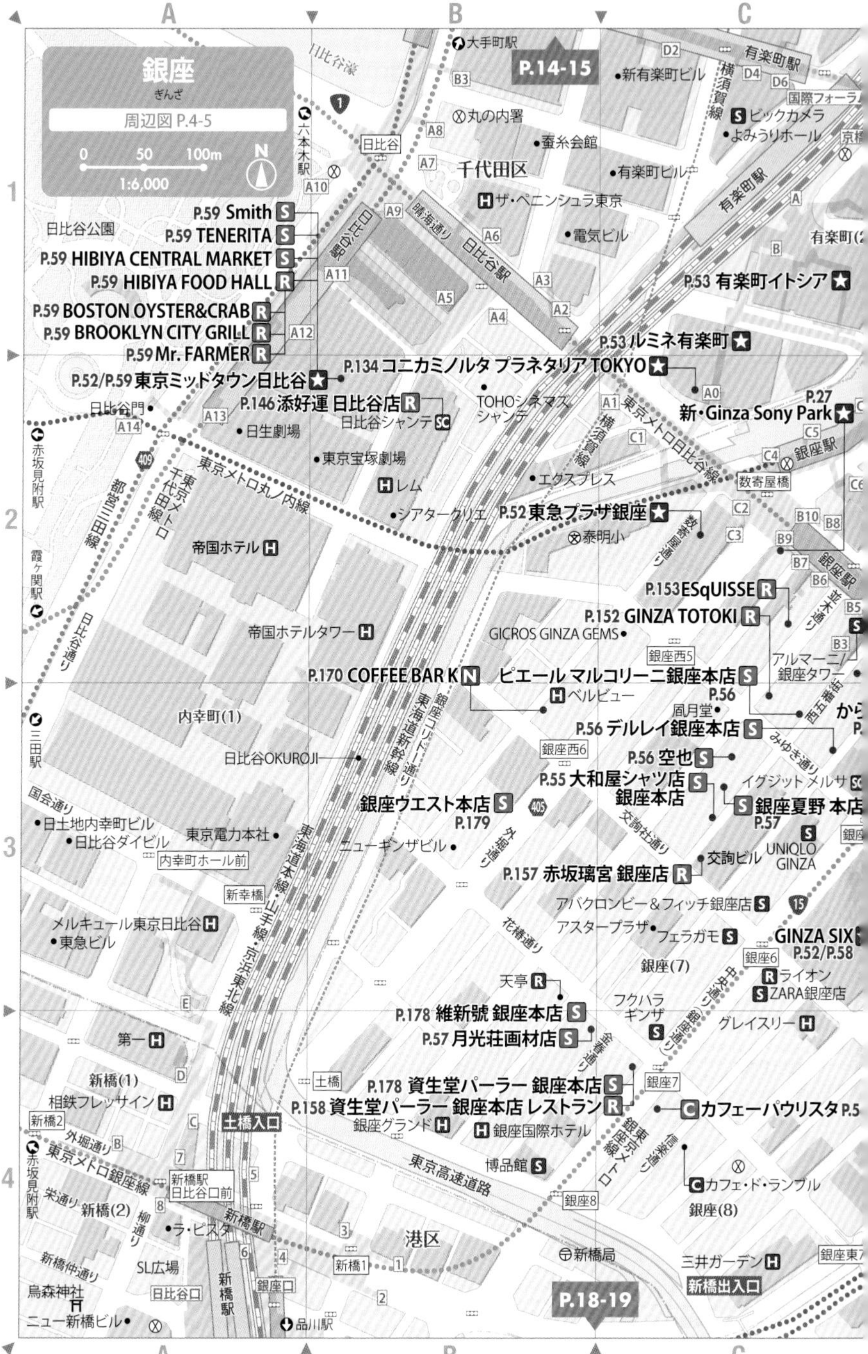

A
B
C
1
2
3
4
銀座
ぎんざ
周辺図 P.4-5
0
50
100m
N
1:6,000
P.14-15
P.18-19
大手町駅
日比谷濠
六本木駅
日比谷
丸の内署
蚕糸会館
新有楽町ビル
有楽町駅
横須賀線
ビックカメラ
よみうりホール
国際フォーラム
京橋
千代田区
有楽町ビル
ザ・ペニンシュラ東京
電気ビル
有楽町線
日比谷公園
P.59 Smith
P.59 TENERITA
P.59 HIBIYA CENTRAL MARKET
P.59 HIBIYA FOOD HALL
P.59 BOSTON OYSTER&CRAB
P.59 BROOKLYN CITY GRILL
P.59 Mr. FARMER
P.52/P.59 東京ミッドタウン日比谷
日比谷駅
晴海通り
P.53 有楽町イトシア
P.53 ルミネ有楽町
P.134 コニカミノルタ プラネタリア TOKYO
TOHOシネマズ シャンテ
P.146 添好運 日比谷店
日比谷シャンテ
日比谷門
日生劇場
東京宝塚劇場
レム
P.27 新・Ginza Sony Park
東京メトロ日比谷線
銀座駅
数寄屋橋
赤坂見附駅
都営三田線
千代田線
東京メトロ
東京メトロ丸ノ内線
エクスプレス
シアタークリエ
P.52 東急プラザ銀座
泰明小
数寄屋通り
帝国ホテル
霞ケ関駅
P.153 ESqUISSE
P.152 GINZA TOTOKI
並木通り
帝国ホテルタワー
GICROS GINZA GEMS
銀座西5
アルマーニ/銀座タワー
日比谷通り
P.170 COFFEE BAR K
ピエール マルコリーニ銀座本店
ベルビュー
P.56
凮月堂
西五番街
三田駅
内幸町(1)
東海道新幹線
銀座コリドー通り
P.56 デルレイ銀座本店
みゆき通り
銀座西6
日比谷OKUROJI
P.56 空也
イグジット メルサ
P.55 大和屋シャツ店 銀座本店
銀座ウエスト本店
P.179
銀座夏野 本店
P.57
国会通り
日土地内幸町ビル
日比谷ダイビル
東京電力本社
外堀通り
交詢社通り
UNIQLO GINZA
内幸町ホール前
ニューギンザビル
東海道本線・山手線・京浜東北線
交詢ビル
P.157 赤坂璃宮 銀座店
新幸橋
アバクロンビー&フィッチ銀座店
メルキュール東京日比谷
東急ビル
アスタープラザ
フェラガモ
花椿通り
GINZA SIX
P.52/P.58
銀座6
銀座(7)
ライオン
ZARA銀座店
天亭
中央通り
(銀座通り)
フクハラ ギンザ
P.178 維新號 銀座本店
グレイスリー
第一
P.57 月光荘画材店
金春通り
新橋(1)
土橋
銀座7
P.178 資生堂パーラー 銀座本店
P.158 資生堂パーラー 銀座本店 レストラン
カフェーパウリスタ
相鉄フレッサイン
新橋2
銀座グランド
銀座国際ホテル
土橋入口
外堀通り
東京メトロ銀座線
銀座線
東京高速道路
信楽通り
博品館
新橋駅 日比谷口前
カフェ・ド・ランブル
新橋(2)
栄通り
柳通り
新橋駅
ラ・ピスタ
銀座8
銀座(8)
港区
新橋局
三井ガーデン
銀座東
新橋仲通り
SL広場
新橋1
新橋出入口
烏森神社
日比谷口
銀座口
ニュー新橋ビル
品川駅

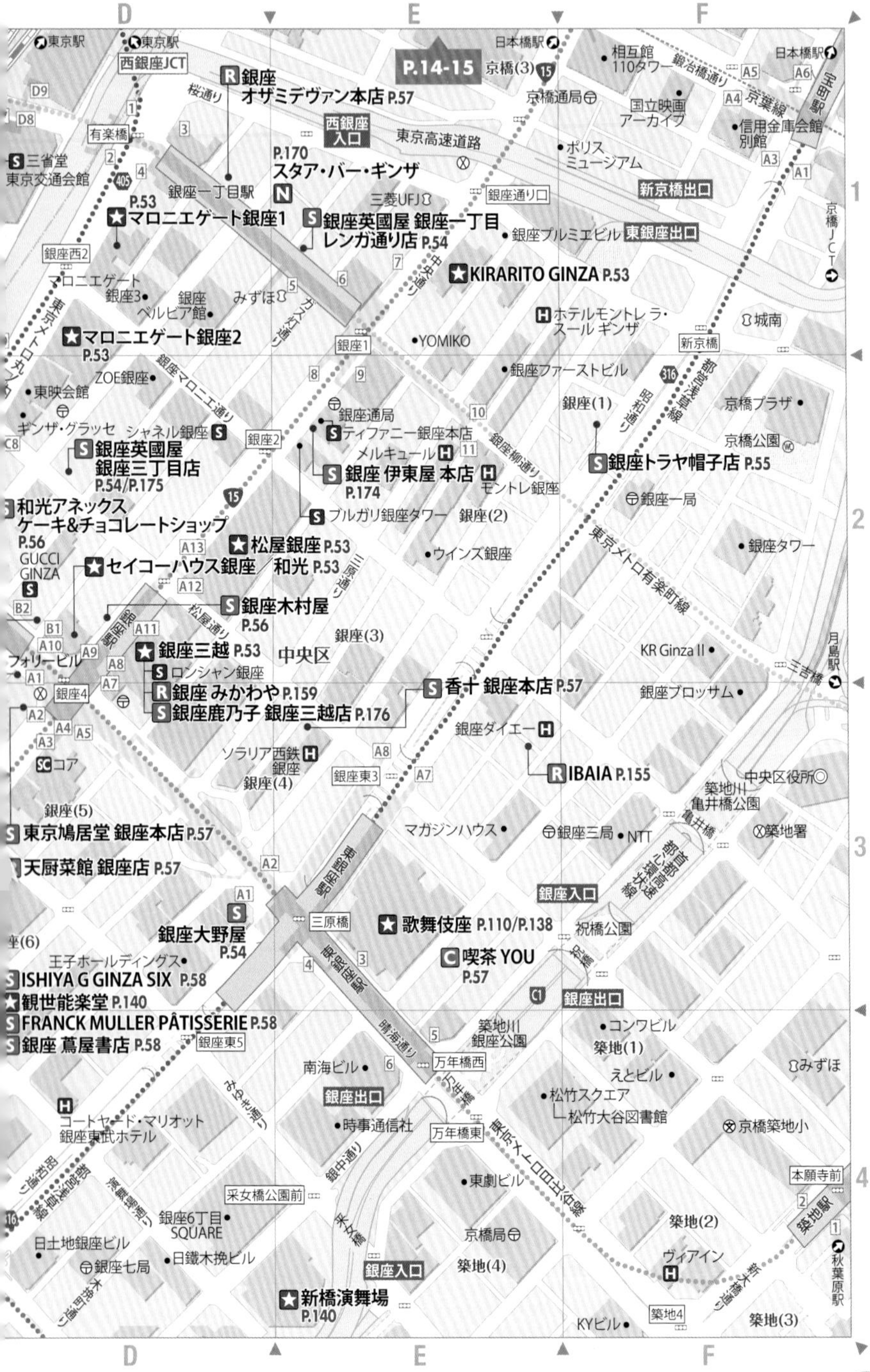
D
E
F
東京駅
東京駅
西銀座JCT
日本橋駅
日本橋駅
P.14-15
京橋(3)
相互館
110タワー
銀治橋通り
A5
A6
宝町駅
D9
D8
R 銀座
オザミデヴァン本店 P.57
桜通り
京橋通局
国立映画
アーカイブ
A4
京葉線
信用金庫会館
別館
有楽橋
西銀座
入口
東京高速道路
ポリス
ミュージアム
A3
A1
S 三省堂
東京交通会館
P.170
スタア・バー・ギンザ
銀座一丁目駅
三菱UFJ
銀座通り口
新京橋出口
1
P.53
★ マロニエゲート銀座1
S 銀座英國屋 銀座一丁目
レンガ通り店 P.54
銀座プルミエビル
東銀座出口
京橋JCT
銀座西2
マロニエゲート
銀座3
銀座
ベルビア館
みずほ
ガス灯通り
中央通り
★ KIRARITO GINZA P.53
H ホテルモントレ ラ・
スール ギンザ
城南
東京メトロ丸ノ内線
★ マロニエゲート銀座2
P.53
銀座1
YOMIKO
新京橋
ZOE銀座
銀座マロニエ通り
銀座ファーストビル
都営浅草線
昭和通り
東映会館
銀座通局
銀座(1)
京橋プラザ
ギンザ・グラッセ
シャネル銀座 S
S ティファニー銀座本店
C8
S 銀座英國屋
銀座三丁目店
P.54/P.175
銀座2
メルキュール H
銀座柳通り
京橋公園
S 銀座 伊東屋 本店 H
P.174
モントレ銀座
S 銀座トラヤ帽子店 P.55
銀座一局
S 和光アネックス
ケーキ&チョコレートショップ
P.56
S ブルガリ銀座タワー
銀座(2)
2
GUCCI
GINZA
S
A13
★ 松屋銀座 P.53
三原通り
ウインズ銀座
銀座タワー
東京メトロ有楽町線
★ セイコーハウス銀座／和光 P.53
A12
B2
S 銀座木村屋
P.56
松屋通り
B1
A10
A11
銀座(3)
★ 銀座三越 P.53
中央区
KR Ginza II
月島駅
A9
フォリービル
A8
S ロンシャン銀座
三吉橋
A1
A7
R 銀座 みかわや P.159
S 香十 銀座本店 P.57
銀座ブロッサム
銀座4
S 銀座鹿乃子 銀座三越店 P.176
A2
A4
A5
銀座ダイエー H
A3
SC コア
ソラリア西鉄 H
銀座
A8
R IBAIA P.155
中央区役所
銀座東3
A7
銀座(4)
築地川
亀井橋公園
銀座(5)
亀井橋
S 東京鳩居堂 銀座本店 P.57
マガジンハウス
銀座三局
NTT
築地署
3
天厨菜館 銀座店 P.57
A2
東銀座駅
首都高速都心環状線
A1
銀座入口
S
三原橋
★ 歌舞伎座 P.110/P.138
祝橋公園
銀座大野屋
P.54
座(6)
王子ホールディングス
C 喫茶 YOU
P.57
祝橋
S ISHIYA G GINZA SIX P.58
★ 観世能楽堂 P.140
C1
銀座出口
S FRANCK MULLER PÂTISSERIE P.58
築地川
銀座公園
コンワビル
S 銀座 蔦屋書店 P.58
銀座東5
晴海通り
築地(1)
南海ビル
万年橋西
えとビル
みずほ
みゆき通り
万年橋
銀座出口
松竹スクエア
H
コートヤード・マリオット
銀座東武ホテル
時事通信社
松竹大谷図書館
万年橋東
京橋築地小
東京メトロ日比谷線
銀中通り
4
本願寺前
采女橋公園前
東劇ビル
築地駅
都営浅草線
銀座6丁目
SQUARE
采女橋
京橋局
築地(2)
日土地銀座ビル
ヴィアイン
秋葉原駅
銀座七局
日鐵木挽ビル
築地(4)
銀座入口
H
新大橋通り
木挽町通り
★ 新橋演舞場
P.140
築地4
KYビル
築地(3)
D
E
F

A
B
C
1
2
3
4
P.16-17
有楽町駅
東京駅
銀座駅
新橋駅
日比谷口前
ラ・ピスタ
新橋(2)
SL広場
日比谷口
銀座口
烏森神社
ニュー新橋ビル
汐留口
烏森通り
烏森口
桜田公園
新橋(3)
駅前ビル2
駅前
カプセルイン
レインボー
港区
東急ビル
新橋(4)
環二通り
東急ステイ新橋
第一京浜
都営浅草線
東新橋1
日比谷神社
セブンイレブン
汐留通り
新橋5
モメント汐留
大門駅
東新橋2
東新橋(2)
ウィンズ
コモディオ
イタリア街
三井ガーデンホテル
東海道本線・山手線・京浜東北線
東海道新幹線
ゆりかもめ
都営大江戸線
イタリア公園
横須賀線
品川駅
竹芝駅
東京メトロ銀座線
銀座8
新橋(1)
新橋1
新橋局
新橋出入口
三井ガーデン
三井住友駅前ビル1号館
ウイング新橋
ニッショーホール
ニッショービル
旧新橋停車場
パナソニック東京汐留ビル
P.123 パナソニック汐留美術館
汐留シティセンター
都営大江戸線
蓬莱橋
蓬莱橋南
東京高速道路
海岸通り
銀中通り
銀座(8)
カレッタ汐留
電通四季劇場［海］
銀座局
日本テレビタワー
P.137
汐留北
ローソン
ザ ロイヤルパークホテル東京汐留
電通本社ビル
住友不動産ビル
汐先橋
汐留JCT
環二通り
汐留駅
メディアタワー
汐留
築地5
パークホテル東京
東京汐留ビル
コンラッド東京
汐留出入口
Toppanエッジビル
汐留住友ビル
ヴィラフォンテーヌ
サービスセンター
東新橋(1)
汐留南
海岸通り
中の御門橋
浜離宮庭園前
首都高速都心環状線
浜離宮庭園入口
ツインパークス
野外卓広場
芳梅亭
浜離宮恩賜庭園
P.50/P.108
新銭座鴨場
潮入の池
御亭山
中島の御茶屋

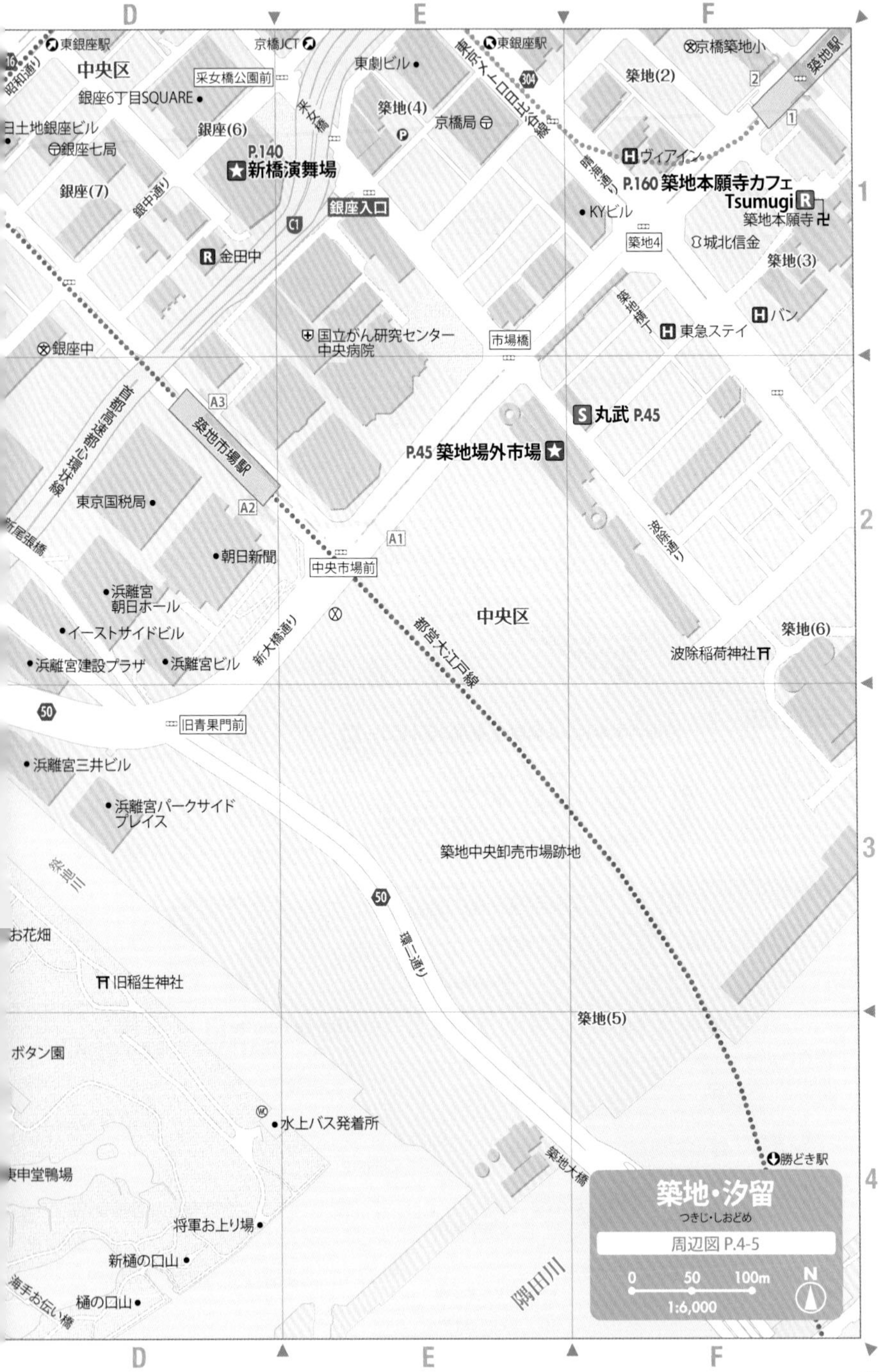
築地・汐留
つきじ・しおどめ
周辺図 P.4-5
0 50 100m
1:6,000
N
中央区
東銀座駅
京橋JCT
東劇ビル
東銀座駅
京橋築地小
築地(2)
築地駅
昭和通り
採女橋公園前
銀座6丁目SQUARE
築地(4)
京橋局
東京メトロ日比谷線
日土地銀座ビル
銀座(6)
銀座七局
P.140
新橋演舞場
ヴィアイン
P.160 築地本願寺カフェ Tsumugi
築地本願寺
銀座(7)
銀中通り
銀座入口
晴海通り
KYビル
築地4
城北信金
築地(3)
金田中
築地橋
東急ステイ
バン
国立がん研究センター中央病院
市場橋
銀座中
A3
丸武 P.45
築地市場駅
P.45 築地場外市場
首都高速都心環状線
東京国税局
A2
A1
波除通り
朝日新聞
中央市場前
新尾張橋
浜離宮朝日ホール
中央区
イーストサイドビル
新大橋通り
都営大江戸線
築地(6)
浜離宮建設プラザ
浜離宮ビル
波除稲荷神社
50
旧青果門前
浜離宮三井ビル
浜離宮パークサイドプレイス
築地中央卸売市場跡地
築地川
50
お花畑
環二通り
旧稲生神社
築地(5)
ボタン園
水上バス発着所
勝どき駅
庚申堂鴨場
築地大橋
将軍お上り場
新樋の口山
隅田川
海手お伝い橋
樋の口山
D E F
1 2 3 4

六本木・西麻布・麻布十番
ろっぽんぎ・にしあざぶ・あざぶじゅうばん
周辺図 P.4-5
0
100
200m
1:10,000
N
P.12
P.22-23
A
B
C
1
2
3
4
青山一丁目駅
赤坂駅
乃木坂
乃木坂駅
乃木坂駅前局
都営大江戸線
外苑東通り
赤坂(9)
ミッドタウン・ガーデン
P.124 21_21 DESIGN SIGHT
ガーデンテラス
檜町公園
ザ・リッツ・カールトン東京
ミッドタウン・タワー
ミッドタウン西
東京ミッドタウン P.80
P.80/P.119
国立新美術館
日本学術会議
墓地中央
東京メトロ千代田線
日本学術会議前
六本木天祖神社
P.118
サントリー美術館
六本木(7)
P.163 Toshi Yoroizuka Mid Town
六本木(4)
六本木駅
青山霊園
表参道駅
法庵寺
政策研究大学院大
俳優座劇場
六本木トンネル
青山公園
三菱UFJ
六本木西公園
みずほ
六本木
アマンド
南青山(2)
明治屋
住友不動産六本木通ビル
出雲大社東京分祠
六本木駅前局
マハラジャ六本木 P.134
外苑西通り
六本木ヒルズノースタワー
ガーナ大使館
EX TOWER PLUS
ステップ六本木
EX THEATER ROPPONGI
中国飯店
六本木6
麻布トンネル
六本木(6)
六本木中
西麻布(1)
六本木通り
慈眼院
東洋英和女学院
芋洗坂
大橋JCT
ホテル&レジデンス六本木
西麻布局
セブンイレブン
森タワー
毛利庭園 P.50
P.171
WODKA TONIC
首都高速3号渋谷線
グランドハイアット
六本木ヒルズ P.80
西麻布
妙善寺
けやき坂コンプレックス
テレビ朝日 P.137
高樹町出入口
セブンイレブン
P.105 六本木ヒルズ展望台 東京シティビュー
六本木けやき坂通り
P.119 森美術館
心臓血管研究所附属病院
国際文化会館
六本木さくら坂通り
東京メトロ日比谷線
ギリシア大使館
ラオス大使館
さくら坂公園
ルーマニア大使館
六本木高
西麻布(4)
正光院
元麻布(3)
シンガポール大使館
ウクライナ大使館
麻布署
南山小
鳥居坂下
セブンイレブン
龍澤寺
総本家更科堀井
笄小
広称寺
中国大使館
光隆寺
暗闇坂
オーストリア大使館
七面坂
西麻布(3)
P.171 Bar La Hulotte
TRATTORIA CHE PACCHIA
P.151
渋谷区
広尾(4)
外苑西通り
本光寺
大黒坂
徳正寺
長伝寺
賢崇寺
広尾学園高・中
麻布高・中
スロバキア大使館
一本松坂
元麻布(2)
元麻布(1)
ボスニア・ヘルツェゴビナ大使館
愛育クリニック
P.99 麻布山 善福寺
眞福寺
スイス大使館
愛育学園
善通寺
南麻布(5)
ノルウェー大使館
氷川神社 P.99
アルゼンチン大使館
有栖川宮記念公園
仙台坂
広尾駅
中央図書館

D
E
F
1
2
3
4
溜池山王駅
陽泉寺
赤坂(1)
P.24 虎ノ門ヒルズ ステーションタワー
The Okura Tokyo
P.24 日常茶飯時
P.24 Atsushi Hatae
P.24 鮨 おにかい×2
六本木(2)
六本木2
アーク森ビル
霊南坂
アメリカ大使館宿舎
谷町JCT
サントリーホール
アークタワーズ
気象庁 虎ノ門庁舎
港区立みなと科学館
妙像寺
六本木通り
六本木なだれ坂
アークヒルズサウスタワー
スペイン大使館
六本木(1)
東京ワールドゲート
虎ノ門ヒルズ駅
泉屋博古館分館
首都高速3号渋谷線
六本木一丁目駅
泉ガーデン
泉ガーデンギャラリー
虎ノ門(4)
スウェーデン大使館
港区
東京メトロ日比谷線
桜田通り
ヴィラ フォンテーヌ グランド東京六本木
テレビ東京
六本木(3)
六本木麻布通り
アークヒルズ仙石山森タワー
行合坂
東京メトロ南北線
飯倉入口
原子力規制庁
六本木ファーストビル
首都高速都心環状線
S アラビカ東京 P.23
虎ノ門(5)
桜麻通り
C Minimal The Specialty
麻布台ヒルズ P.23
神谷町駅
虎ノ門(3)
ドン・キホーテ
R SAAWAAN BISTRO P.23
六本木5
★ 森ビル デジタルアート ミュージアム:
エプソン チームラボボーダレス
オランダ大使館
ローソン
麻布小
R
ウルフギャング・
ステーキハウス 六本木店
P.155
H ジャヌ東京
P.23
八幡神社
オランダヒルズ
飯倉片町
★ 麻布台ヒルズ P.22
芝公園(3)
三年坂
麻布台(1)
鳥居坂教会
麻布台(3)
芝高・中
光宝寺
フィリピン大使館
聖アンデレ教会
飯倉出口
セブンイレブン
飯倉
永井坂
ロシア大使館
東洋英和女学院高・中
フィジー大使館
東京タワー通り
麻布通り
麻布台(2)
六本木(5)
真浄寺
麻布永坂町
P.104
東京タワー メインデッキ
東京タワー
心光院
東京タワー前
S 麻布かりんと
S 浪花家総本店 P.98
アフガニスタン大使館
R グリル満天星 麻布十番本店 P.99
芝公園(4)
東麻布(3)
東麻布(2)
★ 麻布十番商店街 P.98
東京タワー下
宝珠院
麻布十番駅
東麻布1
都営大江戸線
りそな
一ノ橋JCT
首都高速都心環状線
ザ・プリンス パークタワー東京
中之橋口
赤羽橋
ファミリーマート
芝公園入口
赤羽橋駅
S 豆源
P.98/P.178
オセボン
セブンイレブン
ローソン
赤羽橋口
大門駅
赤羽橋南
雑式通り
麻布十番(2)
麻布十番駅
チリ大使館
国際医療福祉大付属三田病院
首都高速2号目黒線
天ぷら 畑中
P.149
三田(1)
済生会中央病院
芝公園出口
麻布十番(3)
天祖神社
長久寺
赤羽小
仙台坂下
二の橋
圓徳寺
三田国際ビル
日向坂
當光寺
麻布山入口
白金高輪駅
三田高
芝(3)

青山・原宿・表参道
あおやま・はらじゅく・おもてさんどう
周辺図 P.4-5
0 100 200m
1:10,000
N
A
B
C
1
2
3
4
代々木駅
北参道駅
延命寺
千駄ヶ谷(3)
千駄谷小
C LORANS. 原宿店 P.165
渋谷区
神宮前(2)
東京メトロ副都心線
原宿外苑中
明治神宮ミュージアム
トルコ大使館
JINGUMAE COMICHI
神宮前局
山手線
埼京線
原宿外苑中西
中央図書館
神宮前1
神宮前3
南池
南参道
神宮前(1)
ローソン
原宿署
東郷神社
東郷記念館
原宿駅竹下口
明治通り
原宿駅
竹下通り
P.89
WITH HAYAJUKU
長安寺
Guzman y Gomez
ラフォーレ原宿 P.88
代々木公園
原宿駅前
竹下口
P.120 太田記念美術館
東急プラザ表参道原宿 P.89
※2024年4月17日から東急プラザ表参道「オモカド」
神宮前(3)
東京メトロ千代田線
代々木公園駅
神宮橋
明治神宮前〈原宿〉駅
R bills 表参道 P.147
パンとエスプレッソと P.167
渋谷区神園町
コープオリンピア
ザラ
C Eggs 'n Things 原宿店 P.161
セブンイレブン
東急プラザ原宿「ハラカド」
P.29
神宮前
エスポワール
神宮前(4)
神南(2)
国立代々木競技場第一体育館
キディランド原宿店
神宮前小
ギャラリー同潤会
表参道ヒルズ P.88
キュープラザ原宿
P.89 GYRE
表参道
P.166 SEE MORE GLASS
P.50 表参道
神宮前六局
京セラ原宿ビル
善光寺
長泉寺
神宮前(6)
秋葉神社
ドーミーイン
キャットストリート
表参道駅
神宮前(5)
オーク表参道
パラシオタワー
神宮前メディアスクエア
北谷稲荷神社
桑沢デザイン研究所
穏田神社
みずほ
Echika表参道
セブンイレブン
渋谷署
ヒコ・みづのジュエリーカレッジ
ファミリーマート
青山ライズスクエア
渋谷教育学園渋谷中・高
紀ノ国屋インターナショナル
シダックスカルチャーホール
神宮前6
ファッション&アート専門学校
Aoビル
スパイラル
青山中川美術館
神南(1)
ファミリーマート
P.178 PIERRE HERMÉ PARIS Aoyama
南青山5
セブンイレブン
青山通局
骨董通り
神南局前
渋谷キャスト
渋谷(1)
青山パークタワー
国連大学本部
cocoti
青山通り
神南局
宮下公園
タワーレコード
東京メトロ半蔵門線
MFPRビル
MIYASHITA PARK P.41
青山学院大
東京メトロ銀座線
西武B館
セブンイレブン
P.172
渋谷のんべい横丁
ファミリーマート
渋谷(4)
西武A館
あおぞら
青山学院女子短大
20a
MAGNET by SHIBUYA109
東急REI
渋谷局
宮益坂上
P.24-25
西門前
渋谷駅
宮益坂
青山学院中
246

都立明治公園 P.25
新宿区
明治神宮外苑 P.50
国立競技場駅
赤坂御用地
P.12
明治神宮野球場
日本青年館ホール
慈光寺
國學院高
青山中
元赤坂(2)
スタジアム通り
神宮外苑テニスクラブ
いちょう並木
都営大江戸線
外苑東通り
龍巌禅寺
北青山(1)
永田町駅
赤坂郵便局前
國學院高第二記念館
TEPIA
青山ビル
青山高
青山一丁目駅
赤坂見附駅
熊野神社
秩父宮ラグビー場
高徳寺
青山1
青山ツイン
東京メトロ半蔵門線
ホンダ青山ビル
P.151
Trattoria Siciliana Don Ciccio
伊藤忠商事
ワタリウム美術館 P.124
青山2
赤坂図書館
OMスクエア
熊野通り
プラセオ
ユニマット
東京メトロ銀座線
六本木駅
ブラジル大使館
幼稚園前
原宿教会
持法寺
外苑前駅
ローソン
北青山(2)
青葉公園
青山キラー通り
外苑前
南青山(2)
青山小
WORLD BREAKFAST ALLDAY 外苑前店 P.161
龍泉寺
外苑前局
青山公園
東急ステイ
赤坂署
青山特別支援
南青山3
北青山(3)
Francfranc
港区
南青山(1)
オリンピック
青山通り
青山児童館
外苑西通り
墓地通り
長者丸通り
東急ビル
青山霊園
青山斎場前
赤坂駅
青山迎賓館
船光稲荷
南青山(3)
アウラビル
アルテカベルテ
青山葬儀所
乃木坂駅
南青山陸橋
日本学術会議
事業構想大学院大
墓地中央
日本学術会議前
国立新美術館
P.80/P.119
南青山(4)
東京メトロ千代田線
青山橋
廣閑院
梅窓通り
青山霊園立山墓地
六本木(7)
ヨックモック
青南小
南青山(2)
青山公園
南青山(5)
P.20-21
FROM-1st
根津美術館前
コレッツィオーネ
根津美術館 P.120
外苑西通り
ローソン
美術館通り
西麻布(2)
岡本太郎記念館
P.121
ブルーノート 東京
長谷寺
西麻布(1)
大安寺
六本木駅
慈眼院
西麻布局
南青山6
ホテル&レジデンス六本木
六本木通り
CLINTON ST. BAKING COMPANY 東京店 P.160
南青山(6)
骨董通り
P.171 WODKA TONIC
西麻布
首都高速3号渋谷線
東京メトロ日比谷線

渋谷
しぶや
周辺図 P.4-5／P.22-23
0
80
160m
N
1:7,500
A
B
C
1
2
3
4
神南(二)
渋谷区役所前
渋谷税務署前
井の頭通り
渋谷税務署
神山町
日本アムウエイ
渋谷区役所
渋谷ホームズ
北谷公園
MARGARET HOWELL 神南
NHKセンター下
第二共同ビル
第一共同ビル
渋谷クレストンホテル
渋谷東武
シダックス・カルチャーホール
宇田川町
イラク大使館
神南小
渋谷公園通り P.40
ローソン
神山町東
井の頭通り
セブンイレブン
勤労福祉会館前
ローソン
セブンイレブン
神南小下
オルガン坂
神南局前
渋谷PARCO P.40
神南局
P.40 PARCO MUSEUM TOKYO
タワーレコード
P.40 ComMunE
P.40 Nintendo TOKYO
渋谷モディ
スペイン坂
戸栗美術館
P.123
大山稲荷
渋谷BEAM
ちとせ会館
P.142 ヨシモト∞ホール
ヒューマックスシネマ
神南
松濤(1)
宇田川通り
渋谷ロフト
渋谷マルイ
オーチャードホール
Bunkamura
渋谷センター街（バスケットボールストリート）
西武渋谷店B館
※2027年度までオーチャードホールを除き休館中
H&M
井の頭通り
井ノ頭通り入口
道玄坂2
松濤局
文化村通り
西武渋谷店A館
渋谷区
松濤局前
道玄坂(2)
MAGNET by SHIBUYA 109
SHIBUYA HOTEL EN
ヤマダ電機
みずほ
A2
A3
A6
A12
A7
鍋島松濤公園
P.28 道玄坂通～dogenzaka-dori～
ユーロスペース
ユニクロ
A0
道玄坂下
A4
渋谷駅前
P.28 Lil Woody's Shibuya
A1
ハチ公像
P.28 ホテルインディゴ東京渋谷
TOHOシネマズ渋谷
A5
A8
松濤文化村ストリート
SHIBUYA109渋谷店
P.41
ハチ
松濤美術館
O-WEST
O-EAST
道玄坂
渋谷エクセルホテル東急
渋谷駅
道玄坂
京王井の頭線
モヤイ像
ドクタージーカンズ
ノア道玄坂
三菱UFJ
駒場東大前駅
円山町
渋谷マークシティ
P.41
神泉町
渋谷駅南口
まいばすけっと
セブンイレブン
P.39 渋谷フクラス
E・スペースタワー
交番前
P.38 東急プラザ渋谷
ファミリーマート
東急田園都市線
神泉駅
P.39 鰻 渋谷松川
P.39 純洋食とスイーツ パーラー大箸
渋谷ソラスタ
南平台
246
アパ
セルリアンタワー東急ホテル
道玄坂上
P.169 タワーズレストラン クーカーニョ
神泉駅入口
マルエツプチ
首都高速3号渋谷線
玉川通り
渋谷出入口
東急ステイ渋谷
P.140 セルリアンタワー能楽堂
山手通り
P.39 観光支援施設shibuya-san
道玄坂上
南平台町
ローソン
目黒区
青葉台
P.26-27
神泉町
ローソン
池尻大橋駅
大橋JCT

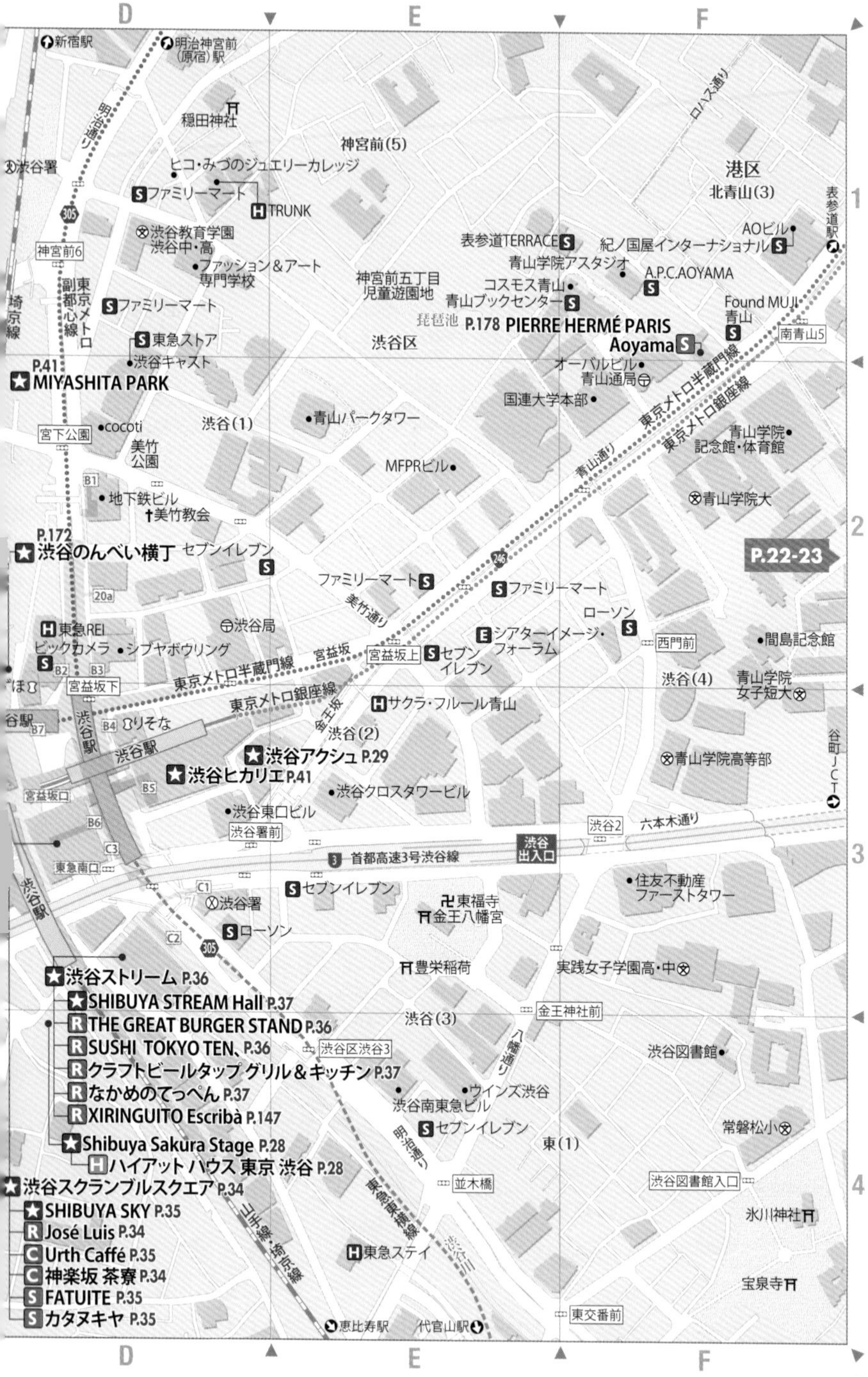
D
E
F
1
2
3
4
新宿駅
明治神宮前（原宿）駅
明治通り
穏田神社
神宮前(5)
ロハス通り
港区
北青山(3)
表参道駅
渋谷署
ヒコ・みづのジュエリーカレッジ
ファミリーマート
TRUNK
305
神宮前6
渋谷教育学園
渋谷中・高
ファッション＆アート
専門学校
ファミリーマート
副都心線
東京メトロ
埼京線
東急ストア
渋谷キャスト
表参道TERRACE
紀ノ国屋インターナショナル
AOビル
青山学院アスタジオ
A.P.C.AOYAMA
神宮前五丁目
児童遊園地
コスモス青山
青山ブックセンター
Found MUJI
青山
琵琶池
P.178 PIERRE HERMÉ PARIS
Aoyama
南青山5
渋谷区
P.41
MIYASHITA PARK
オーバルビル
青山通局
東京メトロ半蔵門線
東京メトロ銀座線
国連大学本部
宮下公園
cocoti
渋谷(1)
青山パークタワー
美竹公園
青山学院
記念館・体育館
MFPRビル
青山通り
B1
地下鉄ビル
美竹教会
青山学院大
P.172
渋谷のんべい横丁
セブンイレブン
P.22-23
246
ファミリーマート
ファミリーマート
20a
美竹通り
ローソン
東急REI
渋谷局
シアターイメージ・フォーラム
西門前
間島記念館
ビックカメラ
シブヤボウリング
宮益坂
宮益坂上
セブンイレブン
B2
B3
東京メトロ半蔵門線
渋谷(4)
青山学院女子短大
宮益坂下
東京メトロ銀座線
サクラ・フルール青山
金王坂
渋谷駅
B7
B4
りそな
渋谷駅
渋谷(2)
谷町JCT
渋谷アクシュ P.29
青山学院高等部
渋谷ヒカリエ P.41
B5
宮益坂口
渋谷クロスタワービル
B6
渋谷東口ビル
渋谷署前
渋谷2
六本木通り
渋谷出入口
C3
首都高速3号渋谷線
東急南口
C1
セブンイレブン
住友不動産ファーストタワー
渋谷駅
渋谷署
東福寺
金王八幡宮
ローソン
C2
305
豊栄稲荷
実践女子学園高・中
渋谷ストリーム P.36
SHIBUYA STREAM Hall P.37
THE GREAT BURGER STAND P.36
金王神社前
渋谷(3)
SUSHI TOKYO TEN、P.36
渋谷区渋谷3
八幡通り
渋谷図書館
クラフトビールタップ グリル＆キッチン P.37
なかめのてっぺん P.37
ウインズ渋谷
XIRINGUITO Escribà P.147
渋谷南東急ビル
セブンイレブン
常磐松小
明治通り
Shibuya Sakura Stage P.28
東(1)
ハイアット ハウス 東京 渋谷 P.28
並木橋
渋谷図書館入口
渋谷スクランブルスクエア P.34
SHIBUYA SKY P.35
山手線・埼京線
東急東横線
氷川神社
José Luis P.34
Urth Caffé P.35
渋谷川
東急ステイ
神楽坂 茶寮 P.34
宝泉寺
FATUITE P.35
カタヌキヤ P.35
恵比寿駅
代官山駅
東交番前

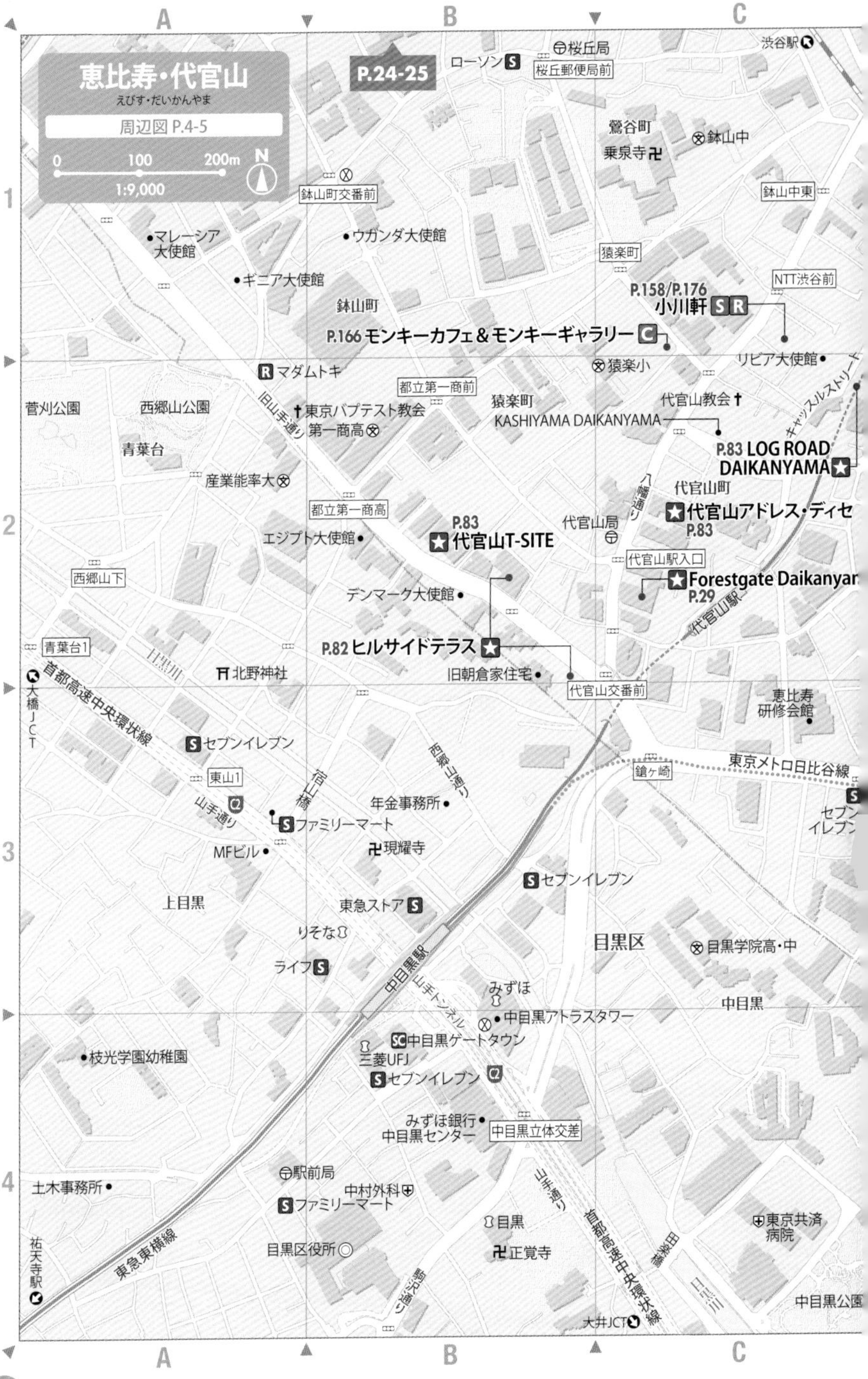

恵比寿・代官山
えびす・だいかんやま
周辺図 P.4-5
0
100
200m
1:9,000
N
A
B
C
1
2
3
4
P.24-25
ローソン
桜丘局
桜丘郵便局前
渋谷駅
鶯谷町
鉢山中
乗泉寺
鉢山町交番前
鉢山中東
マレーシア大使館
ウガンダ大使館
猿楽町
ギニア大使館
NTT渋谷前
P.158/P.176
小川軒
鉢山町
P.166 モンキーカフェ＆モンキーギャラリー
リビア大使館
マダムトキ
猿楽小
都立第一商前
菅刈公園
西郷山公園
旧山手通り
東京バプテスト教会
猿楽町
代官山教会
第一商高
KASHIYAMA DAIKANYAMA
キャッスルストリート
青葉台
P.83 LOG ROAD DAIKANYAMA
産業能率大
八幡通り
代官山町
都立第一商高
代官山アドレス・ディセ
P.83
代官山局
P.83
代官山T-SITE
エジプト大使館
代官山駅入口
西郷山下
Forestgate Daikanyama
P.29
デンマーク大使館
代官山駅
青葉台1
P.82 ヒルサイドテラス
目黒川
北野神社
旧朝倉家住宅
代官山交番前
大橋JCT
首都高速中央環状線
恵比寿研修会館
セブンイレブン
西郷山通り
東京メトロ日比谷線
鎗ヶ崎
宿山橋
東山1
年金事務所
セブンイレブン
山手通り
ファミリーマート
MFビル
現耀寺
セブンイレブン
上目黒
東急ストア
りそな
目黒区
目黒学院高・中
中目黒駅
ライフ
山手トンネル
みずほ
中目黒
中目黒アトラスタワー
中目黒ゲートタウン
枝光学園幼稚園
三菱UFJ
セブンイレブン
みずほ銀行
中目黒センター
中目黒立体交差
駅前局
土木事務所
中村外科
山手通り
ファミリーマート
目黒
東京共済病院
祐天寺駅
東急東横線
目黒区役所
正覚寺
首都高速中央環状線
蛇崩川
駒沢通り
目黒川
中目黒公園
大井JCT

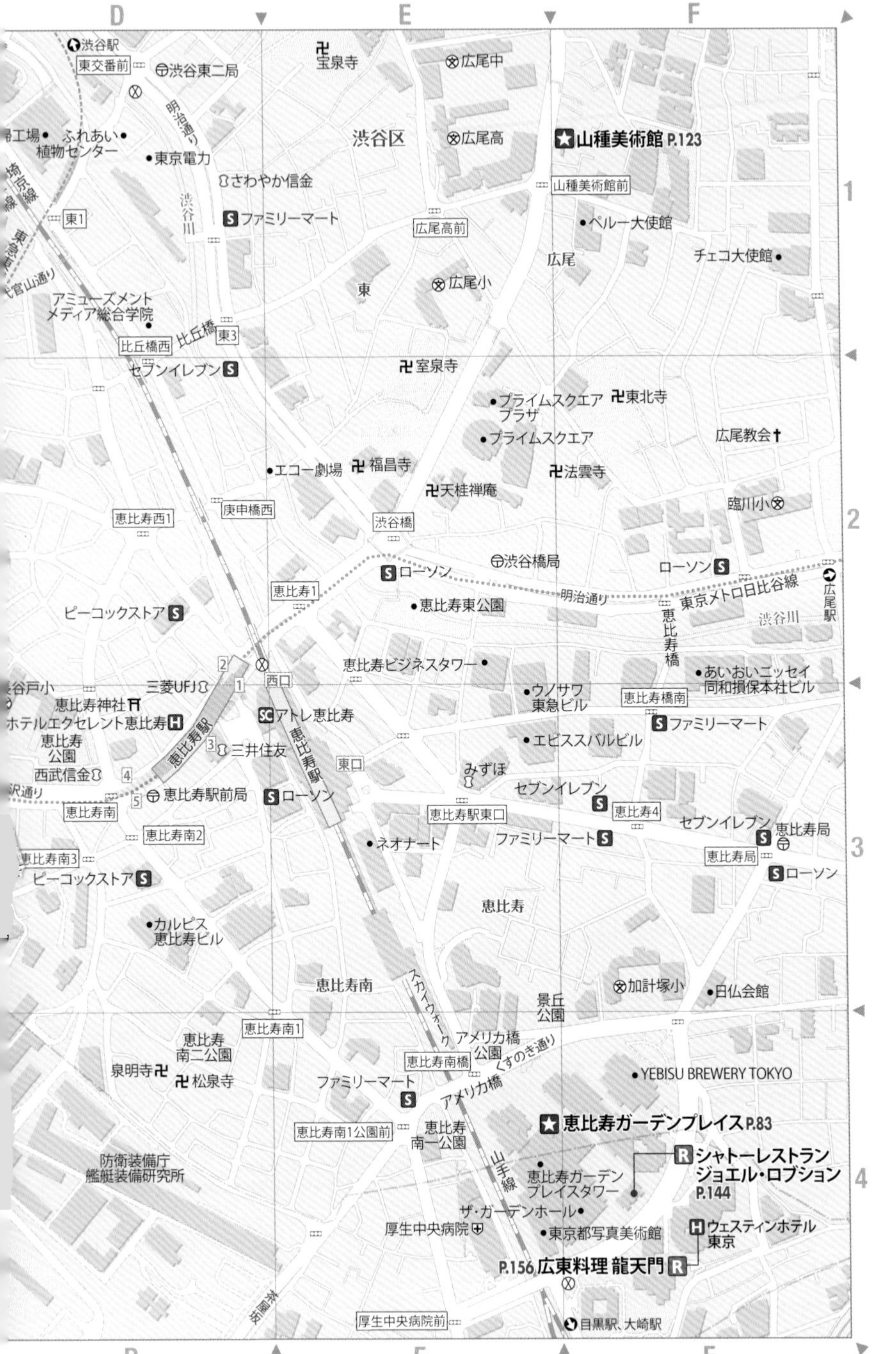

渋谷駅
東交番前
渋谷東二局
宝泉寺
広尾中
明治通り
ふれあい植物センター
東京電力
渋谷区
広尾高
山種美術館 P.123
山種美術館前
さわやか信金
渋谷川
ファミリーマート
東1
広尾高前
ペルー大使館
広尾
チェコ大使館
東
広尾小
アミューズメントメディア総合学院
比丘橋
東3
比丘橋西
セブンイレブン
室泉寺
プライムスクエアプラザ
東北寺
プライムスクエア
広尾教会
エコー劇場
福昌寺
法雲寺
天桂禅庵
臨川小
恵比寿西1
庚申橋西
渋谷橋
渋谷橋局
ローソン
東京メトロ日比谷線
広尾駅
明治通り
恵比寿1
恵比寿東公園
恵比寿橋
渋谷川
ピーコックストア
恵比寿ビジネスタワー
あいおいニッセイ同和損保本社ビル
三菱UFJ
西口
ウノサワ東急ビル
恵比寿橋南
恵比寿神社
ホテルエクセレント恵比寿
アトレ恵比寿
ファミリーマート
恵比寿公園
恵比寿駅
三井住友
エビススバルビル
西武信金
東口
みずほ
セブンイレブン
恵比寿駅前局
ローソン
恵比寿4
恵比寿南
恵比寿駅東口
セブンイレブン
恵比寿局
恵比寿南2
ネオナート
ファミリーマート
恵比寿局
恵比寿南3
ピーコックストア
ローソン
恵比寿
カルピス恵比寿ビル
恵比寿南
加計塚小
日仏会館
スカイウォーク
景丘公園
恵比寿南1
アメリカ橋公園
恵比寿南二公園
くすのき通り
恵比寿南橋
泉明寺
松泉寺
YEBISU BREWERY TOKYO
ファミリーマート
アメリカ橋
恵比寿ガーデンプレイス P.83
恵比寿南1公園前
恵比寿南一公園
シャトーレストラン ジョエル・ロブション P.144
防衛装備庁艦艇装備研究所
山手線
恵比寿ガーデンプレイスタワー
ザ・ガーデンホール
厚生中央病院
東京都写真美術館
ウェスティンホテル東京
P.156 広東料理 龍天門
茶屋坂
厚生中央病院前
目黒駅、大崎駅
D
E
F
1
2
3
4

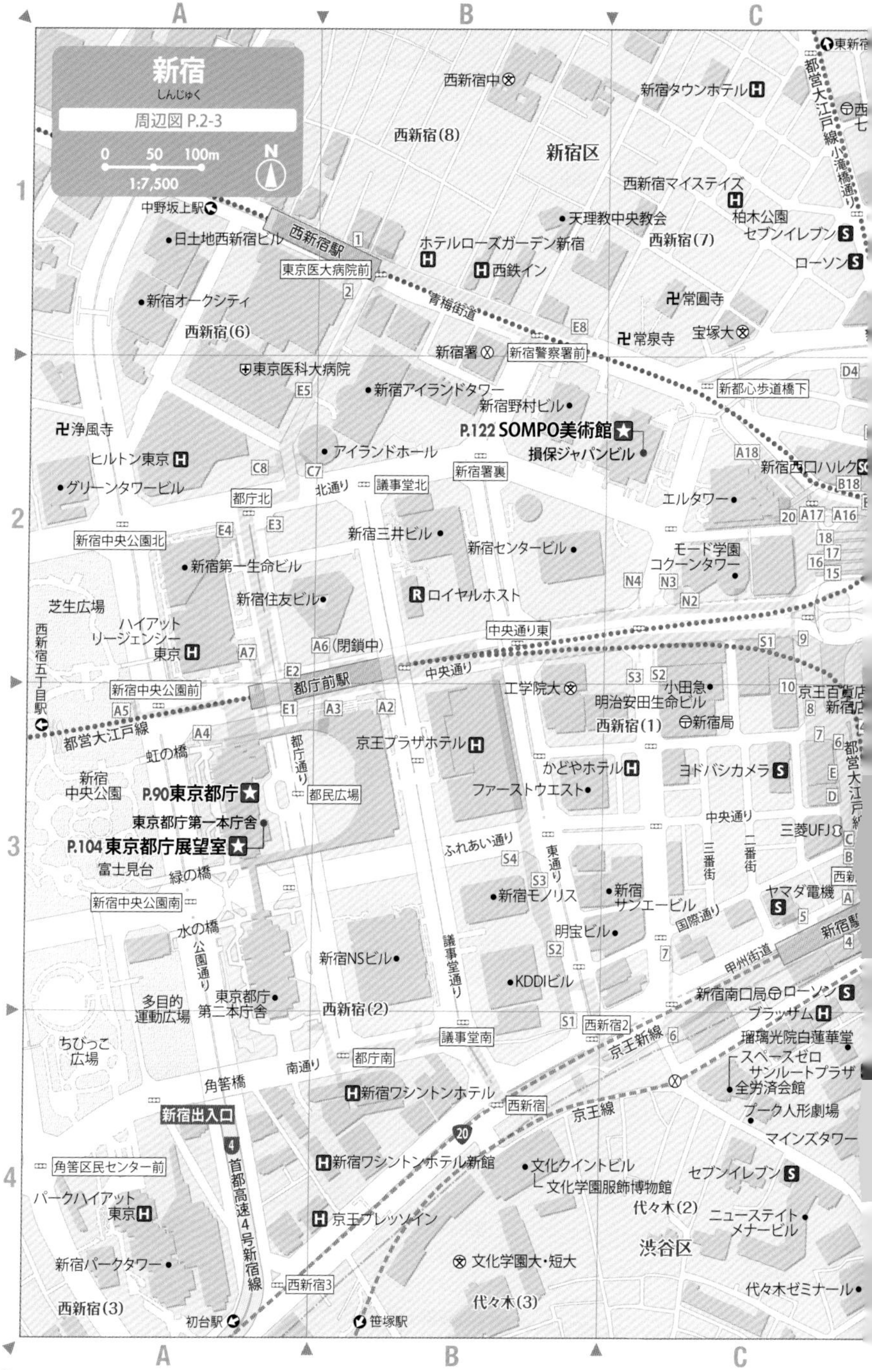
新宿
しんじゅく
周辺図 P.2-3
0 50 100m
N
1:7,500
A
B
C
1
2
3
4
西新宿中
新宿タウンホテル
西新宿(8)
新宿区
都営大江戸線
小滝橋通り
西新宿マイステイズ
柏木公園
セブンイレブン
ローソン
中野坂上駅
西新宿駅
日土地西新宿ビル
天理教中央教会
ホテルローズガーデン新宿
西新宿(7)
東京医大病院前
西鉄イン
新宿オークシティ
青梅街道
常圓寺
西新宿(6)
常泉寺
宝塚大
新宿署
新宿警察署前
東京医科大病院
新都心歩道橋下
新宿アイランドタワー
新宿野村ビル
浄風寺
P.122 SOMPO美術館
損保ジャパンビル
アイランドホール
ヒルトン東京
新宿西口ハルク
グリーンタワービル
北通り
議事堂北
新宿署裏
都庁北
エルタワー
新宿中央公園北
新宿三井ビル
新宿センタービル
モード学園
コクーンタワー
新宿第一生命ビル
新宿住友ビル
ロイヤルホスト
芝生広場
ハイアット
リージェンシー
東京
A6 (閉鎖中)
中央通り東
西新宿五丁目駅
中央通り
都庁前駅
工学院大
小田急
明治安田生命ビル
京王百貨店
新宿店
新宿中央公園前
西新宿(1)
新宿局
都営大江戸線
都庁通り
京王プラザホテル
虹の橋
かどやホテル
ヨドバシカメラ
新宿
中央公園
P.90 東京都庁
都民広場
ファーストウエスト
東京都庁第一本庁舎
中央通り
三菱UFJ
P.104 東京都庁展望室
ふれあい通り
三番街
二番街
富士見台
緑の橋
東通り
新宿中央公園南
新宿モノリス
新宿サンエービル
ヤマダ電機
水の橋
国際通り
明宝ビル
新宿駅
公園通り
新宿NSビル
議事堂通り
甲州街道
KDDIビル
多目的運動広場
東京都庁
第二本庁舎
西新宿(2)
新宿南口局
ローソン
プラザッサム
議事堂南
西新宿2
京王新線
瑠璃光院白蓮華堂
ちびっこ
広場
都庁南
南通り
スペースゼロ
サンルートプラザ
全労済会館
角筈橋
新宿ワシントンホテル
西新宿
京王線
プーク人形劇場
新宿出入口
マインズタワー
首都高速4号新宿線
角筈区民センター前
新宿ワシントンホテル新館
文化クイントビル
文化学園服飾博物館
セブンイレブン
パークハイアット
東京
代々木(2)
京王プレッソイン
ニューステイト
メナービル
渋谷区
新宿パークタワー
文化学園大・短大
西新宿3
代々木ゼミナール
西新宿(3)
代々木(3)
初台駅
笹塚駅

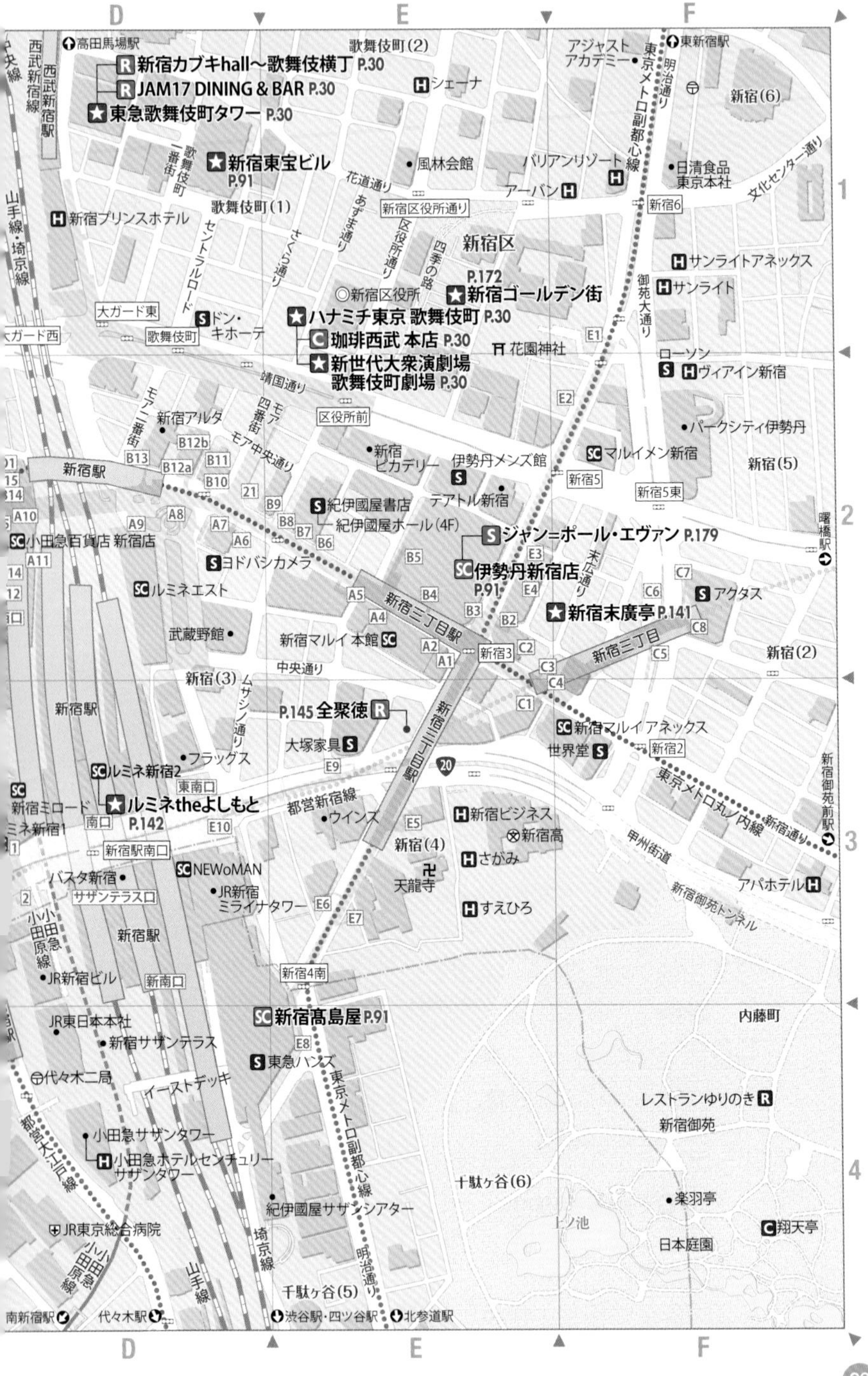

D
E
F
高田馬場駅
西武新宿線
西武新宿駅
中央線
新宿カブキhall～歌舞伎横丁 P.30
JAM17 DINING & BAR P.30
東急歌舞伎町タワー P.30
歌舞伎町(2)
シェーナ
アジャストアカデミー
東京メトロ副都心線
明治通り
東新宿駅
新宿(6)
歌舞伎町一番街
新宿東宝ビル P.91
風林会館
バリアンリゾート
日清食品東京本社
文化センター通り
花道通り
アーバン
新宿6
山手線・埼京線
新宿プリンスホテル
歌舞伎町(1)
あずま通り
新宿区役所通り
区役所通り
セントラルロード
さくら通り
四季の路
新宿区
サンライトアネックス
御苑大通り
サンライト
新宿区役所
P.172 新宿ゴールデン街
大ガード東
ドン・キホーテ
ハナミチ東京 歌舞伎町 P.30
ガード西
歌舞伎町
珈琲西武 本店 P.30
E1
花園神社
ローソン
新世代大衆演劇場 歌舞伎町劇場 P.30
ヴィアイン新宿
靖国通り
E2
モア二番街
新宿アルタ
モア四番街
区役所前
パークシティ伊勢丹
B12b
モア中央通り
新宿ピカデリー
伊勢丹メンズ館
マルイメン新宿
新宿(5)
新宿駅
B13
B12a
B11
B10
新宿5
テアトル新宿
新宿5東
21
B9
紀伊國屋書店
A10
A9
A8
B8
紀伊國屋ホール(4F)
曙橋駅
A7
B7
ジャン=ポール・エヴァン P.179
小田急百貨店 新宿店
A6
B6
A11
ヨドバシカメラ
B5
E3
伊勢丹新宿店 P.91
末広通り
C7
ルミネエスト
A5
B4
E4
C6
アクタス
新宿三丁目駅
B3
新宿末廣亭 P.141
A4
B2
C8
武蔵野館
新宿マルイ 本館
A2
新宿3
C2
新宿三丁目
C5
新宿(2)
A1
中央通り
C3
新宿(3)
C4
ムサシノ通り
新宿駅
P.145 全聚徳
新宿三丁目駅
C1
新宿マルイ アネックス
大塚家具
世界堂
新宿2
フラッグス
E9
20
ルミネ新宿2
東京メトロ丸ノ内線
東南口
新宿御苑前駅
都営新宿線
新宿ミロード
ルミネtheよしもと P.142
ウインズ
新宿ビジネス
新宿通り
ルミネ新宿1
南口
E5
新宿高
甲州街道
E10
新宿(4)
新宿駅南口
さがみ
NEWoMAN
バスタ新宿
天龍寺
アパホテル
サザンテラス口
JR新宿ミライナタワー
E6
すえひろ
新宿御苑トンネル
小田急線
新宿駅
E7
新宿4南
JR新宿ビル
新南口
内藤町
新宿高島屋 P.91
JR東日本本社
新宿サザンテラス
E8
東急ハンズ
代々木二局
イーストデッキ
レストランゆりのき
東京メトロ副都心線
新宿御苑
都営大江戸線
小田急サザンタワー
小田急ホテルセンチュリーサザンタワー
千駄ヶ谷(6)
楽羽亭
埼京線
紀伊國屋サザンシアター
上ノ池
JR東京総合病院
翔天亭
日本庭園
小田急線
山手線
明治通り
千駄ヶ谷(5)
南新宿駅
代々木駅
渋谷駅・四ツ谷駅
北参道駅
1
2
3
4

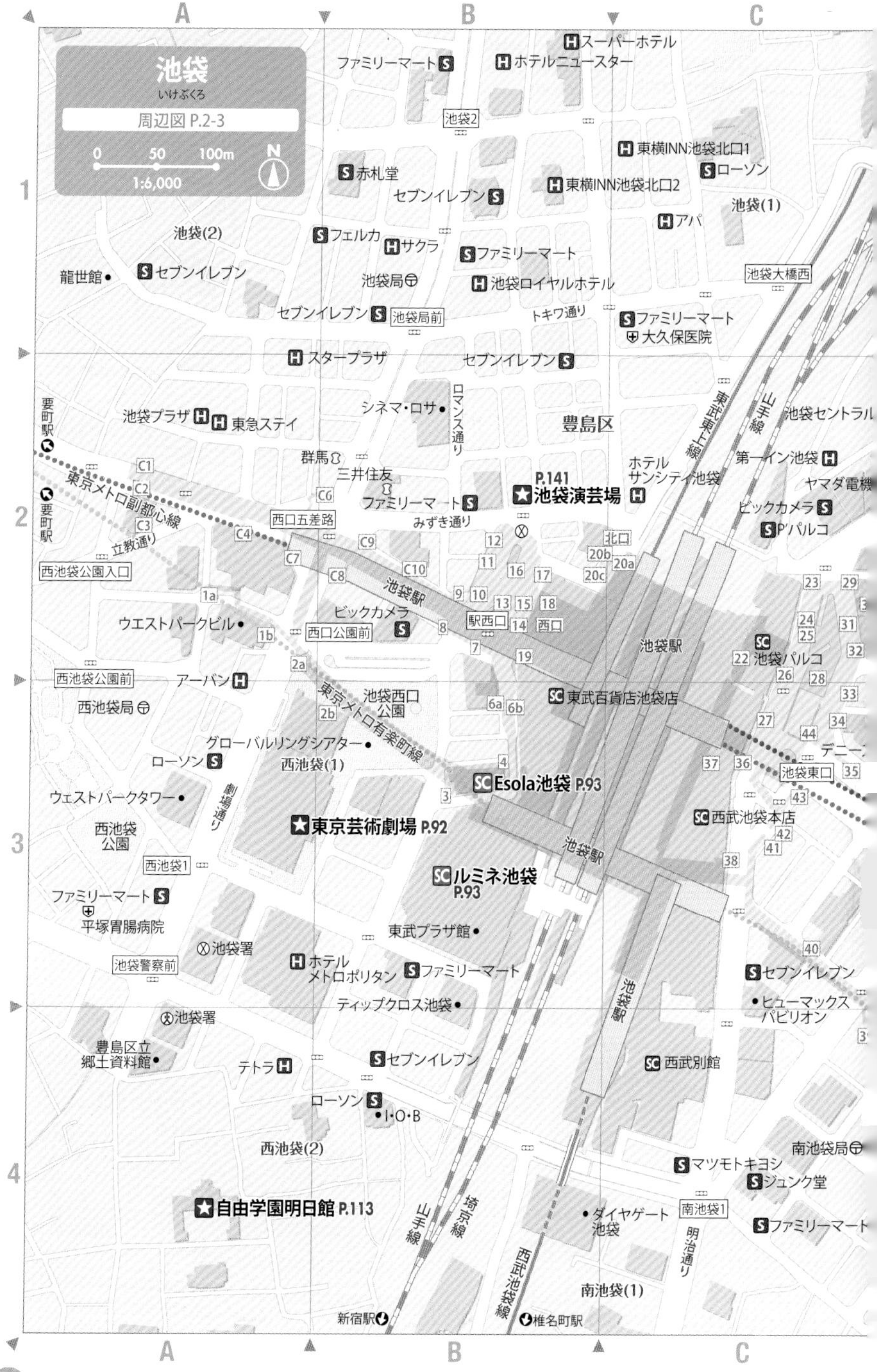
池袋
いけぶくろ
周辺図 P.2-3
0 50 100m
1:6,000
N
A
B
C
1
2
3
4
スーパーホテル
ファミリーマート
ホテルニュースター
池袋2
東横INN池袋北口1
ローソン
赤札堂
東横INN池袋北口2
セブンイレブン
池袋(1)
アパ
池袋(2)
フェルカ
サクラ
ファミリーマート
龍世館
セブンイレブン
池袋局
池袋ロイヤルホテル
池袋大橋西
セブンイレブン
池袋局前
トキワ通り
ファミリーマート
大久保医院
スタープラザ
セブンイレブン
要町駅
シネマ・ロサ
ロマンス通り
池袋プラザ
東急ステイ
豊島区
東武東上線
山手線
池袋セントラル
群馬
三井住友
ホテルサンシティ池袋
第一イン池袋
東京メトロ副都心線
P.141
池袋演芸場
ヤマダ電機
ファミリーマート
みずき通り
ビックカメラ
P'パルコ
立教通り
西口五差路
北口
西池袋公園入口
池袋駅
ビックカメラ
ウエストパークビル
西口公園前
駅西口
西口
池袋駅
池袋パルコ
西池袋公園前
アーバン
池袋西口公園
東武百貨店池袋店
西池袋局
東京メトロ有楽町線
グローバルリングシアター
ローソン
西池袋(1)
Esola池袋 P.93
池袋東口
ウェストパークタワー
劇場通り
西武池袋本店
西池袋公園
東京芸術劇場 P.92
西池袋1
池袋駅
ルミネ池袋 P.93
ファミリーマート
平塚胃腸病院
東武プラザ館
池袋署
池袋警察前
ホテルメトロポリタン
ファミリーマート
セブンイレブン
ティップクロス池袋
池袋駅
ヒューマックスパビリオン
池袋署
豊島区立郷土資料館
テトラ
セブンイレブン
西武別館
ローソン
I・O・B
西池袋(2)
南池袋局
マツモトキヨシ
ジュンク堂
自由学園明日館 P.113
山手線
埼京線
ダイヤゲート池袋
南池袋1
明治通り
ファミリーマート
西武池袋線
南池袋(1)
新宿駅
椎名町駅

D
E
F
1
2
3
4
板橋駅
北池袋駅
豊島区清掃工場
埼京線
健康プラザとしま
堀之内橋
上池袋局
上池袋(1)
山手線
池袋大橋
25山京ビル
305
豊島区
巣鴨駅
ISPビル
きらぼし
グレイスロータリービル
六ツ又陸橋
帝京平成大
ローソン
ファミリーマート
D-BOX
ファミリーマート
新文芸坐
Hareza Tower
ウイング
ザ・ビー
明治通り
センチュリオン
ホテルウィング
東池袋(2)
Hareza池袋 P.93
池袋駅前局
東京電子専門学校
東池袋3
254
東京建物 Brillia HALL
セブンイレブン
春日通り
WACCA
ビックカメラ
パソコン館
中池袋
公園
としま区民センター
東池袋
公園
ファミリーマート
ヴァンガードタワー
マルエツプチ
首都高速5号池袋線
ホテル
グランドシティー
東池袋(1)
ルートイン
NTT
グランドシネマ
サンシャイン池袋
池袋病院
ヤマダ電機
ファミリーマート
東京メトロ丸ノ内線
池袋イースト
新大塚駅
サンシャイン通り
オーク池袋
サンシャイン60通り
アーバンネットビル
住友駅前ビル
東池袋
中央公園
豊島自動車練習所
池袋スクエア
Mixalive TOKYO
サンシャイン60通り
ニトリ
ビックカメラ
サンシャインシティ
プリンスホテル
池袋HUMAXシネマズ
豊島局
サンシャインシティ P.93
サンシャイン前
サンシャイン60展望台 てんぼうパーク P.29
東口五差路
サンシャイン水族館 P.133
東京信金
コニカミノルタ プラネタリウム"満天"
セブンイレブン
ファミリーマート
ナンジャタウン
三井住友
東池袋
出入口
まいばすけっと
豊島岡女子学園
高・中
三菱UFJ
あおぞら
グリーン大通り
西友
文化会館
古代オリエント
博物館
サンシャイン劇場
プレッソイン
東京福祉大
日ノ出町
公園
三菱UFJニコス
東池袋
南池袋公園
東京メトロ有楽町線
南池袋(2)
リソル
Honda Cars
ライズアリーナビル
東池袋(4)
本立寺
常在寺
区役所前局
パークビル
中央図書館
あうるすぽっと
東池袋四公園
2
1
6
7
シアターグリーン
盛泰寺
シアターグリーン通り
東京メトロ副都心線
東池袋駅
豊島区役所
雑司が谷駅
護国寺駅

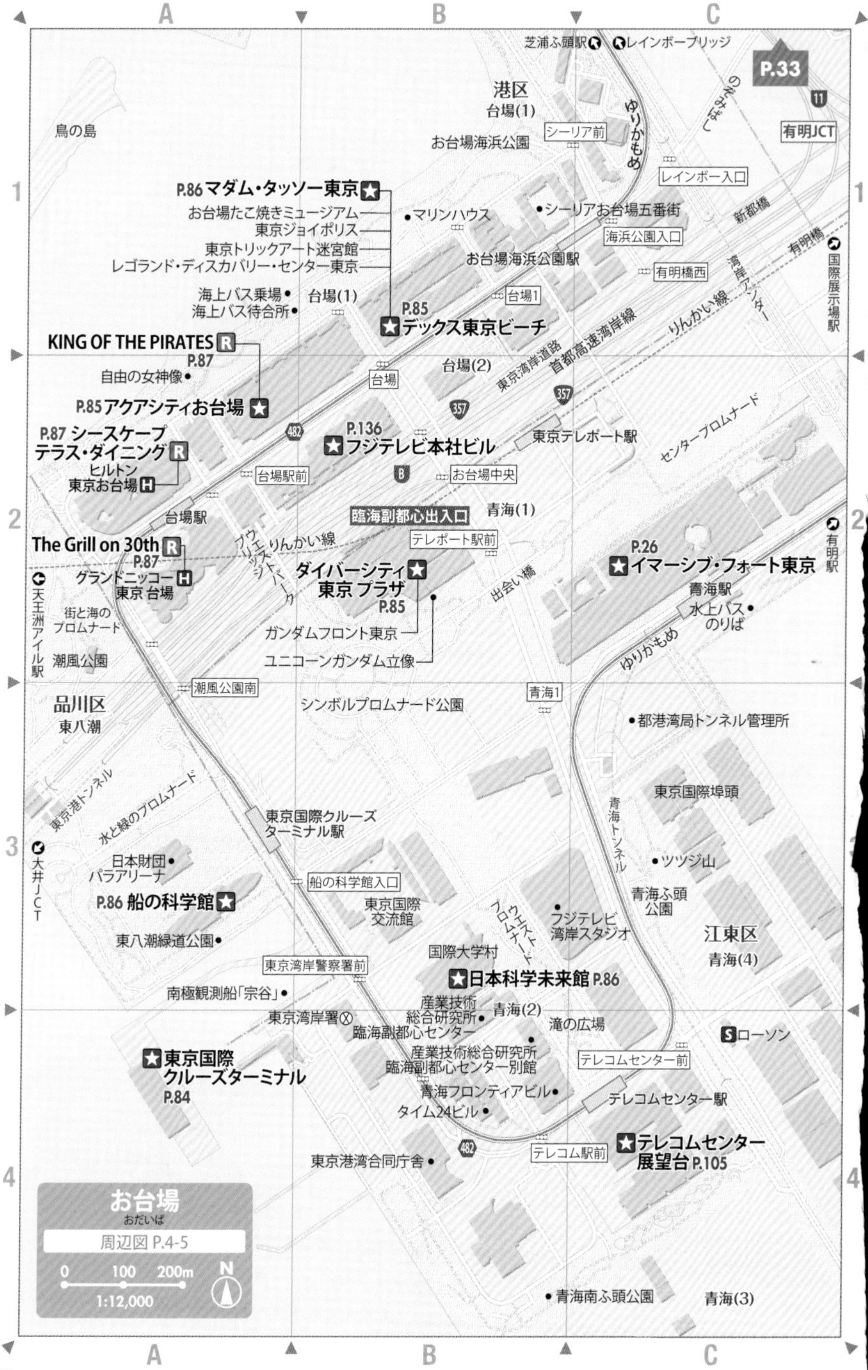

P.33
芝浦ふ頭駅
レインボーブリッジ
港区
台場(1)
鳥の島
シーリア前
お台場海浜公園
ゆりかもめ
のぞみばし
有明JCT
レインボー入口
P.86 マダム・タッソー東京
お台場たこ焼きミュージアム
東京ジョイポリス
東京トリックアート迷宮館
レゴランド・ディスカバリー・センター東京
マリンハウス
シーリアお台場五番街
海浜公園入口
新都橋
有明橋
国際展示場駅
お台場海浜公園駅
有明橋西
湾岸アンダー
海上バス乗場
海上バス待合所
台場(1)
台場1
P.85
デックス東京ビーチ
りんかい線
首都高速湾岸線
東京湾岸道路
KING OF THE PIRATES
P.87
自由の女神像
台場
台場(2)
P.85 アクアシティお台場
357
482
P.136
フジテレビ本社ビル
東京テレポート駅
センタープロムナード
P.87 シースケープ
テラス・ダイニング
ヒルトン
東京お台場
台場駅前
お台場中央
台場駅
臨海副都心出入口
青海(1)
テレポート駅前
The Grill on 30th
P.87
グランドニッコー
東京 台場
ウエストパーク
りんかい線
ダイバーシティ
東京 プラザ
P.85
P.26
イマーシブ・フォート東京
有明駅
出会い橋
青海駅
水上バス
のりば
天王洲アイル駅
街と海の
プロムナード
ガンダムフロント東京
ユニコーンガンダム立像
ゆりかもめ
潮風公園
潮風公園南
青海1
品川区
東八潮
シンボルプロムナード公園
都港湾局トンネル管理所
東京港トンネル
水と緑のプロムナード
東京国際埠頭
青海トンネル
東京国際クルーズ
ターミナル駅
大井JCT
日本財団
パラアリーナ
ツツジ山
船の科学館入口
P.86 船の科学館
東京国際
交流館
ウエストプロムナード
フジテレビ
湾岸スタジオ
青海ふ頭
公園
東八潮緑道公園
江東区
国際大学村
青海(4)
東京湾岸警察署前
日本科学未来館 P.86
南極観測船「宗谷」
産業技術
総合研究所
青海(2)
東京湾岸署
滝の広場
臨海副都心センター
ローソン
産業技術総合研究所
臨海副都心センター別館
東京国際
クルーズターミナル
テレコムセンター前
P.84
青海フロンティアビル
テレコムセンター駅
タイム24ビル
テレコム駅前
テレコムセンター
展望台 P.105
東京港湾合同庁舎
お台場
おだいば
周辺図 P.4-5
0
100
200m
1:12,000
N
青海南ふ頭公園
青海(3)

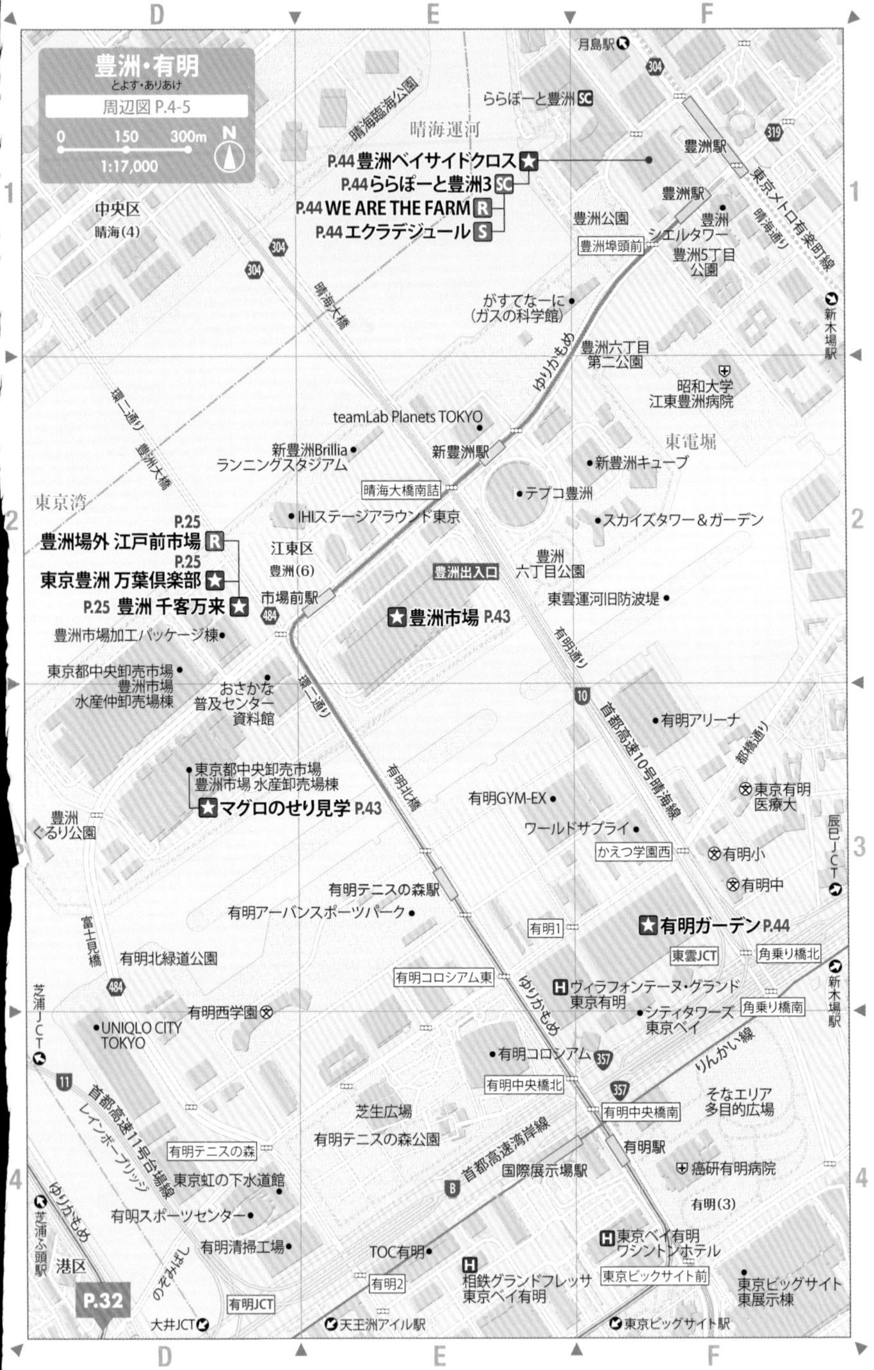
豊洲・有明
とよす・ありあけ
周辺図 P.4-5
0 150 300m
1:17,000
N
D
E
F
1
2
3
4
月島駅
ららぽーと豊洲 SC
晴海臨海公園
晴海運河
P.44 豊洲ベイサイドクロス
P.44 ららぽーと豊洲3 SC
P.44 WE ARE THE FARM R
P.44 エクラデジュール S
豊洲駅
東京メトロ有楽町線
晴海通り
豊洲公園
豊洲 シエルタワー
豊洲埠頭前
豊洲5丁目公園
中央区
晴海(4)
304
319
晴海大橋
がすてなーに (ガスの科学館)
新木場駅
ゆりかもめ
豊洲六丁目第二公園
昭和大学江東豊洲病院
環二通り
豊洲大橋
teamLab Planets TOKYO
新豊洲Brillia ランニングスタジアム
新豊洲駅
東電堀
新豊洲キューブ
晴海大橋南詰
テプコ豊洲
東京湾
IHIステージアラウンド東京
スカイズタワー＆ガーデン
P.25 豊洲場外 江戸前市場 R
P.25 東京豊洲 万葉倶楽部
P.25 豊洲 千客万来
江東区
豊洲(6)
豊洲出入口
豊洲六丁目公園
東雲運河旧防波堤
市場前駅
484
豊洲市場 P.43
豊洲市場加工パッケージ棟
有明通り
東京都中央卸売市場 豊洲市場 水産仲卸売場棟
おさかな普及センター資料館
10
首都高速10号晴海線
有明アリーナ
都橋通り
東京都中央卸売市場 豊洲市場 水産卸売場棟
マグロのせり見学 P.43
有明北橋
有明GYM-EX
東京有明医療大
ワールドサプライ
豊洲ぐるり公園
辰巳JCT
かえつ学園西
有明小
有明中
有明テニスの森駅
有明アーバンスポーツパーク
有明1
有明ガーデン P.44
富士見橋
有明北緑道公園
東雲JCT
角乗り橋北
有明コロシアム東
ヴィラフォンテーヌ・グランド 東京有明
芝浦JCT
有明西学園
シティタワーズ 東京ベイ
角乗り橋南
UNIQLO CITY TOKYO
りんかい線
有明コロシアム
357
11
有明中央橋北
首都高速11号台場線
レインボーブリッジ
芝生広場
そなエリア 多目的広場
有明中央橋南
有明テニスの森
有明テニスの森公園
首都高速湾岸線
有明駅
東京虹の下水道館
国際展示場駅
癌研有明病院
B
有明スポーツセンター
有明(3)
芝浦ふ頭駅
東京ベイ有明 ワシントンホテル
有明清掃工場
TOC有明
のぞみばし
港区
相鉄グランドフレッサ 東京ベイ有明
東京ビックサイト前
P.32
有明2
東京ビッグサイト 東展示棟
有明JCT
大井JCT
天王洲アイル駅
東京ビッグサイト駅

品川
しながわ
周辺図 P.4-5
0 100 200m
1:11,000
港区
品川区
泉岳寺駅
高輪ゲートウェイ駅
東京駅
京急本線
第一京浜
京浜東北線
山手線
東海道本線
横須賀線
品川駅
品川駅前局
グランドプリンス高輪
貴賓館
国際館パミール
ザ・プリンス さくらタワー
グランドプリンス新高輪
駅前
アレア品川
京急第10ビル
税務署
本立寺
高輪教会
品川東武
物流博物館
柘榴坂
寿昌寺
京急EX高輪
ウィング高輪ウエスト
高輪口
アトレ品川
クイーンズ伊勢丹
東五反田(3)
高輪(4)
品川インターシティ
P.132
マクセル アクアパーク品川
セルビア共和国大使館
品川プリンス
ストリングス
清泉女子大
セントラルタワー
北品川(6)
アイスランド大使館
東横INN
品川セントラルガーデン
東海道新幹線
NBFタワー
ブルネイ大使館
グランパサージュ1・2
サマセット
ペアシティルネッサンス
品川インターシティホール
八ツ山橋
Vタワー
八ツ山通り
京王品川ビル
高輪フォーラム
東八ツ山公園通り
日野学園
Quintessence
P.152
伊藤博文旧邸宅地
総合体育館
ガーデンシティ
三菱関東閣
北品川(1)
御殿山小前
新八ツ山橋
御殿山小
ソニー3号館
御殿山交番前
北品川駅
品川浦
北品川局
大崎ブライトコア
北品川(5)
御殿山トラストシティ
フレックステイイン
大崎ブライトタワー
大崎病院 東京ハートセンター
東京マリオット
第三北品川病院
大橋JCT
目黒川
まいばすけっと
O美術館
品川女子学院 高・中
北品川(4)
大崎ニューシティ
翡翠原石館
北品川(3)
ミャンマー大使館
大崎駅前局
首都高速中央環状線
法禅寺
ゲートシティ大崎
駅前交番前
大崎駅
大崎(1)
山手通り
五反田駅
北品川2
品川学園
沢庵墓
NBF大崎ビル
山手線
春雨寺
子供の森公園
品川署
ウィズタワー
大井JCT
品川第一地域センター
大崎ウィズシティ
横須賀線
広町(1)
保健センター
東海道新幹線
子供の森公園
東海寺
新馬場駅
りんかい線
第一三共
新横浜駅、西大井駅
大井町駅
西大井駅
大井町駅
青物横丁駅

神楽坂
かぐらざか
周辺図 P.2-3
1:9,000
P.101 牛込総鎮守 赤城神社
清隆寺
セブンイレブン
新宿区
筑土八幡神社
さわやか信金
白銀公園
AKOMEYA
神楽坂駅
音楽の友ホール
コハルアン
牛込署
筑土八幡町
東京新宿メディカルセンター
東京メトロ東西線
都営大江戸線
飯田橋駅東口局
正蔵院
P.101 Le Bretagne
よしや
兵庫横丁
P.100
P.101 神楽坂
安養寺
アインスタワー
マルエツプチ
飯田橋駅
神楽坂上
本多横丁
軽子坂
かくれんぼ横丁
圓福寺
長源寺
法正寺
東京シティ
神楽坂局
MNビル
秋葉神社
正定院
P.100 芸者新道
神楽坂仲通り
大久保通り
P.100 毘沙門天（善国寺）
牛込中央通り
大信寺
常念寺
神楽坂
地蔵坂
見番横丁
ラムラ
牛込神楽坂駅
飯田橋駅
キッチンコート
光照寺
別亭 鳥茶屋
不二家
P.101 La Ronde d'Argile
小栗横丁
神楽坂下
牛込柳町駅
早稲田駅
若宮八幡
東京理科大
宮城道雄記念館
新坂
東京メトロ有楽町線
東京メトロ南北線
中央本線・総武線
飯田橋駅
飯田橋サクラテラス
P.101 アンスティチュ・フランセ東京
市ヶ谷駅
千代田区

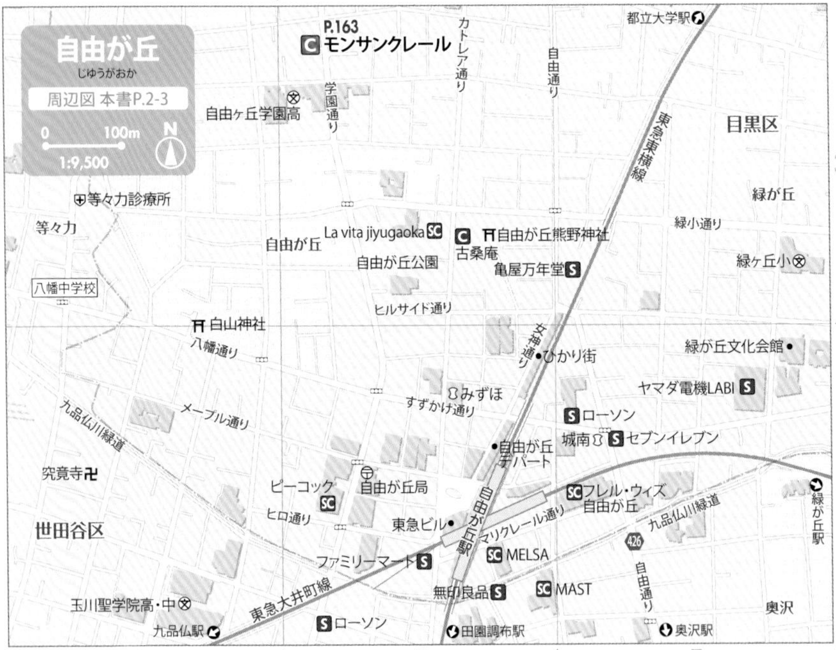

自由が丘
じゆうがおか
周辺図 本書P.2-3
1:9,500
P.163 モンサンクレール
カトレア通り
都立大学駅
自由通り
学園通り
自由ヶ丘学園高
目黒区
東急東横線
等々力診療所
緑が丘
等々力
緑小通り
La vita jiyugaoka
自由が丘熊野神社
自由が丘
古桑庵
自由が丘公園
亀屋万年堂
緑ヶ丘小
八幡中学校
ヒルサイド通り
白山神社
女神通り
ひかり街
緑が丘文化会館
八幡通り
ヤマダ電機LABI
みずほ
九品仏川緑道
メープル通り
すずかけ通り
ローソン
城南
セブンイレブン
自由が丘デパート
究竟寺
ピーコック
自由が丘局
フレル・ウィズ自由が丘
九品仏川緑道
緑が丘駅
世田谷区
ヒロ通り
東急ビル
マリクレール通り
自由が丘駅
ファミリーマート
MELSA
自由通り
東急大井町線
無印良品
MAST
奥沢
玉川聖学院高・中
ローソン
九品仏駅
田園調布駅
奥沢駅

とりはずして使える

MAP

付録 街歩き地図

東京

おとな旅プレミアム
PREMIUM

JN027063

切り取り線

TAC出版
TAC PUBLISHING Group

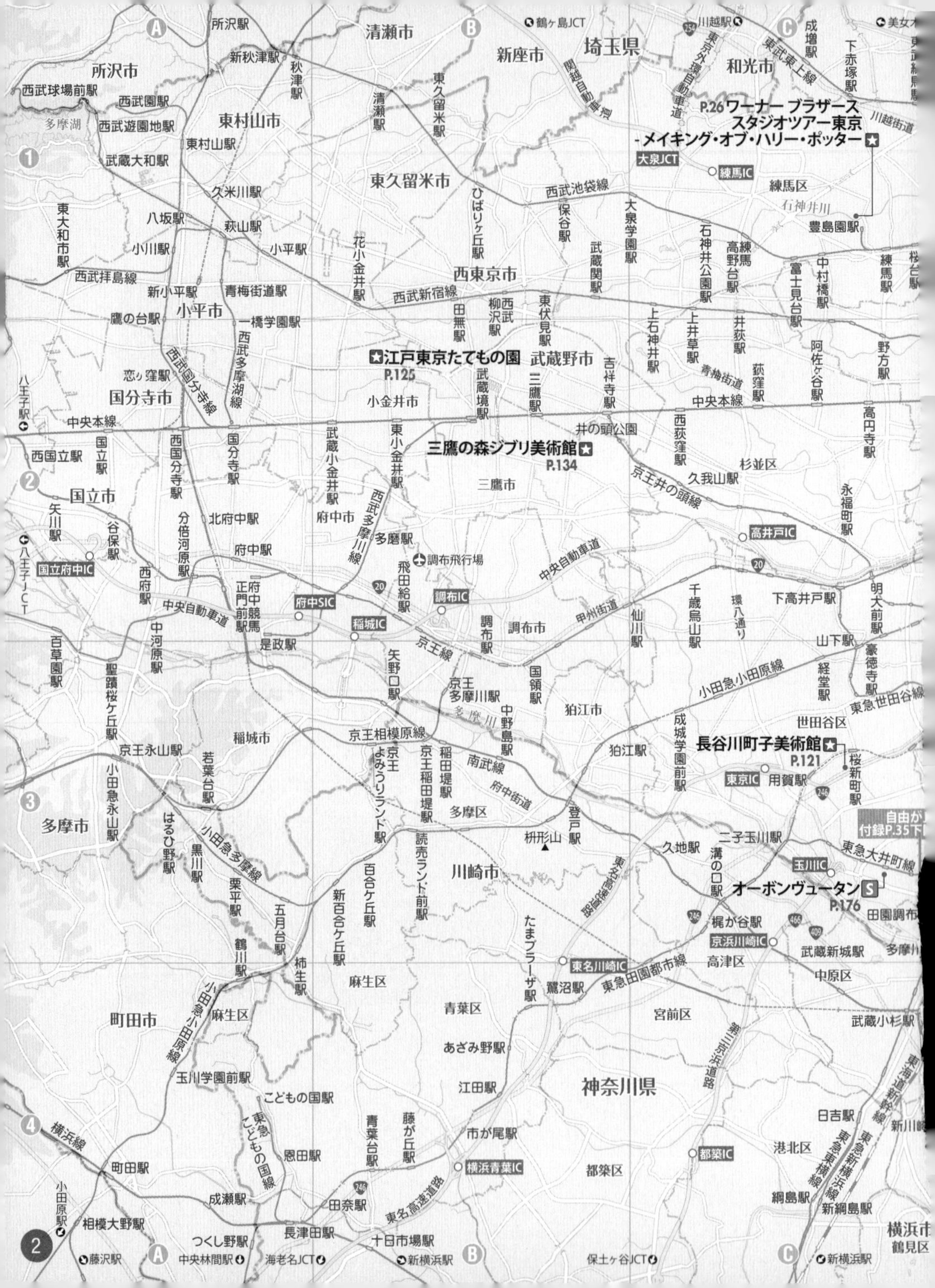

所沢駅
清瀬市
鶴ヶ島JCT
川越駅
美女木
埼玉県
新秋津駅
秋津駅
所沢市
新座市
成増駅
和光市
下赤塚駅
東武東上線
西武球場前駅
西武園駅
多摩湖
西武遊園地駅
東村山市
東久留米駅
清瀬駅
関越自動車道
東京外環自動車道
P.26 ワーナー ブラザース スタジオツアー東京 - メイキング・オブ・ハリー・ポッター
川越街道
東村山駅
武蔵大和駅
大泉JCT
練馬IC
東久留米市
西武池袋線
練馬区
久米川駅
ひばりヶ丘駅
石神井川
豊島園駅
東大和市駅
八坂駅
萩山駅
保谷駅
大泉学園駅
小川駅
小平駅
花小金井駅
武蔵関駅
石神井公園駅
練馬高野台駅
西東京市
富士見台駅
中村橋駅
練馬駅
桜台駅
西武拝島線
新小平駅
青梅街道駅
西武新宿線
田無駅
西武柳沢駅
東伏見駅
鷹の台駅
小平市
一橋学園駅
西武多摩湖線
上石神井駅
上井草駅
井荻駅
阿佐ケ谷駅
野方駅
西武国分寺線
江戸東京たてもの園
P.125
武蔵野市
青梅街道
荻窪駅
恋ヶ窪駅
国分寺市
武蔵境駅
三鷹駅
吉祥寺駅
八王子駅
小金井市
中央本線
高円寺駅
中央本線
井の頭公園
西国立駅
国立駅
西国分寺駅
国分寺駅
武蔵小金井駅
東小金井駅
三鷹の森ジブリ美術館
P.134
西荻窪駅
杉並区
久我山駅
国立市
三鷹市
京王井の頭線
永福町駅
矢川駅
谷保駅
分倍河原駅
北府中駅
府中市
西武多摩川線
高井戸IC
八王子JCT
国立府中IC
府中駅
多磨駅
調布飛行場
中央自動車道
西府駅
府中競馬正門前駅
府中SIC
飛田給駅
調布IC
千歳烏山駅
環八通り
下高井戸駅
明大前駅
中央自動車道
稲城IC
甲州街道
中河原駅
是政駅
調布駅
調布市
仙川駅
百草園駅
京王線
山下駅
豪徳寺駅
聖蹟桜ケ丘駅
矢野口駅
国領駅
経堂駅
小田急小田原線
京王多摩川駅
多摩川
狛江市
東急世田谷線
京王永山駅
稲城市
中野島駅
成城学園前駅
世田谷区
京王相模原線
長谷川町子美術館
P.121
狛江駅
若葉台駅
京王よみうりランド駅
京王稲田堤駅
稲田堤駅
南武線
東京IC
用賀駅
桜新町駅
小田急永山駅
府中街道
自由が丘
付録P.35下
多摩市
はるひ野駅
多摩区
登戸駅
枡形山
二子玉川駅
東急大井町線
黒川駅
小田急多摩線
読売ランド前駅
久地駅
玉川IC
栗平駅
百合ケ丘駅
川崎市
溝の口駅
オーボンヴュータン
P.176
五月台駅
新百合ケ丘駅
東名高速道路
梶が谷駅
田園調布
たまプラーザ駅
京浜川崎IC
武蔵新城駅
多摩川
鶴川駅
東名川崎IC
高津区
東急田園都市線
柿生駅
麻生区
鷺沼駅
中原区
小田急小田原線
町田市
麻生区
青葉区
宮前区
第三京浜道路
武蔵小杉駅
あざみ野駅
東海道新幹線
玉川学園前駅
江田駅
神奈川県
こどもの国駅
東急こどもの国線
青葉台駅
藤が丘駅
日吉駅
新川崎
横浜線
市が尾駅
東急東横線
東急新横浜線
町田駅
恩田駅
港北区
横浜青葉IC
都築IC
都築区
成瀬駅
田奈駅
綱島駅
新綱島駅
小田原駅
相模大野駅
長津田駅
東名高速道路
横浜市
鶴見区
つくし野駅
十日市場駅
藤沢駅
中央林間駅
海老名JCT
新横浜駅
保土ケ谷JCT
新横浜駅

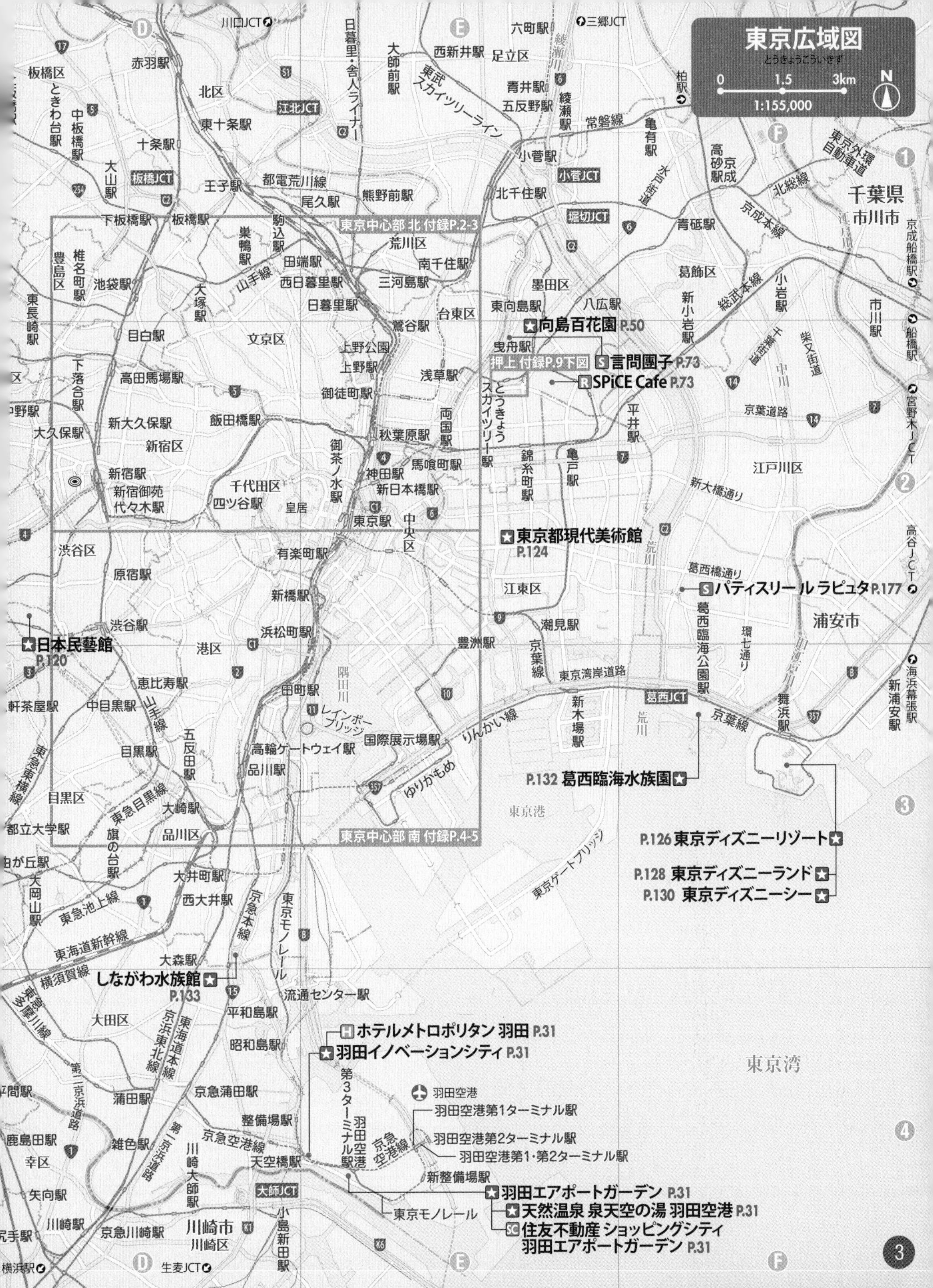
東京広域図
とうきょうこういきず
0
1.5
3km
1:155,000
N
千葉県
市川市
浦安市
東京湾
東京港
板橋区
北区
足立区
荒川区
豊島区
台東区
墨田区
葛飾区
文京区
新宿区
千代田区
中央区
江東区
江戸川区
渋谷区
港区
目黒区
品川区
大田区
川崎市
川崎区
幸区
赤羽駅
十条駅
東十条駅
王子駅
大山駅
ときわ台駅
中板橋駅
下板橋駅
板橋駅
巣鴨駅
駒込駅
田端駅
西日暮里駅
日暮里駅
鶯谷駅
上野公園
上野駅
御徒町駅
秋葉原駅
池袋駅
椎名町駅
東長崎駅
大塚駅
目白駅
高田馬場駅
下落合駅
中野駅
大久保駅
新大久保駅
飯田橋駅
新宿駅
新宿御苑
代々木駅
四ツ谷駅
皇居
御茶ノ水駅
神田駅
新日本橋駅
東京駅
有楽町駅
新橋駅
浜松町駅
原宿駅
渋谷駅
恵比寿駅
中目黒駅
目黒駅
五反田駅
大崎駅
品川駅
高輪ゲートウェイ駅
田町駅
旗の台駅
大井町駅
西大井駅
大森駅
平和島駅
昭和島駅
流通センター駅
蒲田駅
京急蒲田駅
整備場駅
雑色駅
天空橋駅
川崎大師駅
小島新田駅
川崎駅
京急川崎駅
矢向駅
鹿島田駅
平間駅
尻手駅
横浜駅
都立大学駅
大岡山駅
三軒茶屋駅
自由が丘駅
大師前駅
西新井駅
六町駅
青井駅
五反野駅
綾瀬駅
小菅駅
北千住駅
亀有駅
熊野前駅
尾久駅
南千住駅
三河島駅
東向島駅
曳舟駅
八広駅
浅草駅
両国駅
馬喰町駅
錦糸町駅
亀戸駅
平井駅
新小岩駅
小岩駅
市川駅
青砥駅
京成高砂駅
柏駅
豊洲駅
潮見駅
新木場駅
葛西臨海公園駅
舞浜駅
新浦安駅
国際展示場駅
京成船橋駅
船橋駅
宮野木JCT
高谷JCT
海浜幕張駅
川口JCT
三郷JCT
江北JCT
板橋JCT
小菅JCT
堀切JCT
葛西JCT
大師JCT
生麦JCT
日暮里・舎人ライナー
東武スカイツリーライン
常磐線
都電荒川線
山手線
総武本線
京成本線
北総線
東京外環自動車道
水戸街道
千葉街道
柴又街道
京葉道路
新大橋通り
葛西橋通り
環七通り
東京湾岸道路
京葉線
りんかい線
ゆりかもめ
レインボーブリッジ
東京ゲートブリッジ
東急東横線
東急目黒線
東急池上線
東海道新幹線
横須賀線
東急多摩川線
京急本線
東京モノレール
京浜東北線
東海道本線
第二京浜道路
第一京浜道路
京急空港線
第3ターミナル駅
羽田空港第3ターミナル駅
羽田空港
羽田空港第1ターミナル駅
羽田空港第2ターミナル駅
羽田空港第1・第2ターミナル駅
新整備場駅
隅田川
荒川
旧江戸川
中川
綾瀬川
東京中心部 北 付録P.2-3
東京中心部 南 付録P.4-5
押上 付録P.9下図
とうきょうスカイツリー駅
向島百花園 P.50
言問團子 P.73
SPiCE Cafe P.73
東京都現代美術館 P.124
パティスリー ル ラピュタ P.177
日本民藝館 P.120
葛西臨海水族園 P.132
東京ディズニーリゾート P.126
東京ディズニーランド P.128
東京ディズニーシー P.130
しながわ水族館 P.133
ホテルメトロポリタン 羽田 P.31
羽田イノベーションシティ P.31
羽田エアポートガーデン P.31
天然温泉 泉天空の湯 羽田空港 P.31
住友不動産 ショッピングシティ 羽田エアポートガーデン P.31

あなただけの
プレミアムな
おとな旅へ！
ようこそ！

レインボーブリッジ越しに望む東京の街並み

TOKYO

東京への旅

希望の橋を明日へと渡る しなやかに変貌する首都

いつも、どこも、東京は面白い。
個性的な街が大集合する首都は
多彩×多彩の多色で幻惑する。
絵の具の上に絵の具を重ね、
滞在をリピートする旅行者は
そのたびに街の変貌に驚く。
六本木界隈や東京駅周辺に続き
渋谷も今やすっかり様変わり。
観るも買うも食べるも百花繚乱。
アートもモノも味も一級が揃う。
江戸や明治や昭和の文化を継ぎ、
淘汰を繰り返しては未来を紡ぐ。
東京は掘るほどに魅力が噴出。
まるごとエンターテインメントだ！

都市の豊穣を奏でるビル群に 憩いの自然が四季を添える

SIGHTSEEING

かつての将軍家別邸、春にはツツジが鮮やか

浜離宮恩賜庭園 ➡P.108

近未来な光景の裏で
江戸の風もふと懐かしく

SIGHTSEEING

江戸の中心だった江戸城跡。二重橋越しに伏見櫓を望む

SIGHTSEEING

初夏には、不忍池一面に、蓮の花が咲き乱れる

上野恩賜公園・不忍池 ➡P.94

朝食も夕食も素敵に味な滞在を

非日常を演出する洗練された味わいと空間を楽しむ

SHOP

有機栽培にこだわるカフェが新しくスタンドをオープン

Urth Caffé ➡P.35

GOURMET

「おまかせ」で提供される上質な江戸前寿司を堪能

SUSHI TOKYO TEN、 ➡P.36

銀座和光の時計塔は銀座の街の歴史を刻む

大都市に町文化の老舗伝統の逸品工芸あり

渋谷ストリームの
近未来を感じる建築

複雑怪奇に見えても
それは未来への活力

AMUSEMENT

目の前に
青い海が広がる
ような感覚を
体感できる

すみだ水族館
➡P.69

おとな旅プレミアム 東京

PREMIUM

CONTENTS

アート・文化

食べる

東京ごはん

カフェ&スイーツ

ナイトスポット

付録地図

買う

東京みやげ

本書のご利用にあたって

● 本書中のデータは2023年10～12月現在のものです。料金、営業時間、休業日、メニューや商品の内容などが、諸事情により変更される場合がありますので、事前にご確認ください。

● 本書に紹介したショップ、レストランなどとの個人的なトラブルに関しましては、当社では一切の責任を負いかねますので、あらかじめご了承ください。

● 営業時間、開館時間は実際に利用できる時間を示しています。ラストオーダー(LO)や最終入館の時間が決められている場合は別途表示してあります。

● 営業時間等、変更する場合がありますので、ご利用の際は公式HPなどで事前にご確認ください。

● 休業日に関しては、基本的に定休日のみを記載しており、特に記載のない場合でも年末年始、ゴールデンウィーク、夏季、旧盆、保安点検日などに休業することがあります。

● 料金は消費税込みの料金を示していますが、変更する場合がありますのでご注意ください。また、入館料などについて特記のない場合は大人料金を示しています。

● レストランの予算は利用の際の目安の料金としてご利用ください。Bが朝食、Lがランチ、Dがディナーを示しています。

● 宿泊料金に関しては、「1泊2食付」「1泊朝食付」「素泊まり」は特記のない場合1室2名で宿泊したときの1名分の料金です。曜日や季節によって異なることがありますので、ご注意ください。

● 交通表記における所要時間、最寄り駅からの所要時間は目安としてご利用ください。

● 駐車場は当該施設の専用駐車場の有無を表示しています。

● 掲載写真は取材時のもので、料理、商品などのなかにはすでに取り扱っていない場合があります。

● 予約については「要予約」(必ず予約が必要)、「望ましい」(予約をしたほうがよい)、「可」(予約ができる)、「不可」(予約ができない)と表記していますが、曜日や時間帯によって異なる場合がありますので直接ご確認ください。

● 掲載している資料および史料は、許可なく複製することを禁じます。

■ データの見方

- ☎ 電話番号
- 所 所在地
- 開 開館／開園／開門時間
- 営 営業時間
- 休 定休日
- 料 料金
- 交 アクセス
- P 駐車場
- 室 宿泊施設の客室数
- in チェックインの時間
- out チェックアウトの時間

■ 地図のマーク

- ★ 観光・見どころ
- 卍 寺院
- 开 神社
- ✝ 教会
- R 飲食店
- C カフェ・甘味処
- S ショップ
- SC ショッピングセンター
- N ナイトスポット
- H 宿泊施設
- i 観光案内所
- 道の駅
- ビーチ
- ♨ 温泉
- バス停
- 空港

旅のきほん 1

エリアと観光のポイント
東京はこんな街です

ターミナルタウンのほか個性豊かな街が揃う大都市・東京。山手線の駅とともに位置関係を把握したい。

24時間眠らない街
新宿 ➡P.90
しんじゅく

高層ビルや百貨店などが立ち並び、特に東口は昼夜問わず賑わう。

観光のポイント　東京都庁展望室、歌舞伎町 東急歌舞伎町タワー

クールでスタイリッシュな街
青山・表参道・原宿 ➡P.88
あおやま・おもてさんどう・はらじゅく

表参道にはハイエンドなブランド店が並ぶ。緑が美しい公園も点在。

観光のポイント　明治神宮、表参道ヒルズ、代々木公園

日本が誇るトレンドの発信地
渋谷 ➡P.32
しぶや

流行に敏感な若者が集う街から、大人が楽しめる街へと変貌を続ける。

観光のポイント　渋谷スクランブルスクエア、渋谷ストリーム、ハチ公像

高級住宅街のおしゃれタウン
恵比寿・代官山 ➡P.82
えびす・だいかんやま

住宅街の中に点在するショップや居心地のよいカフェも多い。

観光のポイント　恵比寿ガーデンプレイス、代官山アドレス・ディセ

北部を代表する繁華街
池袋 ➡P.92
いけぶくろ

駅周辺にはショッピングから文化施設まで揃い、一日中遊べる。

観光のポイント　サンシャイン水族館、東京芸術劇場

大使館や外資系企業が点在
六本木 ➡P.80
ろっぽんぎ

外国人観光客が多く、異国の文化が味わえる独特な雰囲気。

観光のポイント　六本木ヒルズ、国立新美術館、東京ミッドタウン

桜と美術館と西郷さんの街

上野
うえの

➡P.94

文化施設が集まる上野の森と、活気に満ちた下町情緒漂うエリア。

観光のポイント　上野恩賜公園、アメ横通り商店街

歴史と下町人情あふれる街

浅草・押上
あさくさ・おしあげ

➡P.60

浅草寺を中心とした門前町。隅田川沿いの東京スカイツリータウン®も。

観光のポイント　浅草寺、仲見世通り　東京スカイツリータウン®

江戸情緒と最新施設が調和する

日本橋・人形町
にほんばし・にんぎょうちょう

➡P.46

全国の交通網整備の起点となった日本橋。近年、新たな商業施設が増加。

観光のポイント　日本橋髙島屋S.C.、COREDO室町テラス

交通網が集中する中心地

東京駅・丸の内
とうきょうえき・まるのうち

➡P.74

東京の玄関口で人々が行き交う場。駅ナカグルメやショッピングも充実。

観光のポイント　東京駅丸の内駅舎、皇居外苑

開放感のあるレジャーエリア

お台場
おだいば

➡P.84

埋め立て地にホテル、大型ショッピングモールやレジャー施設が勢揃い。

観光のポイント　フジテレビ本社ビル、デックス東京ビーチ

下町散歩

昔ながらのレトロな風景

谷中・根津・千駄木
やなか・ねづ・せんだぎ

➡P.96

谷中銀座商店街や江戸時代から続く寺町散策が楽しめる。猫が多く棲む街としても有名だ。

古き良き日本の風情が漂う

神楽坂
かぐらざか

➡P.100

江戸から続く花街のひとつ。路地裏には町家造りの家屋を利用した今どきのショップやカフェも混在。

老舗グルメにも出会える

麻布十番
あざぶじゅうばん

➡P.98

メインストリートの麻布十番商店街には新旧併せた飲食店が軒を連ね、食通も唸らせる店が多い。

東京屈指の繁華街

銀座
ぎんざ

➡P.52

江戸から続く老舗や有名ブティックなど伝統と最新トレンドが共存。

観光のポイント　ブランドブティック、GINZA SIX、歌舞伎座

開発が続く東京の臨海エリア

豊洲
とよす

➡P.42

東京湾を望むウォーターフロント。移転開業した豊洲市場が見どころ。

観光のポイント　豊洲市場、ららぽーと豊洲、有明ガーデン

旅のきほん 2

公共交通機関で快適に
東京の街を移動する

JRと地下鉄を乗り継げば、東京中心部のたいていの場所へスムーズにアクセスできる。環状に走るJR山手線の駅を目印にするとわかりやすい。

東海道新幹線、北陸・上越・東北新幹線はいずれも東京駅が発着駅となっており、在来線との連絡もよく、乗り継ぎがラク。東京駅は、東京観光の玄関口として機能している。東海道新幹線は品川、上越・東北新幹線は上野にも停車するので、目的地によってはこれらの駅で降りれば時間の節約になる。

飛行機で羽田空港に到着したときは、東京モノレールで浜松町駅か、京急線で品川駅にアクセスできる。とりあえず山手線の駅に降りれば、移動計画が立てやすい。

山手線は都心をぐるりと取り囲むように走る環状線で、東京、上野、池袋、新宿、渋谷、品川など、多くの路線が集まるターミナル駅を結び、一周30駅を約1時間で走る。都内の移動のベースとなる路線だ。これを東西方向に横切って貫くのがJR中央線。山手線の内側には東京メトロの地下鉄9路線、都営地下鉄4路線が網の目のように走っている。

これらを効率よく乗り継げば、ほぼどこにでもアクセス可能だが、駅によっては同じ駅名でも1駅分くらい離れていたり、地下4～5階構造になっているところもあり、想像以上に乗り換えに時間がかかることがあるので注意したい。逆に、駅名が違うのに徒歩すぐの場所にあって乗り換えに利用できるところもある。

山手線のターミナル駅からは、東急線、小田急線、京王線、西武線、東武線、京急線など私鉄各線が郊外に向けて放射状に延びており、都心と郊外を結んでいる。

都内の交通について詳細は➲P.184

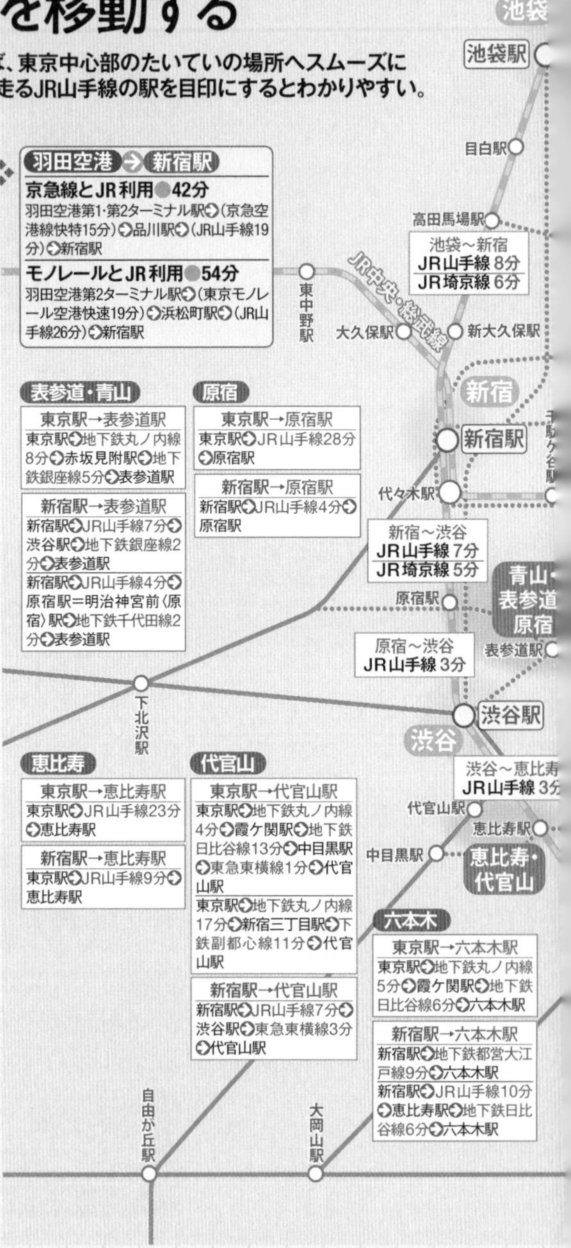

羽田空港 ➲ 新宿駅

京急線とJR利用 ● 42分
羽田空港第1・第2ターミナル駅➲(京急空港線快特15分)➲品川駅➲(JR山手線19分)➲新宿駅

モノレールとJR利用 ● 54分
羽田空港第2ターミナル駅➲(東京モノレール空港快速19分)➲浜松町駅➲(JR山手線26分)➲新宿駅

表参道・青山

東京駅→表参道駅
東京駅➲地下鉄丸ノ内線8分➲赤坂見附駅➲地下鉄銀座線5分➲表参道駅

新宿駅→表参道駅
新宿駅➲JR山手線7分➲渋谷駅➲地下鉄銀座線2分➲表参道駅
新宿駅➲JR山手線4分➲原宿駅=明治神宮前〈原宿〉駅➲地下鉄千代田線2分➲表参道駅

原宿

東京駅→原宿駅
東京駅➲JR山手線28分➲原宿駅

新宿駅→原宿駅
新宿駅➲JR山手線4分➲原宿駅

恵比寿

東京駅→恵比寿駅
東京駅➲JR山手線23分➲恵比寿駅

新宿駅→恵比寿駅
東京駅➲JR山手線9分➲恵比寿駅

代官山

東京駅→代官山駅
東京駅➲地下鉄丸ノ内線4分➲霞ケ関駅➲地下鉄日比谷線13分➲中目黒駅➲東急東横線1分➲代官山駅
東京駅➲地下鉄丸ノ内線17分➲新宿三丁目駅➲下鉄副都心線11分➲代官山駅

新宿駅→代官山駅
新宿駅➲JR山手線7分➲渋谷駅➲東急東横線3分➲代官山駅

六本木

東京駅→六本木駅
東京駅➲地下鉄丸ノ内線5分➲霞ケ関駅➲地下鉄日比谷線6分➲六本木駅

新宿駅→六本木駅
新宿駅➲地下鉄都営大江戸線9分➲六本木駅
新宿駅➲JR山手線10分➲恵比寿駅➲地下鉄日比谷線6分➲六本木駅

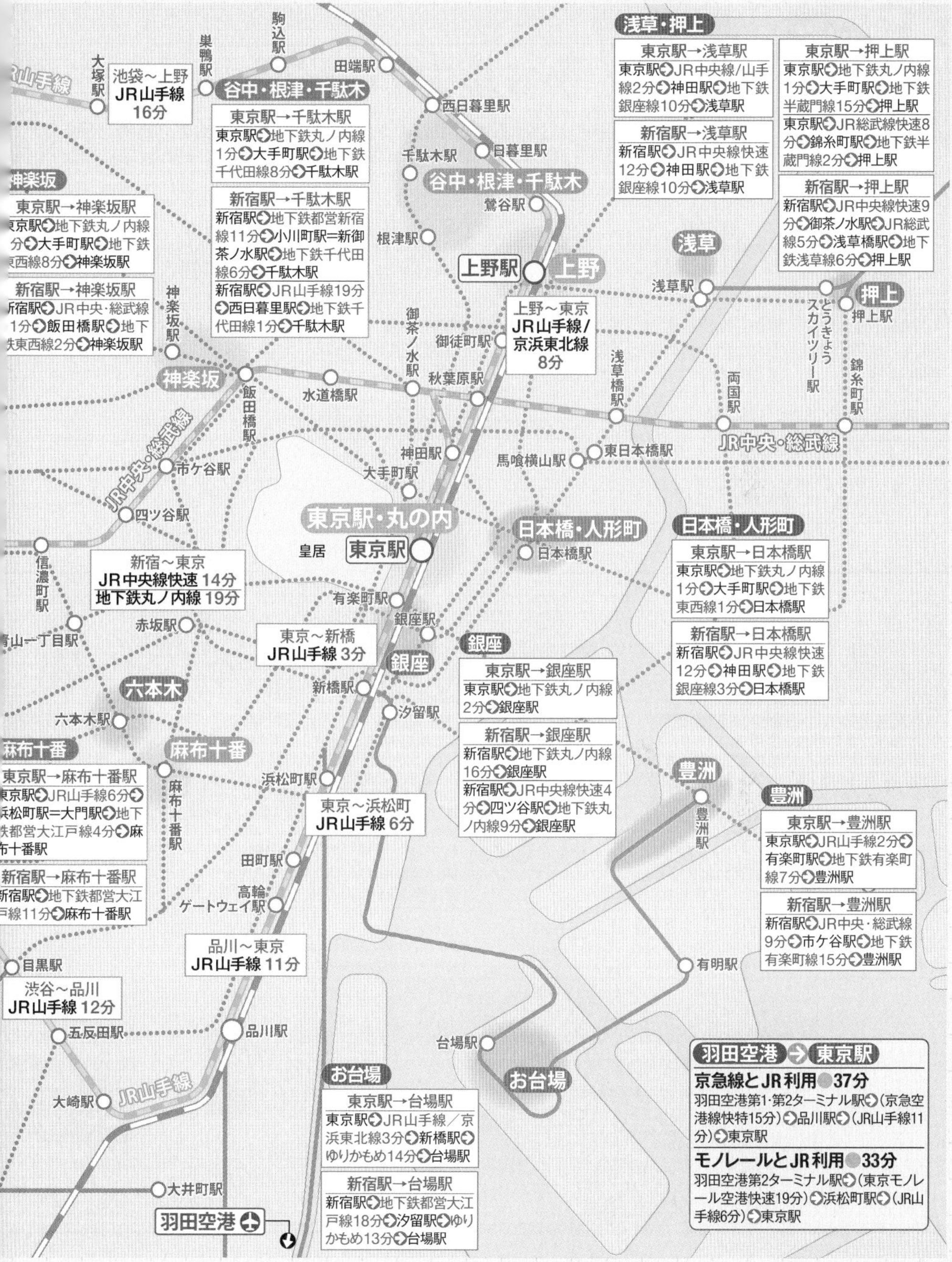
浅草・押上
東京駅→浅草駅
東京駅⇨JR中央線/山手線2分⇨神田駅⇨地下鉄銀座線10分⇨浅草駅
新宿駅→浅草駅
新宿駅⇨JR中央線快速12分⇨神田駅⇨地下鉄銀座線10分⇨浅草駅
東京駅→押上駅
東京駅⇨地下鉄丸ノ内線1分⇨大手町駅⇨地下鉄半蔵門線15分⇨押上駅
東京駅⇨JR総武線快速8分⇨錦糸町駅⇨地下鉄半蔵門線2分⇨押上駅
新宿駅→押上駅
新宿駅⇨JR中央線快速9分⇨御茶ノ水駅⇨JR総武線5分⇨浅草橋駅⇨地下鉄浅草線6分⇨押上駅
池袋～上野
JR山手線
16分
谷中・根津・千駄木
東京駅→千駄木駅
東京駅⇨地下鉄丸ノ内線1分⇨大手町駅⇨地下鉄千代田線8分⇨千駄木駅
新宿駅→千駄木駅
新宿駅⇨地下鉄都営新宿線11分⇨小川町駅＝新御茶ノ水駅⇨地下鉄千代田線6分⇨千駄木駅
新宿駅⇨JR山手線19分⇨西日暮里駅⇨地下鉄千代田線1分⇨千駄木駅
神楽坂
東京駅→神楽坂駅
東京駅⇨地下鉄丸ノ内線1分⇨大手町駅⇨地下鉄東西線8分⇨神楽坂駅
新宿駅→神楽坂駅
新宿駅⇨JR中央・総武線11分⇨飯田橋駅⇨地下鉄東西線2分⇨神楽坂駅
JR山手線
大塚駅
巣鴨駅
駒込駅
田端駅
西日暮里駅
日暮里駅
千駄木駅
谷中・根津・千駄木
鶯谷駅
根津駅
上野駅
上野
浅草
浅草駅
とうきょうスカイツリー駅
押上
押上駅
上野～東京
JR山手線/京浜東北線
8分
御茶ノ水駅
御徒町駅
秋葉原駅
浅草橋駅
両国駅
錦糸町駅
神楽坂駅
神楽坂
飯田橋駅
水道橋駅
JR中央・総武線
神田駅
馬喰横山駅
東日本橋駅
市ケ谷駅
大手町駅
四ツ谷駅
東京駅・丸の内
東京駅
皇居
日本橋・人形町
日本橋駅
日本橋・人形町
東京駅→日本橋駅
東京駅⇨地下鉄丸ノ内線1分⇨大手町駅⇨地下鉄東西線1分⇨日本橋駅
新宿駅→日本橋駅
新宿駅⇨JR中央線快速12分⇨神田駅⇨地下鉄銀座線3分⇨日本橋駅
信濃町駅
新宿～東京
JR中央線快速 14分
地下鉄丸ノ内線 19分
有楽町駅
銀座駅
赤坂駅
青山一丁目駅
東京～新橋
JR山手線 3分
銀座
銀座
東京駅→銀座駅
東京駅⇨地下鉄丸ノ内線2分⇨銀座駅
新宿駅→銀座駅
新宿駅⇨地下鉄丸ノ内線16分⇨銀座駅
新宿駅⇨JR中央線快速4分⇨四ツ谷駅⇨地下鉄丸ノ内線9分⇨銀座駅
六本木
六本木駅
新橋駅
汐留駅
麻布十番
麻布十番
麻布十番駅
東京駅→麻布十番駅
東京駅⇨JR山手線6分⇨浜松町駅＝大門駅⇨地下鉄都営大江戸線4分⇨麻布十番駅
新宿駅→麻布十番駅
新宿駅⇨地下鉄都営大江戸線11分⇨麻布十番駅
浜松町駅
東京～浜松町
JR山手線 6分
豊洲
豊洲駅
豊洲
東京駅→豊洲駅
東京駅⇨JR山手線2分⇨有楽町駅⇨地下鉄有楽町線7分⇨豊洲駅
新宿駅→豊洲駅
新宿駅⇨JR中央・総武線9分⇨市ケ谷駅⇨地下鉄有楽町線15分⇨豊洲駅
田町駅
高輪ゲートウェイ駅
品川～東京
JR山手線 11分
有明駅
目黒駅
渋谷～品川
JR山手線 12分
五反田駅
品川駅
台場駅
お台場
JR山手線
大崎駅
お台場
東京駅→台場駅
東京駅⇨JR山手線／京浜東北線3分⇨新橋駅⇨ゆりかもめ14分⇨台場駅
新宿駅→台場駅
新宿駅⇨地下鉄都営大江戸線18分⇨汐留駅⇨ゆりかもめ13分⇨台場駅
大井町駅
羽田空港
羽田空港→東京駅
京急線とJR利用 37分
羽田空港第1・第2ターミナル駅⇨(京急空港線快特15分)⇨品川駅⇨(JR山手線11分)⇨東京駅
モノレールとJR利用 33分
羽田空港第2ターミナル駅⇨(東京モノレール空港快速19分)⇨浜松町駅⇨(JR山手線6分)⇨東京駅

旅のきほん 3

祭りや伝統行事を楽しみ、四季の花を愛でる

東京トラベルカレンダー

きらびやかな大都市に集まる世界中の人々や文化。今も大切にしている昔ながらの四季折々の風景や行事。お祭りやイベントに参加して、東京をより身近に感じたい。

1月	2月	3月	4月	5月	6月
新年を祝う催し物に参加して、東京の風習を体験してみたい。	都内各地の寺社で節分の豆まきや梅の花を見る祭りが開かれる。	暖かくなって過ごしやすくなる。春を感じるイベントが目白押し。	初旬には桜が満開に。日本の伝統芸能が見られる機会も多い。	歴史ある祭りが多く行われ、昔ながらの東京の活気にふれられる。	梅雨に入り晴れの日 少ない。蒸し暑く不 な気候が続く。

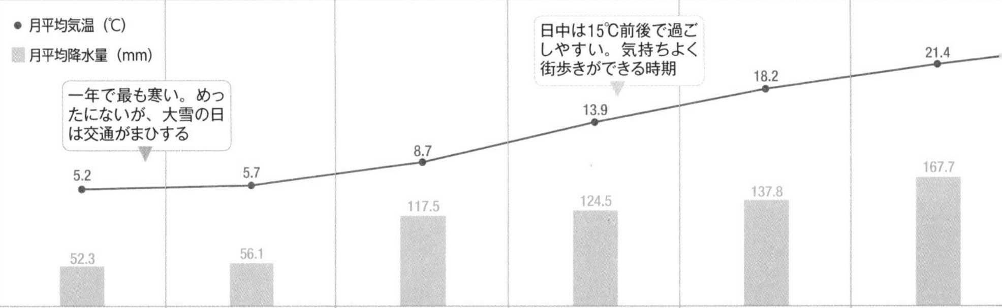

1月	2月	3月	4月	5月	6月
6日 **東京消防出初式** 消火・救助・救急演技や伝統の木遣り行進・はしご乗りのほか、音楽隊やカラーガーズによる演奏や演技が行われる。 15・16日 **世田谷ボロ市** 天正6年(1578)に小田原城主・北条氏政が開いた楽市が始まりという。骨董や日用雑貨など約700の露店が並ぶ。(12月15・16日も開催)	3日 **節分(福聚の舞):浅草寺** 浅草寺三大奉納舞のひとつ「福聚の舞」のあと、文化芸能人が豆をまき、境内は多くの人で賑わう。 2月上旬～3月上旬 **湯島天神梅まつり** 境内には白梅を中心に約300本の梅が植えられ、梅の名所として親しまれている。2月上旬～中旬が見頃。	第1日曜 **東京マラソン** 東京の名所を走る最大規模のマラソン大会。 3・4日 **だるま市:深大寺** 東京に春を告げる風物詩。関東一円からだるま店が出店。僧侶に梵字で目入れをしてもらえる。 3月下旬～4月上旬 **うえの桜まつり:上野恩賜公園** ぼんぼりに照らされる夜桜見物も粋。	中旬～下旬 **浅草流鏑馬** 隅田公園内で、疾走する馬上から矢を放つ「流鏑馬」と鹿の形をした的を弓で射る「草鹿(くさじし)」が行われる。 4月下旬～5月3日 **明治神宮春の大祭** 舞楽や邦楽邦舞など日本伝統芸能の熟練の技の数々が奉納される。春から初夏にかけて咲く花々を眺めながらの自然散策も。	中旬 **三社祭** 浅草神社の例大祭。3日間で約180万人もの人々が訪れる。神輿を担いだ江戸っ子が界隈を勇ましく練り歩く。 上旬～中旬 **神田祭** 江戸三大祭りのひとつに数えられ、2年に一度行われる。神輿や曳き物の盛大な行列が神田明神へ向かう。	7～17日 **山王祭:日枝神社** 江戸三大祭りのひ つ。期間中は和菓子 祭典「嘉祥祭」や、 りを楽しむ「山王音 と民踊大会」、稚児 列などが行われる。 23・24日 **千日詣りほおずき縁日:愛宕神社** 社殿前の茅の輪(ち わ)をくぐると、千 分のご利益があると れる。

- 椿 1月下旬～4月中旬
- 菜の花 2～3月
- 梅 2月中旬～3月中旬
- 桜 3月下旬～4月中旬
- ツツジ 4月中旬～5月上旬
- 藤 4月下旬～5月上旬
- 花菖蒲 5月下旬～6月
- スイレン 5月下旬～7月中旬
- アジサイ 6～7月

椿

梅

桜

アジサイ

山王祭

神田祭

隅田川花火大会

浅草寺の羽子板市（写真提供：浅草寺）

7月

暑日になる日も多い。歩きの際は、熱中症策を忘れずに。

8月

花火大会や祭りが多く開かれる。東京の夏の風物詩を見に行きたい。

9月

地域発の秋の祭りや世界中の文化を体験できるイベントが催される。

10月

芸術や文化の祭典が盛りだくさん。好みのジャンルは要チェック。

11月

秋も深まり、菊や紅葉が見頃を迎える。庭園散策が楽しい季節。

12月

美しいイルミネーションが街を彩り、下町の商店は賑やかさを増す。

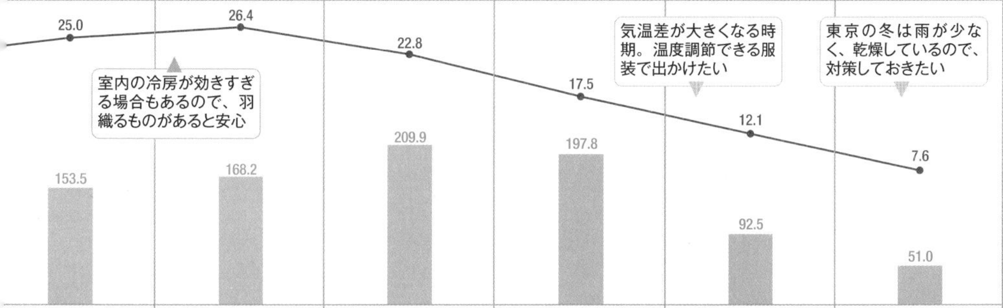

7月

・10日
おずき市：浅草寺
月10日に参拝すると万6000日分のご利益があるといわれる。境内は風鈴の音色やほおずきの朱色で華やぐ露店が所狭しと並ぶ。

最終土曜
隅田川花火大会
享保18年（1733）に始まった両国花火の川開きが由来とされる。東京でも大規模で有名な花火大会。約2万発の花火が夏の夜空を彩る。

8月

中旬
深川八幡祭り（富岡八幡宮例大祭）
江戸三大祭りのひとつで、別名「水掛け祭」。沿道の観衆は神輿の担ぎ手に清めの水をかけ、一体となって盛大に行われる。

最終土・日曜
麻布十番 納涼まつり
麻布十番商店街で行われる夏祭り。地元商店街の老舗や有名店が屋台を出店し、ステージではさまざまなライブも開催。

9月

下旬
ふくろ祭り
都内では珍しい宵御輿が見られる御輿の祭典。15基5000人以上の担ぎ手によって池袋の街が熱く盛り上がる。

10月

上旬
東京よさこい
関東最大のよさこいの祭典。毎年100チーム5000人近い踊り手が参加し、観客を魅了。

下旬
東京国際映画祭
日比谷・有楽町を中心に都内各所で開催される。

10月下旬～11月上旬
神田古本まつり
古書の街・神田神保町に書棚で囲まれた「本の回廊」が現れ、蔵書印の体験などが楽しめる。

11月

1日～中旬
東京都観光菊花大会
日比谷公園で開かれる大正時代から続く菊花展。大菊盆養、福助、盆栽など多様な菊花の力作が観賞できる。

11月下旬～12月上旬
庭紅葉の六義園 夜間特別観賞
築山と大泉水が美しい庭園。期間中は夜間に特別開園を行い、赤や黄色に色づいた木々が照らされる。水面に映る光景は幻想的。

12月

11月中旬～2月中旬
イルミネーション
丸の内、表参道、銀座など各所で光に包まれた幻想的な夜の街が現れる。冬ならではのロマンティックな夜景巡りも楽しい。

17～19日
歳の市 羽子板市：浅草寺
浅草を華やかにする年末の風物詩。歌舞伎の題材や著名人の顔など色とりどりの羽子板が揃う。

蓮 7月中旬～8月中旬
萩 8～9月
コスモス 9～10月
菊 10月中旬～12月中旬
紅葉 11月中旬～12月上旬

蓮

萩

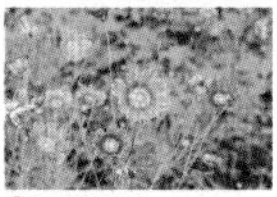
コスモス

東京都観光菊花大会

紅葉

※日程は変動することがありますので、事前にHPなどでご確認ください。

プレミアム滞在 モデルプラン

東京 おとなの2泊3日

観光地としての東京、江戸の面影が残る東京、現代の東京。さまざまな顔に出会える街を周遊。最新スポットから風情あるエリアまで、好みの観光地を組み合わせて出かけたい。

↑日本の首都として最新鋭が集結する街。大都会の中に残る江戸情緒を探して

1日目

豊洲～渋谷で進化する東京の姿に出会う

移転開業した豊洲市場をはじめ、大人が楽しめる街に変貌する渋谷を散策。

8:00 東京駅

約25分
東京駅からJR山手線で2分、有楽町駅で乗り換え、地下鉄・有楽町線で7分、豊洲駅で乗り換え、ゆりかもめで3分、市場前駅下車すぐ

9:00 豊洲

約50分
市場前駅からゆりかもめで3分、豊洲駅で乗り換え、地下鉄・有楽町線で7分、有楽町駅で乗り換え、JR・山手線で24分、渋谷駅下車すぐ

13:00 渋谷

約50分
渋谷駅からJR山手線で26分、東京駅下車

ハチ公前広場の銅像は撮影スポット

18:00 東京駅

活気に満ちた 豊洲市場 の新しい魅力を発見する

豊洲市場 ➡P.43
とよすしじょう

築地で昭和10年(1935)に開場してから、長年にわたり東京都民の台所として活躍してきた市場。2018年10月、豊洲に移転オープンし、海鮮寿司店などの食事処や市場みやげを購入できるエリアが充実。市場の活気は変わらず、観光客が楽しめる場所へと進化している。

移転前に市場で取り引きされた最大サイズの国産クロマグロの模型

多彩な料理から選ぶ！ 海鮮グルメに舌鼓

豊洲 千客万来 ➡P.25
とよす せんきゃくばんらい

2024年2月、豊洲市場のそばにオープンした新名所。寿司やそばをはじめ、江戸前グルメが充実しているほか、スイーツなどのテイクアウトも好評。休憩なら併設する「東京豊洲 万葉倶楽部」へ。東京湾を望む露天風呂や足湯で、箱根・湯河原の温泉が満喫できる。

プランニングのアドバイス

豊洲市場の見学は5～17時（日曜、祝日、休市日を除く）まで。見学者コースからの見学が可能で、3カ所から市場内を見ることができる。マグロのせり見学は事前申込が必要で抽選制。当選者が見学可能。（詳細は公式サイトを要確認）。豊洲市場には海鮮食材が味わえる料理店が集まり、豊洲市場水産仲卸売場棟にある店舗は特に人気。豊洲 千客万来のグルメも見逃せない。

ハイセンスなショップや幅広いジャンルのレストランが集う 渋谷の最新鋭コンプレックスで過ごす

渋谷ストリーム ➡P.36
しぶやストリーム

2018年オープンのエンターテインメント発信施設。旧東横線渋谷駅ホームと周辺を大開発して誕生し、商業ゾーン、渋谷ストリームホール、SHIBUYA STREAM HOTELなどが入居する。

©渋谷ストリーム

東急プラザ渋谷（渋谷フクラス） ➡P.38
とうきゅうプラザしぶや（しぶやフクラス）

2019年に誕生した複合施設。2～8階、17・18階の「東急プラザ渋谷」を中心に、高感度な店が並ぶ。「大人が楽しめる渋谷へ」というコンセプトの空間で、ゆったりと過ごせる。

渋谷スクランブルスクエア ➡P.34
しぶやスクランブルスクエア

2019年開業、渋谷エリアで最大級の地上約229mの大規模複合施設。初上陸や新業態を含めた約200店もの世界最旬ショップが揃う。駅直結・直上の好立地で、新しいランドマークとなっている。

©渋谷スクランブルスクエア

きらめく光に包まれる SHIBUYA SKYで夜景観賞

SHIBUYA SKY ➡P.35
シブヤ スカイ

渋谷最高峰からの絶景を見ることができる展望施設。14階から45階の「SKY GATE（スカイ ゲート）」、屋上展望空間「SKY STAGE（スカイ ステージ）」、46階の「SKY GALLERY（スカイ ギャラリー）」の3つのゾーンから構成され、東京屈指の繁華街・渋谷の景色を堪能できる。

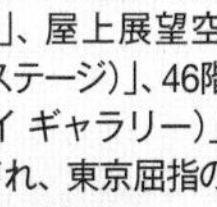

SKY GALLERYにはショップが並び限定メニューや商品も販売

©渋谷スクランブルスクエア

2日目

浅草・押上で新旧の観光スポットを訪れる

東京スカイツリーや浅草寺などの名所へ。下町情緒が漂う東京の風景は見もの。

9:30	東京駅
	約20分 JR総武線快速で8分、錦糸町駅で乗り換え、地下鉄・半蔵門線で2分、押上(スカイツリー前)駅からすぐ
10:00	東京スカイツリー
	約3分 押上(スカイツリー前)駅から地下鉄・都営浅草線で3分、浅草駅からすぐ、または地下鉄・半蔵門線押上(スカイツリー前)駅から徒歩20分
13:00	浅草
	約40分 浅草から水上バスで、浜離宮まで約35分
15:30	浜離宮恩賜庭園
	約3分 新橋駅からJR山手線で3分、東京駅下車
18:00	東京駅

プランニングのアドバイス

東京スカイツリーは朝8時から、すみだ水族館は9時から開業。比較的すいている午前中を狙うのがおすすめだ。並びたくないなら、インターネットで事前日時指定券を購入しておくとよい。東京ソラマチでは、30・31階のソラマチダイニングスカイツリービューで美しい景色を眺めることができる。

東京スカイツリー® からの絶景を堪能する

東京スカイツリータウン® ➡P.66
とうきょうスカイツリータウン

東京スカイツリーの展望台に上って眺望を満喫したら、東京ソラマチで買い物や食事を楽しみたい。限定メニューやみやげも販売している。水族館やプラネタリウムを訪れるのもおすすめ。

東京ソラマチ® ➡P.68
とうきょうソラマチ

限定商品がいたるところにあって、おみやげ選びに悩むほど。買い物を楽しんだらランチタイム。

東京スカイツリーが描かれたアイテムが豊富

下町の活気があふれる街 浅草 で東京の風情を感じる

浅草寺 ➡P.60
せんそうじ

東京都最古の寺院に参拝。雷門の提灯や境内に残る建築物など見どころが多い。2020年4月には雷門の提灯が新調され、節目の年となった。

仲見世通りには和雑貨や気軽に食べられるグルメが豊富!

仲見世通り ➡P.62
なかみせどおり

雷門をくぐると浅草寺境内まで続く仲見世通り。老舗の店が立ち並び、参拝後にはグルメや買い物が楽しめる。

水上バスで、将軍の庭 浜離宮恩賜庭園 へ

浜離宮恩賜庭園 ➡P.108
はまりきゅうおんしていえん

「潮入の池」がある回遊式築山泉水庭園。池に架かる「お伝い橋」を渡り「中島の御茶屋」でひと休み。

3日目

六本木〜銀座をじっくりカルチャー巡り

最終日は美術館でゆっくりアート鑑賞。高級店が並ぶ銀座の散策も楽しんで。

9:30	東京駅	
		約20分 地下鉄・丸ノ内線で東京駅から7分、国会議事堂前駅で地下鉄・千代田線に乗り換え3分、乃木坂駅下車
10:00	国立新美術館	
		約3分 徒歩
12:00	東京ミッドタウン	
		約13分 地下鉄・日比谷線で六本木駅から13分、銀座駅下車
15:00	銀座	
		約2分 JR山手線で有楽町駅から2分、東京駅下車
19:00	東京駅	

プランニングのアドバイス

国立新美術館、東京ミッドタウンのサントリー美術館のほかにも、六本木ヒルズの森美術館があり、規模の大きな美術館が六本木に点在。いずれかのチケットがあればほかの2館が割引になる「あとろ割」というサービスがあるので活用したい。
ランチは東京ミッドタウン内で手軽に、夜は、銀座や東京駅周辺に揃う数々の上質なレストランを利用したい。人気店も多いので予約を忘れずに。

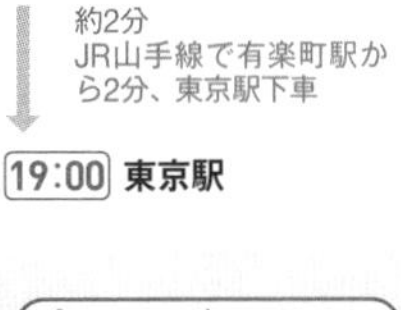

世界が注目する企画展示 国立新美術館 を見学

国立新美術館 ➡P.119
こくりつしんびじゅつかん

黒川紀章設計の建物、ガラス壁からの採光、木の使い方が心地よい美術館。館内では、多彩なテーマの企画展を開催。国立の美術館のなかで唯一コレクションを持たないが、一流のアート作品を目の前にできる。

デザイン性の高い店が集まる 東京ミッドタウン へ

東京ミッドタウン
とうきょうミッドタウン
➡P.80

デザイン&アートがコンセプトの複合施設。カフェやショップのほか、アートにふれる時間を過ごしたい。

サントリー美術館 ➡P.118
サントリーびじゅつかん

東京ミッドタウン内にある美術館。国宝、重要文化財を含む約3000点を所蔵し、「生活の中の美」を基本理念に、日本美術を中心とした企画展示を行う。

©木奥恵三

老舗と最新施設が共存 大人の 銀ぶら 街歩き

GINZA SIX ➡P.58
ギンザ シックス

幅広い世代から支持される銀座エリアでは、スタイリッシュで洗練された商業施設が続々誕生。老舗の百貨店や店舗と調和した街を気ままに散策したい。

館内には「観世流」の観世能楽堂もあり観劇できる

喜ばれる上質な品 東京みやげ を選ぶ

東京ステーションシティ
とうきょうステーションシティ
➡P.76

東京ならではのみやげ探しなら、駅ナカが大活躍。JR東京駅のグランスタ東京では、東京モチーフの味みやげや雑貨が充実。限定商品を見つけたい。

駅ナカのグランスタ東京はここでしか買えない味みやげが豊富

❖ TOKYO NEWS & TOPICS

ニュース＆トピックス

複合施設を中心にグルメ、ショッピング、ホテルに加え、大人も子どもも楽しめるアミューズメントスポットが続々登場。革新と伝統をミックスした活気あふれる東京の魅力を事前にチェック!

高低差のある敷地に美しい緑と都市の機能が一体となった新スポット

トーマス・ヘザウィック氏をはじめ、超一流デザイナーが手がけた建物も見どころのひとつ

2023年11月オープン

日本一高いビルも登場。東京の最旬スポットのひとつ 麻布台(あざぶだい)ヒルズ がおもしろい

約8.1haの広大な敷地に約2万4000㎡という圧倒的な緑地のほか、商業施設、文化施設、オフィス、住宅、教育機関などの都市の機能を集積した複合施設。世界初となるアマンの姉妹ブランドホテル「ジャヌ東京(P.23)」やラグジュアリーブランド、フード、ウェルネス、アート＆ギャラリーなどの店舗が集合する。

麻布台 MAP 付録 P.21 E-2

☎03-6433-8100(総合インフォメーション)
所 港区虎ノ門5丁目、麻布台1丁目、六本木3丁目
営休 店舗により異なる　交 地下鉄・神谷町駅直結／地下鉄・六本木一丁目駅から徒歩4分　P あり(有料)

地上64階、高さ約330m、日本一の超高層ビル「森JPタワー」がそびえる

「中央広場」には街の賑わいを生むイベントスペースを設置

34種の在来植物を植栽した「桜麻通り」。2月～5月上旬は麻布台ヒルズ全体でさまざまな桜が開花

名店にしか流通しない希少品や国内外の高品質な食材が集まる「麻布台ヒルズマーケット」。2024年3月13日オープン

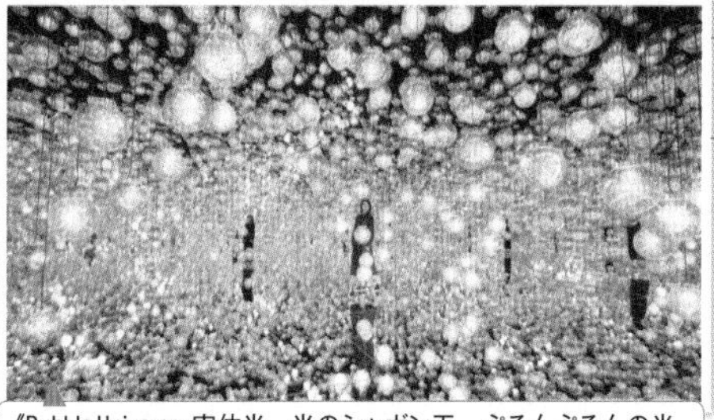

《Bubble Universe: 実体光、光のシャボン玉、ぷるんぷるんの光、環境が生む光 -ワンストローク》。「認知上の存在」をテーマにした作品。実体光、光のシャボン玉、ぷるんぷるんの光、環境によって生み出される無数の球体が埋め尽くす不思議な空間が広がる

©チームラボ

ガーデンプラザB 地下1階

森ビル デジタルアート ミュージアム：エプソン チームラボボーダレス

もりビル デジタルアートミュージアム：エプソン チームラボボーダレス

「街全体がミュージアム」のコンセプトを象徴するアミューズメントで、東京・お台場から移転オープン。特に世界ではここでしか見られない「Bubble Universe」や「Light Sculpture - Flow」シリーズなどが見どころ。

☎03-6230-9666　営10:00～21:00(最終入館20:00、変更の場合あり)
休第1・3火曜(HPで要確認)　料3800円～(日によって異なる)

床から天井までガラス窓。客室から東京タワーや敷地の緑が望める

ライブ感あふれる「ジャヌ メルカート」を含む8つのレストラン&バーがある

麻布台ヒルズレジデンスA

ジャヌ東京

ジャヌとうきょう

ラグジュアリーホスピタリティのパイオニア「アマン」による世界初の姉妹ブランドホテル。美食、アート、サービスを通して、東京の魅力を発信する。122室の客室、ダイニング、都内ホテル最大級のウェルネス施設を備える。

☎03-6731-2333　in15:00　out12:00　室122室
予算1泊1室(2名利用)13万9550円～

麻布台ヒルズの注目スポットをピックアップ

タワープラザ 3階

SAAWAAN BISTRO

サーワーン ビストロ

ミシュラン1ツ星を獲得した、タイのイノベーティブレストランが手がける注目店。シェフ、パティシエともにタイを代表する実力者で、“伝統×モダン”が織りなす美食は感動もの。

☎03-6441-0737
営11:00～14:00(LO) 17:30～23:00(フードLO22:00、ドリンクLO22:30)、バー11:00～23:00(LO22:30)　休火曜

タイのハーブやスパイスを使ったタイカクテルが味わえるバーを併設

12種の食材を合わせたサラダ風ライス「SAAWAAN タイライスサラダ」1782円

ガーデンプラザA 2階

Minimal The Specialty 麻布台ヒルズ

ミニマル ザ スペシャルティ あざぶだいヒルズ

スペシャルティチョコレート専門店。カカオ豆がチョコに変化していくプロセス、カカオの食べ比べ、日本酒やお茶など厳選ドリンクとのペアリングなどをコース仕立てで楽しめる。

☎050-1809-0420　営11:00～19:00
休施設に準ずる

「Minimalカカオ・チョコレートのコース」7700円。要予約

麻布台ヒルズ限定「ガトーショコラ ソフト -5種の甘納豆-」3650円

タワープラザ 4階
ガーデンプラザB 地下1階

アラビカ東京

アラビカとうきょう

「京都から世界へ」を掲げて、世界20カ国以上に展開するスペシャルティコーヒーブランド。世界最高峰のコーヒーと焙煎機によるカスタムロースティングサービスを実施している。

ブレンド・シングルオリジンから豆が選べる、一番人気のカフェラテは550円～

アラビカ東京4F店
☎03-6277-6098
営11:00～20:00
休施設に準ずる
アラビカ東京B1店
☎03-6721-5551
営8:00～20:00(LO)　休施設に準ずる

バルコニー席を設けたハイセンスでおしゃれな「アラビカ東京 4F店」

白を基調とした日比谷線神谷町駅に直結の「アラビカ東京 B1店」

2023年10月オープン

虎ノ門(とらのもん)ヒルズ ステーションタワー 開業
新店も続々登場し、新たな賑わいをみせる

虎ノ門ヒルズに4つ目のタワー「ステーションタワー」が仲間入り。情報発信拠点としてホールやギャラリーを備えた「TOKYO NODE」、飲食・物販など多様な店が集まる「T-MARKET」、東京初進出「アンバウンド コレクション by Hyatt」による「ホテル虎ノ門ヒルズ」などが入居している。

地下4階、地上49階建て。東京メトロ日比谷線虎ノ門ヒルズ駅とは駅前広場「ステーションアトリウム」で直結

虎ノ門 MAP 付録 P.21 F-1
☎03-6406-6192(10～18時)
所港区虎ノ門2-6-1
営休店舗により異なる
交地下鉄・虎ノ門駅から徒歩7分／地下鉄・虎ノ門ヒルズ駅直結 Pあり(有料)

ダイニングから角打ちまで27店舗が集まる地下2階「T-MARKET」

客室数205室、1階と11～14階にある「ホテル虎ノ門ヒルズ」

虎ノ門ヒルズ ステーションタワーの注目スポットをピックアップ

2階 テラスダイニングゾーン

日常茶飯時
にちじょうさはんじ

日常の贅沢を提供するお米とお茶が主役の和食店。ランチではお米に合うおかずを合わせた定食を用意。ディナーでは、注文を受けてから炊き上げる白米がおすすめだ。

☎03-6273-3701 営11:00～15:00(LO14:30) 17:00～23:00(日曜、祝日は～22:00、フードLOは各1時間前、ドリンクLOは各30分前)
休月曜(祝日の場合は翌平日)

カウンター、テーブルのほかに、掘りごたつを設けた和の空間

店のおすすめが詰まった2時間飲み放題付きコース5000円～

地下2階 T-MARKET

Atsushi Hatae
アツシ ハタエ

世界的名店「アラン・デュカス」のシェフパティシエを務めた波多江篤氏が手がける。自由な発想から生み出されるプティ・ガトーやショコラはアートのように美しく、繊細な味。

☎03-6206-6927 営11:00～20:00 休火曜

宝石のように色も姿も美しいプティ・ガトーやショコラが並ぶ

4階 ダイニングフロア

鮨 おにかい×2
すしおにかいかけに

伝統に独創性とモダンを加えた「くずし鮨」とワインのペアリングが味わえる新スタイルの寿司ダイニング。客席は東京タワーを望むカウンターのみ、メニューはコース仕立てで予約制。

☎03-6205-8038 営17:00～23:00(LO22:00、日曜、祝日は～22:00、LO21:00) 休月曜(祝日の場合は水曜)

蓋を開けた瞬間の奥深い香りがたまらない「季節の魚の瞬間スモーク鮨」

古くから「おもてなしの色」といわれる紺青を基調とした空間

ワインはイタリアのソムリエコンクールで優勝した永瀬喜洋氏が監修

2015年以来の構想が実現し、食と温泉の複合施設がグランドオープン

市場と一体になって豊洲を盛り上げる 豊洲 千客万来のグルメと温泉に注目

とよす せんきゃくばんらい

築地から豊洲に移転してきた「東京の台所」。その伝統を継承し、新たな賑わいを提供するスポットとして「豊洲 千客万来」が開業。食楽棟「豊洲場外 江戸前市場」と、温浴棟「東京豊洲 万葉倶楽部」からなる複合施設で、東京都心部で新鮮な海の幸と温泉を堪能できる。

2024年2月オープン

豊洲 MAP 付録 P.33 D-2

☎03-3533-1515 所江東区豊洲6-5-1
交ゆりかもめ・市場前駅から徒歩4分 P574台

豊洲場外 江戸前市場

とよすじょうがい えどまえいちば

江戸の風情漂う食の殿堂。1階はラーメン店など日常的に利用しやすい飲食店、2階は古くから愛される食の名店と食材店、3階は市場が隣接する立地を生かした海鮮の飲食店などが並ぶ。

☎03-3533-1515(豊洲 千客万来)
営10:00～22:00(店舗により異なる) 休無休 料入場無料

江戸庶民に愛されてきた食が体験できる「豊洲目抜き大通り」

創業約60年、豊洲でマグロの仲卸を営む「相馬水産」のファストフードが出店

北海道を中心に、厳選された旬のウニが堪能できる「築地うに虎」

東京豊洲 万葉倶楽部

とうきょうとよす まんようくらぶ

24時間営業の温浴施設で、毎日運ばれる箱根・湯河原の名湯が楽しめる。東京湾を望む露天風呂、360度のパノラマが広がる最上階の展望足湯庭園のほか、無料開放の足湯を備える。

☎03-3532-4126 営24時間 休無休
料3850円(館内着、アメニティ、タオル込)、深夜3:00以降は別途深夜料金あり

食事処、休憩室、岩盤浴、ボディケアなどの施設が揃う

夜はレインボーブリッジの夜景が美しい「展望足湯庭園」

本物の天然温泉をたたえた「露天風呂」。目の前に東京湾が広がる

国立競技場そばに現れた都市公園 緑豊かな都立明治公園でひと休み

とりつめいじこうえん

2023年10月オープン

「都立明治公園」が拡張・リニューアル。芝生広場の「希望の広場」、樹林地の「誇りの杜」のほか、6店舗の飲食店やショップがオープンした。キャンプチェア、キックバイクなどのレンタルもあり、以前にも増して自然を身近に感じられる空間に生まれ変わった。

外苑前周辺 MAP 付録 P.23 D-1

☎03-6434-7800(公園管理所)
所新宿区霞ヶ丘町5-1 開休料入園自由(園内施設は店舗により異なる)
交地下鉄・外苑前駅／地下鉄・国立競技場駅から徒歩9分 Pなし

アウトドアショップ、レストラン、カフェ、都市型スパ施設などが点在

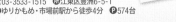

包摂性や多様性をテーマに可動式遊具を設置した「インクルーシブ広場」

「ホグワーツの大広間」をはじめ、実際のセットの中に入れる

9と¾線でホグワーツ特急に乗り込み『ハリー・ポッター』の世界へ

2023年6月オープン

東京の歴史ある遊園地の跡地に登場

ワーナー ブラザース スタジオツアー東京(とうきょう) - メイキング・オブ・ハリー・ポッター

映画『ハリー・ポッター』とそのスピンオフ『ファンタスティック・ビースト』の舞台裏や世界観が楽しめる体験型エンターテインメント。『ハリー・ポッター』の屋内型施設としては世界最大級。ほうきに乗るなど、魔法の世界が体験できるアクティビティが盛りだくさん。

練馬区 MAP 本書 P.2 C-1

☎050-6862-3676(9:30～18:00) 所練馬区春日町1-1-7 営HPで要確認 休無休 料6300円～(オフィシャルガイドブック＋デジタルガイド付9600円) 交西武鉄道／地下鉄・豊島園駅から徒歩2分 P821台(1台1800円、事前予約制) ※入場は日時指定の予約制。入館チケットは事前に公式HPで購入、現地でのチケット購入、変更や払い戻しは不可

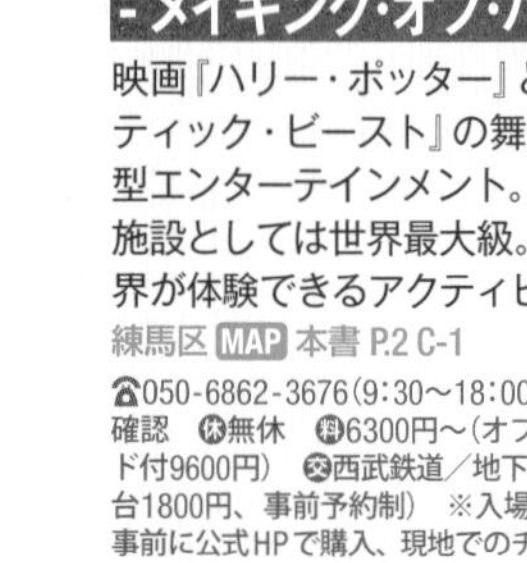

ホグワーツ寮の夕食を再現した「グリフィンドールプレート」はドリンク付き3200円

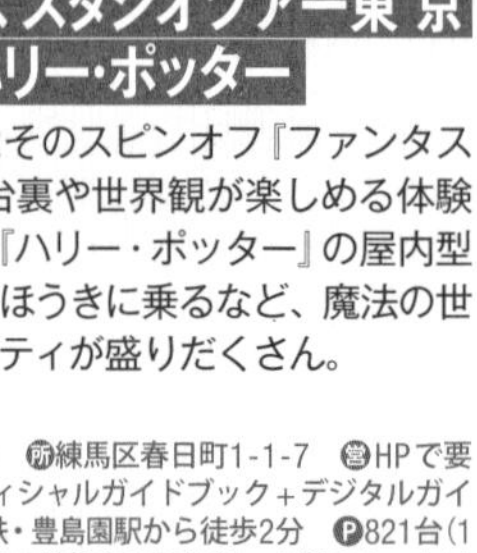

世界最大規模のハリポタショップには45種類の魔法の杖が並ぶ

イマーシブ・フォート東京(とうきょう) で最先端のテーマパークを体験する

アニメ『東京リベンジャーズ』や、『シャーロックホームズ』の世界観に完全没入。アトラクションはもちろん、フードもオリジナルグッズも物語に没入するための演出が見事。興奮と歓喜、恐怖と絶叫、さまざまなドラマチックな世界へと引き込まれる。

お台場 MAP 付録 P.32 C-2

☎なし 所江東区青海1-3-15 営公式HPで要確認 休無休 料1dayイマーシブ・パス6800円～1万4800円、体験パス3500～9000円 交ゆりかもめ・青海駅直結／りんかい線・東京テレポート駅から徒歩3分 Pあり(有料)

画像提供:イマーシブ・フォート東京

2024年3月オープン

完全屋内型テーマパークとしては国内屈指の約3万㎡。12種類のアトラクションを備える

六本木、日比谷に次ぐミッドタウン
東京ミッドタウン八重洲 に熱視線

JR東京駅に直結。地上45階、地下4階、延床面積約29万㎡の空間に、飲食、物販、ホテル、バスターミナル、小学校、オフィスなど多彩な施設が集結。地下1階から3階には「日本が誇る未来のモノづくりとブランドの価値」を伝える多種多様な59の店舗が並ぶ。

八重洲 MAP 付録 P.15 D-3

☎03-6225-2234
所中央区八重洲2-2-1
営10:00～23:00(店舗により異なる) 休無休
交JR東京駅八重洲中央口から徒歩2分
Pあり(有料)

2023年3月グランドオープン

JRもバスも交通至便な東京駅前にグランドオープンした複合施設

上質な大人の空間に優雅な時間が流れる「ブルガリ ラウンジ」

40階
ブルガリ ラウンジ

ラグジュアリーな時間と豪華なスイーツが楽しめるアフタヌーンティーが評判。セイボリー、ドルチェ、クロテッドクリームとジャムを添えたスコーンに、コーヒーやお茶のセレクションが付く。

☎03-6262-6624(レストラン予約直通)
営10:00～21:00(LO20:30) 休無休

総料理長ニコ・ロミートが監修するアフタヌーンティー。一人1万500円

※シャンパンは別途オーダー、季節によりアフタヌーンティーの内容は変更(写真は一例)

電源付きボックスシートやベンチを設けた「八重洲のロジウラ」

休憩コーナーやポップアップショップが並ぶ「イチジテイシ」

和洋中のおしゃれな立ち飲みカウンターが並ぶ「ALLSTANDS」

2階
ヤエスパブリック

待ち合わせ広場、物販・休憩エリア、立ち飲みスポットの3つのエリアからなる。広々とした空間にボックスシートやソファ、仕事がはかどりそうな仕切り付きのスペースなどがあり、誰もが気軽に利用できる。

☎店舗により異なる 営11:00～23:00(一部店舗は異なる) 休店舗により異なる

「都会の中の公園」を再定義する
新・Ginza Sony Park が進行中

昭和41年(1966)建設のソニービルの建て替えにあたり、解体途中の段階を公園として活用。2018年に「変わり続ける実験的な公園」として始まり、2021年9月までの間に多様なイベントも行われた。そして新しいGinza Sony Parkが2024年に登場予定。

銀座 MAP 付録 P.16 C-2

☎なし
所中央区銀座5-3-1
営休料2024年2月現在未定
交地下鉄・銀座駅B9出口直結 Pなし

2024年オープン

数寄屋橋交差点そばに位置。今後の展開に注目が集まっている

中心には43階建ての高層タワー
新しい街 東京ワールドゲート赤坂

東京の国際ビジネス拠点として開発が進められていた「赤坂二丁目プロジェクト」が、2024年夏に第1期竣工を迎える。街区名は「東京ワールドゲート赤坂」。地上43階の「赤坂トラストタワー」にはオフィスのほか、ホテル、カフェ、リムジンバス乗り場など、さまざまな機能が集約される。

赤坂 MAP 付録 P.12 C-4

☎03-6435-8887
所港区赤坂2-1712-1ほか
営休料2024年2月現在未定
交地下鉄・溜池山王駅／地下鉄・国会議事堂駅直結
Pあり

2024年8月第1期竣工

季節の移ろいを周囲の自然で感じられる「赤坂トラストタワー」

渋谷でも有数の繁華街に立つ複合施設
道玄坂通(どうげんざかどおり)〜dogenzaka-dori〜

文化通りと道玄坂小路に面したゆるやかな坂の上に地上28階、地下1階の複合施設が誕生。シアトル発ハンバーガー店「Lil Woody's」、イタリア王室御用達のジェラート店「Giolitti」などのショップのほか、オフィス、ホテルなどが入居する。

渋谷 MAP 付録 P.24 B-2
☎03-5489-7101(平日9:00〜18:00) 所渋谷区道玄坂2-25-12 営7:00〜23:00(店舗により異なる、1階は24時間通行可能) 休店舗により異なる 交各線・渋谷駅から徒歩5分 P128台(有料)

2023年8月オープン
通り抜けOKの造りで、ルートによっては移動がショートカットできる

色とりどりのモダンアートに囲まれたレストラン「Gallery 11」

「Gallery 11」のブレックファーストで提供されるパンケーキ

1・3・11〜28階
ホテルインディゴ東京渋谷
ホテルインディゴとうきょうしぶや

アートや音楽などの視点から、渋谷の個性をインテリアやサービスに取り入れたライフスタイル・ブティックホテル。屋外テラスを設けたレストラン&バーやカフェなど付帯施設も充実。

☎03-6712-7470 in15:00 out11:00 室272室 予算1泊1室2万4000円〜

上層階の客室は眺望がよく、晴れた日は富士山が望める部屋もある

BIG WOODY単品1400円、ポテト&ドリンクセットで1900円

お店自慢のシェイクにフライドポテトをディップ。シェイクフライ1000円

1階
Lil Woody's Shibuya
リル ウッディーズ シブヤ

グラスフェッドビーフを配合した焼きたてパティは肉々しく食べごたえ抜群。定番のほか、ブルーチーズや万願寺唐辛子などを合わせた独創的なスペシャリティバーガーが味わえる。

☎03-6712-7763
営11:00〜23:00 休無休

再開発が進む渋谷・桜丘口地区
Shibuya Sakura Stage(シブヤ サクラ ステージ) の今後に期待

渋谷駅周辺地区の最後のピースといわれた複合ビルが2023年11月に竣工。駅と直結する新改札や歩行者デッキを設け、多層の歩行者ネットワークを整備。オフィス、商業、サービスアパートメントなどの施設のほか、今後は国際競争力の強化を視野に入れた都市機能の充実を図る。

渋谷 MAP 付録 P.25 D-4
☎2024年2月現在未定 所渋谷区桜丘町1-1ほか 営休料店舗により異なる 交各線・渋谷駅からすぐ Pあり(有料)

SHIBUYAサイドとSAKURAサイドで構成された複合施設が誕生

2024年7月まちびらき
「にぎわいSTAGE」の中心にある新ランドマーク「しぶS」

デザイン性と機能性を併せもった客室で「渋谷で暮らす」を体験

SAKURAタワー 6〜16階
ハイアット ハウス 東京 渋谷
ハイアット ハウス とうきょう しぶや

コンセプトは「自宅のような寛ぎを提供する現代的な空間」。全126室の客室はキッチン、洗濯乾燥機、オーブンレンジ付き。ラウンジ&バー、プール、レストランなどの設備を付帯する。

☎03-4243-6241 in15:00 out11:00 室126室 予算スタンダード1泊1室4万5980円〜(時期により変動、宿泊税別)

緑あふれるテラスを眺めながらアルコールが楽しめる「H Bar」

渋谷ヒカリエの隣に登場する新しい高層ビル 渋谷（しぶや）アクシュ

渋谷駅東口エリアに23階建ての新ビルが開業する。吹き抜けを生かし、天井に垂直庭園を設けた1～2階は飲食中心のフロアで、5階以上はオフィス。2階部分は渋谷ヒカリエと歩行者デッキでつながるので、青山方面へも歩いて行きやすくなる。

渋谷 MAP 付録 P.25 D-3
☎なし
所 渋谷区渋谷2-17-1
営休 2024年2月現在未定
交 各線・渋谷駅からすぐ
P あり（有料）

2024年夏オープン

ヒカリエ側と青山側に段差を生かしてベンチを配し、憩える空間に

画像提供:渋谷二丁目17地区市街地再開発組合

池袋のランドマークに新展開 サンシャイン60展望台（てんぼうだい） てんぼうパーク

開業45周年の年に、最上階の展望台がリニューアル。「東京の今」を360度ぐるりと見渡せる眺望はすばらしい。公園をイメージした芝生エリアではレジャーシートの無料レンタルがあり、お弁当の持ち込みも可能。屋内にいながら眺望＋ピクニック気分が楽しめる。

※飲食物は一部持ち込み制限あり

池袋 MAP 付録 P.31 E-3
☎03-3989-3457 所 豊島区東池袋3-1 サンシャインシティサンシャイン60ビル60階 営 11:00～21:00（変更の場合あり、最終入場1時間前） 休 無休 料 入場700円～ 交 JR池袋駅東口から徒歩8分 P あり（有料）

2023年4月オープン

「てんぼうパークCAFE」の3色ご飯のてんくうチキンカレー（ポーチドエッグトッピング）950円

地下1階から海抜251mの展望フロアへはエレベーターで約35秒

大都会の街並みが望める窓際にブランコ風のベンチが

2024年4月オープン

巨大なガラスのオブジェを思わせる個性的な建物にも注目が集まる

東急（とうきゅう）プラザ原宿（はらじゅく）「ハラカド」で原宿から新しい文化を発信する

今も昔も流行発信地「原宿」の新ランドマーク。原宿カルチャーを創造・発信する商業施設として、個性豊かでクリエイティブなヒト、コト、モノが集まる。9フロア75店舗のなかでも、とくにECサイトや地方発ブランド、チャレンジショップなどレアなショップは要チェック。

原宿 MAP 付録 P.22 B-2
☎2024年2月現在未定
所 渋谷区神宮前6-31-21
営休 2024年2月現在未定
交 地下鉄・明治神宮前〈原宿〉駅から徒歩1分 P 2024年2月現在未定

2階「COVER」では各世代の雑誌特集とコラボしたイベントを開催

3階には各界のクリエイターのショップが全国から集合

代官山に登場した次世代の複合施設 Forestgate Daikanyama（フォレストゲート ダイカンヤマ）を探索

代官山駅前に「緑・環境サステナブル」と「食」をテーマした複合施設がお目見え。「住む・働く・遊ぶ」が共存するMAIN棟は商業施設・シェアオフィス・賃貸住宅の構成で、木造2階建てのTENOHA棟はサステナブルな暮らしを提案するカフェとイベントスペースからなる。

代官山 MAP 付録 P.26 C-2
☎なし 所 渋谷区代官山町20-23、12 営休料 店舗により異なる
交 東急線・代官山駅から徒歩1分 P 7台（有料）

2023年11月オープン

世界的建築家の隈研吾が設計した「MAIN棟」

六角形をモチーフにした「TENOHA棟」には屋上ファームがある

❖ TOKYO NEWS & TOPICS

2023年4月オープン

新宿の新しいランドマーク
東急歌舞伎町タワー（とうきゅうかぶきちょう）でエンタメ三昧

新宿歌舞伎町に地上48階、地下5階の超高層複合施設がオープン。ホテルや映画館、劇場、ライブホール、ナイトクラブ、レストランなど、あらゆる楽しみを盛り込んだスポットで、その規模は国内最大級。日本の祭りとソウルフードが楽しめる「新宿カブキhall～歌舞伎横丁」は、新しい業態のレストランとして大評判。

新宿 MAP 付録 P.29 D-1

☎施設により異なる 所新宿区歌舞伎町1-29-1 営店舗により異なる 休無休 交JR新宿駅東口から徒歩7分 Pあり（無料）

歌舞伎町に建つ高さ約225mのビル。1階に観光案内所がある

©TOKYU KABUKICHO TOWER

上階のホテルが運営するダイニング。17階からの眺望がすばらしい

軽くスモークしたNZ産仔羊の石窯グリルハーフラック5800円

ジェラート店を併設。素材そのもののフレッシュな味わいが美味

約1000㎡のフロアに約1300の客席を設ける巨大レストラン

「カブキカフェ」のBURUNCH SET（パン・ドリンク付き）2749円

©TOKYU KABUKICHO TOWER

2階

新宿カブキhall～歌舞伎横丁
しんじゅくカブキホール～かぶきよこちょう

「祭り」をテーマに、東北のねぶたや神輿などをイメージした店内が印象的で、10店の食祭街が並ぶ。北海道から沖縄、隣国の韓国まで、軽快な音と映像とともに各エリアのソウルフードやお酒が堪能できる。

☎店舗により異なる 営6:00～翌5:00 休施設に準ずる

17階

JAM17 DINING & BAR
ジャムセブンティーン ダイニング & バー

石窯で焼いたこだわりの肉や産直野菜が味わえる「JAM17 DINING」は、開放的な空間が特徴。「JAM17 BAR」では世界的スターバーテンダー後閑信吾氏のバー「The SG Club」が監修したカクテルが味わえる。

☎03-6233-8217 営ダイニング11:30～22:00（LO21:00）、バー17:00～翌2:00（LO翌1:00）、ジェラテリア10:00～22:00 休無休

2023年10月オープン

ハナミチ東京 歌舞伎町（とうきょうかぶきちょう）で江戸の文化や伝統の良さを再発見

地上4階、地下1階の複合施設。大型LEDビジョンなど最新技術を駆使した大衆演劇が評判の「歌舞伎町劇場」、花魁風や昭和レトロ風の着物が並ぶ「和レンタル衣装 きぬも」、江戸風情が満喫できる飲食店などがあり、1カ所で「江戸の衣・食・劇」を楽しむことができる。

新宿 MAP 付録 P.29 E-1

☎なし 所新宿区歌舞伎町1-6-12 営休店舗により異なる 交JR新宿駅東口から徒歩5分 Pなし

新宿区役所の真裏に建つ「江戸」をテーマにしたスポット

地下

新世代大衆演劇場歌舞伎町劇場
しんせだいたいしゅうえんげきじょうかぶきちょうげきじょう

1部は喜劇、人情もの、剣劇、恋物語などの演劇、2部は美しく着飾った役者たちが客席間近で舞踊を披露するショーの2部構成。江戸時代から続く庶民の娯楽を日替わりで楽しめる。

☎03-6302-1648 開昼の部13:00～16:00 夜の部18:00～21:00 休木曜、ほか不定休（公式HPで要確認） 料2500円～（公演により異なる）

公演劇団は1カ月ごとの入れ替え制で、さまざまな演目を上演

2階

珈琲西武 本店
こーひーせいぶ ほんてん

ビルの建て替えに伴い移転オープン。新店舗でもステンドグラスの照明、赤い布張りのソファなど「昭和のモダン」はそのまま。同店限定メニュー「珈琲西武 幕の内弁当」が新登場。

☎03-4589-8731
営11:00～23:30（日曜、祝日は～23:00） 休無休

昭和時代にタイムトリップしたようなレトロな雰囲気が漂う

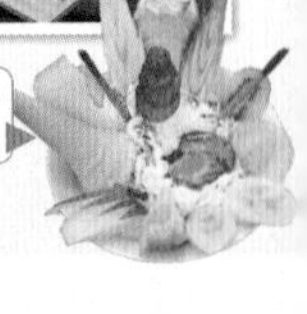

看板メニューのプリン・ア・ラ・モード1400円

日本の空の玄関口が進化を遂げる

羽田(はねだ)エアポートガーデン

2023年1月グランドオープン

国際線が発着する羽田空港第3ターミナルに直結した複合施設。全国から集めた老舗の味や話題のスイーツ、伝統工芸、アニメのキャラクターグッズなど、日本の魅力を結集したショッピングエリアに、2つのホテルと展望天然温泉、イベントホール、バスターミナルが集まる。

羽田空港 MAP 本書 P.3 E-4

☎0570-033-577 所大田区羽田空港2-7-1 営休施設により異なる
交各線・羽田空港第3ターミナル駅から徒歩1分 Pあり(有料)

日本のアニメグッズや伝統工芸のおみやげを扱うTOBI・BITO SOUVENIR TOKYO

1・2階

住友不動産 ショッピングシティ 羽田エアポートガーデン

すみともふどうさん ショッピングシティ はねだエアポートガーデン

名産品が揃う「ジャパンプロムナード」、手仕事の品や菓子が並ぶ「羽田参道」、旅の便利グッズを扱う「ハネダコレクション」の3エリアをはじめ、約80店からなる。

☎0570-033-577(羽田エアポートガーデン) 営店舗により異なる 休無休

十割そばや海鮮丼、江戸前ラーメンなど江戸の食文化が体験できる1階「大江戸フードホール」。値段もリーズナブルで気軽に利用できる。☎03-6459-9197 営11:00～22:00(LO21:00) 休無休

天気がよければ、富士山を望む富士見の湯(女湯)。景色と琥珀色のお湯で癒されたい

12階

天然温泉 泉天空の湯 羽田空港

てんねんおんせん いずみてんくうのゆ はねだくうこう

保温・保湿性に優れた天然温泉とサウナ、岩盤浴、ボディケア、食事が楽しめる。とくに天候によっては富士山や飛行機を望める展望露天風呂が人気。

☎03-6459-9770(ヴィラフォンテーヌグランド羽田空港) 営24時間(施設により異なる) 休不定休 料入館4800円～

選手村の跡地にオープンした商業施設

三井(みつい)ショッピングパーク ららテラス HARUMI FLAG(ハルミフラッグ)

2024年3月オープン

東京2020オリンピック・パラリンピック大会選手村跡地にオープン。暮らしに寄り添ったライフスタイル型商業施設で、都内最大級のスーパーマーケットをはじめ生活雑貨店や飲食店など約40店舗が集まる。選手村で提供された「GAP認証食材」を活用したレストランも話題。

晴海 MAP 付録 P.5 E-2

☎なし 所中央区晴海5-2-31
営物販10:00～21:00 飲食11:00～22:00(店舗により異なる)
休無休 交地下鉄・勝どき駅から徒歩16分 Pあり(有料)

選手村の跡地に建つ約1万㎡の売り場面積を持つ大型店

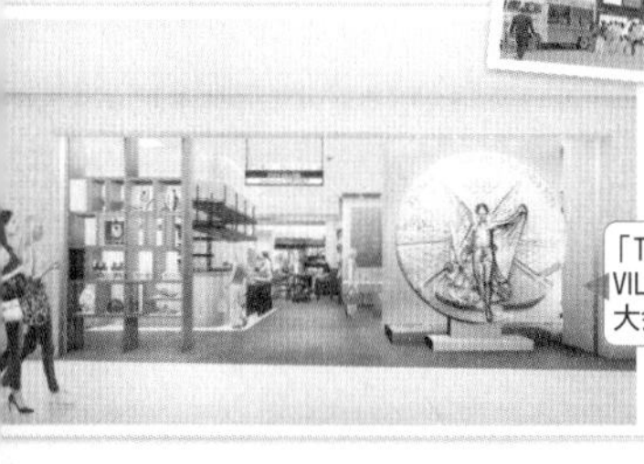

「TEAM JAPAN 2020 VILLAGE」では東京2020大会関連の資料を展示

羽田(はねだ)イノベーションシティは
旧羽田空港の跡地に広がる新しい街

旧羽田空港跡地にある大規模複合施設が、2020年の一部開業から3年を経てついにグランドオープン。日本初のスマートエアポートシティで、先進医療や工学系の研究開発施設が集まる。ほか宿泊施設、36店舗の商業施設、ライブホール「Zepp Haneda(TOKYO)」などがある。

羽田空港 MAP 本書 P.3 E-4

☎施設により異なる
所大田区羽田空港1-1-4
営休施設により異なる
交各線・天空橋駅直結
P270台(30分無料)

2023年11月グランドオープン

羽田空港を望む足湯は無料で利用できる

写真提供:羽田みらい開発株式会社

ZONE A 5～10階

ホテルメトロポリタン 羽田

ホテルメトロポリタン はねだ

羽田空港までのアクセスが良好で、ビジネス、レジャーともに交通至便。全13種類の客室のほか、屋上展望デッキ、レストラン、ジムなどを付帯している。

☎03-3747-1101 in15:00 out11:00
室237室 予算時期により異なる(変動制)

天気が良い日は東京タワーなども望める屋上展望デッキ「THE ROOFTOP」

羽田空港や飛行機が見渡せるエアポートサイドの客室も用意

今どきがあふれている ここが東京の最先端エリア

特集❖変貌する街

01 SHIBUYA

渋谷

100年に一度の再開発で大人の街へと進化する

若者の最先端カルチャーを発信し続けた街が大人も、世界の人々も楽しめるエンタメシティへ。ますます変わり続ける渋谷に目が釘付け。

複合型高層ビルが続々開業しグルメや買い物の魅力が拡大

渋谷系ストリートカルチャーを生み出した若者の街・渋谷が、駅周辺の大規模再開発で大きく変貌を遂げている。2018年以降、渋谷スクランブルスクエアや渋谷フクラスなど、「大人が楽しめる渋谷」をコンセプトにした商業施設が相次いで開業。渋谷PARCOは客層を広げ、アプリを連動した最先端ビルに大変身した。渋谷川を再生した渋谷ストリームの水辺空間、宮下公園を再整備した大型複合施設MIYASHITA PARKが開業するなど、かつての渋谷の風景を復興するプロジェクトも進んでいる。

アクセス

羽田空港 → 京急空港線 16分 → 品川駅 → JR山手線 12分 → 渋谷駅

東京駅 → JR山手線 23分 → 渋谷駅

東京駅 → 地下鉄丸ノ内線 8分 → 赤坂見附駅 → 地下鉄銀座線 8分 → 渋谷駅

渋谷センター街
しぶやセンターがい
中高生などの若者で連日賑わう「ギャル」文化の発祥地

宮益坂
みやますざか
渋谷駅から青山通りに向かって延びる通り

道玄坂
どうげんざか
坂を上るほど大人向けの店が多い。酒場も豊富

渋谷スクランブルスクエア(→P.34)から望む街並み。ネオンが輝く眠らない街は、さまざまな人が訪れ、東京をリードするトレンド発信地である

渋谷
SHIBUYA

新たなランドマークから進化を続ける街を一望する
渋谷スクランブルスクエア

渋谷の街を代表する駅直結・直上の大規模複合施設。有名高級ブランドや、気鋭のレストラン、カフェが集結し、生まれ変わった大人の街にふさわしい体験が待っている。

スクランブル交差点を俯瞰する日本を代表する新名所へ

渋谷エリア最高峰、地上47階建ての渋谷スクランブルスクエアは渋谷駅各線直結・直上と、アクセスが抜群。日本最大級の屋上展望空間を有する展望施設「SHIBUYA SKY」のほか、共創施設「SHIBUYA QWS」やオフィスフロアを備える。また、地下2階〜14階のショップ&レストランフロアには新時代をリードするショップが集まっている。

渋谷スクランブルスクエア
しぶやスクランブルスクエア

渋谷 MAP 付録P.25 D-3

☎03-4221-4280 所渋谷区渋谷2-24-12
営休公式HPで要確認
交各線・渋谷駅直結・直上 Pなし

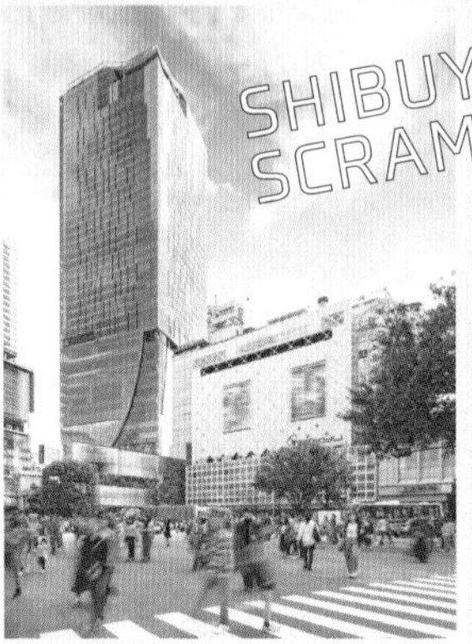

↑展望施設「SHIBUYA SKY」や最旬のショップ、グルメなどを一日中楽しめる
©渋谷スクランブルスクエア

SHIBUYA
SCRAMBLE SQUARE
360度遮るもののない解放感が最高

↑「SHIBUYA SKY」にあるGEO COMPASSには世界の都市などがどこにあるか記されており、世界を見渡すことができる ©渋谷スクランブルスクエア

地下2階-14階

SHOPS & RESTAURANTS
ショップ & レストラン

館内は、海外有名店の日本初上陸や老舗の新業態店舗、スポーツブランドの旗艦店など、目新しいラインナップばかり。若者の街に登場したハイエンドな空間と、上質な料理やアイテムに感動間違いなし。話題店のポップアップストアなど、いつ訪れても新しい発見ができる。

↑大人も楽しめるショップが約200店舗
©渋谷スクランブルスクエア

←1階ではよろこばれる手みやげを選べる
©渋谷スクランブルスクエア

13階●RESTAURANT

スペインで愛され続ける伝統かつモダンな一皿

José Luis
ホセ ルイス

本場マドリードで王室や市民から60年以上親しまれているレストランが日本初上陸。スフレトルティージャやガスパッチョなどの7品のコースがおすすめ。

☎03-6452-6227

予約 可
予算 L3000円〜 D8000円〜

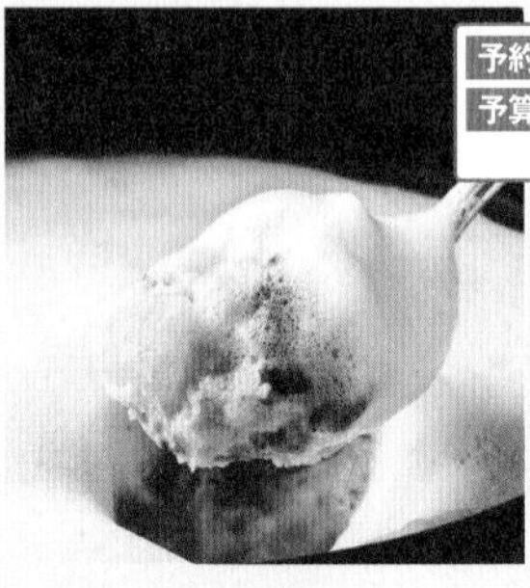

↑高級感のあるモダンな店内
←スペインのオムレツ「スフレトルティージャ」

14階●CAFE

味とビジュアルが進化 すべてが新しい和の空間

神楽坂 茶寮
かぐらざか さりょう

施設開業に合わせてカフェの新業態がオープン。街の景色を眺めながら和をベースに改良したフード、スイーツやパフェ、ドリンクなどを味わえる。渋谷限定メニューも注目。

☎03-6433-5751(予約不可)

↑saryoパフェ(日本のお茶セット1650円、お抹茶セット1760円)。抹茶アイス、ゼリー、プリンと抹茶づくし

→高層階に和情緒あふれる店がひっそりとたたずむ

↓鮮やかな12種のおばんさい御膳は1日100食限定

未知なる想像力を刺激する 眺望と空間演出を満喫

14・45・46階・屋上

SHIBUYA SKY

シブヤスカイ

地上約229mに位置する最新鋭の展望施設。大パノラマの渋谷の街が広がり、青空や夜景など、ソファやハンモックでくつろぎながら過ごしたい。

MAP 付録P.25 D-3

料 2200円(web予約、当日窓口は2500円)

※営業時間、施設利用についての最新情報はWEBサイトをご確認ください

屋上展望空間 SKY STAGE

未来を想像する空の上のハンモック CLOUD HAMMOCK

46階 屋内展望回廊 SKY GALLERY

↑今いちばんホットな撮影スポットであるSKY EDGE。昼間はもちろん、幻想的なライトや音楽の演出が楽しめる夜もおすすめ

©渋谷スクランブルスクエア

6階●SHOP

透明感や素肌の実感にこだわったコスメを展開

FATUITE

ファチュイテ

店名はフランス語で「わがまま、自己満足」の意味。透明感のケアやエイジングケアを叶えるベーシックケアライン「ブライテストシリーズ」が人気。

☎03-6434-1280

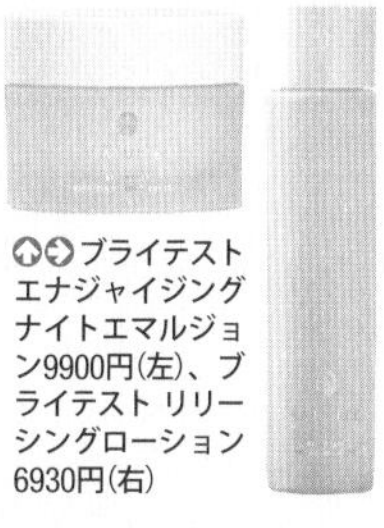

↑→ブライテスト エナジャイジング ナイトエマルジョン9900円(左)、ブライテスト リリーシングローション6930円(右)

1階●SHOP

ハチ公をモチーフにしたバウムクーヘンに注目

カタヌキヤ

型抜きも楽しめるバウムクーヘンの専門店。しっとり柔らかいバウムクーヘンに、かわいらしいキャラクターをプリントし、ウォーターカッターでカット加工を施している。

☎03-6434-1150

→渋谷のしぶハチバウム594円。渋谷のハチ公がモチーフ。5種類の表情があり、買ってからのお楽しみ

地下2階●SHOP

テイクアウト専門のコーヒースタンド

Urth Caffé

アース カフェ

ロサンゼルス発、「地球にやさしく、人にやさしく」をコンセプトにしたカフェ。提供されるすべてのコーヒーが100%無農薬栽培で、上質で風味豊かな味わいが魅力。

☎03-6450-6719

→贅沢に豆を使用した、濃厚な味わいのカフェラテ

↓タピオカドリンクも用意している

↑アメリカで絶大な支持を集めるカフェのスタンド展開は初めて

エネルギッシュな街に川辺を再現
渋谷ストリーム

渋谷駅南口エリアの大規模再開発により完成した、かつての渋谷川と調和する新しい街並みに注目。

時代を創造するホットスポットに渋谷川周辺の憩いの場を再建

旧東横線渋谷駅のホーム、線路跡地などに完成した大規模複合施設。飲食店のほか、ホテル、オフィス、ホールなど多彩な施設があり、南口に新しい流れを創出する。官民連携にて、かつて街とともにあった渋谷川の再生を行い、広場ではくつろぎの時間を過ごせる。

↑2階のかまぼこ屋根の通りを進む(上)。渋谷川とともにライトアップする大階段ステップビジョン(下)

↑近未来を象徴するデザインと空間に魅了される

渋谷ストリーム
しぶやストリーム

渋谷 MAP 付録P.25 D-3

☎0570-050-428(10:00~21:00) 所渋谷区渋谷3-21-3 営店舗により異なる 休元日
交各線・渋谷駅C2出口直結 P254台

1-3階

SHOPS & RESTAURANTS
ショップ & レストラン

「渋谷流＝シブヤ・カスタムが集まる商業空間」がコンセプト。総店舗面積は約1000坪、約30区画にショップやレストランが集まる。どの時代も愛される、流行に左右されない上質な店が多く、カジュアルながらも料理人の情熱や素材の良さにふれることができる。

↑3階はレストランが並ぶ。店ごとに仕切りがなく開放的な空間

←2階商業ゾーンは駅直結。写真の左奥に広場へ続く大階段がある

3階●RESTAURANT

江戸前の匠の技を体感 ハイレベルな「おまかせ」

SUSHI TOKYO TEN、
スシトウキョウ テン、

旬の素材を基本に、「おまかせ」で提供する江戸前寿司店。おつまみと握りを交互に、職人の経験と趣向をこらした質の高い料理が堪能できる。

☎03-6427-5076 営11:00~15:00 17:00~23:00 休元日

予約 可
予算 Ⓛ4000円~(税別) Ⓓ8000円~(税別)

↑カウンター越しに調理される

←約25種類ほどのおつまみと握りが並ぶ「おまかせ」

1階●RESTAURANT

南カリフォルニアを体感するダイナー

THE GREAT BURGER STAND
ザ グレート バーガー スタンド

南カルフォルニアを彷彿させるアメリカンな店内で、本場のグルメハンバーガーを堪能できる。ボリューム満点のバーガーはランチにも◎。

☎03-6450-5332 営11:00~22:00 (LO21:00) 休元日

予約 可
予算 Ⓛ1500円~ Ⓓ3000円~

→まるで海外を訪れたかのような雰囲気

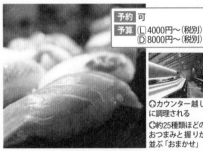

↓食べごたえのあるハンバーガーは約20種類ほど用意している

街の新旧の魅力が融合した
クリエイティブワーカーの聖地

SHIBUYA STREAM

4·6階

SHIBUYA STREAM Hall
シブヤ ストリーム ホール

ライブハウスが集まる渋谷のエンターテインメントをリードする場として誕生。約250㎡と広く、多目的に利用される。

⬆️スタンディングで約700名を収容

渋谷川の今昔をたどる旅

現在の駅前に水流が走る

かつての渋谷川は全長約10km、渋谷区と港区を通り東京湾に流れ込む、新宿御苑に水源を持つ水量豊富な川だった。明治18年(1885)に渋谷駅が開業してからも、農村の小川のような穏やかな景色が続いていた。支流の河骨川は高野辰之氏が作詞した唱歌『春の小川』の舞台といわれている。

⬆️大正10年(1921)頃の渋谷駅周辺は川が流れていた

地下水路へと変貌する川

戦後、渋谷川は水害対策や宅地化の影響で埋め立てや暗渠化が進んだ。そして、昭和39年(1964)の東京オリンピック開催に向け、下水道「千駄ヶ谷幹線」として整備されることが決定。昭和40年代初頭には、渋谷川は地表から姿を消すことになったのだ。

⬆️上流から宮益橋(現みずほ銀行渋谷支店の脇)を見る(昭和34年)

渋谷ストリーム

3階 ● RESTAURANT
新鮮な炉端焼きを
大都会で味わう

なかめのてっぺん

豊洲仕入れの旬の鮮魚と、こだわりの産直野菜を炉端焼きで楽しめる。日本酒メニューも充実。

☎03-6434-1508
🕚11:00〜15:00(L014:30)
17:00〜23:00(フードL022:00、ドリンクL022:30) 休元日

予約	可
予算	L1000円〜
	D4000円〜

⬆️豊洲から取り寄せた漁師刺盛

3階 ● RESTAURANT
グラスの底から湧きあがる
魔法のようなビールに驚き!

クラフトビールタップ
グリル&キッチン

個性的な世界のお酒が楽しめるレストラン。グラスの底からビールを注ぐ、空気に触れないビアサーバー「ボトムスアップ」を使用したビールが話題。

☎03-6427-5768 🕚11:00〜15:00
17:00〜23:00(LO各1時間前) 休元日

予約	可
予算	L2000円〜
	D4000円〜

⬆️海外のバーのような雰囲気の店内

⬆️クラフトビールやお酒に合う食事メニューが豊富

大人の休日を過ごせる新スポット

東急プラザ渋谷

年齢を重ねても楽しめる街を目指した施設が誕生。
気品と良質にあふれたこだわりの店を訪れたい。

装い新たな東急プラザ渋谷で成熟したライフスタイルを提案

複合施設「渋谷フクラス」内に完成。約2500坪、2～8階に渡る商業施設部分には、「食」「健康」「美」などのテーマに基づき感度の高い店が集結。17階には、渋谷エリアを一望できるルーフトップガーデン「SHIBU NIWA」があり、大人の社交場となる空間が魅力。

東急プラザ渋谷

とうきゅうプラザしぶや

渋谷 MAP 付録P.24 C-3

☎なし 所渋谷区道玄坂1-2-3
営店舗により異なる 休不定休
交各線・渋谷駅直結 P41台

洗練度が増した東急プラザ渋谷へ

開放感のあるルーフトップは昼間から楽しめる(上)。高級感のあるエントランスが素敵(下)

17階
SHIBU NIWA

大都会の夜景が輝くロマンティックな空間に浸る

シンガポールのマリーナベイ・サンズにあるルーフトップを手がける総合エンターテインメントレストラン「CÉ LA VI TOKYO」が日本初上陸

渋谷フクラス
しぶやフクラス

旧東急プラザ渋谷の跡地に完成した複合施設。大人が楽しめる場所として、東急プラザ渋谷がリニューアルしたほか、オフィス、観光支援施設、バスターミナルなども充実。訪れる人々の幸福を大きく膨らませる、新しい渋谷のトレンド発信地となる。

設置された歩行者専用デッキにより駅直結に

6階●RESTAURANT

昭和のロマンが漂う濃厚な洋食の味わい

純洋食とスイーツ パーラー大箸
じゅんようしょくとスイーツ パーラーおおはし

予約 可
予算 Ⓛ1500円～ Ⓓ3000円～

純喫茶のレトロな雰囲気が漂う洋食店。時代が変わっても愛され続ける定番の洋食を提供し、オムライスやナポリタン、煮込みハンバーグなどが味わえる。

☎03-5422-3542

『ミシュランガイド東京2020』から5年連続掲載のレストラン「sio」の姉妹店

自家製デミグラスの煮込みハンバーグ。生とソテーした2種類の玉ネギを加え、食感と旨みをプラスしたジューシーなハンバーグ

街の夜景を見ながらおしゃれにディナー

6階●RESTAURANT

日本独自の食文化「蒲焼」のおいしさを伝える

鰻 渋谷松川
うなぎ しぶやまつかわ

大都会渋谷の真ん中にたたずむウナギの老舗が渋谷フクラスに2号店を再オープン。ウナギ職人の熟練の技と、江戸好みのさっぱりとした秘伝のたれが、ウナギの素材の味を引き立てる。

☎03-3464-8477

予約 可
予算 Ⓛ1500円～ Ⓓ4000円～

老舗の味を気軽に堪能できると評判

幻のブランド鰻「共水うなぎ」を使用した贅を尽くしたうな丼《極》(いかだ)

蒲焼や揚げ物、お造り、デザートなどがついた豪華な鰻コースなでしこ

1階

観光支援施設 shibuya-san
かんこうしえんしせつ シブヤサン

空港行きバス乗り場の目の前にある観光案内所。街の観光情報はもちろん、交流空間としてオリジナルドリンクの提供や、イベントを開催している。

MAP 付録P.24 C-3

☎なし 営10:00～20:00 休無休

多国籍なスタッフが迎えてくれる

最先端×ファッションを華やかに提案
渋谷PARCO SHIBUYA PARCO

渋谷カルチャーを牽引し、街の賑わいを創出してきた大型商業施設

買い物スポットとして大人気

⇧渋谷の街を長年見守っているファッションビル

ファッションと食を拡充し新しい渋谷の歴史を構築する

昭和48年(1973)、区役所に続く坂道の中腹に開業した商業施設が2019年に再オープン。ファッション、アート＆カルチャー、エンターテインメント、フード、テクノロジーを5つの柱とし、最先端を追求するハイレベルな飲食店やショップが並ぶ。

渋谷PARCO
しぶやパルコ

渋谷 MAP 付録P.24 C-2
☎03-3464-5111
所渋谷区宇田川町15-1
営11:00～21:00 (6階10:00～、店舗により異なる)
休不定休
交各線・渋谷駅から徒歩15分 P 134台

⇧雰囲気のあるレストランやルーフトップなどムード満点

10階●RESTAURANT
公園のような緑が広がる心地よい屋上で過ごす
ComMunE
コミューン

木々に囲まれた公園のようなスペースが広がる屋上10階の食空間。常設の飲食店はもちろん、マーケットや音楽イベントも開催。

☎03-6455-3400
営11:00～23:00(開催イベントにより変更あり) 休不定休

⇧ダイナーiKI-BAやタコスを提供するTAKOBARも人気

⇧⇨タコライス(左)。手軽に食べられるタコス(右)

6階●SHOP
任天堂の公式ストアにゲームキャラクターが集合
Nintendo TOKYO
ニンテンドートウキョウ

スーパーマリオやスプラトゥーン、どうぶつの森、ゼルダの伝説、ピクミンなどの人気キャラクターグッズが集まる、任天堂公式ストア。大型モニタでのゲーム体験も可能。

☎0570-021-086 営11:00～21:00
休渋谷PARCOに準ずる ※混雑時は整理券を配布、公式HPで要確認

⇨店内は広く、人気キャラのスタチュー前で記念撮影もできる

⇧どうぶつの森のキッチングッズ

4階●MUSEUM
多様な展示と企画テーマで現代カルチャーを発信する
PARCO MUSEUM TOKYO
パルコ ミュージアム トウキョウ

アート、デザイン、ファッション、サブカルチャー、そして国内外の若い才能や、世界第一線で活躍する方々など、ジャンルレスかつボーダレスに、独自の目線で新しいモノやコトの企画展を発信する。

☎03-6455-2697 営11:00～21:00 休不定休 ※最新の開催情報は公式HPで要確認

⇧『「パルコを広告する」1969 - 2023 PARCO広告展』※2023年11月17日～12月4日開催時のもの

⇩インパクトのあるテーマの展示が魅力

昔も今も変わらない賑わい
渋谷公園通り しぶやこうえんどおり

渋谷 MAP 付録P.24 C-1

昭和48年(1973)6月14日、当時、西武百貨店系列デパートだった渋谷PARCOがオープン。これを機に、渋谷区役所通商店街の発案で通りの名称を「渋谷公園通り」に改称。代々木公園へ続く坂道であり、「パルコ(parco)」がイタリア語で「公園」を意味することが由来となっている。

⇩新南一丁目の交差点から代々木公園まで続く通り。渋谷PARCOは通りの中間地点

忘れてはいけない人気の注目スポット!

渋谷駅周辺には数多くの複合施設が点在。旅の途中で一度は訪れたいショッピングスポットを押さえたい。

大人が楽しめる洗練された
話題のショップが集結

渋谷ヒカリエ

しぶやヒカリエ

渋谷 MAP 付録P.25 D-3

東口に位置する地下4階・地上34階の高層複合施設。フード、ビューティ、ファッション、レストランなど約260店舗が揃う。

☎03-5468-5892 所渋谷区渋谷2-21-1
営11:00〜21:00(カフェ&レストランは11:00〜23:00、店舗により異なる) 休無休
交 各線・渋谷駅からすぐ P あり(有料)

➲11階には劇場「東急シアターオーブ」がある
©Shibuya Hikarie

これぞ渋谷ならでは!
ファッションブランドに注目

SHIBUYA109渋谷店

シブヤいちまるきゅーしぶやてん

渋谷 MAP 付録P.24 C-3

道玄坂下交差点に建ち、若者の文化やトレンドを発信する街のランドマーク。10代から20代向けのショップが約120店入る。

☎03-3477-5111 所渋谷区道玄坂2-29-1
営10:00〜21:00(7階レストランは〜22:00)
※店舗により異なる 休無休
交 各線・渋谷駅から徒歩3分 P なし

⇧渋谷を象徴するスポット

レストランやカフェが充実
暮らしに便利な複合施設

渋谷マークシティ

しぶやマークシティ

渋谷 MAP 付録P.24 C-3

渋谷駅直結の大型ショッピングモール。飲食店やショップなどの店舗が集い、ホテルや高速バスターミナルも入る。

☎03-3780-6503 所渋谷区道玄坂1-12-1
営店舗により異なる 休無休
交 各線・渋谷駅からすぐ P あり(有料)

⇧ハチ公前広場、モヤイ像などのスポットに近く好立地

長年親しまれた公園が進化を遂げる

MIYASHITA PARK

ミヤシタ パーク

渋谷 MAP 付録P.25 D-2

昭和28年(1953)に開設され、その後昭和41年(1966)に東京初の屋上公園として整備された渋谷区立宮下公園。2020年に商業施設とホテルを兼ね備えた大型複合施設にリニューアル。高級ブランドの旗艦店や海外から初上陸したスニーカーの専門店、ハイエンドなレストランなどが並ぶ。ショッピングに食べ歩きはもちろん、ボルダリングやスケート場などのスポーツ、夜遊びまで一日中楽しめる。

☎03-6712-5630 所渋谷区神宮前6-20-10 営休店舗により異なる 交各線・渋谷駅から徒歩3分 P あり

➲ボルダリングウォールでクライミングに挑戦(左)。屋上には宮下公園の芝生ひろばがありくつろげる(右)

⇧緑の天蓋がかかるナチュラルな雰囲気

⇧施設の奥にはホテル「sequence MIYASHITA PARK」があり駅近滞在が叶う

明日へときらめく東京湾へ 進化するウォーターフロント

特集❖変貌する街

02 TOYOSU

豊洲

海へと続く
開放感あふれる
ベイエリア散策

都心と臨海副都心に近い好立地のベイエリア。
美しく整備された近代的な市街地に、
グルメスポットやおしゃれな複合施設が誕生。

「日本の台所」の移転で注目 豊洲駅前は再開発の真っ只中

かつて、東京湾岸の工業地帯だった豊洲は、近代的な街並みの広がる人気の「住みたい街」へと大変貌。東京オリンピックを契機に、再開発に拍車がかかっている。そのシンボルが、長い歴史を有した築地市場に代わって2018年に開設された豊洲市場。市場の屋上にはベイエリアの絶景スポットが生まれ、より気軽に海鮮グルメを楽しめる豊洲 千客万来も隣にオープンした。ゆりかもめ豊洲駅前の豊洲ベイサイドクロス、近隣の有明ガーデンなどの大規模複合施設も充実しており、豊洲エリアの観光の魅力が増している。

アクセス

- 羽田空港 → 東京モノレール19分 → 浜松町駅 → JR山手線5分 → 有楽町駅
- 東京駅 → JR山手線2分 → 有楽町駅
- 有楽町駅 → 地下鉄有楽町線7分 → 豊洲駅

芝浦と台場を結ぶレインボーブリッジは豊洲ぐるり公園からの眺望がおすすめ。豊洲市場から徒歩15分とほど近く、公園内では手ぶらでBBQも楽しめる。

海の幸と江戸の食文化を引き継ぐ新名所
豊洲市場

日本橋から築地へ、築地から豊洲へと移った世界最大の魚市場。400年の歴史を有し、江戸から続く鯔背な活況に圧倒。

2018年10月に築地から移転
最新施設に1600を超える業者が集結

規模や取り扱う商品の質の高さで世界に名を轟かす築地市場が、老朽化などの理由で現在の豊洲に移転。築地ブランドの規模と質はそのままに、清潔感あふれる屋内最新施設に進化した。

豊洲市場 とよすしじょう

豊洲 **MAP** 付録P.33 E-2

🕐各建物により異なる 📍江東区豊洲6-6-1 💴各建物により異なる 🏠日曜、祝日※水曜日を中心に不定休あり。公式サイトで要確認 🚃ゆりかもめ・市場前駅からすぐ 🅿あり

マグロのせり見学

広い床の上に置かれたスノコには、数え切れないほどの巨大マグロがずらりと並ぶ。業者が魚体や切り口を鋭い視線で選んでは次々と競り落としていく様子は迫力満点。

豊洲 **MAP** 付録P.33 D-3

🕐5:45〜6:25(見学時間、5:30集合) 🏠市場休業日 ※見学は公式サイトから事前申込み、抽選での受付。1組に付き5名まで応募可。当日は当選が確認できるもの、運転免許証など顔写真付きの身分証明書を持参。詳細は公式サイトで確認

▶魚を選ぶ業者の目は真剣そのもの

豊洲

浜離宮　築地市場駅　月島駅　月島駅　新木場駅
ゆりかもめ　**築地場外市場** ★　勝どき駅　豊洲ベイサイドクロス ★　豊洲駅
竹芝駅　浜崎橋JCT　豊洲大橋　新豊洲駅　豊洲ぐるり公園
日の出駅　東京港　市場前駅　新木場駅

レインボーブリッジ
東京湾に架かる白亜の橋。ライトアップされた夜景も美しい。

豊洲市場 ★　有明テニスの森駅　有明ガーデン ★　東雲JCT　東雲駅
有明コロシアム　有明テニスの森公園
国際展示場駅　台場線　東京ビッグサイト駅
東京湾

輝く海を見渡すロケーションが素敵

豊洲ベイサイドクロス

非日常感を演出する海辺の大型複合施設。流行最先端のショップや話題のレストランが集まる。

緑豊かな公園で海風を感じながら過ごす
TOYOSU BAYSIDE CROSS

ホテルや商業施設、オフィスなどが揃う豊洲エリア最大級の再開発!

緑豊かな公園を生かした一帯に、オフィスや商業施設、ホテルが集まる再開発プロジェクトがついに完成。観光の中心となるららぽーと豊洲1・2・3には、約210店舗の店舗が出店。湾岸を一望できる好立地で、食事や買い物が楽しめる人気スポットだ。

豊洲ベイサイドクロス

とよすベイサイドクロス

豊洲 MAP 付録P.33 F-1

☎なし 所江東区豊洲2-2-1
営10:00〜21:00(店舗により異なる)
休無休 交 地下鉄・豊洲駅直結 P 12台

地下1階-4階

ららぽーと豊洲3

ららぽーととよすスリー

約40店舗が出店。バラエティに富むレストランやショップが揃い、ファミリーにも人気。

↑豊洲ベイサイドクロスタワー内に完成

シンプルな調理法で素材を最大限に生かす

WE ARE THE FARM

ウィーアーザ ファーム

予約 可
予算 Ⓛ1000円〜 Ⓓ4000円〜

自社農場で無農薬・無化学肥料にこだわって育てた「固定種」の野菜を使用したオーガニックレストラン。ていねいな調理で野菜本来のおいしさを引き出す。

☎03-5859-5503
営11:00〜22:00 休無休

→ナチュラルな雰囲気で心も穏やかになる

→鍋料理なども充実

カラフルな洋菓子がショーケースを彩る

エクラデジュール

織細なデザインのモンブランなど、多種類の生洋菓子を販売。カフェを併設しており、足休めにもおすすめ。

☎03-5534-8966
営11:00〜20:00(土・日曜、祝日10:00〜) 休火曜

↑海外の洋菓子店のようなかわいい外観

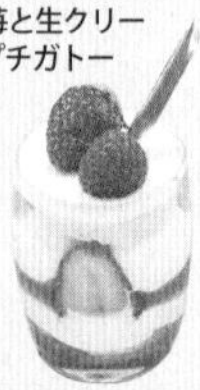

↘木苺と生クリームのプチガトー

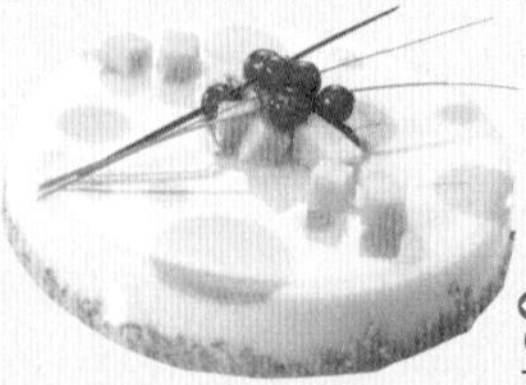

←さわやかな香りのマンゴーレアチーズ

緑の芝生と広大な空に抱かれた新しい街

有明ガーデン

ありあけガーデン

有明 MAP 付録P.33 F-3

有明の街にある大型複合施設。関東最大級の「無印良品」などが揃う大型ショッピングモール、天然温泉やサウナが満喫できるスパ施設、劇団四季専用劇場「有明四季劇場」、最大約8000人収容の劇場型ホール「東京ガーデンシアター」などがあり、一日中楽しめるエンタメシティ。

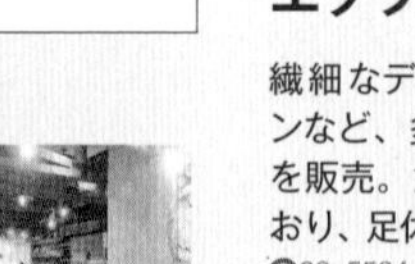

↑露天風呂など8種の湯が楽しめる泉天空の湯 有明ガーデン

☎050-3111-4850
所江東区有明2-1-8 営休店舗により異なる 交ゆりかもめ有明駅から徒歩4分 P 1800台

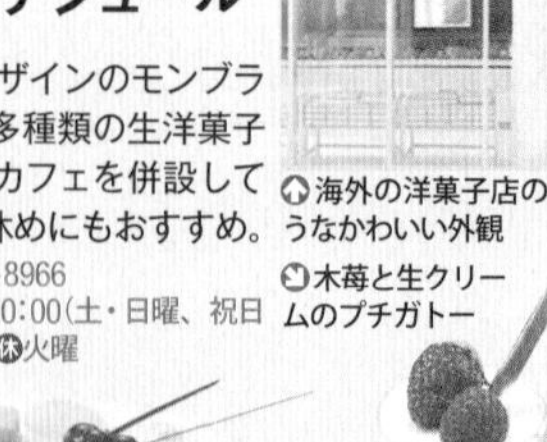

↑広大な天然芝の緑地があり、癒やしの空間が広がる

こちらも人気!
東京の由緒ある
海鮮市場へ

全国のおいしい魚介が大集合

築地場外市場

東京都中央卸売市場の移転で変貌著しい築地界隈。プロの目が光る土地だから、上級品質は変わらない。

⬆築地にっぽん漁港市場は約460店舗の食事処やショップが軒を連ねる観光の中心地

日々新鮮な食材と感動を届ける築地ブランドを守る老舗の市場

関東大震災で焼失した日本橋魚河岸を築地に移転、東京都中央卸売市場が昭和10年(1935)開業にいたるが、同じ頃、隣接する土地に水産物業者が集まり、自然発生的に形成されたのが現在の築地場外市場。生鮮品や加工品、乾物類などを業者向けに販売するほか、飲食店などが軒を連ねる。2018年10月本市場は豊洲へ移転。しかし場外は続行。新しく「築地魚河岸」を設けるなど、業者向けにも一般向けにもますます充実の品揃えだ。

築地場外市場
つきじじょうがいしじょう

築地 MAP 付録P.19 E-2

所中央区築地4-16-2 営休店舗により異なる
交 地下鉄・築地市場駅から徒歩3分 P 築地川第一駐車場利用

築地の空気を味わいながらあったか玉子焼きをパクリ

丸武
まるたけ

大正末期創業、戦後に築地場外市場に店を構えた玉子焼き専門店は、テリー伊藤さんの実家としても有名。こだわり素材と熟練の職人による自慢の玉子焼きは、甘めの味にしっかりとだしが効く。

築地 MAP 付録P.19 F-2

☎03-3542-1919 所中央区築地4-10-10
営4:00〜14:00(日曜8:00〜)
休祝日、1・8月の日曜、市場の休日
交地下鉄・築地市場駅から徒歩3分
Pなし

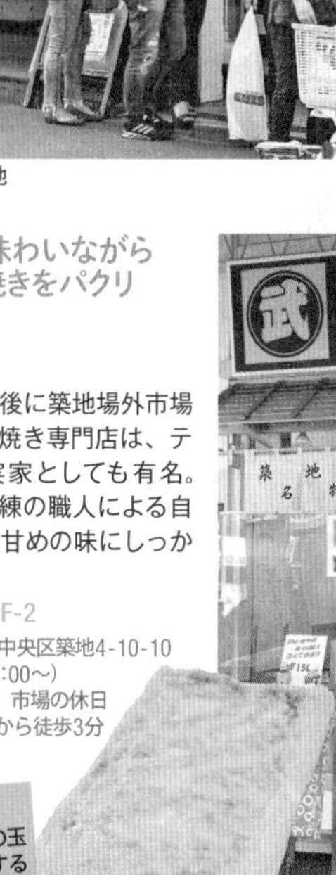

厚焼玉子720円
ふんわりとした食感の玉子焼きは、日持ちもするのでおみやげにも最適

往時の面影を残す街に新たな建築が調和する

特集❖変貌する街

03 NIHOMBASHI, NINGYO-CHO

日本橋・人形町

江戸時代に五街道の起点だった日本橋。金融・商業・娯楽の拠点として発展した街が、粋とモダンの混在する新ステージへ進化中。

江戸情緒とモダンな街の新旧の融合が次世代に響く

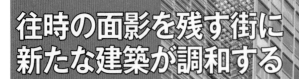

話題のショップやグルメが集う大人な商業施設が続々オープン

日本橋は江戸時代から続く商業と金融の街。人形町は江戸期に随一の娯楽街として賑わった。そんな日本橋の歴史や伝統文化を受け継ぎ、蘇らせつつ、新たな街づくりを目指す「日本橋再生計画」が進行中だ。オフィスビルが相次いで建設され、低層階には洗練された大人ムードの商業施設がオープン。2019年開業のCOREDO室町テラスには、台湾発の複合セレクトショップ「誠品生活」が日本初出店した。人形町の下町風情や老舗の名店の味も健在だ。日本橋川周辺では、首都高の地下化などの水辺再生事業も計画されている。

アクセス

羽田空港
↓
東京モノレール19分
↓
浜松町駅
↓
JR山手線2分
↓
新橋駅
↓
地下鉄銀座線5分
↓
日本橋駅

東京駅
↓
地下鉄丸ノ内線1分
↓
大手町駅
↓
地下鉄東西線1分
↓
日本橋駅

日本橋の街を代表する百貨店・日本橋髙島屋S.C.本館は西洋歴史様式に和風建築の当初デザインと近代建築様式の一体化が特徴。新旧の融合を感じられる

時代とともに進化する、日本が誇る百貨店
日本橋髙島屋S.C.

レトロな建築に、新たなトレンドを作り上げるレストランやショップが集まる老舗百貨店。新旧の魅力がバランスよく調和する上質空間へ。

重厚な建物美と気品を保ち 歴史とともに歩む街のシンボル

2009年、本館が重要文化財に百貨店建築として初めて指定された、歴史的価値の高い老舗百貨店。2018年9月に本館、隣接する新館、東館、タカシマヤ ウォッチメゾンの4館が一体となり、新都市型ショッピングセンターとして誕生。関東大震災後に建設された歴史ロマン漂う風格を残した本館は、重厚な石造りの外観や柱、モダンなエレベーターなどが健在。時代に合わせた品のあるレストランやショップが勢揃いする。

本館の髙島屋史料館TOKYO4階展示室では企画展を無料で観覧できる。※企画展の詳細はWEBサイトを要確認(⏰10:30〜19:30、休月・火曜(祝日の場合は開館))

本館6階のオーダーサロン

日本橋髙島屋S.C. 本館
にほんばしたかしまや ショッピングセンター ほんかん

日本橋 **MAP** 付録P.15 E-2

☎03-3211-4111 新中央区日本橋2-4-1
⏰10:30〜19:30(店舗により異なる)
休不定休 交地下鉄・日本橋駅B2出口直結
P326台

腕時計、卓上時計、掛時計など貴重な時計ブランドのアイテムが揃うタカシマヤ ウォッチメゾン

日本橋三越本店
にほんばしみつこしほんてん
明治37年(1904)、日本初の百貨店として創業。重厚な石造りの建物は昭和初期の建造。

甘酒横丁
あまざけよこちょう
情緒あふれる下町の散歩道。老舗名店が軒を連ねる。

人形焼本舗 板倉屋 S

総武本線
★ COREDO室町テラス
─ COREDO室町1
・COREDO室町2
★ COREDO室町3

人形町駅

中央通り
東京メトロ半蔵門線 1
三越前駅 G

大手町駅

東京メトロ東西線
永代通り

日本橋川
江戸橋JCT

都営浅草線

甘味処初音 C

人形町今半 惣菜本店 S

水天宮前駅

日本橋髙島屋S.C. ★

日本橋
にほんばし
道路の起点となる日本橋の中央には日本国道路元標がある。

京橋駅
東銀座駅

首都高速向島線

日本橋・人形町

日本橋・人形町／日本橋髙島屋S.C.

歴史と伝統の街で上質な「価値ある時間」を過ごす

COREDO 室町テラス

新しいカルチャーと江戸の粋な文化を提案する、COREDO 室町テラス。優れた技術や知識に裏打ちされた逸品など、日本橋を再発見できる。

日本の和情緒が感じられる街並みが素敵

和情緒とトレンドが交差する

モノ・コトの背後にあるストーリーから本質を感じとることを通じて、新しい日本橋文化を提案する。地下1階は、駅直結でオールデイで楽しめる飲食ゾーン。1階はカフェダイニング、大屋根下の開放感あるレストランなどがある。2階では台湾発の「誠品生活」の日本1号店が人気だ。

COREDO 室町テラス

コレドむろまちテラス

日本橋 MAP 付録P.13 E-1

☎03-3242-0010(日本橋案内所) 所中央区日本橋室町3-2-1 営11:00〜20:00(土・日曜、祝日10:00〜) レストランは11:00〜23:00 ※一部店舗は異なる 休不定休 交地下鉄・三越前駅/JR新日本橋駅直結 Pあり

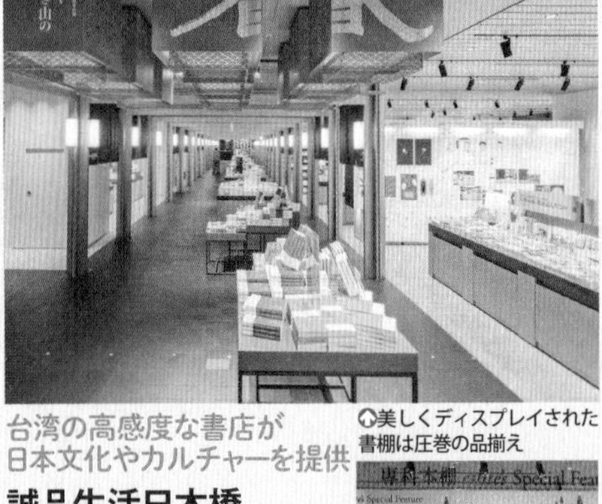

⇧美しくディスプレイされた書棚は圧巻の品揃え

台湾の高感度な書店が日本文化やカルチャーを提供

誠品生活日本橋

せいひんせいかつにほんばし

台湾で人気の書店が新業態となり日本初上陸。台湾と日本の伝統や最新カルチャーを体験できるイベントや企画を幅広く展開する。

☎03-6225-2871 営11:00〜20:00 富錦樹台菜香檳(フージンツリー)、guāng(グアン)11:00〜22:00(LO21:00) 休COREDO 室町テラスに準ずる

⇧本はもちろん、日常を彩るカラフルな雑貨や食材も並ぶ

予約	可
予算	L 2000円〜 D 6000円〜

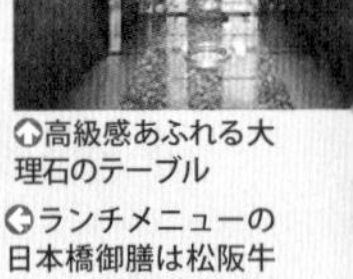

⇧高級感あふれる大理石のテーブル

⇦ランチメニューの日本橋御膳は松阪牛などの5種類の特選部位盛り合わせが豪華

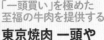

⇧A5ランク雌牛の松阪牛は赤身と霜降りの絶妙なバランスが決め手

「一頭買い」を極めた至福の牛肉を提供する

東京焼肉 一頭や

とうきょうやきにく いっとうや

創業以来、生産者の顔の見える国産銘柄牛の一頭買いにこだわる平城苑が運営する新ブランド。上質な赤身肉の松阪牛や、ソムリエ厳選ワインのマリアージュを楽しめる。

☎03-6225-2970 営11:00〜23:00 (LO21:30、平日15:30〜17:00はクローズ) 休COREDO 室町テラスに準ずる

好みの食空間で味わう
多彩なごちそうとおつまみ

いい乃じ

いいのじ

看板メニューに据えるすき焼きの肉は、国産黒毛和牛や近江牛を使用。各種天ぷらや職人が毎日巻くだし巻きは日本酒と一緒に味わいたい。日本酒は季節のものを含め、常時18種類ほどラインナップしている。

☎03-6225-2120 営11:00〜15:00(LO14:00) 17:00〜23:00(LO22:00) 休COREDO室町テラスに準ずる

屋台カウンターやテーブル席、個室を用意(上)。旬の素材を生かした野菜の天ぷら盛り合わせ480円(内容は時期により変更)(下)

黒毛和牛と牛すじのすき焼きセット3600円。少し敷居の高いメニューも「おつまみ小鍋」として気軽に堪能できる

予約 望ましい
予算 Ⓛ1500円〜 Ⓓ5000円〜

江戸の情緒に親しみ巡る

COREDO室町3

コレドむろまちスリー

日本橋 MAP 付録P.13 F-2

日本橋の歴史が宿る老舗や人気有名店、質の高いライフスタイルを提案するショップなどが集まる商業施設。質の高いレストランやバル、小物雑貨など、ワンランク上の逸品を集めている。

☎03-3242-0010(日本橋案内所)
所中央区日本橋室町2-2-1
営11:00〜20:00(土・日曜、祝日10:00〜) レストランは11:00〜23:00 ※一部店舗は異なる 休不定休
交地下鉄・三越前駅直結 P290台

生活雑貨が並ぶCOREDO室町3

人形町 継承する老舗の味

江戸随一の繁華街として賑わいをみせた歴史を持つ。老舗で代々受け継がれる自慢の味に舌鼓。

人形町今半 惣菜本店

にんぎょうちょういまはん そうざいほんてん

人形町 MAP 付録P.13 E-3

☎03-3666-1240
所中央区日本橋人形町2-10-3
営10:00〜19:00 休不定休
交地下鉄・人形町駅から徒歩1分 Pなし

日本料理の老舗で黒毛和牛の惣菜に舌鼓

すき焼やしゃぶしゃぶなどの日本料理を味わえる老舗が展開する惣菜店。店舗販売している黒毛和牛のすき焼コロッケやすき焼肉まんが人気。

しっかりとした味わいのすき焼コロッケ

甘味処初音

かんみどころはつね

人形町 MAP 付録P.13 E-4

☎03-3666-3082
所中央区日本橋人形町1-15-6
営11:30〜18:00(LO17:30)
休不定休 交地下鉄・水天宮前駅からすぐ Pなし

風情漂う空間で甘味をいただく

天保8年(1837)創業。店名は歌舞伎に登場する「初音の鼓」に由来。素材にこだわる人気のあんみつは、自然な風味でまろやかな味わい。

あんみつは求肥と寒天が濃厚な味わい

人形焼本舗 板倉屋

にんぎょうやきほんぽ いたくらや

人形町 MAP 付録P.13 E-3

☎03-3667-4818(電話で予約可)
所中央区日本橋人形町2-4-2
営10:00〜売り切れ次第終了
休不定休 交地下鉄・人形町駅からすぐ Pなし

創業100年余の人形焼の老舗

朝4時半から店主が丹精込めて作る人形焼は、十勝産小豆のなめらかなこし餡にふっくら生地、無添加のやさしい味わい。

人形焼七福神5個入り700円

TOKYO花カレンダー

東京の桜と紅葉

**郊外まで出かけなくても、
いたるところで咲き誇る桜が見られる。
並木道が色づく紅葉シーズンも見逃せない。**

桜

見頃 3月下旬～4月上旬

千鳥ヶ淵公園
ちどりがふちこうえん

九段下 MAP 付録P.3 D-4

皇居のお濠を枝ぶりも見事なソメイヨシノやヤマザクラが彩る。水面に映る桜が美しい

神田明神（神田神社） ➡P.103
かんだみょうじん（かんだじんじゃ）

御茶ノ水 MAP 付録P.9 D-1

江戸時代から桜の名所として庶民に親しまれている

浜離宮恩賜庭園 ➡P.108
はまりきゅうおんしていえん

汐留 MAP 付録P.18 C-4

3月下旬にソメイヨシノ、4月上旬にはヤエザクラをはじめとするサトザクラなどが4月中旬まで咲き誇る

毛利庭園
もうりていえん

六本木 MAP 付録P.20 C-2

六本木ヒルズの開発前から根を張っている桜と、近代的なビル群が、都会ならではの美しい光景をつくり出す

上野恩賜公園 ➡P.94
うえのおんしこうえん

上野 MAP 付録P.8 B-1

吉野山から移植されたといわれる桜が約800本。江戸時代からの桜の名所

八重洲さくら通り
やえすさくらどおり

八重洲 MAP 付録P.15 D-2

東京駅八重洲口で約170本のソメイヨシノが花開く。夜間のライトアップが素敵

靖國神社
やすくにじんじゃ

九段下 MAP 付録P.2 C-3

東京管区気象台が定める桜の標本木がある。奉納夜桜能などのイベントも賑やか

紅葉

見頃 11月中旬～12月上旬

小石川後楽園 ➡P.109
こいしかわこうらくえん

後楽園 MAP 付録P.3 D-3

12月上旬まで、イロハモミジ、ハゼ、ケヤキ、イチョウなどが園内を彩る

向島百花園
むこうじまひゃっかえん

向島 MAP 本書P.3 E-2

四季折々に咲く花もきれいだが、モミジやイチョウが色づく秋も趣がある

六義園 ➡P.109
りくぎえん

駒込 MAP 付録P.3 D-1

カエデやモミジ、イチョウなど約560本が12月上旬まで鮮やかに色づく。夜のライトアップが幻想的

表参道
おもてさんどう

表参道 MAP 付録P.22 C-3

約1.1kmのケヤキ並木が黄色から赤へと徐々に色づいていくグラデーションが美しい

明治神宮外苑
めいじじんぐうがいえん

外苑前 MAP 付録P.23 E-1

青山通りから聖徳記念絵画館に続く約300mの道路の両側に立ち並ぶイチョウ並木は圧巻

歩く・観る

江戸期に成熟した文明文化は
明治に至って一躍変貌進化し、
第二次大戦で街は壊滅したものの
その底ではたくましく継承され、
一方で予測を超えて跳躍革新した。
その乖離と、不思議な融合とが
訪れる者をわしづかみにする。

**近未来の光景と
ノスタルジーと
サプライズ!**

変貌してもなお艶やかな輝き

銀座 ぎんざ

国際都市・東京の最も華やかなエリアが銀座。
銀座を散歩する「銀ブラ」は、昔も今も、
東京を楽しむのに欠かせない贅沢な時間だ。

街歩きのポイント

ワンランク上の商品が揃う銀座のお店で、自分へのご褒美や大切な人へのおみやげを探す

話題の有名店や長年愛され続ける老舗など、銀座ならでは高級なお店でおいしい料理を堪能

歩く・観る●銀座

アクセス方法

羽田空港	東京駅
○京急空港線／地下鉄都営浅草線(泉岳寺駅で乗り換え)31分	○地下鉄丸ノ内線2分
東銀座駅	
○徒歩5分	↓
銀座駅	

○銀座4丁目交差点のランドマーク、和光

**表通りを歩いたら、
裏路地を気の向くままに**

　明治期に鹿鳴館や帝国ホテルなどが建てられ、西洋文化の玄関口だった銀座は今も東京随一の洗練された街。居並ぶ老舗店と最先端の商業ビルが不思議と調和するのは、銀座ならではの特性だ。GINZA SIXや東京ミッドタウン日比谷など新しいランドマークの登場で、さらに「銀ブラ」の楽しみも増えた。中央通りや晴海通りなどの散策のあとは、裏手の小道にも足を向けたい。昔ながらの喫茶店や食堂、和小物の店など、思わぬ発見が待っている。

街を代表する買い物スポット

GINZA SIX ⇒P.58

ギンザ シックス

MAP 付録P.16 C-3

中央通り沿いに2017年春に登場した銀座エリア最大の商業施設。銀座らしいハイセンスな店が揃う。

日比谷公園からすぐの新施設

東京ミッドタウン日比谷 ⇒P.59

とうきょうミッドタウンひびや

MAP 付録P.16 B-2

2018年春に誕生した大型複合施設。空中庭園や都心最大級の映画館も備えている。

屋上からは銀座を一望

東急プラザ銀座

とうきゅうプラザぎんざ

MAP 付録P.16 C-2

数寄屋橋交差点の一角に建つ、銀座最大級の地下2階〜地上11階の商業施設。8〜9階に免税店フロアを展開するほか、グルメ、ファッションなど約100店舗が集う。

所中央区銀座5-2-1
交地下鉄・銀座駅から徒歩1分 Pあり

「食」が充実したラインナップ
有楽町イトシア

ゆうらくちょうイトシア

MAP 付録P.16 C-1

低層棟には映画館やレストランが並び、高層棟には有楽町マルイと食の専門店街がある。

所千代田区有楽町2-7-1
交各線・有楽町駅からすぐ　Pあり(有料)

暮らしの雑貨が勢揃い
マロニエゲート銀座1

マロニエゲートぎんざワン

MAP 付録P.17 D-1

地下1階から地上12階の商業施設。低層階はファッションや雑貨、上層階に飲食店が入る。

所中央区銀座2-2-14　交地下鉄・銀座一丁目駅から徒歩1分　Pあり(有料)

大人のライフスタイルを素敵に
KIRARITO GINZA

キラリト ギンザ

MAP 付録P.17 E-1

ライフスタイルを彩る高品質のブランドやグルメが集う商業ビル。

所中央区銀座1-8-9　交地下鉄・銀座一丁目駅から徒歩1分　Pあり(有料)

高感度なライフスタイルを提案
ルミネ有楽町

ルミネゆうらくちょう

MAP 付録P.16 C-1

ファッション系のセレクトショップを中心に、常に新しいものを提案し続けるファッションビル。

所千代田区有楽町2-5-1　交各線・有楽町駅から徒歩1分　Pあり(有料)

カジュアルライフを提案
マロニエゲート銀座2

マロニエゲートぎんざツー

MAP 付録P.17 D-1

ユニクロの世界旗艦店「UNIQLO TOKYO」が入る商業施設。生活雑貨、食品、飲食スペースが充実。

所中央区銀座3-2-1　交各線・有楽町駅から徒歩4分/地下鉄・銀座駅から徒歩3分　Pあり(有料)

Street
外堀通り
そとぼりどおり
銀座の西端を走り、数寄屋橋の大交差点で晴海通りと交わる

Street
中央通り
ちゅうおうどおり
デパートや一流ブティックが並ぶ銀座一の目抜き通り

Street
コリドー通り
コリドーどおり
フランス語で「回廊」街の意味。急速に発展し、粋な酒場やカジュアルな食事処が集まる

Street
並木通り
なみきどおり
海外の高級ブランドが並ぶ。ナイトスポットも多彩

Street
西五番街
にしごばんがい
国内外のこだわりの専門店が集まる

Street
昭和通り
しょうわどおり
銀座の東端を走る幹線道路。立体交差があり交通量が激しい

Street
晴海通り
はるみどおり
数寄屋橋交差点を中心にして日比谷と築地方面へ延びる。ブランド店も軒を連ねる

Street
みゆき通り
みゆきどおり
気軽に入れるカフェやレストランなどが多い

銀座4丁目のランドマーク
セイコーハウス銀座／和光

セイコーハウスぎんざ／わこう

MAP 付録P.17 D-2

交差点の時計塔は銀座の象徴的存在。その中の和光は、時計や宝飾品、服飾品などを扱う高級専門店。

所中央区銀座4-5-11
交地下鉄・銀座駅からすぐ　Pなし

高感度な店舗が集まる
銀座三越

ぎんざみつこし

MAP 付録P.17 D-2

「銀座のランドマークとして上質な日常を創造する」をコンセプトに、魅力あるモノ・コトを発信する老舗百貨店。

所中央区銀座4-6-16
交地下鉄・銀座駅からすぐ　Pあり(有料)

白壁が印象的な老舗デパート
松屋銀座

まつやぎんざ

MAP 付録P.17 D-2

伝統に裏付けされたステイタスは今も健在。充実した地下の食品売り場には限定商品も多数。

所中央区銀座3-6-1
交地下鉄・銀座駅からすぐ　Pあり(有料)

上質な品を探して優雅にショップ巡り

大人の銀ブラを楽しむ

中央通り沿いには一流ブランドの店舗や、大型商業施設が並ぶ先端的な街並み。そんななかに古くから店を構える老舗が点在。

銀座の老舗。

大人のおしゃれを演出してくれる

古くから銀座を訪れる紳士の装いを支えてきた、老舗のていねいな仕事。

創業から約150年
粋な足袋、手ぬぐい

銀座大野屋 5丁目

ぎんざおおのや

MAP 付録P.17 D-3

オリジナルの手ぬぐい約400種類。どれもすっきりとした江戸好みで目移りするかっこよさ。各サイズ4種類の足幅が揃う足袋もおすすめ。

☎03-3541-0975 所中央区銀座5-12-3 営11:00～17:00 休水・日曜 交地下鉄・東銀座駅から徒歩すぐ

↑お店は東銀座の交差点に建つ風情ある一軒家

↑足袋は4枚こはぜ2860円～、5枚こはぜが3080円～

↓手ぬぐい1012円～。シャープで鮮やかな色合いも素敵

世界で活躍するエグゼクティブに選ばれたテーラー

銀座英國屋
銀座三丁目店／銀座一丁目レンガ通り店

ぎんざえいこくや ぎんざさんちょうめてん／ぎんざいっちょうめレンガどおりてん

MAP 付録P.17 D-2／P.17 E-1

何万人ものエグゼクティブの好みと体型を知った、老舗の作るスーツは、最上級の着心地とシルエットを提供してくれる。

銀座一丁目レンガ通り店 1丁目

☎03-5524-1971
所中央区銀座1-6-11 土志田ビル1・7F
営10:00～18:30 休無休
交地下鉄・銀座一丁目駅から徒歩1分

銀座三丁目店 3丁目

☎03-3561-2941 所中央区銀座3-3-13 阪急阪神銀座ビル3F 営10:00～18:30 休無休
交地下鉄・銀座駅から徒歩1分

紳士の装いを仕上げる
最上級帽子の老舗

銀座トラヤ帽子店

ぎんざトラヤぼうしてん

1丁目

MAP 付録P.17 F-2

大正6年(1917)に神保町で創業、昭和5年(1930)に銀座に出店した老舗の帽子店。銀座店では特におしゃれな紳士用が勢揃い。

☎03-3535-5201
所中央区銀座1-14-5
営10:30〜19:00 休無休 交地下鉄・銀座一丁目駅から徒歩2分

➲銀座トラヤ帽子店オリジナルのパナマ帽。紳士の装いにはおしゃれな帽子が欠かせない

➲東京で古くから愛され、常連客も多い

優れた素材やデザインを選べる
日本最古のオーダーワイシャツ店

大和屋シャツ店 銀座本店

やまとやシャツてん ぎんざほんてん

6丁目

MAP 付録P.16 C-3

明治天皇をはじめラフカディオ・ハーンやルーズベルト大統領のシャツを誂えたという老舗。生地やデザインを選ぶシャツは大人の男の証し。

☎03-3571-3482 所中央区銀座6-7-8 営11:00〜19:30(日曜、祝日は〜18:30) 休無休
交地下鉄・銀座駅から徒歩3分

➲採寸、注文してから手元に届くまで約6週間ほど

➲シルクのような肌ざわりが魅力の上質の生地が揃う

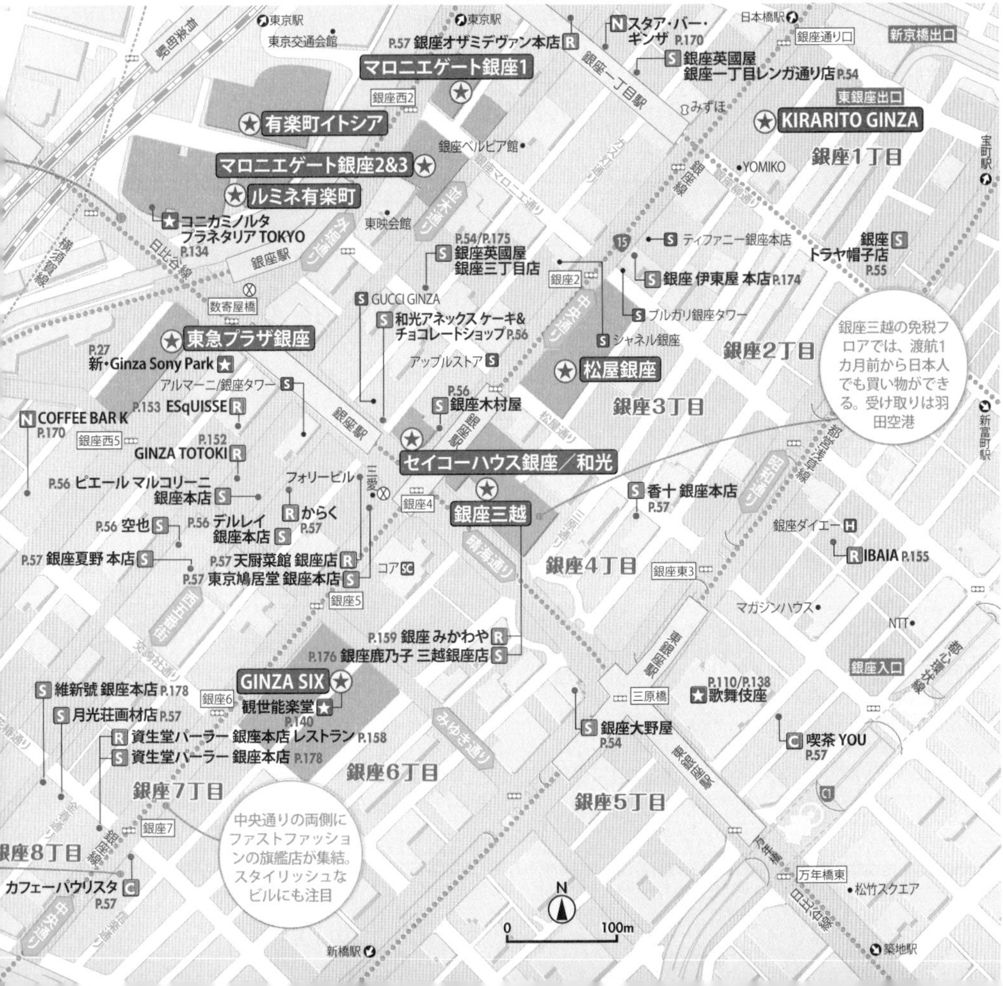

品質にこだわり。 ホンモノのチョコレート

世界的に知られるチョコレートブランドが銀座に集結し、味と品質を競う。

ベルギーの天才ショコラティエ

ピエール マルコリーニ 銀座本店 5丁目

ピエール マルコリーニぎんざほんてん

MAP 付録P.16 C-3

ショコラティエが世界の農園に赴き、カカオ豆の選定からチョコレート作りまで自ら行う。カフェを併設しており、ケーキやチョコレートをその場で味わえる。

☎03-5537-0015
所中央区銀座5-5-8
営11:00〜20:00(日曜、祝日は〜19:00)、カフェは11:00〜19:00(LO18:30)
休無休 交地下鉄・銀座駅から徒歩3分

カフェのランチタイムにはカレーも用意している

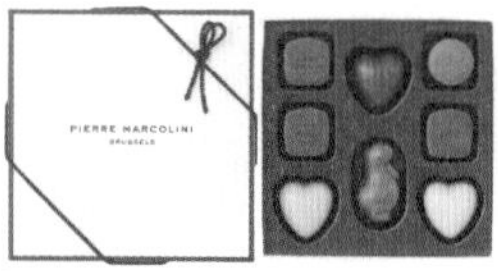

セレクション8個入り3267円
※アソート内容、パッケージは変更の可能性あり

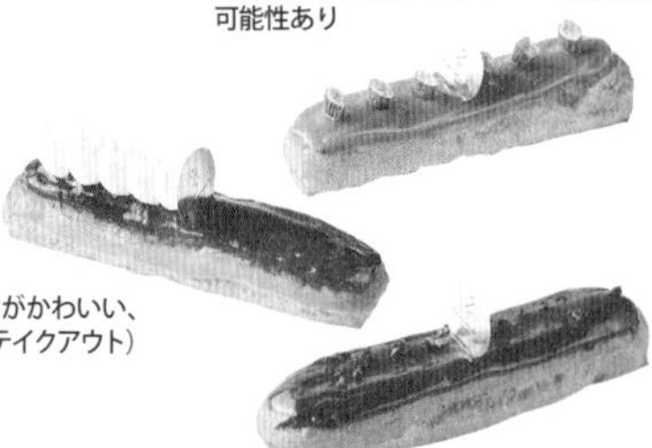

デコレーションがかわいい、エクレア各810円(テイクアウト)

銀座の「和光」らしい品と風格

和光アネックス ケーキ&チョコレートショップ 4丁目

わこうアネックス ケーキ&チョコレートショップ

MAP 付録P.17 D-2

街のシンボル、和光の食品の館。生チョコレートはもちろんケーキも美味。

☎03-3562-5010 所中央区銀座4-4-8 和光アネックス1F
営10:30〜19:30(日曜、祝日は〜19:00) 休無休
交地下鉄・銀座駅からすぐ

ショコラ・フレ 10個入り4320円

ケーキとチョコレートがワンフロアに大集合

大きめサイズの贅沢ショコラ

デルレイ銀座本店 5丁目

デルレイぎんざほんてん

MAP 付録P.16 C-3

ベルギー・アントワープのショコラトリー。ダイヤ形のショコラが代名詞のチョコレートショップ。

☎03-3571-5200
所中央区銀座5-6-8 銀座島田ビル1F
営11:00〜19:00
休無休
交地下鉄・銀座駅から徒歩3分

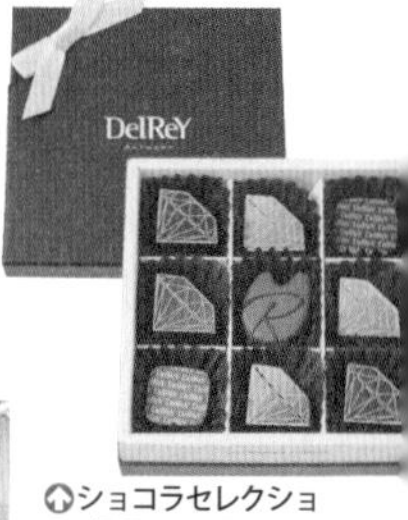

ショコラセレクション9個入5400円

想像力にあふれた数多くのチョコレートが並ぶ

喜ばれます。 銀座ならではのおいしいおみやげ

ここでしか買えない、ここでしか味わえない、銀座だからこその付加価値。

7・8階には工房を併設 ニッポンの名物パン

銀座木村家 4丁目

ぎんざきむらや

MAP 付録P.17 D-2

150年の歴史を持つ老舗の本店。1階では明治天皇に献上した桜あんぱんをはじめ、約130種類のパンを販売する。また、2階はカフェ、3階は洋食とともに焼きたてパンが食べ放題。4階はカジュアルフレンチを提供。

☎03-3561-0091 所中央区銀座4-5-7
営1Fベーカリー・2Fカフェ10:00〜20:00(LO19:30) 休無休 交地下鉄・銀座駅からすぐ

桜あんぱんと小倉あんぱん(各200円)が人気

1階のあんぱんコーナー。各種あんぱんが木製のケースに入って販売されている。そのほか食パンや調理パンなども豊富

甘さとなめらかさが身上 つぶ餡もなか

空也 6丁目

くうや

MAP 付録P.16 C-3

空也餅や上生菓子などどれも美味だが、通年購入できる人気商品がもなか。手作りのため数に限りがある。1週間前には予約したい。

☎03-3571-3304 所中央区銀座6-7-19 営10:00〜17:00(土曜は〜16:00) 休日曜、祝日
交地下鉄・銀座駅から徒歩3分

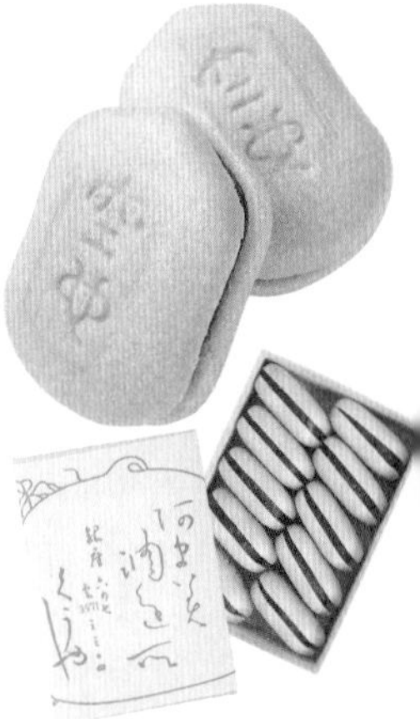

10個、化粧箱入り1200円、自宅用の箱なら1100円

一日中ひっきりなしにお客が出入りする

由緒ある逸品。

時代とともに伝統を育てる

400年以上前から銀座の地で大切に継承する手仕事や文具、お香などを探してタイムトリップ。

雅な和の香りを堪能する

香十 銀座本店 4丁目

こうじゅうぎんざほんてん

MAP 付録P.17 E-3

安土桃山時代に創業し、宮中や豊臣秀吉、徳川家康とのゆかりも深いお香の老舗。伝統のお香から新しい華やかなシリーズまで、種類豊富。香道の体験会も開催している(要予約)。

☎03-6264-2450 所中央区銀座4-9-1 B1 営11:00～19:00 休無休 交地下鉄・銀座駅から徒歩3分

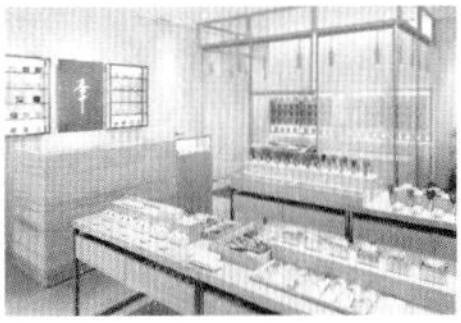

↗→和花と香木をモチーフにしたお香シリーズ「いろは」990円。「春の声桜の花」(左上)、「朝日に輝く薔薇のアーチ」(右上)、「雪の中の水仙花」(左下)、「あの曲がり角の金木犀」(右下)

←御所御用を務めた香司名跡で品揃えも豊富

暮らしを豊かにする美しい箸

銀座夏野 本店 6丁目

ぎんざなつの ほんてん

MAP 付録P.16 C-3

人と人、神と人を結ぶ縁起物である箸の専門店。3000種類の箸と、1000種類以上の箸置きを取り揃える。長く愛用できる上質な箸はプレゼントとしても人気。

☎03-3569-0952 所中央区銀座6-7-4 銀座タカハシビル1F 営10:30～19:30(日曜、祝日は～19:00) 休無休 交地下鉄・銀座駅から徒歩3分

↑日本人に最も身近な漆器である箸。有料で名入れも行っている

和紙小物も多く気軽に立ち寄れる

東京鳩居堂 銀座本店 5丁目

とうきょうきゅうきょどう ぎんざほんてん

MAP 付録P.17 D-3

寛文3年(1663)に京都で創業。お香や書画用品のほか、のし袋や便箋、はがきなどを取り扱う専門店。日本の伝統文化を伝える品に出会える。

☎03-3571-4429 所中央区銀座5-7-4 営11:00～19:00 休臨時休あり 交地下鉄・銀座駅A2出口からすぐ

→現代の日本人の生活に合わせ伝統の和文具を改良し続ける

趣味人に愛される老舗画材店

月光荘画材店 8丁目

げっこうそうがざいてん

MAP 付録P.16 B-4

店の名付け親は与謝野鉄幹、晶子夫妻。筆や絵の具などのほか、バッグやカードなど、ホルンマークのオリジナル製品が並ぶお店。

☎03-3572-5605 所中央区銀座8-7-2 永寿ビルB1-1F 営11:00～19:00 休無休 交地下鉄・銀座駅から徒歩7分

←日々の生活が楽しくなるような雑貨が集まる

銀座で1000～2000円台プレミアムランチ

からく 寿司

MAP 付録P.16 C-2

美食家の通う銀座の名店だが、お昼は丼が格安で食べられるとあって行列必至。

からく丼2500円／握り寿司3850円～

カフェーパウリスタ 喫茶店

MAP 付録P.16 C-4

明治44年(1911)に開店。芥川龍之介、谷崎潤一郎などの文豪や、ジョン・レノン、オノ・ヨーコ夫妻も通った。

森のコーヒー770円／パウリスタオールド770円／チーズホットドック650円／アメリカンクラブサンド1400円／ザッハトルテ700円

喫茶YOU 喫茶店

MAP 付録P.17 E-3

創業45年を超す老舗。歌舞伎座に近く役者さんたちにも愛されている。持ち帰りも可。

ランチのオムライスセット(ドリンク付)1500円(持ち帰りは1000円)／オムレツサンドイッチセット(ドリンク付)1500円(持ち帰りは1000円)

銀座オザミデヴァン本店 フレンチ

MAP 付録P.17 D-1

平成9年(1997)に銀座の地にオープン。店名どおり昼も夜もワインの充実するフランス料理店。

前菜、主菜、コーヒーまたは紅茶の平日限定ランチ1650円

天厨菜館 銀座店

中国料理

MAP 付録P.17 D-2

麻婆豆腐、酢豚など、素材にこだわった伝統の北京料理を提供する。

料理2品に点心、スープなどが付くプリフィクスランチ2000円

新鮮な風格のランドマーク

GINZA SIX

ギンザ シックス

約220の世界ブランドが集結 銀座最大級の複合商業施設

銀座の中心エリアである中央通りと三原通りに面した、銀座を代表するショッピングスポット。1階から5階には、ファッションやライフスタイルを中心とした有名ブランドが店を構える。6階はアート・ブック&カフェ・レストラン、13階はレストランやラウンジのフロア。さらに地下1階のビューティと地下2階のフロアにも名店が集合する。季節ごとに発売される限定品も話題を集めている。銀座の街並みになじむ、洗練された外観と上質な空間デザインも見事。

MAP 付録P.16 C-3
☎03-6891-3390(GINZA SIX総合インフォメーション) 所中央区銀座6-10-1 営ショップ10:30～20:30、レストラン11:00～23:00 ※一部店舗により異なる 休不定休 交地下鉄・銀座駅から徒歩2分／東銀座駅から徒歩3分 P445台

1. GINZA SIXの外観。建物の基本設計は、日本を代表する建築家・谷口吉生氏　撮影:繁田諭　2. 屋上庭園は約4000㎡もの広さ　3. 館内には能楽最大流派「観世流」の能楽堂もあり、日本の伝統文化を発信する

6F カフェやギャラリーも併設 アートのある暮らしを提案

銀座 蔦屋書店

ぎんざ つたやしょてん

世界中から集めたアートブックのほか、コンシェルジュが選び抜いた文具や工芸品が揃う書店。店内に複数あるアートスペースでは、年間を通してさまざまなアーティストの作品を展示している。

☎03-3575-7755 営10:30～21:00 休不定休

世界のアートブックに出会える、書籍フロア

2F 丁寧な暮らしのなかで 甘美な時間を楽しむ

FRANCK MULLER PÂTISSERIE

フランク ミュラー パティスリー

高級時計ブランド「フランク ミュラー」から、世界初のパティスリーが登場。スイーツやお酒など幅広く展開し、甘く優雅な時間を提案している。

☎03-3569-0663 営10:30～20:30 休不定休

時計ブティックの隣に併設

一番人気のマロングラッセ。素材を生かした贅沢な味わい

B2F 北海道の魅力を伝える 手みやげにおすすめの菓子

ISHIYA G GINZA SIX

イシヤ ジー ギンザ シックス

北海道産素材にこだわった「サクラング・ド・シャ」。6種のチョコレートをラング・ド・シャでサンド

「白い恋人」でおなじみの菓子メーカーISHIYAによるギフトブランド。洗練されたスイーツのラインナップを誇り、多様なみやげを購入することができる。

☎03-3572-8148
営10:30～20:30
休不定休

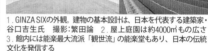

北海道外での直営1号店

クリエイティブ気分のモール

東京ミッドタウン日比谷

とうきょう ミッドタウンひびや

日比谷公園を望む複合施設に個性豊かな約60店が立ち並ぶ

地上35階、地下4階からなる大規模複合施設。地下1階から7階が商業フロアで、ショップやレストランなど約60店舗を展開している。なかでもグルメスポットは、和食から洋食、エスニック、カフェ、ベーカリーまで幅広くカバーする充実ぶり。6階には見晴らしの良いパークビューガーデンがあり、夜景も素晴らしい。

MAP 付録P.16 B-2
☎03-5157-1251(11:00〜20:00) 所千代田区有楽町1-1-2 営ショップ11:00〜20:00、レストラン11:00〜23:00 ※店舗により異なる 休無休 交地下鉄・日比谷駅直結 P約200台

1.優雅な1階のアトリウム。商業エリアは日比谷にふさわしい劇場空間をコンセプトにデザイン 2.日比谷ステップ広場はスペイン広場を思わせる造り 3.緑豊かな6階のパークビューガーデン

3F どこか懐かしい雰囲気漂う都会のなかの不思議空間

HIBIYA CENTRAL MARKET

ヒビヤ セントラル マーケット

老舗書店の有隣堂が運営する「小さな街」のような複合型店舗。237坪のフロアにアパレルショップや眼鏡店、書店、コーヒーショップなど、多様なカテゴリーの7店舗が軒を連ねる。

☎店舗により異なる
営11:00〜20:00
(飲食は〜23:00)
休無休

○雑貨や家具と本が、大人の空間を演出する

2F 生活を豊かにしてくれる上質なファブリック製品

TENERITA

テネリータ

国際認証を取得したオーガニックコットン製の今治産タオルやナイトウェア、ベビーアイテムを取り揃える。どの製品もやわらかい肌ざわりで、品質の良さが実感できる。

☎03-6257-1008
営11:00〜20:00
休無休

○数多く並ぶ質の良いアイテムは、男女問わず好評

2F スタイリッシュなデザイン機能性にも優れた文房具

Smith

スミス

日本発のステーショナリーブランド「デルフォニックス」の直営店。オリジナルアイテムのほか、国内外から幅広い文具と雑貨をセレクト。そのすべてが実用性とデザイン性を両立させている。

☎03-6550-8343 営11:00〜20:00 休無休

○東京ミッドタウン日比谷店限定アイテムが登場することもある

B1F カジュアルに利用したい8ジャンルのレストラン

HIBIYA FOOD HALL

ヒビヤ フード ホール

地下1階のグルメエリア。カスタムミートボール専門店、スパニッシュバル、ベトナムレストランなど8店が軒を連ねる。どの店も気取らない雰囲気で入りやすい。

☎営店舗により異なる 休施設に準ずる

○ブランチからディナーまで都市型フードホールが生み出すバラエティ豊かな食事を楽しめる

BOSTON OYSTER&CRAB

ボストン オイスター＆クラブ

日本各地、世界各国から取り寄せた旬のカキを多彩なレシピで提供。

☎03-3519-7870

○産地ごとに味が異なるカキを食べ比べるのもおすすめ

BROOKLYN CITY GRILL

ブルックリン シティグリル

店内で焼き上げるジューシーな肉と、NYさながらの空間を楽しんで。

☎03-3500-3470

○じっくり焼き上げた肉。豪快でスパイスの香りも絶妙

Mr.FARMER

ミスターファーマー

野菜をふんだんに使ったヘルシーメニューが並ぶ。テイクアウトも可。

☎03-3519-3066

○動物性のものを一切使わないヴィーガンメニューも豊富

揺るぎない伝統の下町風情

浅草・押上

あさくさ・おしあげ

浅草寺を中心に栄えた門前町。浅草寺や仲見世通り、東京スカイツリータウンなど、江戸の粋な文化や雰囲気を楽しめる。

街歩きのポイント

- 駐車場はないので、公共交通機関を利用して訪れること
- ほおずき市、羽子板市など季節の行事を数多く開催
- 夜間はライトアップを実施。本堂には入れないが参拝可

年間約3000万人が訪れる浅草のシンボル

浅草寺

せんそうじ

「浅草の観音様」と慕われる東京都最古の寺院

推古天皇36年(628)、現在の隅田川で漁をしていた漁師の兄弟が見つけた聖観音像に、土地の知識人が深く帰依し、自宅を寺に改めたのが始まり。大化元年(645)、勝海上人(しょうかいしょうにん)という僧が観音像を秘仏とするようにという夢のお告げを得、そこから現在に至るまで観音像は非公開とされている。その後、徳川家康が浅草寺を祈願所として定めるなど、歴史の要人たちに重用され、日本屈指の観音霊場、観光地として国内外から多くの参詣者を集めるようになった。

浅草 MAP 付録P.11 D-1

☎03-3842-0181 所台東区浅草2-3-1 開6:00(10〜3月6:30)〜17:00 休無休 料無料 交各線・浅草駅から徒歩5分 Pなし

↑浅草寺の本堂は昭和33年(1958)に再建されたもの

雷門 かみなりもん

正式名称は風雷神門。現在の雷門は松下電器産業創設者・松下幸之助の寄進によるもの。

提灯を真下から見上げると、力強い龍の彫刻が! 龍神は浅草寺の守り神とされ、境内のあちこちに由来のものがある。

江戸時代から続く門前通り

仲見世通り

なかみせどおり

MAP 付録P.11 D-2

雷門から宝蔵門までの表参道のことで、80店以上の雑貨店や菓子店が立ち並んでいる。

本堂 ほんどう

昭和20年(1945)の東京大空襲で焼失し、再建された。秘仏本尊と、裏側の観音像(通称「裏観音」さま)が鎮座する

六角堂 ろっかくどう

室町時代に建立されたもので、境内で最古の建物。日限地蔵尊が祀られている。

浅草神社 あさくさじんじゃ

三社権現と称される。社殿は徳川家光の寄進により慶安2年(1649)に建立された。

常香炉 じょうこうろ

ここで焚かれた線香の煙で体の悪いところをさすると治りがよくなるとされている。

東くめ作詞、滝廉太郎作曲の童謡『鳩ポッポ』の歌碑

五重塔 ごじゅうのとう

本堂と同じく、昭和20年(1945)の東京大空襲で焼失し、再建されたもの。高さは48m。

弁天堂 べんてんどう

「老女弁財天」といわれる白髪の弁財天が祀られている。関東三弁天のひとつ。

宝蔵門 ほうぞうもん

左に阿形像、右に吽形像の仁王像が安置されている。上層部分には寺宝が収蔵されている。

長さ4.5mの巨大な仁王様の大わらじ。魔除けと健脚のご利益があるという。

写真提供:浅草寺

観光 information

アクセス

東京駅
JR中央線/山手線で2分

神田駅
地下鉄銀座線で10分

羽田空港
羽田空港第1・第2ターミナル駅から京急空港線快特で36分

浅草駅

参拝の手順

山門(浅草寺の場合は雷門)で一礼し、お水舎へ。口と手を清める。常香炉に線香を供え、その煙で心身を清める。線香を供える際、ほかの線香から火をもらうことは、その線香をあげた人の業をもらうことになるのでタブー。本堂に参り、一礼したあと、お賽銭を入れて合掌し祈願する。祈願し終わったら再度一礼。山門から出る際に本堂に向かって一礼する。

お水舎でのお清め手順

お水舎に置いてある柄杓で左手、右手、口の順番に水をかけ、身を清める。口を清めるときは、直接柄杓に口をつけるのではなく、柄杓から左手に水をためて、そこに口をつけるようにする。最後に、柄杓を立てるようにして残った水で柄の部分を洗い、柄杓を元の場所に戻す。

浅草寺と浅草神社

浅草寺の本堂右隣にある浅草神社では、浅草寺の由来である聖観音像を見つけた漁師兄弟と観音像を奉安した土地の知識人を祀る。このことから浅草神社は「三社様」と呼ばれ、神仏習合の考えから長らく浅草寺の「三社権現社」とされていた。明治に入り、神仏分離令が発せられたのを機に、浅草寺とは別法人となり、明治6年(1873)に浅草神社と現在の名前になった。

観音霊場としての浅草寺

観音菩薩信仰に基づく巡礼として、札所として定められた寺院を巡る「観音霊場巡り」がある。これの元祖といえる「西国三十三所」にならう形で、鎌倉幕府3代将軍である源実朝が制定したといわれる「坂東三十三観音」があり、浅草寺は13番札所にあたる。札所が7都県にまたがる坂東三十三観音に対し、東京都内の寺院のみを札所とした「江戸三十三観音」もあるが、こちらでも1番札所とされており、観音菩薩信仰において浅草寺が重要な役割を担ってきたことがうかがい知れる。

夜間のライトアップ

江戸開府四百年事業として「輝く21世紀の浅草」のスローガンのもと、2003年から本堂、五重塔、宝蔵門、雷門のライトアップを実施している。毎日日没から23時頃まで点灯。夜間本堂の扉は閉められているが、参拝できるようになっている。

門前で老舗の粋に出会う

浅草寺の参道 仲見世通り

狭い通りに商店が軒を連ねる仲見世通りは、一年中縁日のような賑わいをみせる。創業は江戸時代という店も多い、日本最古の商店街。

みやげ物店が軒を連ねる参道は雷門から宝蔵門まで約250m

時は江戸、家康の時代に入ると、江戸の人口が増加した。それに伴い、浅草寺の参拝客も増え、当時寺周辺の掃除を担っていた人々に、参道への出店の許可が与えられた。それが仲見世の始まりで、以降、昭和20年(1945)に戦災で全焼するが、すぐに復興。現在約90あるお店がひしめきあう通りは、お祭りムード満点で、散策にはうってつけ。外国人観光客もひっきりなしに訪れる、東京の代表的な観光名所になっている。

伝法院通り
でんぽういんどおり

江戸切子や団子など職人の技を駆使したお店が連なる通りは、伝法院を中心に左右に200m続く。

えびす屋 雷門
えびすや かみなりもん

下町散策に便利なのがこの人力車。話術に長けた車夫との会話が旅を盛り上げてくれる。

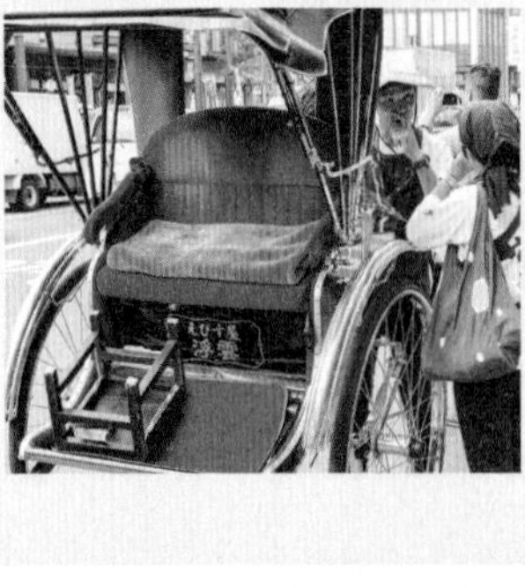

揚げたてのおかきを食べて下町のそぞろ歩きを堪能

仲見世 杵屋

なかみせ きねや

揚げたてを口に含めば、ふわふわ食感がやみつきに。原材料は宮城県産の良質のもち米、みやこがねもちを使用。紅花油入り特上オイルも香ばしさの秘密。種類豊富なせんべいはおみやげに最適だ。

MAP 付録P.11 D-3
☎03-3844-4550
所台東区浅草1-30-1
営9:30〜18:30
休無休

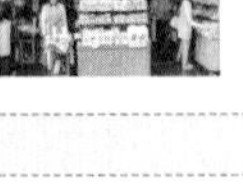

揚げおかき 各380円
目の前で揚げてくれるおかきは、さっくさくの軽い食感が大人気。気軽なおみやげにも

↑米の旨みを引き出すため、わざと割って2度醤油に漬けた割煎もおすすめ

やさしい甘さが口に広がる素朴な味わいここにあり

舟和 仲見世2号店

ふなわ なかみせにごうてん

芋問屋をやっていた創業者が、当時高価だった煉り羊羹の代わりに庶民的なサツマイモを使って作ったのが芋ようかん。着色料や保存料など添加物は一切使用していないため日持ちは購入した翌日まで。

MAP 付録P.11 D-3
☎03-3844-2782
所台東区浅草1-30-1
営9:30〜19:30　休無休

芋ようかん 5本詰め864円
おみやげとして手ごろな5本詰め。冬場はオーブンで焼いて香ばしさを引き出せばまた違った味わいに

4つの形に込められた 下町、浅草の歴史と伝統

木村家本店

きむらやほんてん

創業は慶応4年(1868)、浅草に数ある人形焼店のうち最も長く営む店が位置するのは、観音様にいちばん近い仲見世通り奥。五重塔、雷様、提灯、鳩の4つの形は初代の主人が考案。以来、変わらぬスタイルを頑固に守り続けている。

MAP 付録P.11 D-2
☎03-3841-7055
所 台東区浅草2-3-1
営 9:00～18:00
休 不定休

↑人形焼という名称は日本橋人形町が発祥の地だからといわれている

あん入り人形焼 4個入り500円
風情あるかわいらしいパッケージにファンも多い、小さなおみやげ用セット

ユニークな店主が担うのは 江戸の粋を伝えていくこと

江戸趣味小玩具仲見世 助六

えどしゅみこがんぐなかみせ すけろく

著書やテレビ出演の経験があるご主人は、江戸小玩具について語らせれば言葉が止まらない文化人。唯一無二の店にというポリシーどおり、棚には江戸職人魂が刻まれた精巧な豆おもちゃがずらりと並ぶ。

MAP 付録P.11 D-2
☎03-3844-0577
所 台東区浅草2-3-1
営 10:00～18:00
休 不定休

とんだりはねたり 各3500円
竹と糸で人形がぴょんと飛び跳ねる仕組み。江戸時代の動くおもちゃの代表格だ

↓愛嬌満載の豆おもちゃから目を見張る小さなサイズのものまで。完成度の高さはため息もの

↑表情がひとつとして同じものはないまねき猫。思わず集めたくなる

皮の原料は国産もち米100% 小腹満足のお手軽スイーツ

浅草ちょうちんもなか

あさくさちょうちんもなか

修学旅行生たちが列をなすお店は、東京で唯一のアイスもなか専門店。パリッパリの皮とクリーミーなアイスが絶妙なハーモニー。抹茶や紅芋などの定番のほかに、2種類の季節限定商品もある。

MAP 付録P.11 D-2
☎03-3842-5060
所 台東区浅草2-3-1
営 10:00～17:30
休 不定休

アイスもなか 400円
香ばしい手作りもなかにその場でアイスをサンド。きな粉、抹茶、黒ごまなど全8種類

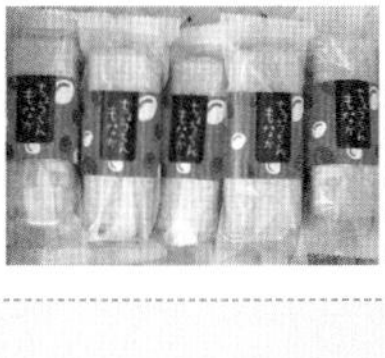

←おみやげには、甘さ控えめあんこがぎっしり詰まったもなかがおすすめ。あんこもなか1個300円

江戸の面影を偲ぶ

下町の活気のなかへ

浅草の立ち寄りスポット

歴史が育んだ観光スポットや、地元民から愛される老舗店がひしめく浅草。下町情緒を体感する街歩き。

⬆人気の「ローラーコースター」。最高速度はたったの時速42km。古希を迎えても元気に活躍中！

江戸時代から繁華街として栄え新旧のスポットが共存する

浅草寺の門前町として古くから栄えてきた浅草は、江戸時代に米蔵が設置されたことにより、人と金が行き交う場所としてさらに発展した。明治時代には演芸場や日本初の映画館ができるなど、東京の文化を担う場所として知られるように。その後、東京スカイツリーの開業を契機に、そのお膝元として新しい商業施設などがオープン。下町の魅力を発信し続けている。

浅草花やしき
あさくさはなやしき

MAP 付録P.10 C-1

嘉永6年(1853)開園、日本最古の遊園地として有名。日本現存最古のローラーコースターをはじめ、長い歴史を物語るレトロなアトラクションや縁日コーナー、飲食店舗などが所狭しと立ち並ぶ。屋上からは、浅草寺本堂など、浅草の街並みを一望できる。

⬆乗り物料金は入園料別途

☎03-3842-8780 所台東区浅草2-28-1 開10:00〜18:00(最終入園17:30) 休メンテナンス日(公式HPを確認) 料入園料1200円 交各線・浅草駅から徒歩5分 Pなし

浅草演芸ホール
あさくさえんげいホール

➡P.141

MAP 付録P.10 B-2

落語を中心に、漫才、手品などを上演する寄席。萩本欽一やビートたけしなど数々の大物芸人を輩出してきた。

➲ホール内は笑いであふれている

浅草西参道商店街
あさくさにしさんどうしょうてんがい

MAP 付録P.10 C-1

歌舞伎座風のアーケードがかかる商店街で、お祭り用品や和装用品など浅草らしい店が立ち並ぶ。

浅草六区
あさくさろっく

MAP 付録P.10 B-2

明治、大正時代に日本初の映画館や演劇場などの施設が立ち並び、歓楽街として賑わった。

かっぱ橋道具街通り
かっぱばしどうぐがいどおり

MAP 付録P.10 A-2

食に関するあらゆる道具を扱う問屋街。土・日曜は休んでいる店が多いので、平日に行くのがおすすめ。

浅草木馬館大衆劇場
あさくさもくばかんたいしゅうげきじょう

MAP 付録P.10 C-2

最初は昆虫館、次いで安来節定席として営業したのち、昭和52年(1977)から大衆演劇用の劇場として開館。

浅草文化観光センター
あさくさぶんかかんこうセンター

MAP 付録P.11 D-3

地下1階地上8階の観光案内所で、案内カウンター、観光情報コーナー、展望テラスなどを擁する。

浅草EKIMISE
あさくさエキミセ

MAP 付録P.11 D-2

浅草・松屋が昭和6年(1931)当時の外観を再現してリニューアルした商業施設。

懐かしい時代劇世界に
一瞬のタイムスリップ

駒形どぜう

こまかたどじょう

MAP 付録P.10 C-4

重厚な造りの店は創業200年をゆうに超える老舗。暖簾をくぐればそこは江戸。現代から隔絶された空間に割り下の香りがたちこめ、鉄鍋で温められるどじょうを眺めていれば、時が過ぎるのも忘れてしまう。

☎03-3842-4001

所台東区駒形1-7-12 営11:00～20:00(LO) 休不定休 交各線・浅草駅から徒歩2～5分(都営浅草線・浅草駅から徒歩2分) Pなし

予約 不可
予算 Ⓛ2000円～ Ⓓ4000円～

神棚が設けられた趣たっぷりの入れ込み座敷。かな板のテーブルが個性的

江戸の代表的な商家造り。大名行列を見下ろさぬよう2階には窓がない

どぜうなべ 3000円
独自の下ごしらえをしたどじょうを職人が一枚一枚浅い鉄鍋に並べるこだわりの一品

180年余りの味を守る
雷門すぐ横のお店

雷門 三定

かみなりもん さんさだ

MAP 付録P.11 D-3

観光客がひっきりなしに訪れる風格たっぷりの店は、創業天保8年(1837)。以来代々の味を守り続け今にいたる。上質のゴマ油で揚げてあるため、風味が豊かで衣が軽いのが特徴。店内は昔ながらの座敷があり、風情を感じられる。

☎03-3841-3400

所台東区浅草1-2-2 営11:00～20:00(金～日曜は～21:00) LOは各30分前 休不定休 交各線・浅草駅から徒歩1～3分 Pなし

座敷やテーブル席を用意

予約 不可
予算 ⓁⒹ1820円～

店舗が広く270席あるため団体観光客も頻繁に訪れる

旬の天ぷら盛り合わせ 3960円
ボリューム感たっぷりの季節の具材入り盛り合わせは熟年世代に人気。天丼1820円もおすすめ

ヴィンテージなバーでは
おしゃれな夜を楽しんで

神谷バー

かみやバー

MAP 付録P.11 D-3

日本で最初のバーで、下町のハイカラ族の社交場となってきた。明治15年(1882)に発売されたアルコール度数40のカクテル"デンキブラン"は、浅草の社交場の顔として、現在も文化人ほか多くの人に愛されている。

☎03-3841-5400

所台東区浅草1-1-1
営11:00～20:00 休火曜
交各線・浅草駅から徒歩2分
Pなし

予約 可
予算 Ⓛ1000円～ Ⓓ2000円～

歴史を感じさせる店には文化人の常連も多い

電気ブランはボトル売りも可(720mℓ1230円)

大正10年(1921)建造のビルは有形文化財に指定されている

デンキブラン 350円
電気がまだ珍しかった時代性と高いアルコール度数を表現し、この商品名が生まれた

東京の空を突き抜ける高さからの絶景

東京スカイツリータウン®

とうきょうスカイツリータウン

21世紀に誕生した東京を代表する観光名所

東京の街を一望できる東京スカイツリーを中心に広がるエリア。展望台からの刻々と移りゆく美しい景色や、ロマンティックな夜景など、大都会東京に包まれる最高の時間を過ごせる。足元には300店舗以上が集まる東京ソラマチ®があり、話題のレストランやショップ、エンターテインメント施設が集まる。

街歩きのポイント

- 東京スカイツリーの入場券は前売券がお得！
- 東京ソラマチには限定アイテムが多数あり、おみやげに◎
- 日没頃からはタワーのライティングが楽しめる

きらめく大都会を一望する

東京スカイツリー®

とうきょうスカイツリー

2012年5月、世界で一番高いタワーとして誕生した自立式電波塔。高さ634mのその数字は、タワーが建つエリアの旧国名「武蔵(むさし)」の語呂合わせからきている。最先端の技術が駆使された展望台からは、東京の街並みが一望できる。夜景はもちろん、快晴時の富士山、夏の隅田川の花火大会などさまざまなシーンを彩る。

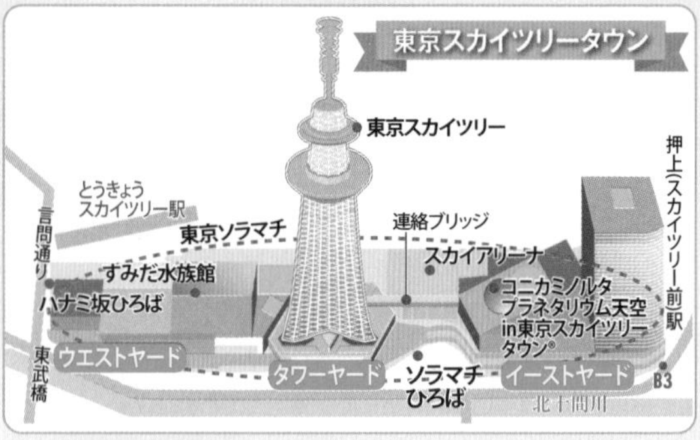

634m 高さは634m。旧国名「武蔵(むさし)」にちなんだ語呂合わせ

天望回廊
てんぼうかいろう

450m〜445m

ガラス張りの回廊はスロープ状になっていて、451.2mの最高到達点に歩いて上るようになっている。

いちばんの絶景は最高到達点の「ソラカラポイント」で堪能

天望デッキ
てんぼうデッキ

350m 345m 340m

3層に分かれた構造で、ショップやレストランも。ガラス床になっている場所があり、スリル満点!

©TOKYO-SKYTREE

THE SKYTREE SHOP
ザ スカイツリー ショップ

東京スカイツリーのオフィシャルショップ。ここでしか買えない限定商品が揃っているのでお見逃しなく。

SKYTREE CAFE
スカイツリー カフェ

フロア340と350にあるカフェ。展望を楽しみながらひと息つきたい人におすすめ。ドリンク以外にも軽食やオリジナルスイーツを扱っている。

Sky Restaurant 634 (musashi) ➡P.168
スカイ レストラン ムサシ

江戸の粋とフランス料理の雅を融合したコース料理を提供。地上345mから眺める絶景を多彩な料理とともに楽しめる。

©Tobu Hotel Management

チケットカウンター(4階)

展望台の当日入場券を購入できる。前売券(Web販売、セブン-イレブンでの発券)を購入した場合もチケットカウンターで発券後に入場できる。

SKYTREE GALLERY(1階)
スカイツリー ギャラリー

東京スカイツリーの構造や特徴を学べるギャラリー。建設当時の貴重な写真や、スカイツリーの最頂部634mにある避雷針を実寸大で再現した展示も。無料で見学できるので立ち寄りたい。

©TOKYO-SKYTREE

観光information

アクセス

東京駅 ⬇地下鉄丸ノ内線で1分 → 大手町駅 ⬇地下鉄半蔵門線で15分

東京駅 ⬇JR総武線快速で8分 → 錦糸町駅 ⬇地下鉄半蔵門線で2分

羽田空港 ⬇羽田空港第1・第2ターミナル駅から京急空港線快特で42分

→ 押上(スカイツリー前)駅

※スカイツリーシャトル®
上野駅、羽田空港などと、東京スカイツリータウンを結ぶ直行バス、スカイツリーシャトルも便利。上野駅からは約30分、羽田空港からは約60分。

チケット

天望デッキと天望回廊はそれぞれチケットが必要。当日券よりもお得でスムーズに入場できる前売券がおすすめ。東京スカイツリーの公式HPかセブン-イレブンのマルチコピー機で天望デッキのチケットや天望デッキと天望回廊のセット券などが日時を指定して購入できる。また、当日券を販売するチケットカウンターは4階に、天望回廊のチケットカウンターは天望デッキ フロア350にある。※払い戻しや返金は条件により異なるので公式HPを要確認

		大人	中・高校生	小学生
天望デッキ	当日券	2100	1550	950
天望デッキ	前売券	1800	1400	850
天望デッキ	前売券(+天望回廊とのセット券)	2700	2150	1300
天望回廊当日券		1000	800	500

※上記はすべて平日料金。土・日曜、祝日などは料金が異なるため詳しくは公式HPを要確認。5歳以下は無料。

観光の順路

●4階 チケットカウンター 公式HPから前売券を購入した場合は、予約完了後に発行されるQRコードが必要。QRコードの表示が可能な端末またはプリントアウトしたQRコードを持参し、発券してもらう。当日券の場合は4階チケットカウンターで購入する。いずれも発券後そのまま天望シャトル(エレベーター)に乗り、天望デッキへ。

●天望デッキ 4階からの天望シャトルは天望デッキ フロア350に到着。ここで天望回廊のチケットを買って天望回廊フロア445へ。フロア340から5階出口フロアへ。

●天望回廊 下りの天望シャトルはフロア450から天望デッキ フロア345へ。

押上 MAP 付録P.9 E-4

☎0570-55-0634(東京スカイツリーコールセンター) 所墨田区押上1-1-2 開10:00〜21:00(展望台入場は〜20:00) 休無休 交東武スカイツリーライン・とうきょうスカイツリー駅/各線・押上(スカイツリー前)駅からすぐ Pあり(有料)

新しい下町を体感する
東京ソラマチ®
とうきょうソラマチ

TOKYO Solamachi

個性あふれる300店舗以上が集結する商業施設。下町の賑やかさを表現した「ソラマチ商店街」や生鮮食料品等が揃う「フードマルシェ」など、各フロアでテーマごとに分けられたレストランやショップが並ぶ。東京ソラマチ限定のグルメやスイーツ、みやげなどが豊富で、東京の老舗から流行最先端のショップまで、誰もが楽しめるのが魅力。

⤴東京スカイツリー®の足元にあり、バラエティ豊かな店舗が揃う

押上 MAP 付録P.9 F-4

☎0570-55-0102(東京ソラマチコールセンター) ⏰10:00～21:00、6～7F・30～31Fレストランフロア11:00～23:00(一部店舗により異なる) 休不定休

歩く・観る●浅草・押上

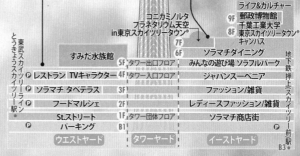

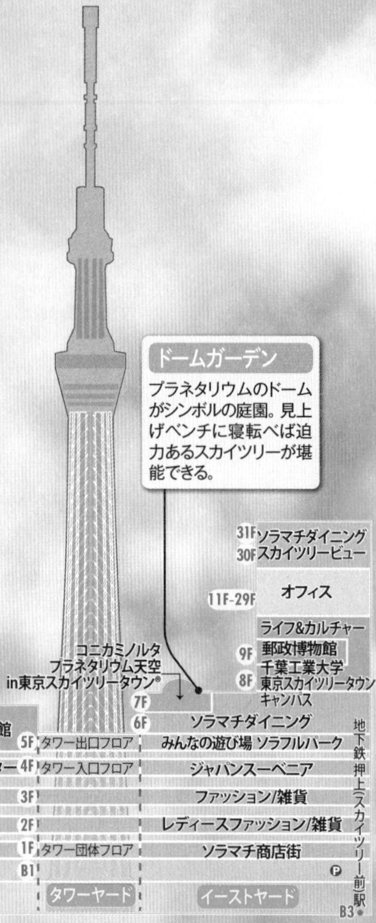

タワーヤード/ウエストヤード●2階
フードマルシェ

生鮮食品やお惣菜など地域密着を意識した食品類をはじめ、和洋のスイーツ、ここにしかない限定品や名物品が盛りだくさん。新鮮な食材は地元のファミリー層にも大人気。

⤴果物や野菜なども販売している

ウエストヤード●3階
ソラマチ タベテラス

2階のフードマルシェの吹き抜けを大きく取り囲むように客席を配したフードコート。和洋中、エスニックなど多彩な料理が並び、気軽にランチや軽食が味わえる。

⤴有名店が数多く集まるフードコート
©TOKYO-SKYTREETOWN

ファームガーデン

「農の風景」をテーマに、ミカンなどの果樹植物が植えられている。緑あふれる癒やしスポット。

ドームガーデン

プラネタリウムのドームがシンボルの庭園。見上げベンチに寝転べば迫力あるスカイツリーが堪能できる。

31F	ソラマチダイニング
			30F	スカイツリービュー
			11F-29F	オフィス
			9F	ライフ&カルチャー / 郵政博物館
			8F	千葉工業大学 東京スカイツリータウン®キャンパス
	コニカミノルタ プラネタリウム天空 in東京スカイツリータウン®		7F	
			6F	ソラマチダイニング
	すみだ水族館	5F タワー出口フロア		みんなの遊び場 ソラフルパーク
レストラン TVキャラクター	4F タワー入口フロア			ジャパンスーベニア
ソラマチ タベテラス	3F			ファッション/雑貨
フードマルシェ	2F			レディースファッション/雑貨
St.ストリート	1F タワー団体フロア			ソラマチ商店街
パーキング	B1			
ウエストヤード	タワーヤード			イーストヤード

東武スカイツリーライン とうきょうスカイツリー駅
地下鉄 押上スカイツリー前駅 B3

イーストヤード●1階
ソラマチ商店街
ソラマチしょうてんがい

全長約120mの通路にさまざまな店舗が並ぶ商店街。切妻屋根や江戸切子を使った看板など、賑やかでどこか懐かしい雰囲気。

⤴食品、雑貨、カフェ、みやげなどが揃う
©TOKYO-SKYTREETOWN

イーストヤード●6-7階
ソラマチダイニング
多彩なレストラン、カフェが集まるメインダイニングゾーン。特に7階には親子丼の老舗店やもんじゃの有名店など東京らしい店が多い。

⤴気軽に入れるカジュアルダイニング
©TOKYO-SKYTREETOWN

イーストヤード●30-31階
ソラマチダイニング スカイツリービュー
高さ150mからの景色を一望しながら食事が楽しめるフロア。焼き肉、和食、フランス料理などが味わえる。

⤴シックなフロアで落ち着きがある
©TOKYO-SKYTREETOWN

日本最大！約33万種の切手展示 イーストヤード 9階

郵政博物館

ゆうせいはくぶつかん

「心ヲツナグ　世界ヲツナグ」をコンセプトに、郵便にまつわる歴史や資料を紹介する。スカイツリーを模したポストが設置されているので、手紙を投函すれば思い出にも。

押上 MAP 付録P.9 F-4

☎03-6240-4311
開10:00～17:30(入館は～17:00、変動の場合あり)
休不定休 料300円

最先端技術を体感する イーストヤード 8階

千葉工業大学 東京スカイツリータウン® キャンパス

ちばこうぎょうだいがくとうきょうスカイツリータウン キャンパス

千葉工業大学による、最先端技術を応用した体感型アトラクションスペース。「はやぶさ2」実物大模型や災害対応ロボットを展示。

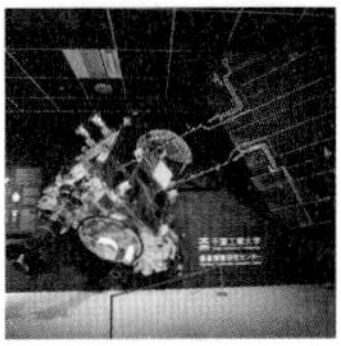

押上 MAP 付録P.9 F-4

☎03-6658-5888 開10:30～18:00
休不定休 料無料

大人も楽しめる幻想的な作品を上映 イーストヤード 7階

コニカミノルタプラネタリウム天空in東京スカイツリータウン®

コニカミノルタプラネタリウムてんくう インとうきょうスカイツリータウン

映像、音楽、アロマを組み合わせ、より臨場感のある作品を上映する新感覚プラネタリウム。座席は階段状で、星空に包まれる気分に。

押上 MAP 付録P.9 F-4

☎03-5610-3043 開10:30～22:00(土・日曜、祝日9時30分～)
休不定休 料一般シート1600円～

巨大なクラゲ水槽で神秘的な没入体験を

すみだ水族館 ウエストヤード 5階 6階

すみだすいぞくかん

「近づくと、もっと好きになる」をコンセプトに掲げた水族館。クラゲを上から直接見られる水槽「ビッグシャーレ」など、いきものの息づかいが感じられる展示が特徴。

押上 MAP 付録P.9 E-4

☎03-5619-1821 開10:00～20:00(休祝日9:00～21:00) 休無休
料2500円、年間パスポート5500円

街を見晴らしながら!
東京ソラマチ®で食べる・買う

お腹がすいたら迷わず東京ソラマチへ！　下町情緒のある店から眺め抜群の店、個性派、よりどりみどり。

©TOKYO-SKYTREE

アミューズタワー3000円
旬の食材を使ったかわいい前菜が8品盛り付けられたアミューズタワーとシャンパンがあれば、会話も弾む

イーストヤード・31階

ムーディなソファで
ロマンティックな極上の夜

天空ラウンジ TOP of TREE
てんくうラウンジ トップ オブ ツリー

予約 可(コースのみ)
予算 Ⓛ2980円〜 Ⓓ5500円〜

スタイリッシュな空間を照らし出すあでやかなライティング。全席からスカイツリーを見晴らす店は、ちょっと背伸びしたい時間にぴったり。開業当初から提供しているアミューズタワーは不動の人気メニューだ。

押上 MAP 付録P.9 F-4
☎03-5809-7377
営11:00〜16:00 17:00〜23:00
休不定休

↑夏は隅田川の花火大会をソファでくつろぎながら観覧することも可

イーストヤード・7階

初代の味を継承し続け
椀に風格を映し出す

たまひでいちの

予約 夜コースは可
予算 Ⓛ1200円〜 Ⓓ1200円〜

人形町の創業250年余の老舗軍鶏専門店“玉ひで”。その8代目主人と娘さんが手がける店では、とろとろ半熟卵と弾力ある鶏肉、そして濃厚な割り下の絶妙なハーモニーが楽しめる。

押上 MAP 付録P.9 F-4
☎03-5809-7228 営11:00(土・日曜、祝日10:30)〜23:00(LO21:30) 休不定休

↑情緒あふれる店内はカウンターのみだが、ゆったり食事ができる

雅親子丼 1958円
川俣軍鶏を使用し、希少な烏骨鶏卵をのせた贅沢な親子丼

イーストヤード・2階

輝くフルーツが飾られたケーキを選ぶ幸せ

予約 不可
予算 ⓁⒹ1500円～

キル フェ ボン 東京スカイツリータウン・ソラマチ店

キル フェ ボン とうきょうスカイツリータウン・ソラマチてん

イチゴや洋梨、マンゴーなどさまざまな季節に収穫される旬のフルーツをたっぷり使った華やかなタルトを提供。店内で優雅なティータイムを過ごすのはもちろん、贈り物としてなど持ち帰りでも人気。

押上 MAP 付録P.9 F-4

☎03-5610-5061 営10:00～21:00(カフェLO20:30)
休不定休

季節のフルーツタルト
1ピース1056円
なめらかなカスタードとフルーツの相性抜群な人気No.1タルト※フルーツは季節により異なる

赤いフルーツのタルト
1ピース935円
まろやかな酸味とコクのあるクリームのタルトにシナモンをふり、6種のベリーを飾った甘酸っぱいタルト

↑上品な店内で甘いひとときを

東京ソラマチ®の限定みやげを探す

イーストヤード・4階

金沢老舗金箔屋生まれのコスメ

MAKANAI

マカナイ

老舗金箔屋で働く女性たちの知恵から生まれた自然由来成分の和コスメブランド。人気のハンドクリームはおみやげにもおすすめ。

押上 MAP 付録P.9 F-4

☎03-6456-1552 営10:00～21:00
休 不定休

絶妙レシピのハンドクリーム
(しとやかな椿の香り)
40g1980円
しっとり潤い、べたつかない生クリームのようにやわらかい使用感を実感したスキンケアクオリティのハンドクリーム。ミニサイズもある

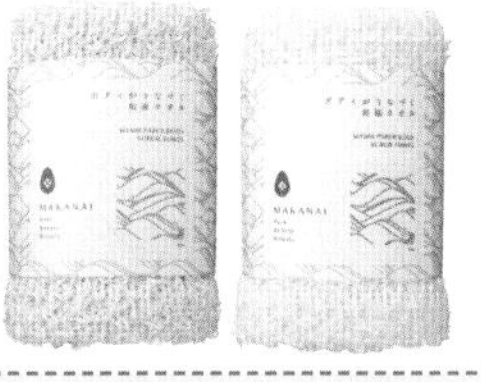

ボディがうなずく和紙タオル
各1650円
和紙と綿を編みこんだ浴用タオル。肌にやさしく泡立ちもよく、余分な油分をさっと洗い流せる

イーストヤード・2階

新旧の魅力が共存する日本みやげを再発見

中川政七商店

なかがわまさしちしょうてん

創業300余年の奈良の老舗が展開するお店。日本の工芸をベースにした暮らしの道具など生活雑貨を豊富に揃える。

押上 MAP 付録P.9 F-4

☎03-5610-5420
営10:00～21:00 休 不定休

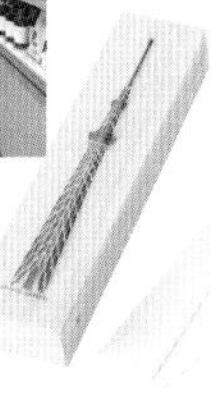

置き飾り
1320円
祖業の手積み手織り麻で編んだ東京スカイツリー飾り

絵形香 990円
東京スカイツリーをあしらった紙香は、おみやげにぴったり

東京スカイツリー®のフットタウン、人情あふれる庶民の街

押上・向島を歩く

この街がどれだけ人情に厚い土地かは歩けばよくわかる。人との語らいも観光エッセンスになる地のそぞろ歩き。

懐かしい空気感、ここにあり 昭和の良さがそこかしこに健在

きらびやかなソラマチから足を延ばすと、時代がぐんと遡るのを感じる。時は古き良き昭和。人々が律儀に職人魂を貫き、日々の暮らしを大切に懸命に生きている市井が今も存在している。古くから続く店舗や、手作りが当たり前だった時代のやり方がそのまま機能する商店街を訪ねれば、心がほっこりしていることに気づく。

1.牛嶋神社には「撫で牛」がいる　2.隅田川両岸にまたがる隅田公園　3.地元の笑顔行き交うキラキラ橘商店街　4.隅田公園から見たスカイツリー　5.十間橋から、北十間川に映り込む逆さスカイツリーを見る

すみだリバーウォーク

鉄道の走行音も迫力あり

東武鉄道の隅田川橋梁脇に設けられた歩道橋。浅草から押上への移動に便利で、隅田川の流れや船を眺めながら、東京ミズマチ®や東京スカイツリータウン®に移動できる。

浅草・押上 MAP 付録P.11 E-3

☎03-5962-0102(東武鉄道お客さまセンター)
所墨田区向島1　開7:00～22:00　休無休
料無料　交東武スカイツリーライン・とうきょうスカイツリー駅から徒歩13分／地下鉄・浅草駅から徒歩5分　Pなし

浅草観光のあとは東京スカイツリーを目指して押上へ移動するのがおすすめ

東京ミズマチ®
とうきょうミズマチ

押上 MAP 付録P.11 F-3

☎なし　所墨田区向島1　開休店舗により異なる　交東武スカイツリーライン・とうきょうスカイツリー駅から徒歩3分　Pなし

公園や川と融合した施設

鉄道高架下にある下町のコミュニティスポット。新業態のレストランやショップ、スポーツと一緒にカフェが楽しめる開放的な施設、ホステルなど、個性豊かな店舗が集結。

テラス席を設けたカフェやレストランなどがある開放的なリバーサイド

浅草駅ととうきょうスカイツリー駅間の鉄道高架下に位置する。東京スカイツリータウンにもほど近い

ノスタルジック空間に
シェフの探究心が咲く

SPiCE Cafe

スパイスカフェ

予約 ランチ:不可
ディナー:望ましい
予算 Ⓛ1200円〜
Ⓓ3500円〜

MAP 本書P.3 E-2

古民家を改装した風情たっぷりの舞台を飾るのは、シェフのスパイスに対する飽くなき情熱。年に1度はインドを訪ね研究に没頭。それが評判となり、カレー通から絶大な支持を得る。

☎03-3613-4020
所墨田区文花1-6-10 営11:30〜15:00(LO14:00) 18:00〜22:30(LO20:30) 休月・火曜
交各線・押上駅から徒歩15分 Pなし

ラッサムカレー
ランチセット
1100円〜
どこか欧風的な装いのインドカレー。通の間では珠玉の味と評判が高い、南インドの味

古民家をシェフ自身が自力で改装。全国からカレー通が集まる

多才なご主人のお店は
温かさ通う人情交差点

みりん堂

みりんどう

MAP 付録P.9 E-4

「どれだけ食べても飽きのこない味は、大正12年(1923)から培ってきた技」と4代目ご主人。おしゃれなパッケージ、小粋なイラスト、印象に残る商品。ご主人の"煎餅作品展示場"は現在も進化中。

☎03-3621-2151
所墨田区業平1-13-7 営9:30〜18:00(日曜は〜17:00) 休月曜
交東武スカイツリーライン・とうきょうスカイツリー駅から徒歩3分、各線・押上駅/地下鉄・本所吾妻橋駅から徒歩5分 Pなし

ぬれせん(130円)もある

東京スカイツリー®せんべい
550円
多才なご主人はパッケージから煎餅まですべてを自作。これもご主人によって描かれた画

瓦ゴテを使って一枚一枚ていねいに焼く

団子の質を追求し続け
シンプルを極めた美学

言問團子

こととい だんご

MAP 本書P.3 E-2

創業は江戸末期。原点からぶれることなく質を追求してきた商品は、数多くの文人に愛され、歴史小説にも登場する。一点本物主義で混じり気のないシンプルな商品構成は、もはや芸術の域。

☎03-3622-0081
所墨田区向島5-5-22
営9:00〜17:00 休火曜
交東武スカイツリーライン・とうきょうスカイツリー駅から徒歩12分/各線・浅草駅から徒歩15分 Pあり

散歩の途中に三色団子とお茶で一服。時間が過ぎるのを忘れる空間

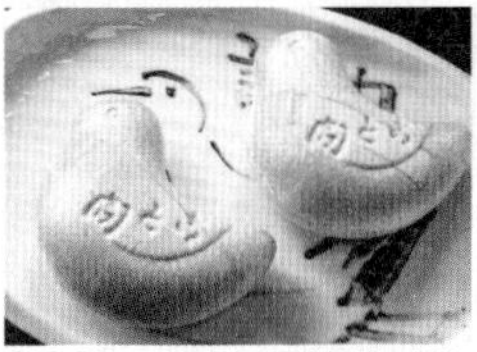

愛らしい鳥の形の言問最中。ほかに、贈答用の団子詰め合わせもある

言問団子
780円(3個)
店内でのんびりといただける、三色(小豆あん/白あん/みそあん)の団子とお茶のセット

巨大なモールに変貌!

とうきょうえき・まるのうち

東京駅・丸の内

創建時の赤レンガ駅舎が復元された東京駅、
郵便局舎を再生したKITTEをはじめ、
大人の遊び心をくすぐるスポットが集まる。

街歩きのポイント

- 丸の内駅舎の名建築に、人気グルメやアンテナショップなど立ち寄りたいスポットが目白押し
- おしゃれなレストランやショップが入ったバラエティ豊かな商業ビルに出かけてみよう

アクセス方法

羽田空港

- 東京モノレール(区間快速)19分 → 浜松町駅 → JR山手線/京浜東北線6分 → 東京駅
- 空港バス45分 → 東京駅八重洲北口

↑歴史と風格が感じられる東京駅丸の内駅舎

ドーム屋根の駅舎と最先端のオフィス街

もともと日本のビジネスの中心だった丸の内エリアは、2010年代、さらにパワフルに変貌。2012年に大正期の姿を復元した東京駅丸の内駅舎を中心に、KITTE(キッテ)、丸ビル、新丸ビルなどの複合商業施設やオフィスビルが立ち並び、個性的なショップや美食スポットが綺羅星のごとく集まる。多彩な店が並ぶ丸の内仲通りを歩けば、素敵な時間を過ごせること間違いなし。磨かれた大人の五感を刺激する新スポットを遊び尽くそう。

新旧が融合した建築美に注目
明治安田ヴィレッジ丸の内
めいじやすだヴィレッジまるのうち

MAP 付録P.14A-3

明治安田生命ビルと国の重要文化財である「明治生命館」からなる複合施設。

所千代田区丸の内2-1-1 明治安田生命ビル 交各線・東京駅から徒歩5分 Pあり(有料)

個性あふれる飲食店が便利
東京ビル TOKIA
とうきょうビル トキア

MAP 付録P.14B-3

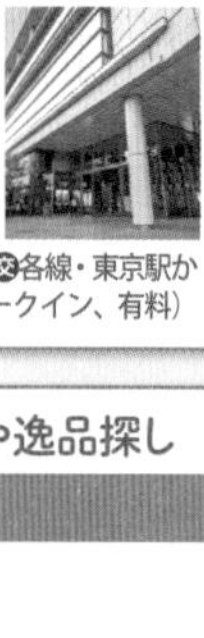

吹き抜けが多い開放的な建物。東京らしいバラエティ豊かな飲食店が並ぶ。

所千代田区丸の内2-7-3 交各線・東京駅からすぐ Pあり(丸の内パークイン、有料)

オフィス街で安らぎを感じる
丸の内ブリックスクエア
まるのうちブリックスクエア

MAP 付録P.14B-3

“丸の内コンフォート”をコンセプトとする複合施設。敷地内には緑豊かな広場や、三菱一号館美術館がある。

所千代田区丸の内2-6-1 交各線・東京駅から徒歩5分 Pあり(丸の内パークイン、有料)

日本各地の美食や逸品探し
KITTE
キッテ

MAP 付録P.14B-3

旧東京中央郵便局舎を一部保存・再生し建築した商業施設。職人の手仕事による人気の雑貨店などが入居。

所千代田区丸の内2-7-2 交各線・東京駅から徒歩1分 Pあり(有料)

丸の内のランドマーク的存在

丸ビル

まるビル

MAP 付録P.14 B-2

丸の内の大規模複合ビル。地下1階から地上6階と35・36階にショップや飲食店が揃う。

所千代田区丸の内2-4-1 交各線・東京駅からすぐ Pあり(丸の内パークイン、有料)

高感度な大人が集まる

新丸ビル

しんまるビル

MAP 付録P.14 B-2

個性豊かな店舗が集まる大規模複合ビル。地下1階から7階に約150店も入る。

所千代田区丸の内1-5-1 交各線・東京駅からすぐ Pあり(丸の内パークイン、有料)

洗練されたトレンドを発信

丸の内オアゾ

まるのうちオアゾ

MAP 付録P.14 C-2

カフェから上質なレストランまで揃う知的なオアシス街。丸善の丸の内本店がある。

所千代田区丸の内1-6-4 交各線・東京駅からすぐ Pあり(丸の内パークイン、有料)

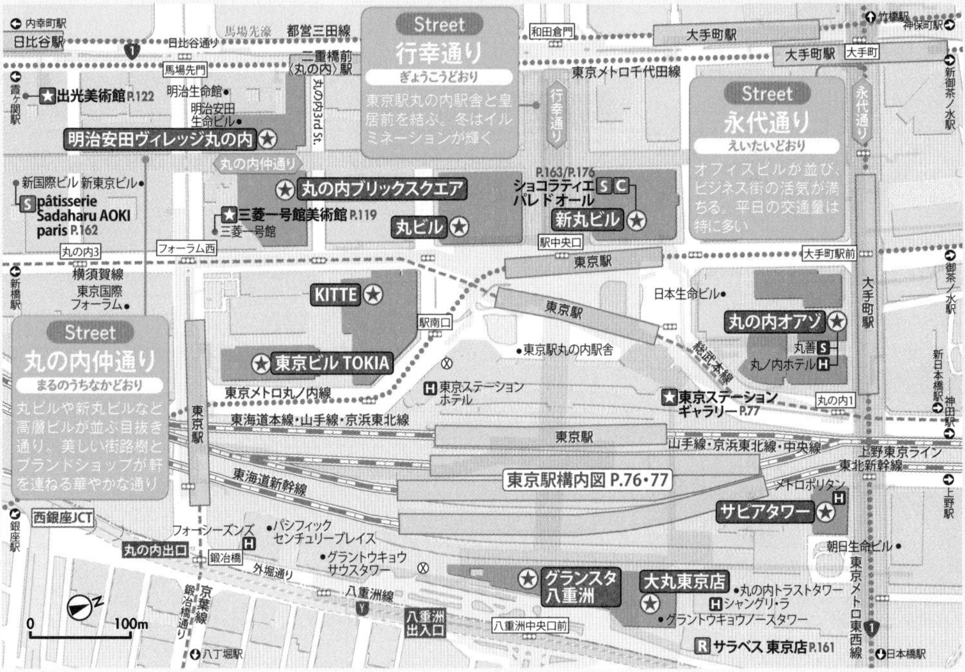

移動の合間に立ち寄れる

グランスタ八重洲

グランスタやえす

MAP 付録P.14 C-3

東京駅八重洲口にそびえる、帆を模した特徴的な大屋根が印象的なランドマーク。

所千代田区丸の内1-9-1
交各線・東京駅からすぐ Pなし

ブランドから食品まで充実

大丸東京店

だいまるとうきょうてん

MAP 付録P.15 D-2

東京駅の"顔"といえるデパート。食品フロアと、名店が入るレストラン街が豊富。

所千代田区丸の内1-9-1
交各線・東京駅からすぐ Pなし

ビジネスマンも多く利用する

サピアタワー

MAP 付録P.14 C-2

地上35階の複合ビル。ホテルメトロポリタン丸の内や企業、軽食店などが入る。

所千代田区丸の内1-7-12 交各線・東京駅から徒歩2分 Pあり(有料)

駅ナカも駅ソトも、驚くほど楽しめる!
東京ステーションシティ
とうきょうステーションシティ

MAP 付録P.14 C-2

東京の交通網のヘソ、東京駅は駅自体が巨大な街だ。
東京ステーションシティは駅とその周辺の商業施設の総称。
グルメやグッズの宝庫だ!

駅ナカ 話題の有名店が続々進出
グランスタ東京
グランスタとうきょう

JR東京駅地下1階から1階に広がり、丸の内エリアと八重洲エリアを合わせて180店舗以上が入る巨大エキナカ商業施設。2020年夏にグランドオープンした。

↑吹き抜けのある待合空間「スクエア ゼロ」

多様な店舗がマルチに活躍
エキュート東京
エキュートとうきょう

丸の内口側のエキナカ商業施設。スイーツ、デリ、ベーカリー、カフェのほか、小物店などもある。

↑手みやげや夕食のお惣菜などまるでデパ地下のような充実の品揃えだ

↑丸の内北口も創建当時の姿を取り戻した

乗り換え途中に買い物
グランスタ東京 京葉ストリートエリア
グランスタとうきょうけいようストリートエリア

京葉線に続くコンコースに位置。スイーツや惣菜、限定パッケージの商品が揃う。

↑京葉線ホームに行く前に立ち寄り

<div style="left-margin">歩く・観る ● 東京駅・丸の内</div>

B1

- 動輪の広場
- 丸の内地下南口
- 丸の内地下中央口
- 丸の内地下北口
- REATALY MARUNOUCHI P.77
- グランスタ丸の内
- P.79 カファレル S
- 地下中央通路
- グランスタ東京
- STATION RESTAURANT THE CENTRAL
- P.78
- グランスタ地下北口
- スクエア ゼロ
- 喫茶店に恋して。 P.79
- P.79 まめぐい
- P.78 Fairycake Fair
- THE DROS P.79
- PARIS BUTTER CHOCOLAT P.79
- P.79 コロンバン
- 銀の鈴
- とらや P.79
- 銀の鈴広場
- 自由地下通路
- グランスタ八重北 黒塀横丁
- 八重洲地下中央口
- 東京ラーメンストリート
- 東京おかしランド
- 東京キャラクターストリート
- 東京駅一番街

凡例: □駅ナカ □駅ソト

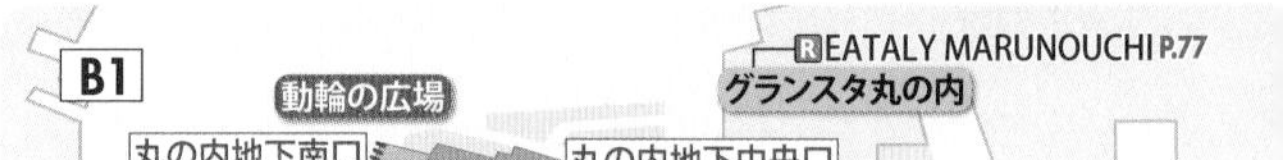

365日毎日が楽しい駅弁祭り!
駅弁屋 祭
えきべんやまつり

日本各地の有名駅弁のほか、期間限定駅弁など、毎日150種類以上の駅弁を5:30から22:00まで販売している。

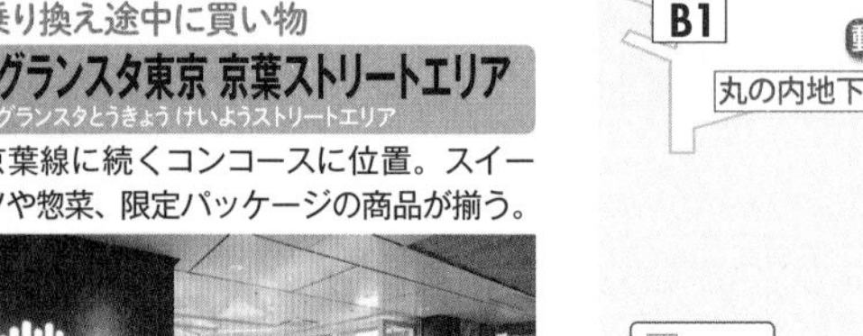

東京弁当1850円
↑東京の老舗の味が楽しめる

30品目バランス弁当 1000円
↑肉・魚・野菜をバランスよく取り入れたお弁当はヘルシー志向の人に

駅ソト 多彩な飲食店が揃う
グランアージュ

駅と直結しているため雨の日でも濡れることなく移動できる。レストラン街は和洋中すべて揃っているため食事に困らない。

↑ほっとひと息つける場所を提供している

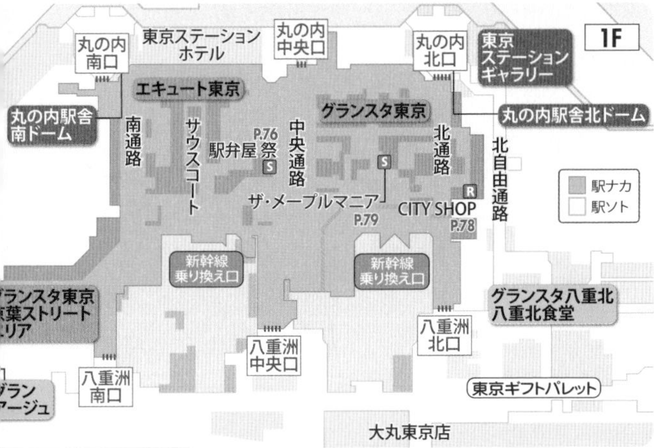

駅の見どころ

丸の内駅舎南北ドーム

丸の内駅舎の復原工事により、建築家・辰野金吾設計の大正期の丸ドームも復活。干支のレリーフなど和の意匠が見どころだ。

東京ステーションギャラリー

年間5本のユニークな企画展を開催する美術館。レンガ造りの展示空間の雰囲気もよく、駅の歴史と文化が楽しめる。

動輪の広場

この動輪はかつて東海道線を走っていたC62-15型蒸気機関車のもの。丸の内地下南口の広場にあり、待ち合わせ場所にも最適。

手軽に王道グルメが楽しめる

グランスタ八重北 八重北食堂

グランスタやえきた やえきたしょくどう

食堂のようなフロアには、一人でも居心地良く過ごせる飲食店やカフェ、バルなどが揃う。

➲八重洲北口改札外の1階

落ち着きのあるダイニングでくつろぐ

グランスタ八重北 黒塀横丁

グランスタやえきた くろべいよこちょう

シックな空間のなかに、毎日ちょっと通いたくなるお店や、本物志向の料理店が充実している。

➲雰囲気のよい店が並ぶ

毎日が楽しくなるお店たち

グランスタ丸の内

グランスタまるのうち

おみやげにもできる雑貨店やコスメショップが充実している。寿司やレストラン、カフェもある。

➲通りを見て歩くだけでも楽しい

EATALY MARUNOUCHI

イータリー マルノウチ

本格的なイタリア料理、イタリアメイドの食材や商品が選べる東京駅構内の広大なスペース。

➲さまざまな店が並ぶ

東京駅の実力はただごとではない!

東京駅構内 グランスタ東京

駅ナカ グルメ&ショッピング

駅の改札口を出なくても、食事したりお茶したり、買い物したり、店選びに困らない本格揃い。さすが東京駅なのだ。

ベイクドZOO 1750円
愛らしい動物デコレーションで5種類の味わい。プレゼントに最適

電車の待ち時間に。

食事したり、お茶したり 移動前の時間にいいもの探し

空き時間を有効に使って、一流の味を堪能すれば なんだかちょっと得した気分。

自慢の洋食を味わいながら 食堂車があった時代を知る

STATION RESTAURANT THE CENTRAL

ステーション レストラン ザ セントラル

東京駅 MAP 付録P.14 C-2

東京駅グルメのシンボルともいえる、食堂車両を再現した空間は、食堂車、ロビーカー、コンパートメント、テラスの4タイプに分かれる。ハヤシライスをはじめ、伝統のデミグラスソースを生かした洋食メニューが揃う。

☎03-6256-0583
所東京駅構内B1 グランスタ東京
営10:00～22:00(金曜は～22:30、日曜、祝日は～21:30、祝前日は～22:00) 休無休

落ち着いた雰囲気の店内で極上の気分と食事を味わえる

伝統のスペシャルハヤシライス 2100円
80年以上の歴史を受け継ぎ、独自の製法でアレンジしたデミグラスソースがポイント

多彩なニーズにこたえる 駅ナカスタイルのサラダショップ

CITY SHOP

シティ ショップ

東京駅 MAP 付録P.14 C-2

都会で忙しくしている人に向けた、手軽に野菜がとれるお店。サラダのほか、具だくさんのうどん、ケーキ、多彩なドリンクをラインナップ。併設するKIOSKではパンも扱う。

☎03-6256-0336
所東京駅構内1F グランスタ東京
営7:00～22:00(金曜は～22:30、日曜、祝日は～21:30、祝前日は～22:30) イートイン10:00～(金・土曜8:00～) 休無休

50席ある店内では、ドリンクだけの利用も可能。季節限定メニューにも注目だ

BLTサンド(上)、鯖サンド-カレーマヨネーズ-(中)、たまごサンド(下)
イートインではサラダ付きで1320円、ハーフ&ハーフもOK。KIOSKでも販売している

味も本格派な、思わず笑顔になる かわいいカップケーキ

Fairycake Fair

フェアリーケーキ フェア

東京駅 MAP 付録P.14 C-2

カップケーキとビスケットの専門店。季節のフルーツと吟味された良質な材料を使用し、店内工房でていねいに手作りされたカップケーキは手みやげとしても幅広い層に人気。

☎03-3211-0055
所東京駅構内B1 グランスタ東京
営8:00～22:00(日曜、祝日は～21:00、祝前日は～22:00) 休無休

コーヒーやホットティーラテと一緒にイートインでいただきたい

苺のショートケーキ 490円
自家製イチゴジャムがとろっと入った定番の人気商品

東京駅オリジナル。

どれも最新鋭のおみやげです。

駅舎デザインのパッケージや特別仕様のお菓子、話題の有名店など、おみやげに最適の限定品。

まめぐいSuicaのペンギン660円(左) Suicaのペンギンボーロ648円(右)
飴や豆菓子などを東京駅限定柄の「まめぐい」で包む。かわいいデザインのボーロを包むのもおすすめ
まめぐい●グランスタ東京

@Chiharu Sakazaki/JR東日本/DENTSU
Suica by JR東日本 Suicaは JR東日本の登録商品です

パリバターショコラ 1166円(8個入り)
生食感のチョコレートと香ばしいマカダミアナッツを、バターが香ばしいラングドシャ生地で包んでいる
PARIS BUTTER CHOCOLAT ●グランスタ東京

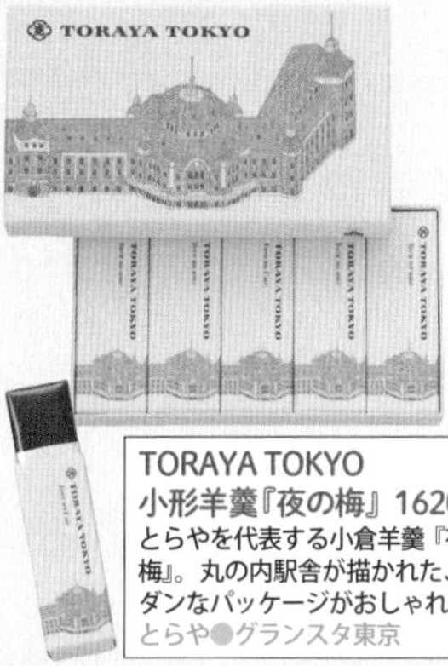

TORAYA TOKYO 小形羊羹『夜の梅』1620円
とらやを代表する小倉羊羹『夜の梅』。丸の内駅舎が描かれた、モダンなパッケージがおしゃれ
とらや●グランスタ東京

東京ジャンドゥーヤチョコパイ702円(4個入り)
ヘーゼルナッツの風味が豊かな「ジャンドゥーヤチョコレート」のクリームがたっぷり入ったサクサク食感のチョコパイ
カファレル●グランスタ東京

メープルクッキー詰合せ缶 2500円(16枚入り)
大好評のメープルバタークッキーとグランスタ東京限定商品のメープルショコラクッキーを詰合せた限定缶
ザ・メープルマニア ●グランスタ東京

銀の鈴サンド パンケーキ苺 378円
ふんわり食感のパンケーキで、まるごとのイチゴとクリームをサンドしている
コロンバン●グランスタ東京

フィナンシェ(ゴルゴンゾーラ&ヘーゼルナッツ) 1296円(5個入り)
濃厚なゴルゴンゾーラと、皮付きヘーゼルナッツのナッティーな味わいを詰め込んだフィナンシェ
THE DROS●グランスタ東京

ハニートーストサブレ 1620円(8個入り)
パンのみみまで再現したバター香るトースト型サブレに、まろやかなハチミツショコラをのせている
喫茶店に恋して。●グランスタ東京

東京駅活用術

待ち合わせ場所

駅ナカ地下1階グランスタ東京の八重洲地下中央口近くにある「銀の鈴」、駅ソト地下1階の丸の内地下南口近くの「動輪の広場」などが便利。

手荷物の一時預かり

駅ナカではグランスタ東京内のクロークサービスがあり(有料)、駅ソトは東京駅一番街に佐川急便の手荷物預かり所がある。ともに当日引き取りのみ受け付けている。

東京駅丸の内駅舎のホテルに泊まる

大正時代から続く名門、東京ステーションホテル。赤レンガ駅舎の中に位置。150ある客室は、外観と調和した、ヨーロピアン・クラシックを基調としている。

文化の彩りが増して楽しく進化した

六本木 ろっぽんぎ

街を行くのは目の色も髪の色も違う人たち。
“東京の中の異国”の国際色パワーに、
再開発の街が加わり、ますます熱くおもしろい。

街歩きのポイント

- 六本木ヒルズの展望台から東京の街を眺めてみよう。食事なら世界各国のグルメを味わいたい
- 国立新美術館などアートを気軽に楽しめるスポットを巡りながら、優雅なひとときを過ごす

⇧アートスポットが点在する東京ミッドタウン

アクセス方法

- 東京駅 ⇩地下鉄丸ノ内線5分
- 羽田空港 ⇩京急空港線(直通／地下鉄都営浅草線)24分
- 霞ケ関駅 ⇩地下鉄日比谷線5分
- 大門駅 ⇩地下鉄都営大江戸線6分

→ 六本木駅

グルメと美術館巡りが楽しい大人の舞台

六本木交差点を中心とするエリアは、東京で暮らす外国人向けのレストランやバーが多い国際タウン。世界中のあらゆるジャンルの飲食店が味のレベルを競いながら並び立ち、グルメ三昧が思いのままだ。21世紀の再開発で誕生した六本木ヒルズ、東京ミッドタウン、国立新美術館の3スポットは、東京観光でぜひ訪れたい場所。日本最大級の美術館や企業美術館があり、“アートの街”としての六本木の新たな魅力が楽しめる。

アートセンターとして機能する
国立新美術館 ➡P.119

こくりつしんびじゅつかん

MAP 付録P.20 B-1

美術に関する情報や資料を収集し、さまざまな展覧会をはじめ、シンポジウムや講演会を開催して、新しい文化の創造を牽引する。

ハイエンドな街並みが広がる
六本木ヒルズ

ろっぽんぎヒルズ

MAP 付録P.20 B-2

約12haもの敷地に文化・商業施設を備えたオフィスビル、集合住宅、高級ホテルなどが揃う。中心をなす森タワーの低層階は各種ショップや飲食店が集結。上層階には美術館と展望台がある。

所港区六本木6-10-1 交地下鉄・六本木駅直結 Pあり(有料)

緑とアートの複合都市
東京ミッドタウン

とうきょうミッドタウン

MAP 付録P.20 C-1

商業店舗、オフィス、ホテル、住居などが集まり、サントリー美術館(➡P.118)と21_21 DESIGN SIGHT(➡P.124)が入るなど、アートとデザインの発信の場でもある。

所港区赤坂9-7-1 交地下鉄・六本木駅直結 Pあり(有料)

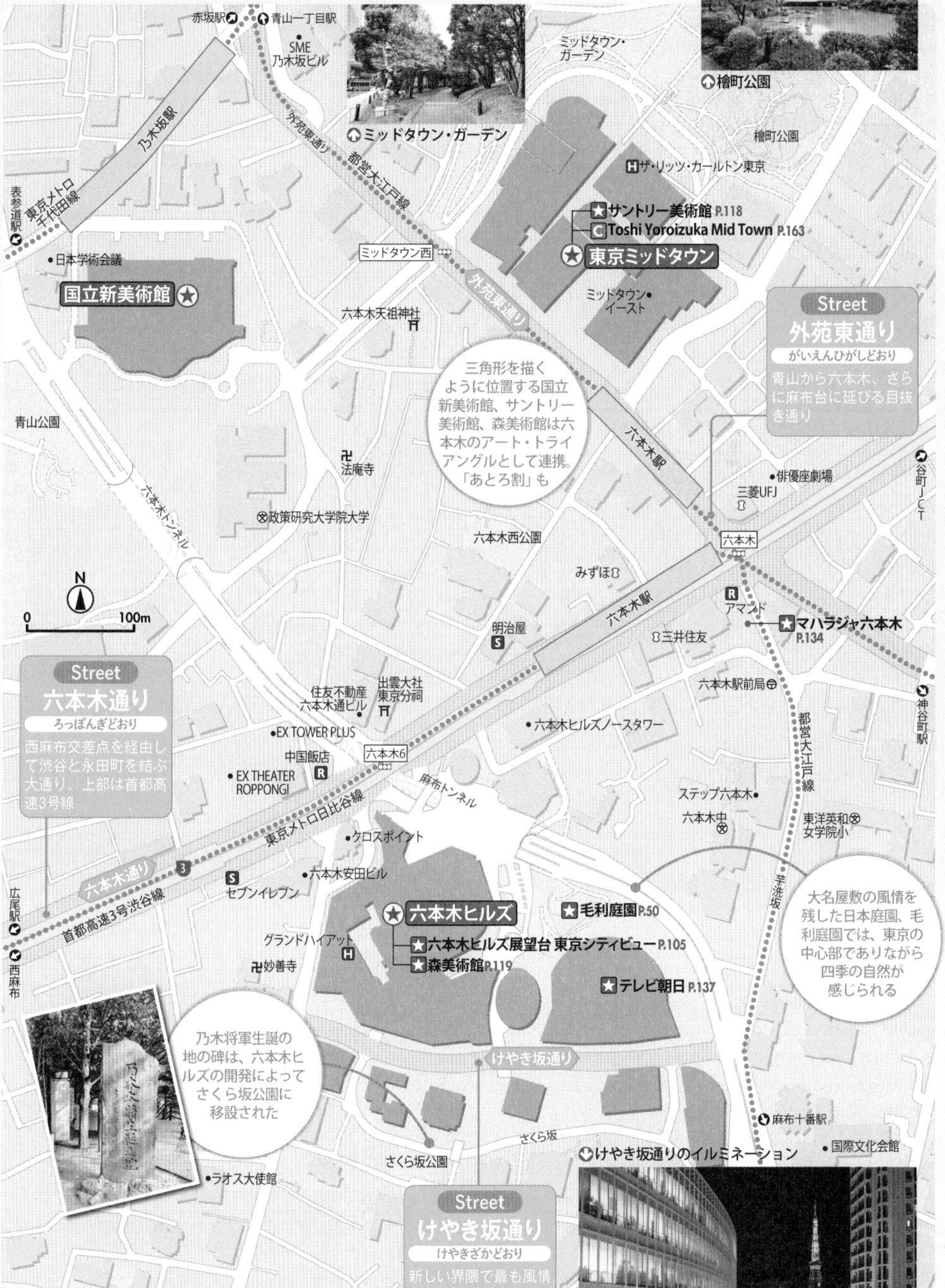

赤坂駅
青山一丁目駅
SME乃木坂ビル
乃木坂駅
東京メトロ千代田線
表参道駅
外苑東通り
都営大江戸線
ミッドタウン・ガーデン
檜町公園
ザ・リッツ・カールトン東京
サントリー美術館 P.118
Toshi Yoroizuka Mid Town P.163
東京ミッドタウン
ミッドタウン西
ミッドタウン・イースト
日本学術会議
国立新美術館
六本木天祖神社
三角形を描くように位置する国立新美術館、サントリー美術館、森美術館は六本木のアート・トライアングルとして連携。「あとろ割」も
Street
外苑東通り
がいえんひがしどおり
青山から六本木、さらに麻布台に延びる目抜き通り
青山公園
法庵寺
六本木駅
俳優座劇場
三菱UFJ
谷町JCT
政策研究大学院大学
六本木トンネル
六本木西公園
六本木
みずほ
N
0
100m
アマンド
マハラジャ六本木 P.134
明治屋
三井住友
六本木駅前局
Street
六本木通り
ろっぽんぎどおり
西麻布交差点を経由して渋谷と永田町を結ぶ大通り。上部は首都高速3号線
住友不動産六本木通ビル
出雲大社東京分祠
EX TOWER PLUS
六本木ヒルズノースタワー
神谷町駅
中国飯店
六本木6
EX THEATER ROPPONGI
麻布トンネル
都営大江戸線
ステップ六本木
六本木中
東洋英和女学院小
東京メトロ日比谷線
クロスポイント
六本木通り
六本木安田ビル
セブンイレブン
芋洗坂
大名屋敷の風情を残した日本庭園、毛利庭園では、東京の中心部でありながら四季の自然が感じられる
広尾駅
首都高速3号渋谷線
六本木ヒルズ
毛利庭園 P.50
グランドハイアット
六本木ヒルズ展望台 東京シティビュー P.105
森美術館 P.119
妙善寺
西麻布
テレビ朝日 P.137
乃木将軍生誕の地の碑は、六本木ヒルズの開発によってさくら坂公園に移設された
けやき坂通り
麻布十番駅
さくら坂
さくら坂公園
国際文化会館
ラオス大使館
Street
けやき坂通り
けやきざかどおり
新しい界隈で最も風情ある石畳の坂道

ミッドタウン・ガーデン

檜町公園

けやき坂通りのイルミネーション

六本木

洗練されたオシャレな気配は健在

恵比寿・代官山

えびす・だいかんやま

ハイセンスなスポットが点在する
大人のエリア。ショップやカフェ巡りで
一日いても飽きない街だ。

街歩きのポイント

- 恵比寿ではガーデンプレイスを中心に、ショッピングやグルメ、美術館巡りを楽しみたい
- 代官山には落ち着いた雰囲気のカフェやショップが多い。お気に入りの一軒を見つけよう

⇧冬の恵比寿ガーデンプレイスではフォトジェニックなイルミネーションが話題

ガーデンプレイスから代官山へ閑静な街並みを歩いて散策

恵比寿周辺はかつて、庶民的な界隈だった。それを一変させたのが、工場跡地を再開発した恵比寿ガーデンプレイスの登場。それから20年以上が過ぎ、今の恵比寿は東京を代表するオシャレな街に変貌した。そこから近い、ゆるやかな坂が続く街・代官山には洗練されたショップ、カフェやレストランが集まる。銀座や六本木と違い、自然体で楽しめるスポットが多いのが魅力。地元っ子のように、のんびりと散策したい。

アクセス方法

東京駅
JR山手線23分
↓
恵比寿駅

羽田空港
京急空港線16分
品川駅
JR山手線9分
↓
恵比寿駅

東京駅
JR山手線26分
↓
渋谷駅

羽田空港
京急空港線16分
品川駅
JR山手線12分
↓
渋谷駅

渋谷駅
東急東横線3分
↓
代官山駅

美しい建築に魅了される
ヒルサイドテラス

MAP 付録P.26 B-2

昭和44年(1969)から1998年まで30年をかけて建造された複合施設。ブティック、レストラン、ギャラリーなどが入る。

所渋谷区猿楽町29-18　交東急線・代官山駅から徒歩3分　Pあり(有料)

良質なセレクト品が揃う
代官山アドレス・ディセ
だいかんやまアドレス・ディセ

MAP 付録P.26 C-2

ファッション、雑貨など都市型ライフスタイルを楽しむための店舗が集まった代官山らしい洗練されたショッピングゾーン。

所渋谷区代官山町17-6　交東急線・代官山駅からすぐ　Pあり(有料)

書店を中心とする“小さな街”
代官山T-SITE
だいかんやまティーサイト

MAP 付録P.26 B-2

緑豊かな生活提案型商業施設。代官山 蔦屋書店を中心に、レストラン、輸入玩具店、ペットショップなどが点在する。

所渋谷区猿楽町16-15　交東急線・代官山駅から徒歩5分　Pあり(有料)

緑の散歩道が続く憩いの場
LOG ROAD DAIKANYAMA
ログロード ダイカンヤマ

MAP 付録P.26 C-2

東横線の線路跡地に建つ商業施設。ベーカリーカフェや、ブルワリー、コンディショニングスタジオが入る。

所渋谷区 代官山町13-1
交東急線・代官山駅から徒歩4分　Pなし

ヨーロッパのような街並みが広がるスポット
恵比寿ガーデンプレイス
えびすガーデンプレイス

MAP 付録P.27 E-4

サッポロビールの工場跡地を再開発して1994年に開業。8ha以上の広大なオープンスペースには四季折々の植栽が植えられ、のんびりお散歩も楽しめる。約50店舗の飲食店、ホテル、美術館に映画館、オフィスなどが揃う複合商業施設。2024年4月には、YEBIS BREWERY TOKYOが開業予定。

所渋谷区恵比寿4-20　交各線・恵比寿駅から徒歩5分　Pあり(有料)

アミューズメント施設が集結するベイエリア

おだいば
お台場

東京湾からの心地よい潮風、広々とした景観が
楽しめるベイエリアは、流行のショップや
レストランが集まる東京屈指の定番観光スポット。

アクセス方法

東京駅
JR山手線3分
新橋駅
ゆりかもめ14分

羽田空港
東京モノレール19分
浜松町駅
JR山手線2分
新橋駅
ゆりかもめ14分

台場駅

東京湾に囲まれたお台場は観光スポットが凝縮された爽やかなベイエリア

街歩きのポイント

- 観光スポットが多いので、事前にまわる場所の選定を
- 開放的で道幅も広いので散策やジョギングもおすすめ
- ディナー時に夜景を楽しみたい場合は、予約がベター

海と空に包まれた都心から行けるリゾート

嘉永6年(1853)のペリー来航により、黒船に脅威を覚えた江戸幕府が海上砲台「台場」を築造したことからお台場の歴史は始まった。その後再開発され、多数の大型施設を抱えながらも、開放的な空間が広がるベイエリアとして生まれ変わった。流行の最先端として注目される店はもちろん、東京湾や海沿いに広がる公園など、リゾート的魅力を同時に味わえる場所として人気だ。

新たな首都の玄関口
東京国際クルーズターミナル
とうきょうこくさいクルーズターミナル

MAP 付録P.32 A-4

日本全国への抜群のアクセスを誇る東京港に、新たなクルーズターミナルが誕生。世界各国からの豪華客船や、観光客を迎える新拠点として活躍する。

所 江東区青海2丁目地先
交 ゆりかもめ・東京国際クルーズターミナル駅から徒歩8分
P あり

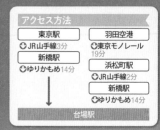

写真提供:東京都港湾局

レインボーブリッジが目の前に

アクアシティお台場

アクアシティおだいば

MAP 付録P.32 A-2

「東京リゾー島(とう)」をテーマにした大型複合ショッピングセンター。7階には神社もある。

所港区台場1-7-1 交ゆりかもめ・お台場海浜公園駅から徒歩1分／りんかい線・東京テレポート駅から徒歩6分 Pあり(有料)

エンタメ系のコンテンツも充実

ダイバーシティ東京 プラザ

ダイバーシティとうきょう プラザ

MAP 付録P.32 B-2

国内外の150店舗以上が出店する複合型商業施設。フェスティバル広場には実物大ユニコーンガンダム立像があり、撮影スポットにもなっている。

所江東区青海1-1-10 交ゆりかもめ・台場駅から徒歩5分／りんかい線・東京テレポート駅から徒歩3分 Pあり(有料)

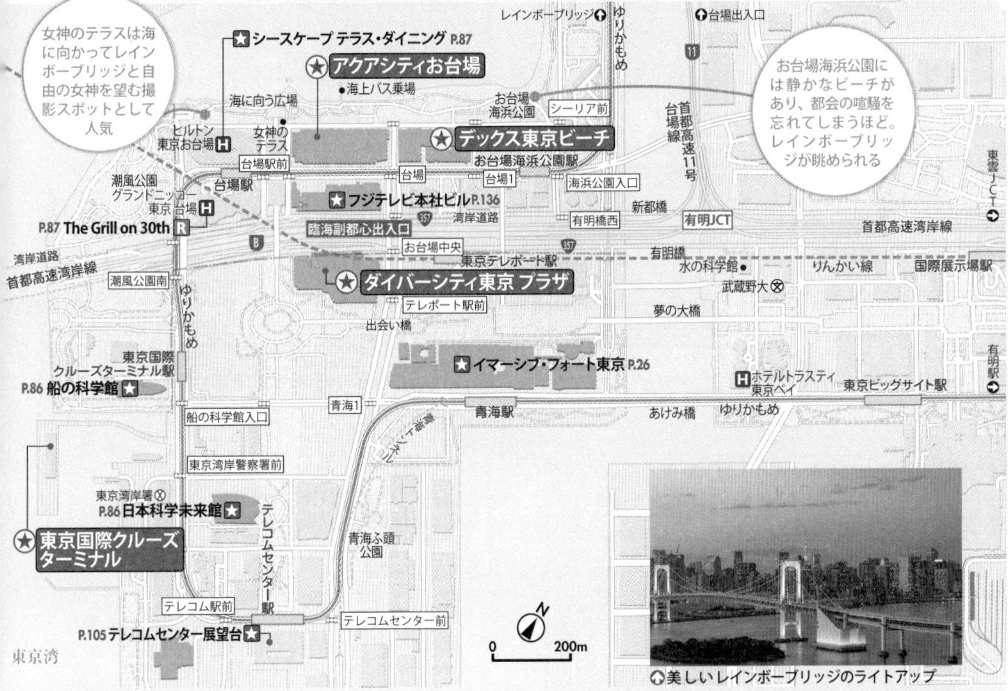

美しいレインボーブリッジのライトアップ

エンタメスポットが集結

デックス東京ビーチ

デックスとうきょうビーチ

MAP 付録P.32 B-1

「マダム・タッソー東京」(→P.86)などのエンタメスポットを数多く抱えるショッピングモール。

所港区台場1-6-1 交ゆりかもめ・お台場海浜公園駅から徒歩2分／りんかい線・東京テレポート駅から徒歩5分 Pあり(有料)

レゴランド・ディスカバリー・センター東京

レゴ®ブロックの世界観を表したアトラクションで遊べる施設。東京の街並みを再現した「ミニランド」は必見だ。

東京トリックアート迷宮館

錯覚を体験したり、写真を撮って遊ぶ“トリックアート”が楽しめる美術館。

東京ジョイポリス

絶叫コースターなど20種類以上のアトラクションを持つ、国内最大級の屋内型テーマパーク。

お台場たこ焼きミュージアム

たこ焼の本場・大阪の名店5店舗が集まり、食べ比べが楽しめる。ショップにはたこ焼関連のグッズが多数並ぶ。

一日では遊び切れない!

お台場のアミューズメントスポット

博物館や科学館、一風変わったミュージアムなどが点在。知的好奇心が満たされるはず。

先端技術を体感する

日本科学未来館

にっぽんかがくみらいかん

MAP 付録P.32 B-3

「地球とつながる」「世界をさぐる」「未来をつくる」の3テーマからなる常設展では、宇宙、地球環境、生命など多彩な分野における先端技術を紹介。トークイベントやワークショップなど、科学コミュニケーターとの対話をとおして、子どもから大人まで科学を身近に体感できる。最新のLEDパネルを使用した地球ディスプレイ「Geo-Cosmos(ジオ・コスモス)」は宇宙から見た地球の姿をリアルに再現しており必見だ。

☎03-3570-9151 所江東区青海2-3-6 開10:00～17:00(入館は～16:30) 休火曜(開館の場合あり) 料630円 交ゆりかもめ・テレコムセンター駅から徒歩4分 Ⓟあり(有料)

↑人間がつくり出した計算機と歩む未来について考える「計算機と自然、計算機の自然」

↑「スーパーカミオカンデ」の1/10サイズ模型。素粒子の一種であるニュートリノをとらえる様子を体感

↑シンボル展示のGeo-Cosmos

世界の有名人に会える!?

マダム・タッソー東京

マダムタッソーとうきょう **デックス東京ビーチ3階**

MAP 付録P.32 B-1

世界的に有名なロンドン発アトラクション。施設内には70体以上の等身大フィギュアを展示。1体につき制作費は2000万円以上というフィギュアは今にも動きだしそうなリアルさ! さわったり、自由に写真撮影ができたりするので、セレブの仲間入りをしたような気分が味わえる。

☎0800-100-5346 所港区台場1-6-1 開10:00～18:00(土・日曜、祝日は～19:00) 休不定休 料2600円 交ゆりかもめ・お台場海浜公園駅から徒歩2分/りんかい線・東京テレポート駅から徒歩5分 Ⓟあり

↑羽生結弦など世界的に活躍している著名人がたくさん!

←菅田将暉と一緒に写真が撮れる。思い思いのポーズで記念撮影をしよう

7つの海を1つに結ぶ

船の科学館

ふねのかがくかん

MAP 付録P.32 A-3

海と船の文化をテーマにした海洋博物館。屋外展示には日本初の南極観測船“宗谷”をはじめ、現存する日本最古の木造灯台の安乗埼(あのりさき)灯台、大型スクリュープロペラなどが並ぶ。南極観測船“宗谷”は船内見学が可能で、現役時代の活躍の様子をうかがい知ることができる。

☎03-5500-1111 所品川区東八潮3-1 開10:00～17:00(宗谷への乗船は～16:45) 休月曜(祝日の場合は翌日休) 料無料 交ゆりかもめ・東京国際クルーズターミナル駅からすぐ/りんかい線・東京テレポート駅から徒歩12分 Ⓟなし

↑屋外展示に設置されている直径6m重量15.3tの巨大プロペラ。5万tクラスの大型船に使われる

←太平洋戦争中は特務艦として測量や輸送任務に従事し、昭和31年(1956)からは日本初の南極観測船として活躍した“宗谷”

彩り豊かなグリル料理を
移りゆく景色とともに楽しむ

The Grill on 30th

ザ グリル オン サーティース

MAP 付録P.32 A-2

旬の食材を使用したグリル料理や、本格的なフルコースと種類豊富なワインを堪能できるレストラン。ホテル最上階から望むパノラマの景色とともに、大切な人との特別な時間を楽しみたい。

☎03-5500-4550

所港区台場2-6-1 グランドニッコー東京 台場30F　営11:30〜14:30(LO) 17:30〜20:30(LO、土曜は〜LO21:00)　休火曜(祝日の場合は営業)　交ゆりかもめ・台場駅直結／りんかい線・東京テレポート駅から徒歩6分　Pあり(有料)

シェフズセレクション 2万円
旬の食材を取り入れた本格フルコースディナー。お肉などのグリル料理を上品かつ彩り豊かに盛り付け

食事のあとは隣接するバーで夜景を眺めながら、お酒を満喫できる

夜景を眺めながらいただく上質な料理は至福の時間

予約 可
予算 ⓁⒹ1万円〜

風と緑、きらめく夜景と味わう極上時間

絶景ごはんでリゾート気分

ロケーションも楽しめる食事処が多いのがお台場の醍醐味。おいしい食事をさらにおいしく。

細やかな演出が光るテーマ・
レストランで気分は海賊王!

KING OF THE PIRATES

キング オブ ザ パイレーツ

MAP 付録P.32 A-2　アクアシティお台場 5階

伝説をつくった海賊王の船をイメージしたコンセプトレストラン。特に人気なのが、窓際席や夏にはBBQも楽しめるテラス席。お台場の美しい風景が広がり、より非日常的な空間での食事が堪能できる。

☎03-3599-1225

所港区台場1-7-1
営11:00〜14:30(LO14:00) 17:00〜22:30(LO22:00、土・日曜、祝日16:00〜)
休不定休(施設に準ずる)　交ゆりかもめ・台場駅から徒歩1分　Pあり(有料)

天井を見上げれば宝の地図が。ほかにも海賊船らしい意匠がたくさん

クアトロフォルマッジPIZZAやアンガス牛ステーキが楽しめる「極上大海賊の宴」など各種パーティープランも豊富

レインボーブリッジ、東京タワーを望む美しいお台場の夜景が目の前に

予約 望ましい
予算 Ⓛ1380円〜
Ⓓ3800円〜

キャプテンサーベルグリル〜ラム酒と炎のオリエンタルソース〜 2178円
サーベルに突き刺した肉と野菜をラム酒で豪快にフランベしている

東京湾のパノラマビューと
数あるメニューを堪能する

シースケープ テラス・ダイニング

MAP 付録P.32 A-2

海と陽光の中に香り立つ、高級感あふれるオールデイダイニング。バラエティ豊かな料理をビュッフェスタイルで提供しており、美しい海景色とともにいただける。ゆっくり過ごせるテラス席は、まさに特等席!

☎03-5500-5500

所港区台場1-9-1 ヒルトン東京お台場2F
営11:30〜15:00 17:30〜21:00(変更の場合あり)　休無休　交ゆりかもめ・台場駅直結／りんかい線・東京テレポート駅から徒歩10分　Pあり

ランチ&ディナービュッフェ 5900円〜
季節ごとに変わる豊富なメニューのなかから好きなだけ楽しめる

天井が高く広々とした店内で過ごしやすい(上)。開放感のあるテラス席が素敵(下)※春〜秋に期間限定オープン

目の前に広がる東京湾とレインボーブリッジ

東京一ファッショナブルな街

青山・表参道・原宿

あおやま・おもてさんどう・はらじゅく

洗練された商業ビルやブランドショップ、個性的な美術館など大人心をくすぐるスポットが多数。特に路地巡りが楽しい。

街歩きのポイント

青山・表参道は洗練されたファッションやアートが集う。歩くだけでもおしゃれ気分が楽しめる

メディアで紹介されるお店も多い原宿。話題のスイーツやファッションアイテムは見逃せない

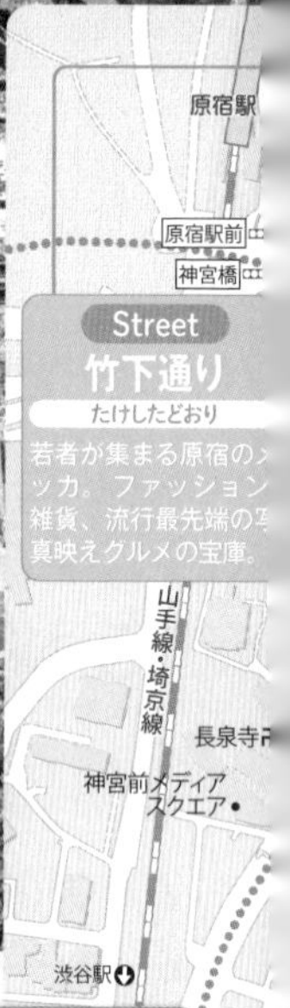

Street

竹下通り

たけしたどおり

若者が集まる原宿のメッカ。ファッション雑貨、流行最先端の写真映えグルメの宝庫。

↑2020年で開通100周年を迎えた表参道は青山通りと明治通りを結ぶ大通り

街路樹が美しい大通りと昔ながらの路地裏

青山通りや表参道の道幅は、東京中心部でも有数の広さ。青山通りが現在の姿に整備されたのは、昭和39年(1964)の東京オリンピックがきっかけだった。一方、表参道は文字どおり、明治神宮の参道であったため、ケヤキ並木のある幅広の通りとなった。これらの大通りにはファッションビルや高級ブランド店、オープンカフェなどが並び華やかな雰囲気。そこから路地を一歩入ると、センスあふれる大人のための店や昔ながらの酒場が混在し、多様な表情を見せる。根津美術館や岡本太郎記念館などのギャラリー巡りも外せない。

流行最先端のショップが集結

ラフォーレ原宿

ラフォーレはらじゅく

MAP 付録P.22 B-2

原宿のランドマークであるファッションビル。若者向けウェアなど約130店が入る。ギフトなどの期間限定ショップも。

所渋谷区神宮前1-11-6 交地下鉄・明治神宮前〈原宿〉駅から徒歩1分 Pあり(有料)

街と調和するトレンドの拠点

表参道ヒルズ

おもてさんどうヒルズ

MAP 付録P.22 C-3

旧同潤会青山アパートの跡地に建てられた。設計は安藤忠雄氏が担当し、本館内部の6層分の吹き抜けが見事。ファッション、ジュエリー、グルメなど約100店舗が集う。

所渋谷区神宮前4-12-10 交地下鉄・表参道駅から徒歩2分 Pあり(有料)

アクセス方法

東京駅	羽田空港
◯JR山手線26分	◯京急空港線16分
	品川駅
	◯JR山手線15分

原宿駅

東京駅	JR山手線
◯地下鉄丸ノ内線8分	12分
赤坂見附駅	渋谷駅
◯地下鉄銀座線5分	◯地下鉄銀座線2分

表参道駅

賑わう交差点に建つ憩いの場

※2024年4月から東急プラザ表参道(オモカド)に改称

東急プラザ表参道原宿

とうきゅうプラザおもてさんどうはらじゅく

MAP 付録P.22 B-2

神宮前交差点に面するショッピングセンター。アパレルや雑貨、コスメが充実し、屋上テラスには憩いの場も。

所渋谷区神宮前4-30-3 交地下鉄・明治神宮前(原宿)駅から徒歩1分 Pあり(有料)

P.124 ワタリウム美術館★

P.161 WORLD BREAKFAST ALLDAY 外苑前店

WITH HARAJUKU

★太田記念美術館 P.120

ラフォーレ原宿

Street
青山キラー通り
あおやまキラーどおり

ブティックや有名レストラン、ギャラリーなど洗練された店が並ぶ

東急プラザ表参道原宿

C パンとエスプレッソと P.167

C Eggs'n Things 原宿店 P.161

R bills 表参道 P.147

GYRE ★

表参道ヒルズ

Street
青山通り
あおやまどおり

道幅約40mの大通り。商業ビルや飲食店が並び交通量も非常に多い

Street
表参道
おもてさんどう

明治神宮の参道として造られた通り。高級ブランドのショップが集積している

Street
榆家通り
にれけどおり

別名「シンデレラストリート」高級ブティックが多い

Street
骨董通り
こっとうどおり

骨董店のほか、近年ブランドショップやオフィスビル、マンションなども増加

PIERRE HERMÉ PARIS
Aoyama P.178

根津美術館 P.120 ★

★岡本太郎記念館 P.121

N 0 100m

高級ブランド店が並ぶ

GYRE

ジャイル

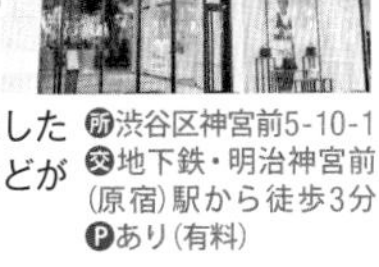

MAP 付録P.22 B-3

"SHOP&THINK"をコンセプトとした厳選ショップやレストランなどが揃う複合的ファッションビル。

所渋谷区神宮前5-10-1 交地下鉄・明治神宮前(原宿)駅から徒歩3分 Pあり(有料)

2020年オープンの施設

WITH HARAJUKU

ウィズ ハラジュク

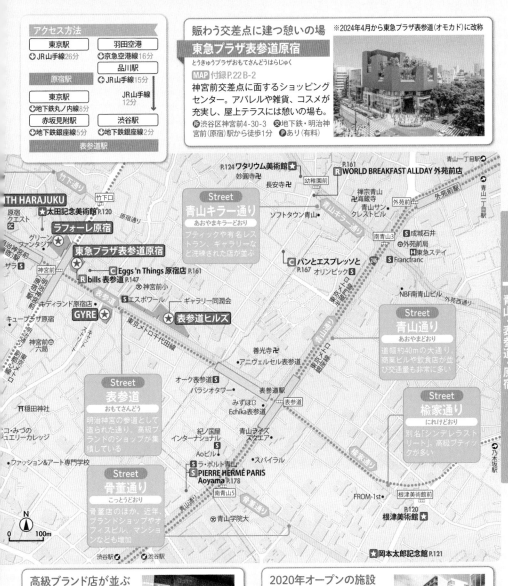

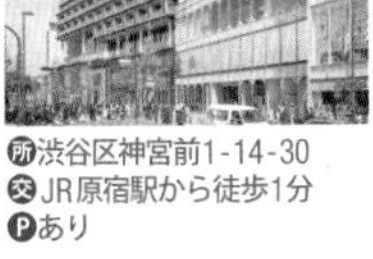

MAP 付録P.22 A-2

JR原宿駅の目の前にオープンした複合施設。"文化と創造力を世界に発信"がコンセプト。

所渋谷区神宮前1-14-30 交JR原宿駅から徒歩1分 Pあり

万華鏡のような多面的シティ

新宿
しんじゅく

デパート街、超高層ビル街、歓楽街など、
新宿の顔は多種多様。濃密なエネルギーに
疲れたら、新宿御苑でのんびり憩おう。

街歩きのポイント

昔ながらの寄席、ナイト
ショー、お笑いステージ
など多彩なエンタメを満
喫できる

格式高い老舗やトレンド
を発信するショップを
巡って、好みの品々を持
ち帰りたい

歩く・観る●新宿

アクセス方法

東京駅	羽田空港
○JR中央線快速 14分	○京急空港線 16分
	品川駅
	○JR山手線19分
新宿駅	

↑新宿駅西口は都内の代表的なオフィス街

Street
中央通り
ちゅうおうどおり

新宿西口広場から高層
ビル群を貫く。ホーム
レスのメッカだったが
現在は一掃された

新宿アイランド
タワー
東京医科大学病院

ヒルトン東京 H

議事堂北
北通り

新宿中央公園北　都庁北
第一生命ビル

新宿住友ビル

西口の高層ビル
群には各々飲食
街があり、上層
階には眺めのい
いレストランが
たくさん！

都庁前駅

虹の橋

新宿中央公園　東京都庁　都民ホール
第一本庁舎　旅券窓口

東京都庁 ★
東京都庁展望室 ★
P.104　●緑の橋

ふれあい通り

●水の橋

東京都庁
第二本庁舎

N
0　100m

角筈橋　南通り　都庁

オフィスと商業施設が点在
街全体がアミューズメントパーク

　江戸時代の元禄年間(1688～1704)、
甲州街道の新しい宿場町となったこと
から「新宿」の名がついた。昭和初期に
は伊勢丹百貨店が開業し、昭和半ばに
新宿コマ劇場が完成する。これらの歴
史は今の新宿の特徴にぴたりと合う。
新宿駅を起点に、西に行けば一流ホテ
ルが立ち並ぶ高層ビル街、東にデパー
トやファッションビル街、北に歌舞伎
町の歓楽街、南にはデパートと文化施
設が並ぶ。新宿の街は常に多面体。巨
大都市・東京の顔そのものだ。

東京都政を司る中心部を訪れる
東京都庁
とうきょうとちょう

MAP 付録P.28A-3

2つのタワーの上
層階にある展望室
で、東京の360度
の大パノラマが無
料で楽しめる。特
に夜景の美しさは
息をのむほど。

⊕新宿区西新宿2-8-1
⊗地下鉄・都庁前駅か
らすぐ　Pあり(有料、
8:00～22:00)

歌舞伎町の新たなシンボル
新宿東宝ビル
しんじゅくとうほうビル

MAP 付録P.29 D-1

新宿コマ劇場の跡地に建つ複合施設。地下1階・地上31階建てで、映画館、ホテル、飲食店などが入り、一日中賑わう。

所新宿区歌舞伎町1-19-1 交各線・新宿駅から3〜5分 Pあり(有料)

老舗デパートで上質な品を
伊勢丹新宿店
いせたんしんじゅくてん

MAP 付録P.29 E-2

明治19年(1886)創業の新宿を代表するデパート。ファッションを中心とする旬のモードが集まる。近くにメンズ館も。

所新宿区新宿3-14-1 交地下鉄・新宿三丁目駅から徒歩1〜3分 Pあり(有料)

一日中楽しめる大型商業施設
新宿髙島屋
しんじゅくたかしまや

MAP 付録P.29 D-4

新宿駅南口側にある「タカシマヤタイムズスクエア」。本館は新宿髙島屋、ハンズ、ユニクロなどの専門店、南館はニトリが入る。

所渋谷区千駄ヶ谷5-24-2 交各線・新宿駅から徒歩1〜5分 Pあり(有料)

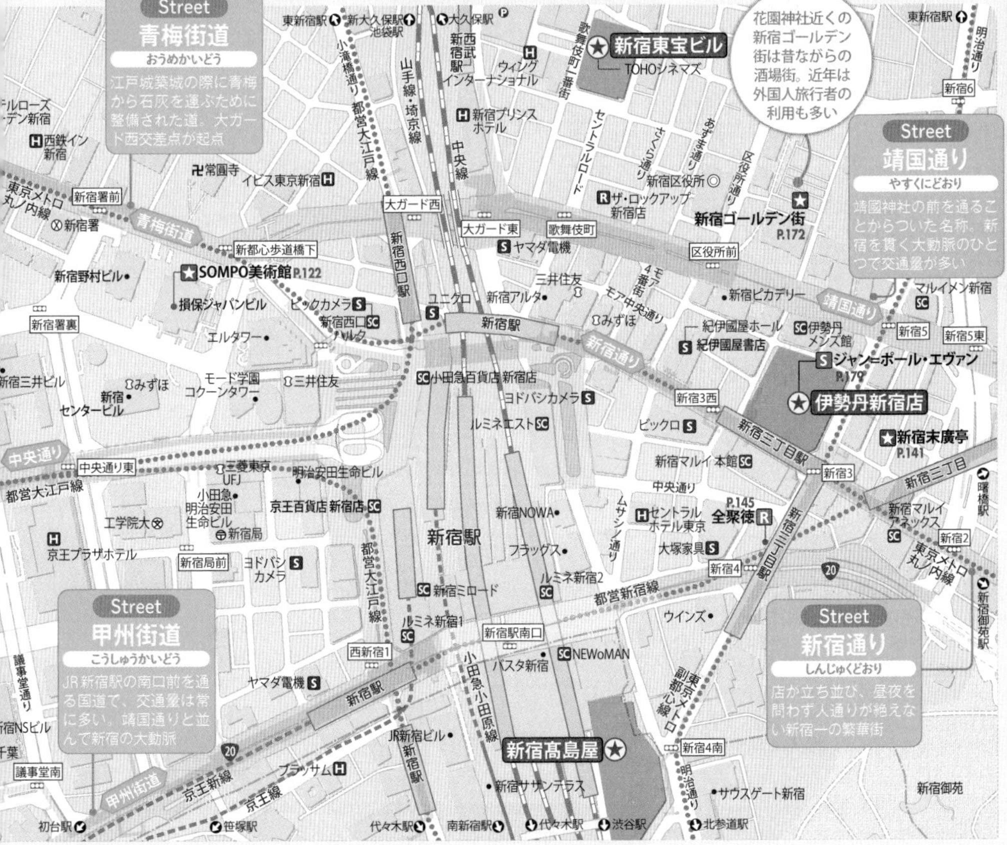

落ち着きと猥雑さとを併せ持つ

池袋 いけぶくろ

賑やかなデパートや華やかな劇場もあれば、24時間営業の居酒屋やエスニック街もある。聖と俗が混じる雑多な街へ。

街歩きのポイント

- グルメやショッピングはもちろん水族館やテーマパークなどアミューズメントも充実している
- ポップカルチャーやデパ地下巡りなど楽しみ方は多様。ディープな世界がのぞけるお店も

アクセス方法

東京駅 JR山手線26分／地下鉄丸ノ内線16分
羽田空港 京急空港線16分 品川駅 JR山手線29分
池袋駅

池袋西口公園のグローバルリングシアターは演劇に対応した野外劇場

人混みと喧騒が渦巻く一大ターミナル

JRに加え、東京西部や埼玉からの私鉄が乗り入れる池袋駅。乗降客の多さに比例して、西口に東武百貨店、東口に西武百貨店やパルコなど大型デパートが並ぶ。西口から要町周辺は、昭和期に画家たちが暮らした芸術家村があったところ。今はその方面に東京芸術劇場が建つ。一方、東口をさらに東に進むと、東京拘置所跡地にサンシャインシティがそびえる。全エリアの路地裏には酒場がひしめき、昼も夜も熱い街だ。

東京を代表する芸術文化施設

東京芸術劇場

とうきょうげいじゅつげきじょう

MAP 付録P.30 A-3

1990年開場、2012年にリニューアル。コンサートホールと3つの劇場を中心に、コンサート、演劇、舞踊など多彩なジャンルの公演を行う。

所 豊島区西池袋1-8-1
交 各線・池袋駅から徒歩2分 P なし

池袋駅の玄関口に上質さを

Esola池袋

エソラいけぶくろ

MAP 付録P.30 B-3

2009年に誕生した商業ビル。ファッションや雑貨、レストランなど高感度な店が揃い、落ち着きのある空間は大人にぴったり。

㊟豊島区西池袋1-12-1
㊋各線・池袋駅からすぐ　Ⓟあり(有料)

賑やかなファッションビル

ルミネ池袋

ルミネいけぶくろ

MAP 付録P.30 B-3

地下1階～地上10階のショッピングセンター。女性へ向けたファッション、コスメティック、生活雑貨、フードなどを提案。

㊟豊島区西池袋1-11-1
㊋各線・池袋駅からすぐ　Ⓟあり(有料)

池袋を代表するランドマーク

サンシャインシティ

MAP 付録P.31 E-3

昭和53年(1978)に完成した地下4階・地上60階の日本初の大型複合施設。ファッションなどの専門店街、水族館、プラネタリウム、テーマパーク、ホテルなどが入る。58・59階に眺めの良いレストラン7店があり、60階には展望台を配置。

㊟豊島区東池袋3-1　㊋各線・池袋駅から徒歩8分　Ⓟあり(有料)

多様な文化・芸術をリード

Hareza池袋

ハレザいけぶくろ

MAP 付録P.31 D-2

約1300席の客席を有する東京建物Brillia HALL、ライブ劇場harevutai、シネマコンプレックスなど8つの劇場からなるカルチャー施設。

㊟豊島区東池袋1-19-1ほか　㊋各線・池袋駅から徒歩4分　Ⓟ施設により異なる

美術館、博物館のある巨大ターミナルタウン

上野 うえの

東京駅と並ぶ巨大ステーション、上野駅を中心に広がる街は、東西で異なる顔を持つ。西は芸術の森、東と南は庶民パワー炸裂の下町だ。

街歩きのポイント

動物やアート、科学などさまざまなジャンルの貴重な展示品にふれられる施設がたくさんある

ありとあらゆる品物が所狭しと並び、活気あふれるアメ横。お店の人とのやりとりも楽しみ

アクセス方法

東京駅
JR上野東京ライン5分／JR京浜東北線8分／JR山手線7分

羽田空港
東京モノレール19分

浜松町駅
JR京浜東北線快速11分／JR山手線14分

上野駅

美術館巡りとアメ横歩き、老舗グルメを満喫

幕末、旧幕府軍の最後の砦となったのが上野の寛永寺。新政府軍の猛攻によって寺は焼け落ち、その跡地に上野恩賜公園が整備された。今は広大な緑地に美術館や博物館、動物園、劇場が立ち並び、東京屈指の芸術と文化の森となっている。上野駅の東側と南側は昭和さながらの下町風情が残るエリア。アメ横商店街を散策して活気にふれたら、そばやとんかつなどの老舗料理店で、本家ならではの味に舌鼓を打ちたい。

日本が誇る最古の都市公園

上野恩賜公園

うえのおんしこうえん

MAP 付録P.8 B-1

上野の高台に広がる広大な公園。春の桜、秋のイチョウなど、四季の自然が美しく、不忍池も風情がある。東京国立博物館、国立西洋美術館、国立科学博物館など日本を代表する文化施設が集結する。

所台東区上野公園・池之端3　交各線・上野駅から徒歩2分　Pあり(有料)

活気と人情にあふれたストリート

アメ横商店街

アメよこしょうてんがい

MAP 付録P.8 C-4

JR上野駅からJR御徒町駅を結ぶ高架下500mとアメ横通りを挟む西側の商店街で、通称アメ横と呼ばれる。400店ほどの店が並び、魚介類や乾物などの食料品や雑貨などを販売。

所台東区上野6-10-7 アメ横プラザ内 交各線・上野駅／JR御徒町駅からすぐ Pなし

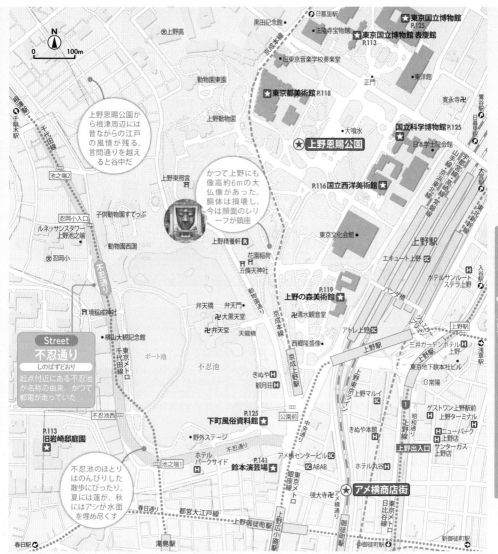

谷中・根津・千駄木

庶民の人情と下町の活気が残る

やなか・ねづ・せんだぎ

東京中心部で最も下町風情が残るのがこのエリア。
昭和の面影が濃い商店街や路地、江戸時代の寺町などを気ままに巡ろう。

江戸から昭和を訪ねる タイムトリップを楽しむ

地元の人たちに「谷根千（やねせん）」と親しまれる下町。江戸時代の寛永（かんえい）年間(1624～44)に寺が多く建てられて寺町ができ、第二次世界大戦の戦渦が少なかったため、戦前の東京の姿が残る。庶民の暮らしが匂う商店街、猫が昼寝する静かな路地、江戸の名残が香る寺の境内など、どこを歩いても最高に楽しい。老舗の甘味処や飲食店も豊富。夕方の風情もしっとりと心地よい。

夕やけだんだん
ゆうやけだんだん

MAP 付録P.6 C-1

谷中銀座商店街の入口にあるゆるやかな階段。オレンジ色の温かな夕焼けが彩る。

↓

谷中銀座商店街
やなかぎんざしょうてんがい

MAP 付録P.6 C-1

「谷根千」の名物商店街。約170mの細い通りに、食品や衣料雑貨など70軒ほどが並ぶ。

↓

全生庵
ぜんしょうあん

MAP 付録P.6 C-2

幕末から明治の政治家・山岡鉄舟が明治維新に殉じた人々を弔うために建立。初代・三遊亭圓朝の墓もある。

←

com so koya
コム ソー コヤ

MAP 付録P.6 B-2

古民家で竹を通して交流を図る文化施設。尺八作りのワークショップなども行っている。

↙

根津神社
ねづじんじゃ

➡P.103

MAP 付録P.6 A-4

5代将軍徳川綱吉の時代、宝永3年(1706)に建立された権現造りの社殿がすべて現存。国の重要文化財に指定されている。

→

SCAI THE BATHHOUSE
スカイ ザ バスハウス

MAP 付録P.7 D-3

築200年の銭湯を改築して誕生した現代美術ギャラリー。日本の最新&気鋭のアーティストや海外の芸術家の作品を展示紹介。

→

谷中霊園
やなかれいえん

MAP 付録P.7 D-2

19世紀後半に整備された公共墓地。約10haもの敷地に7000基ほどの墓がある。渋沢栄一、横山大観など著名人の墓も多い。

寛永寺の墓地とは別に徳川慶喜の墓所もある

ZAKUROらんぷ家
ザクロらんぷや

MAP 付録P.6 B-1

日本初のトルコモザイクランプ専門店。カラフルなランプの販売はもちろん、オリジナルランプ作り体験ができるのでSNSで大人気に。

朝倉彫塑館 ➡P.113
あさくらちょうそかん

MAP 付録P.6 C-1

近代日本を代表する彫刻家・朝倉文夫の住居兼アトリエが美術館に。彫刻作品に加え、昭和初期の住宅建築も興味深い。国指定名勝。

築地塀
ついじべい

赤穂浪士ゆかりの寺、観音寺は瓦を積み重ねた土塀が見事。国の登録有形文化財。

へび道
へびみち

もと藍染川だった道で、くねくねと曲がっている。下町風情のある住宅街の中におしゃれな店が点在。

根津のたいやき
ねづのたいやき

MAP 付録P.6 A-4

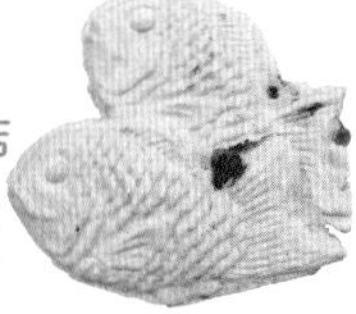

開店と同時に行列になる人気店

人気のたいやきは、極薄でパリッとした食感の皮に、北海道産の特選小豆を使った餡が尾の先までたっぷり。

☎03-3823-6277(混雑時応答不可) 所文京区根津1-23-9-104
営10:00～餡がなくなるまで(12:30～14:00頃) 休土・日曜、祝日
交地下鉄・根津駅から徒歩5分 Pなし

カヤバ珈琲
カヤバこーひー

MAP 付録P.7 D-3

地元で長く愛される喫茶店

大正時代そのままの建物は、ノスタルジックな存在感を放つ。名物はルシアンとたまごサンド。

☎03-4361-3115 所台東区谷中6-1-29 営8:00～18:00(LO17:00)
休月曜(祝日の場合は翌日休) 交JR日暮里駅から徒歩10分 Pなし

HABUTAE1819 羽二重団子日暮里駅前
はぶたえいちはちいちきゅう はぶたえだんごにっぽりえきまえ

MAP 付録P.7 E-1

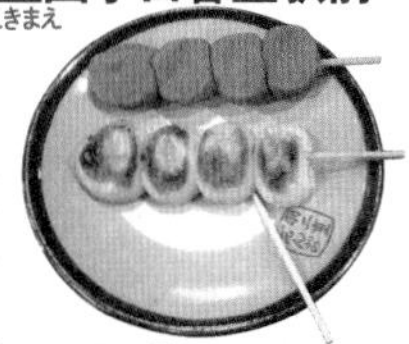

漱石や子規も愛した名店

文政2年(1819)創業。日暮里駅前にあり、多くの文豪が愛したという、昔ながらの味わい深い団子がいただける。本店は2019年にリニューアル。

☎03-5850-3451 所荒川区東日暮里6-60-6 営11:00～18:00(LO17:45) 休月曜 交JR日暮里駅から徒歩1分 Pなし

いせ辰
いせたつ

MAP 付録P.6 B-2

木版手摺りの江戸千代紙

元治元年(1864)から続く、伝統手法「木版摺り」による江戸千代紙の老舗。江戸みやげで愛された千代紙の細工は、年月を重ねるほどに深みを増す。

☎03-3823-1453 所台東区谷中2-18-9 営10:00～18:00 休無休
交地下鉄・千駄木駅から徒歩5分 Pなし

懐かしさと都会の上品さが交差する街

麻布十番
あざぶじゅうばん

麻布十番商店街
あざぶじゅうばんしょうてんがい
MAP 付録P.21 D-4
街いちばんの目抜き通り。グルメとフードが特に充実し、江戸前そばや和食の名店が多い。

六本木や麻布などハイソな街に近いが、麻布十番はいたって庶民派ムード。雑居ビルや小さな商店が並び、流れる時も穏やか。

セレブの街に親しみあり 大都市の下町をのんびり散策

麻布十番界隈には、江戸時代から商人や職人が暮らし、今の下町風情の街が形成されてきた。平成初期までは交通の便が悪く、長らく「陸の孤島」であったのも、庶民の雰囲気が生き続けてきた理由だろう。この街の楽しみ方は街歩きに尽きる。

麻布十番商店街、雑式(ぞうしき)通り、網代(あじろ)通り、パティオ通りをゆったり散策しながら、老舗飲食店や菓子店の味を楽しみたい。

⬆夜になっても人通りが絶えないメインストリートの麻布十番商店街

豆源
まめげん
MAP 付録P.21 D-3

約80種ものお菓子がズラリと並ぶ

慶応元年(1865)創業の豆菓子屋。食感、味わい多彩な豆菓子に加え、おかきや蒸し饅頭など約80種の商品が並ぶ。

☎03-3583-0962 所港区麻布十番1-8-12
営10:00～18:30 休不定休
交地下鉄・麻布十番駅から徒歩2分 Pなし

浪花家総本店
なにわやそうほんてん
MAP 付録P.21 D-3

元祖・たいやき専門店

明治42年(1909)創業。初代が鯛型焼きを考案したといわれる。2階には喫茶室があり、軽食もとれる。

☎03-3583-4975 所港区麻布十番1-8-14
営11:00～19:00 休火曜(祝日の場合は翌日休)、第3水曜 料1000円～
交地下鉄・麻布十番駅から徒歩2分 Pなし

『およげ！たいやきくん』のモデルとしても知られる

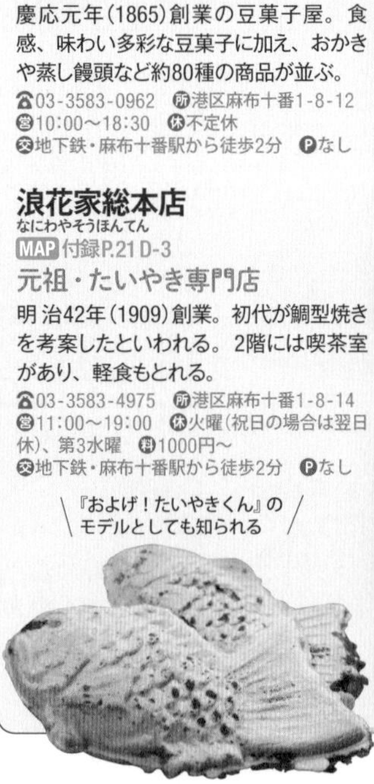

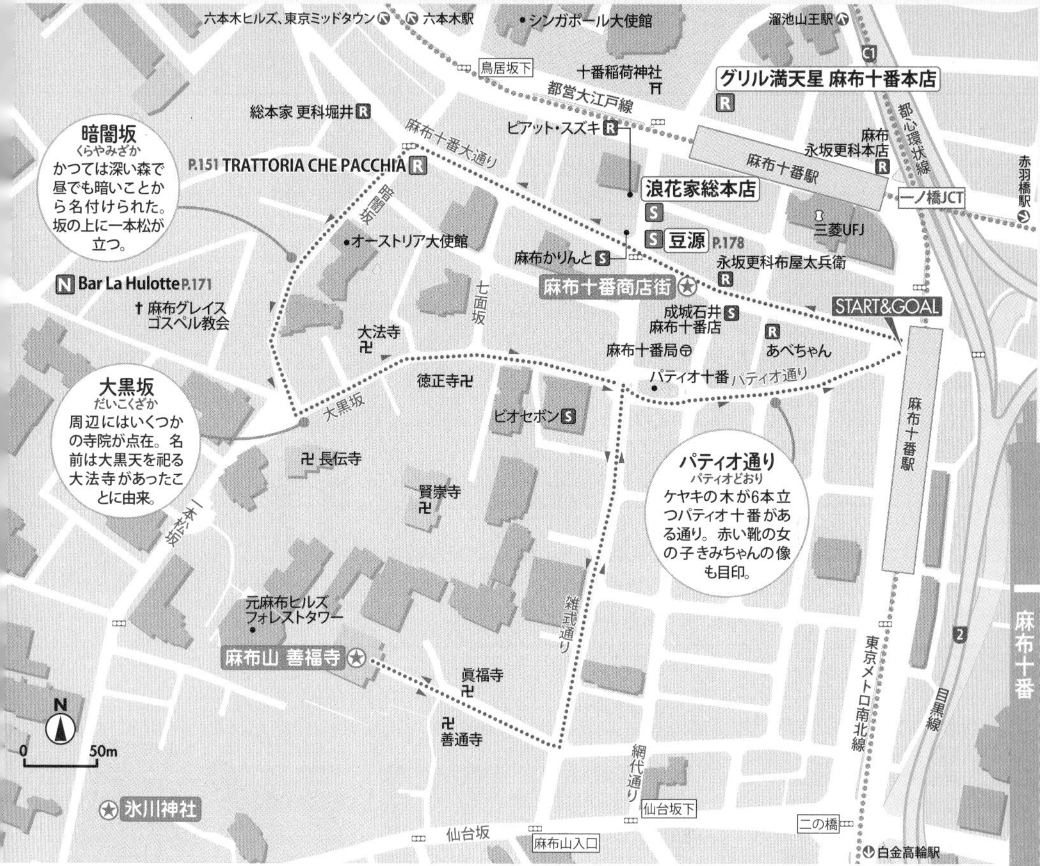

麻布山 善福寺

あざぶさん ぜんぷくじ

MAP 付録P.20 C-4

9世紀に空海が開いたと伝えられる浄土真宗本願寺派の寺。福沢諭吉など著名人の墓がある。

氷川神社

ひかわじんじゃ

MAP 付録P.20 C-4

10世紀創建の神社。麻布一帯の総鎮守であり、「港区七福神めぐり」の毘沙門天を祀る。

グリル満天星 麻布十番本店

グリルまんてんぼし あざぶじゅうばんほんてん

MAP 付録P.21 D-3

親子3代で楽しめる洋食店

看板は仔牛の骨や香味野菜を1週間煮込んだ特製ドゥミグラスのオムレツライス。代々受け継がれる洋食の原点となるソースは、どこか懐かしく味わい深い。

☎03-3582-4324 所港区麻布十番1-3-1 アポリアビルB1 営11:30〜15:30 17:30〜22:00 土・日曜、祝日11:30〜22:00 休月曜(祝日の場合は翌日休) 料Ⓛ1500円〜 Ⓓ3000円〜 交地下鉄・麻布十番駅からすぐ Pなし

花街の粋が残る狭い小路と坂の街

神楽坂

かぐらざか

狭い路地裏の情緒あふれる雰囲気は花街の名残

和の情緒とヨーロッパの薫りが混在する大人の街。表通りを歩いたら、迷路のような路地へ。石畳に灯りが揺れる夜の風情も趣深い。

閑静な大人時間を過ごす街 表通りから石畳の路地を巡る

明治期に文豪や芸術家が暮らし、大正期に花街として栄えた神楽坂には、艶っぽい風情がそこかしこに残る。和食やそばなどの名店に加え、フランスの文化機関があることから、おいしいフレンチや素敵なカフェが多いのも魅力だ。最近はスペイン料理店やバルも増えた。まずは、表通りの早稲田通りにある毘沙門天にお参りし、路地に点在する小粋な店を訪ねたい。

芸者新道

げいしゃしんどう

MAP 付録P.35 F-2

ゆるやかな階段状の坂道。芸者衆が料亭を行き来していた情緒あふれる通り道。

兵庫横丁

ひょうごよこちょう

MAP 付録P.35 F-1

鎌倉時代からある神楽坂で最も古い道。名前は「兵器庫」にちなむ。格式高い料亭が並ぶ。

⬆目抜き通りの神楽坂には老舗から高級レストランまで多くの飲食店が並ぶ

毘沙門天(善国寺)

びしゃもんてん(ぜんこくじ)

MAP 付録P.35 E-2

日蓮宗の寺で街のシンボル的存在。開運・厄除けのご利益で有名。朱色の門が目印。

神楽坂の門番である石虎

神楽坂駅
牛込総鎮守 赤城神社
兵庫横丁 ★
早稲田通り
神楽坂上
大久保通り

うを徳 R

かくれんぼ横丁

かくれんぼ横丁
かくれんぼよこちょう
黒塀と石畳の細く複
雑な道が続き、老舗
料亭や個性的な料理
店が軒を連ねる。

Le Bretagne

神楽坂局 ☎ R R 山さき

軽子坂

START

毘沙門天（善国寺）★

神楽坂仲通り

坂の花 神楽坂 R

芸者新道

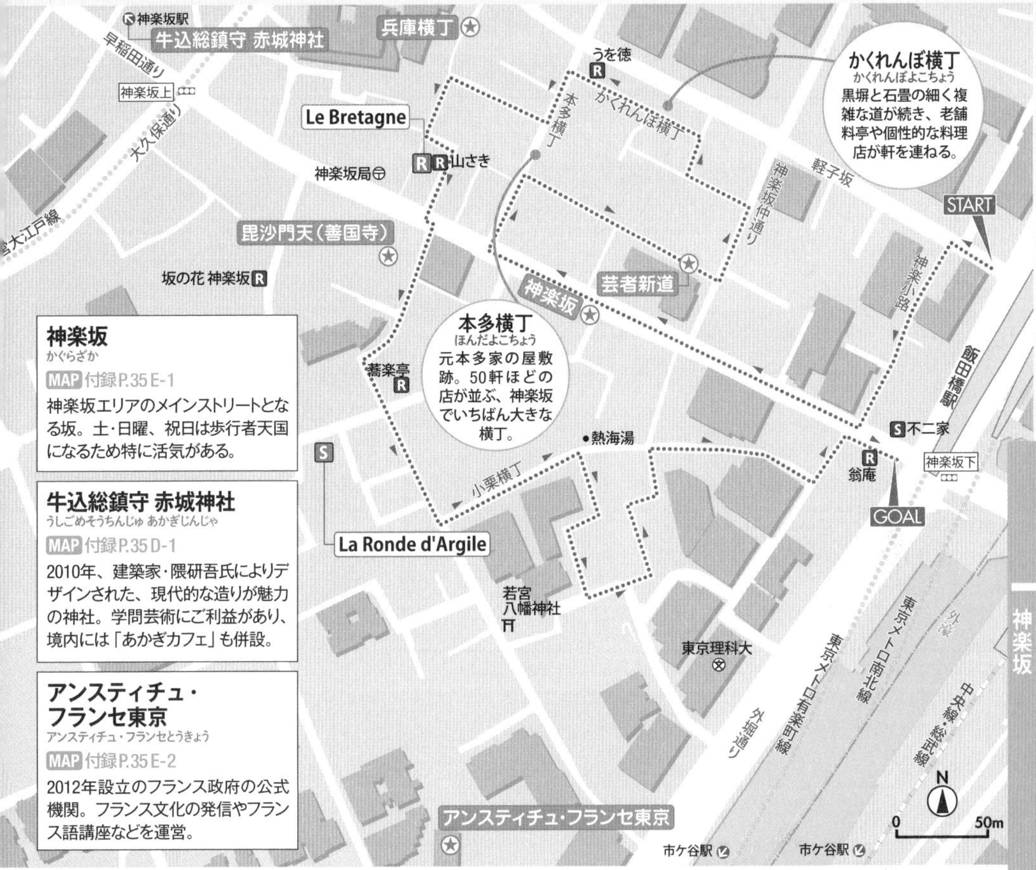

神楽坂
かぐらざか
MAP 付録P.35 E-1
神楽坂エリアのメインストリートとな
る坂。土・日曜、祝日は歩行者天国に
なるため特に活気がある。

牛込総鎮守 赤城神社
うしごめそうちんじゅ あかぎじんじゃ
MAP 付録P.35 D-1
2010年、建築家・隈研吾氏によりデ
ザインされた、現代的な造りが魅力
の神社。学問芸術にご利益があり、
境内には「あかぎカフェ」も併設。

**アンスティチュ・
フランセ東京**
アンスティチュ・フランセとうきょう
MAP 付録P.35 E-2
2012年設立のフランス政府の公式
機関。フランス文化の発信やフラン
ス語講座などを運営。

蕎楽亭 R

本多横丁
ほんだよこちょう
元本多家の屋敷
跡。50軒ほどの
店が並ぶ、神楽坂
でいちばん大きな
横丁。

神楽坂 S

S 不二家

●熱海湯

R 翁庵

神楽坂下

GOAL

飯田橋駅

La Ronde d'Argile

小栗横丁

若宮
八幡神社 卍

東京理科大 ✕

東京メトロ南北線
東京メトロ有楽町線
外堀通り

中央線／総武線

N

0　　　　50m

アンスティチュ・フランセ東京
★

市ケ谷駅 Ⓜ　市ケ谷駅 Ⓙ

神楽坂

La Ronde d'Argile
ラ ロンダジル
MAP 付録P.35 E-2
日々の暮らしを華やかに彩る
作家の器を中心に、暮らしに寄り添う手
工芸品を扱う。美しいだけでなく、普段
使いにも重宝しそうな逸品は、どれもオ
ーナー平盛さんのセレクト。

☎03-3260-6801 所新宿区若宮町11 麻耶ビ
ル1F 営常設期間12:00〜17:00 展示会期間
12:00〜19:00（日曜、最終日は〜18:00）
休日・月曜 交地下鉄・飯田橋駅から徒歩7分
Pなし

Le Bretagne
ル ブルターニュ
MAP 付録P.35 E-1
本場フランスの味に出会う
日本初のガレット専門店として1996年に
オープン。定番コンプレットでそば粉の風
味を堪能しよう。神楽坂のフランス人か
らもお墨付きの味だ。

☎03-3235-3001 所新宿区神楽坂4-2
営11:30〜22:00 休無休 料Ⓛ1850円〜 Ⓓ
4250円〜 交地下鉄・飯田橋駅から徒歩6分
Pなし

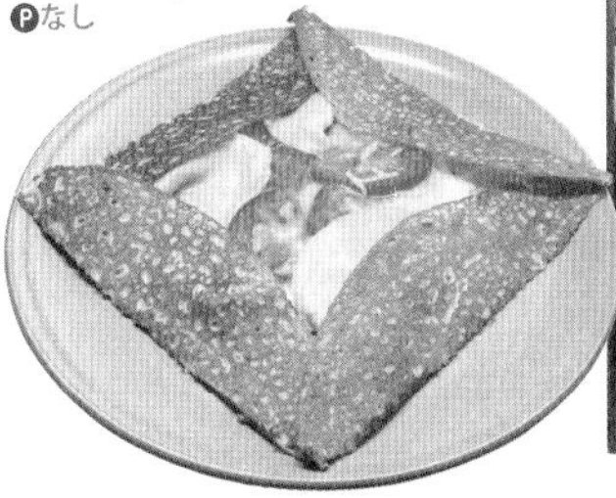

清謐な空気に包まれた東京の聖地

TOKYOパワースポット

凛とした空気に触れるだけで
力が湧いてくるような気がする。
幸せのご利益がありますように。

初詣には300万人以上の参拝者が訪れる。2020年には、鎮座100年の節目を迎えた

明治天皇と昭憲皇太后を祀り
初詣日本一の参拝者数を誇る

明治神宮
めいじじんぐう

代々木 MAP 付録P.4A-1

大正9年(1920)に創建。内苑と外苑に分かれ、国民からの献木約10万本によって造成された70万㎡の広大な森は国民の祈りの場で、本殿のほか、神楽殿、明治神宮ミュージアム、武道場至誠館などが建つ。

☎03-3379-5511 所渋谷区代々木神園町1-1 開日の出から日没まで(月により異なる) 休無休 料御苑維持協力金500円
交JR原宿駅/地下鉄・明治神宮前(原宿)駅から徒歩1分 Pあり

御社殿(本殿)は戦時中に空襲で焼失したが、昭和33年(1958)に再建された

シンボルともいえる大鳥居。木造の明神鳥居としては日本一の大きさを誇る。高さ12m、幅17.1m

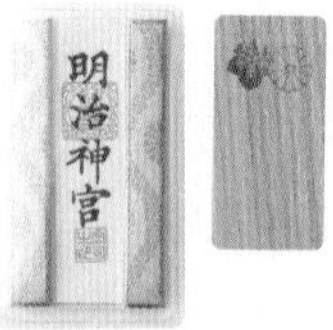

心願成就のみのり守。御神木で作られた木札に願いを書いて身につける

勝守。勝負事はもとより己に克つことを祈念したお守り

明治神宮ミュージアム
めいじじんぐうミュージアム

明治神宮の新たなシンボル。宝物展示室では明治天皇や昭憲皇太后の御宝物を展示している。特別展や企画展も定期的に開催。

江戸の総鎮守
商売繁昌・厄除けの神様

神田明神（神田神社）

かんだみょうじん（かんだじんじゃ）

御茶ノ水 MAP 付録P.9 D-1

天平2年（730）に出雲氏族の真神田臣（まかんだおみ）により創建。江戸城の表鬼門を守る神社として大手町より現在の場所神田に遷座。大己貴命（おおなむちのみこと）、少彦名命（すくなひこなのみこと）、平将門命（たいらのまさかどのみこと）の3柱を祀る。江戸三大祭りで日本三大祭りにも数えられる「神田祭」が有名。

☎03-3254-0753 所千代田区外神田2-16-2 開参拝自由（お守りの授与9:00～16:30、ご祈祷9:00～16:00） 休無休 料無料 交各線・御茶ノ水駅から徒歩5分 Pあり

↑権現造の御神殿は国の登録有形文化財。現在も神田、日本橋、秋葉原、青果市場、魚市場など108町会の総氏神

←高さ6.6m、重さ約30tで石造りとしては日本一のだいこく像として建立された（左）。海の彼方にある常世から来訪されたというえびす様は二ノ宮の祭神少彦名命のこと（右）

→2018年12月オープンの文化交流館。1階には新札授与所、休憩所やみやげ物屋が入り、2階にはホールも備わる

「東京のお伊勢さま」と親しまれ
良縁を願う人々で賑わう神社

東京大神宮

とうきょうだいじんぐう

飯田橋 MAP 付録P.3 D-3

伊勢神宮のご祭神である天照皇大神（あまてらすすめおおかみ）と豊受大神（とようけのおおかみ）を祀り、東京における伊勢神宮の遥拝殿として明治13年（1880）に創建。日本で初めて神前結婚式を行った神社で、縁結びのご利益があるといわれている。

☎03-3262-3566 所千代田区富士見2-4-1
開6:00～21:00（お守りの授与8:00～19:00）
休無休 料無料
交各線・飯田橋駅から徒歩5分 Pなし

↑昭和3年（1928）に日比谷から現在地に移り、格式高い東京五社のひとつに数えられている

湯島天神の名で親しまれている
学問の神様、菅原道真公を祀る

湯島天満宮

ゆしまてんまんぐう

湯島 MAP 付録P.8 A-4

雄略天皇2年（458）、勅命により天之手力雄命（あめのたぢからおのみこと）を祀って創建され、南北朝時代の正平10年（1355）に菅原道真公（すがわらのみちざね）を勧請して合祀。徳川家康をはじめ、多くの学者や文人からも崇敬されてきた。梅園も有名で観梅者も多い。

☎03-3836-0753 所文京区湯島3-30-1
開6:00～20:00（お守りの授与9:00～19:30）
休無休 料無料
交地下鉄・湯島駅から徒歩2分 Pあり（有料）

↑亀戸天神社、谷保天満宮とともに関東三天神とされ、梅まつりには大勢の参詣客が訪れる

東京十社の一社に数えられ
ツツジの名所としても有名

根津神社

ねづじんじゃ

根津 MAP 付録P.6 A-4

日本武尊（やまとたける）が1900年余り前に千駄木に創祀し、文明年間（1469～87）に太田道灌（おおたどうかん）が社殿を奉建したと伝わる。現在の社殿は宝永3年（1706）の創建で、5代将軍綱吉により遷座された。主祭神は須佐之男命（すさのおのみこと）、大山咋命（おおやまくいのみこと）、誉田別命（ほんだわけのみこと）。

☎03-3822-0753 所文京区根津1-28-9
開6:00～17:00 休無休 料無料 交地下鉄・根津駅／千駄木駅から徒歩5分 Pなし

↑本殿、幣殿、拝殿、唐門、西門、透塀、楼門は国の重要文化財

TOKYOパワースポット

東京タワー メインデッキ
とうきょうタワーメインデッキ

芝公園 MAP 付録P.21 F-3

東京を一望できる 高さ150mのメインデッキ

メインデッキではカフェや、床がガラスでできた「スカイウォークウィンドウ」を楽しめる。時間予約制の「トップデッキツアー」では高さ250mの展望台を中心に多彩な体験ができる。

☎03-3433-5111 所港区芝公園4-2-8 開9:00～22:30(入場は～22:00) 休無休 料メインデッキ1200円、トップデッキツアー3000円 交地下鉄・赤羽橋駅から徒歩5分 Pあり(有料)

メインデッキからは360度、東京の街を見渡すことができる

ゴージャスな光の洪水が眼下に見える

東京の街を見渡す展望スポット

東京都庁展望室
とうきょうとちょうてんぼうしつ

新宿 MAP 付録P.28 A-3

360度の眺望が楽しめる 無料スポットとして人気

高さ243m、48階建ての都庁の第1本庁舎の45階、地上202mにある北展望室と南展望室は、東京スカイツリー、富士山などが望め、大パノラマ＆夜景が楽しめる。

☎03-5320-7890(平日10:00～17:00) 所新宿区西新宿2-8-1 第一本庁舎45F 開9:30～22:00(最終入室21:30、変更の場合あり) 休北展望室2024年2月現在休室中、南展望室第1・3火曜(祝日の場合は翌日休)、都庁舎点検日 料無料 交地下鉄・都庁前駅からすぐ Pあり(有料、8:00～22:00)

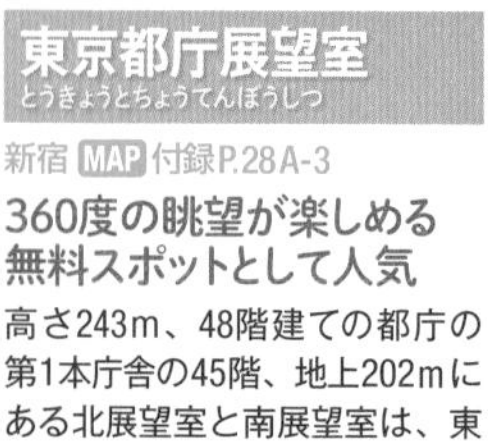

空気の澄んだ冬は富士山が見えることも

写真:東京都

南西方面は、間近に見える新宿パークタワーや東京オペラシティなどのダイナミックな夜景が楽しめる

六本木ヒルズ展望台 東京シティビュー

ろっぽんぎヒルズてんぼうだい とうきょうシティビュー

六本木 MAP 付録P.20 B-2

⇧展望台からは、東京タワー・お台場方面から、羽田、横浜、富士山、新宿・渋谷方面まで一望できる

東京の中心部に位置する展望台からの風景は圧巻

六本木ヒルズ森タワー52階にある東京シティビューは、海抜250mから東京をパノラマで眺めることができる人気スポット。天高11m全面ガラス張りの開放感あふれる空間だ。スカイギャラリーでは、随時展覧会が開催されている。

☎03-6406-6652 所港区六本木6-10-1 六本木ヒルズ 森タワー 52F
開10:00〜22:00(最終入館21:30)
休不定休 料公式HPで要確認(変動料金制) 交地下鉄・六本木駅直結
Pあり(有料)

⇩東京タワーを望む

高層ビルが林立している東京には、眺め自慢のスポットが目白押し。なかでも特に美しい夜景が見える穴場をご紹介。

テレコムセンター展望台

テレコムセンター てんぼうだい

お台場 MAP 付録P.32 C-4

⇧北側からはレインボーブリッジとフジテレビ、東京タワー、そして晴れた日には富士山や秩父山地、高尾山を望む

日本夜景遺産に認定 ベイエリアの展望スポット

テレコムセンタービル21階、地上99mにある展望台で、レインボーブリッジや東京タワー、お台場をはじめ臨海副都心の街並みが一望でき、特に夜景スポットでは穴場としておすすめ。

☎03-5500-0086 所江東区青海2-5-10 開15:00(土・日曜、祝日11:00)〜20:00(入場は〜19:30)
休2月第2日曜 料500円
交ゆりかもめ・テレコムセンター駅からすぐ Pあり(有料)

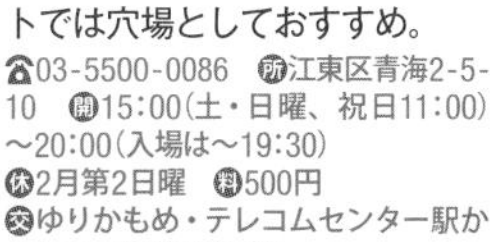

⇧凱旋門のような外観の情報文化発信・通信情報網の拠点ビル

歴史

世界でも類を見ない大都市「江戸」の文化を知る

徳川家が築いた江戸の街

巨大な天守がそびえ、渦巻き状に広がる堀に沿うように譜代大名、外様大名、旗本・御家人の屋敷が絶妙に配置され、下町には町人が住む。武家とその御用を務める商人・職人の街、江戸が誕生する。

江戸の始まり

徳川家康が取り組んだ大事業
築城と城下町の造成

家康・秀忠・家光の徳川幕府3代にわたる江戸城普請。天守閣は3度も建て替えられた

長禄元年(1457)、江戸氏の館跡に太田道灌が最初の江戸城を築く。家康が関東に入封したのは天正18年(1590)だが、当時の江戸城は土豪の館程度のものだったため、幕府は慶長9年(1604)に江戸城の天下普請計画を発表、本格的な築城工事と城下町の造成を始める。慶長12年(1607)には最初の天守が完成、整備事業は2代秀忠を経て、3代家光による江戸城外郭修築の大工事まで続く。

◐江戸図屏風に描かれた江戸城天守閣は、元和天守か寛永天守か説が分かれている〈『江戸図屏風』国立歴史民俗博物館蔵〉

江戸城天守閣

江戸城天守閣は徳川家康(慶長期)、秀忠(元和期)、家光(寛永期)によって3度、将軍の権力の象徴として建築されたが、その後明暦の大火によって焼失。加賀藩主前田綱紀が手伝普請によって新たな天守台を築いたものの、財政的な事情から以後天守閣が再建されることはなかった。現在、寛永天守閣の再現を目指して認定NPO法人による江戸城再建プロジェクトが進行中。

江戸の街造り

家康の斬新な江戸都市計画
新しい街、江戸の誕生

史上最大の巨大城郭を渦巻き状に囲む江戸の城下町は武家地と町人地とが明確に区分された

日比谷入江の埋め立てや道三堀の開削、地形の測量の実施など、家康は大規模な土木工事によって江戸に新しい城郭と城下町を造成していく。渦巻形の堀と放射状に延びる街道筋を利用して、天守のある中心地には親藩や御三家を居住させ、城の周りに譜代・外様大名の屋敷、旗本・御家人の屋敷、寺社地、町人地を巧妙に配置した。

明暦の大火 江戸の大半をなめ尽くす

明暦3年(1657)1月18日、午後2時頃に本郷の本妙寺から出火。北風にあおられて駿河台あたりにまで延焼。夕刻には日本橋方面で出火。翌日10時頃、今度は小石川で火の手が上がり、江戸城天守や本丸なども焼き尽くす。この2日間にわたる、俗にいう「振袖火事」の犠牲者は10万人を超え、市街の6割が焼失した。犠牲者供養のために本所に回向院が建てられた。

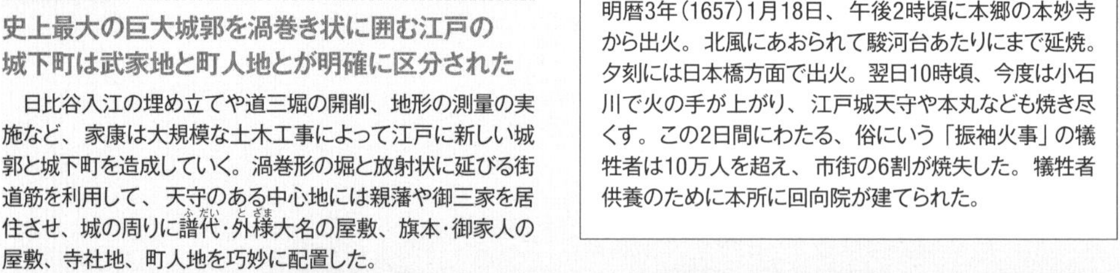

◐1万4700人もの犠牲者を出した明和9年(1772)の目黒行人坂の火事(明和の大火)は江戸三大大火のひとつ〈『目黒行人阪火事絵巻』国立国会図書館蔵〉

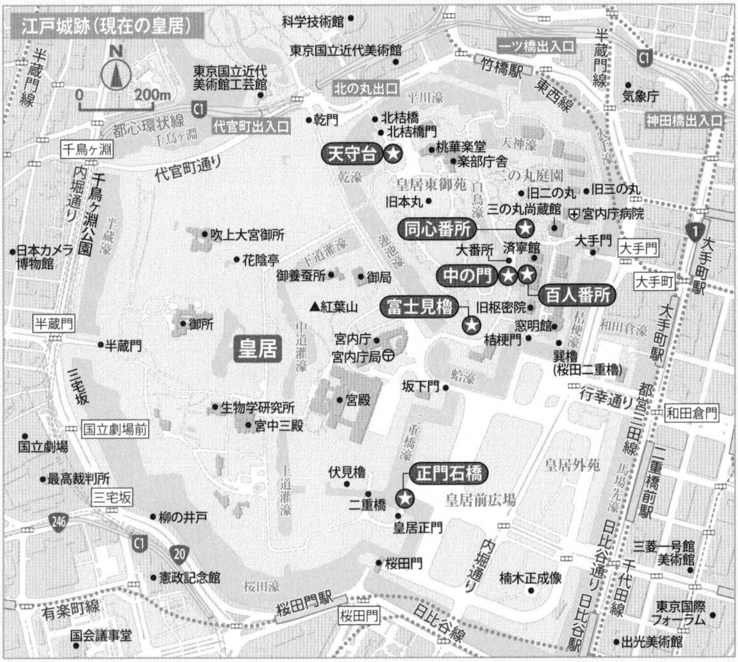

天守台 てんしゅだい

3代将軍家光の時代に大修復を終えた天守閣は、高さ58mもある大きなもので、江戸幕府の権威を象徴する建物だった。その後、明暦の大火により全焼

富士見櫓 ふじみやぐら

倉庫や防御のために造られた建物だが、明暦の大火で焼失した天守閣の代用としても使われた三重櫓。将軍はここから両国の花火や品川の海を眺めたといわれる

中の門 なかのもん

中の門の石垣は江戸城のなかでも最大級となる約36tの巨石で築かれている

同心番所 どうしんばんしょ

警護の詰所で、江戸時代後期のものと思われる建物が復元されている

百人番所 ひゃくにんばんしょ

本丸に入るときの、江戸城最大の検問所で、百人組と呼ばれる精鋭集団が警護していた

正門石橋 せいもんいしばし

明治宮殿竣工の翌年、明治22年(1889)に完成した石造りのアーチ橋。照明灯や高欄などに西洋建築のデザインが施されている

江戸の大名

参勤交代がもたらしたもの

諸大名の江戸勤務

参勤交代は莫大な財政的負担だが、江戸詰めの藩士たちは江戸生活をそれなりにエンジョイ

寛永12年(1635)、3代家光が武家諸法度の3度目の大改定を公布、大名の参勤交代が改めて制度化された。これにより、関八州の譜代大名は半年、その他の大名は1年交替での在府が義務となったが、大名にとっては財政的に大きな負担となった。行列は大藩の場合5000人規模にもなり、加えて江戸での出費も莫大だった。しかし、江戸勤番家臣の勤務はヒマだったらしく、名所見物や食べ歩き、釣りなどを楽しんでいたようだ。彼らの消費が江戸繁栄の原動力の一部を担っているともいえるだろう。

地方武士の江戸見物 単身赴任の楽しみ

江戸詰めの藩士は、いわばお上りさんで、江戸の街は憧れの観光都市でもあった。川柳に「銭のない非番は窓へ顔を出し」とあるように、勤番は総じて忙しくはなく、しばしば名所に出かけ、出張ともなれば接待の場で酒と珍しい料理で騒いだりもしている。花見に足を運び、芝居は武士席から楽しみ、浅草寺などの寺社では見世物小屋や屋台でも遊んだ。

幸運にも生き延びた、世界史上でも稀な江戸庭園文化の粋に出会う

大名庭園

全国の大名が江戸藩邸を舞台に繰り広げた美の競演が残した、大都会にありながら喧騒とは無縁の静謐の世界。個々の庭が持つ独自の表情を読み取り、数奇な経歴に思いを馳せる。

江戸時代という平和な時代にあって、各大名は広大な屋敷に競うように庭園を設けたが、規模や趣向はさまざまだった。しかし大名庭園と呼ばれるそうした庭の大半は明治政府によって接収され、取りつぶされてしまう。ただ、財閥や皇室らが管理・運営したいくつかの庭園だけが今に残された。日本庭園のすべての作庭技術をつぎこんだ「作品」は、細部ももらさずに鑑賞したい。

↑起伏に富んだ日本庭園には滝からの水が流れ込む池があり、石灯籠や中島も配されている

↑「中島の御茶屋」へは「お伝い橋」を渡る

浜離宮恩賜庭園

はまりきゅうおんしていえん

汐留 MAP 付録P.18 C-4

この地に最初に屋敷を設けたのは甲府藩主・松平綱重。承応3年(1654)のことだがその後、将軍家の別邸とされ浜御殿と呼ばれた。11代将軍家斉のときにほぼ、現在のような姿になったといわれている。明治3年(1870)には皇室の離宮となるが、昭和20年(1945)に東京都に下賜された。海水を取り入れた「潮入の池」や2つの鴨場が特徴。特別名勝、特別史跡に指定されている。

☎03-3541-0200 所中央区浜離宮庭園1-1
開9:00~17:00(入園は~16:30) 休無休
料300円 交各線・汐留駅から徒歩5~7分
Pなし

有栖川宮記念公園

ありすがわのみやきねんこうえん

広尾 MAP 付録P.4 C-2

江戸時代は盛岡藩の下屋敷があったが、のちに有栖川宮の御用地となり、同宮家が廃絶すると高松宮が継ぎ、昭和9年(1934)、威仁親王の命日にちなんで東京市に賜与され、記念公園になった。麻布台地の起伏に富んだ地形を生かした日本庭園が広がり、野鳥のさえずりや渓流のせせらぎ、四季折々の花木が訪れる人々を楽しませている。敷地内には都立中央図書館も併設。「新聞少年の像」などもある。

☎03-3441-9642 所港区南麻布5-7-29
開休料見学自由
交地下鉄・広尾駅から徒歩3分 Pなし

↑公園のシンボルともいえる「有栖川宮熾仁親王騎馬像」

歩く・観る●歴史

六義園
りくぎえん

駒込 MAP 付録P.3 D-1

国指定の特別名勝。元禄15年(1702)に5代将軍綱吉の側用人・柳澤吉保が自ら設計し7年の歳月をかけ築園した、和歌の趣味を基調とする「回遊式築山泉水」の大名庭園。六義園のシンボル的存在のしだれ桜(高さ約15m、幅20m)の開花期や紅葉期にはライトアップされ、その幻想的で幽玄な世界は圧巻。

☎03-3941-2222 所文京区本駒込6 開9:00～17:00(入園は～16:30) 休無休 料300円 交JR/地下鉄・駒込駅から徒歩7分 Pなし

↑昭和28年(1953)に国の特別名勝に指定

↑→数寄屋造りの「涼亭」は震災と戦禍を生き抜いたが、昭和60年(1985)に全面改築された。飛び石の「磯渡り」から見える景色は歩くほどに変わっていく

清澄庭園
きよすみていえん

清澄白河 MAP 付録P.3 F-4

享保年間(1716～36)に下総国関宿藩主・久世家の下屋敷となった。明治11年(1878)、三菱財閥の創業者・岩崎彌太郎より3代をかけ、隅田川の水を引いて大泉水を造り、さらに全国から名石を集めて配するなどして回遊式林泉様式の名園を完成させていく。関東大震災後に東京市に寄付、公開された。

☎03-3641-5892 所江東区清澄3-3-9 開9:00～17:00(入園は～16:30) 休無休 料150円 交地下鉄・清澄白河駅から徒歩3分 Pなし

小石川後楽園
こいしかわこうらくえん

後楽園 MAP 付録P.3 D-3

都内に現存する大名庭園のなかで最も古く、江戸期の庭園として典型的な回遊式庭園。寛永6年(1629)に水戸徳川家初代藩主の頼房が造成し、2代藩主・光圀(水戸黄門)の代に完成した。「海・山・川・田園」に見立てた起伏に富んだ景観のなかに、和漢の景勝地が巧みに配されている。国の特別史跡・特別名勝に指定されている。

☎03-3811-3015 所文京区後楽1-6-6 開9:00～17:00(最終入園16:30) 休無休 料300円 交西門:JR/地下鉄・飯田橋駅から徒歩3分 東門:JR/地下鉄・水道橋駅から徒歩5分 Pなし

←↑「円月橋」と呼ばれる石橋は、明の儒学者・朱舜水が設計したとされる(渡橋不可)(上)、京都・東福寺の通天橋を模して造られた赤い橋の周辺は、紅葉が美しいことで知られる(左)

旧芝離宮恩賜庭園
きゅうしばりきゅうおんしていえん

浜松町 MAP 付録P.5 D-2

海を埋め立てた土地を、幕府の老中・大久保忠朝が4代将軍家綱から延宝6年(1678)に拝領、屋敷を構え、作庭したもの。幕末期には紀州徳川家の別邸「芝御屋敷」となった。大正13年(1924)、時の皇太子(昭和天皇)成婚を記念して東京市に下賜され、庭園として整備を施して一般公開された。築山や枯滝の石組が目を引く回遊式泉水庭園だが、池はかつて「潮入り」だった。

☎03-3434-4029 所港区海岸1-4-1 開9:00～17:00(入園は～16:30) 休無休 料150円 交各線・浜松町駅から徒歩1分 Pなし

↑春は桜、初夏にはアヤメ類などが咲き誇る

江戸の街

活気あふれる庶民の暮らし

庶民の日常の娯楽

両国橋と東西の橋詰めは江戸いちばんの賑わい 夏の盛りはこぞって納涼におでかけ

明暦の大火(1657年)を教訓にして避難路として架けられた両国橋の橋詰めには、火除地として広小路が設けられ、吉宗の時代には江戸随一の盛り場となった。なかでも西詰の賑わいは半端ではなく、見世物小屋や芝居小屋、水茶屋が並び、往来には大道芸人や物売り、さらにはそばや天ぷらなどの屋台がひしめきあった。特に「両国の川開き」の時期の人出は凄まじく、隅田川には屋形船をはじめ、酒などを売るたくさんの舟が行き交い、橋上には人があふれ、橋梁がたわむほどだったという。

両国橋西詰の両国広小路は江戸三大広小路のひとつとされ、川開きの期間になると格別の賑わいをみせた(東京都江戸東京博物館)

江戸の楽しみ

庶民の憧れは力士と役者

江戸のエンターテインメント

相撲力士は「一年を二十日で暮らすいい男」 最先端のモードを発信する人気の千両役者

江戸時代の相撲は、寺社建立の資金集めを目的とする勧進相撲として寛永元年(1624)に始まったが、一時禁止となったこともある。寛政の相撲黄金時代を築いた谷風、小野川、雷電の人気は凄まじく、江戸っ子たちが憧れる大スターだった。歌舞伎は相撲と並ぶ江戸娯楽の花形で、初代市川団十郎が創出した『暫』や『勧進帳』などの新しい「荒事」は熱狂的に迎えられた。相撲力士や歌舞伎役者はいわば人気の芸能人で、力士を描いた「相撲絵」や歌舞伎の「役者絵」は現在のブロマイドやポスターといえる。

年2回の江戸の相撲興行は、深川八幡や芝神明社、神田明神、浅草寺などで行われていたが、天保4年(1833)からは本所回向院の境内が定場所となった。女性は観戦不可〈『勧進大相撲土俵入之図』歌川国芳(都立中央図書館特別文庫室所蔵)〉

3代豊国が描いた歌舞伎狂言『菅原伝授手習鑑』の「車引き」の場面。女歌舞伎や若衆歌舞伎を禁止した幕府だったが、承応2年(1653)に野郎歌舞伎の興行を許可した。見物客の楽しそうな様子がリアルに伝わる〈『大芝居繁栄之図』歌川豊国(都立中央図書館特別文庫室所蔵)〉

両国国技館

りょうごくこくぎかん

両国 MAP 付録P.3 F-3

現在の施設は2代目。大相撲本場所のほかプロレスや「国技館5000人の第九コンサート」などの会場としても使われる。重さ6.25tの吊り屋根は神明造り。構内には相撲博物館なども併設されている。地階の焼き鳥工場が提供する「国技館やきとり」は観戦のつまみとして人気。

☎03-3623-5111(日本相撲協会)
所墨田区横網1-3-28 開見学自由
交JR両国駅から徒歩2分 Pなし

歌舞伎座 ➡P.138

かぶきざ

銀座 MAP 付録P.17 E-3

現在の歌舞伎座は5代目のもの。

⇧江戸には旧暦7月26日に逆三日月を待つ月見の風習があった。道端にはさまざまな屋台が並び、見番に向かう芸者も見える〈歌川広重『東都名所 高輪廿六夜待遊興之図』（神奈川県立歴史博物館蔵）〉

江戸の軽食

屋台料理だった寿司や天ぷら

江戸のファストフード

かつて江戸の街には飲食店はなかったが、やがて安上がりで便利な外食に目覚めていく

江戸時代初期まで日本には外食という習慣はなく、したがって飲食店はなかったが、明暦の大火（1657年）後、延焼防止のために設けられた広小路などのスペースで手軽な屋台や葭簀（よしず）張りの茶店などができ始め、また、天秤棒を担いで売り歩く「棒手振り（ぼてふり）」という形態もあり、江戸の外食文化が広まっていく。この背景には、火を扱う自炊には火事の危険性があり、燃料費が高価だったこともあるようだ。屋台では、「江戸食べ物四天王」といわれたそば・寿司・天ぷら・ウナギをはじめ、いか焼き、団子、おしるこ、おでん、甘酒、冷や水などさまざまなファストフードが楽しめた。

江戸の外食

ツウが通う高級料亭も登場

外食産業の多様化

喫茶店「水茶屋」から飲食店「一膳飯屋」さらに文人や豪商が遊ぶ「料理茶屋」まで

食事をまかなう「居見世」（飲食店）は、17世紀中頃に浅草寺門前に奈良茶飯や煮しめなどを出す「一膳飯屋」がそのルーツとされる。18世紀後半になると、本格的料理や山海の珍味を出し、器や調度、内装にも贅を凝らした「料理茶屋」と呼ばれる高級料亭が誕生する。明和年間（1764～72）に創業した深川洲崎の「升屋」がその最初だが、その後、江戸第一の料理屋とされた山谷の八百善、黒船の乗組員ももてなしたという根岸の百川など、数々の名店が生まれ、文化人のサロンともなっていく。

魚河岸

「一日千両」が動いた魚市場

江戸の魚市場は、江戸に誘致された摂津国佃村（現在の大阪市西淀川区）の漁民が、幕府に御用魚を上納した残りを日本橋あたりの往来で売りだしたことに始まる。日本橋魚河岸は現在の室町1丁目と本町1丁目の日本橋側北岸周辺に広がっていて、ここに近海からの魚介類を運搬する舟が横付けされ、取引が成立すると店先に並べられた。17世紀初期になると、幕府は魚会所を開設して魚問屋から御用魚を買い上げるシステムを確立していく。本小田原町組や本船町組らの四組魚問屋がこの仕組みの中心となって機能した。

⇧日本橋魚河岸の賑わい。天秤棒をかついで売り歩く「棒手振り」の姿も見える〈歌川国安『日本橋魚市繁栄図』国立国会図書館蔵〉

⇦大田南畝（蜀山人）や谷文晁らが通ったという浅草山谷の高級料理茶屋・八百善は、文政5年（1822）に料理本『江戸流行料理通』も刊行〈歌川広重『江戸高名会亭尽「山谷」』国立国会図書館蔵〉

江戸の職人街

職種の名が町名となって残る
職人が暮らした街

職種ごとに集住する職人町。町名を見れば どんな仕事の街かは、ほぼ見当がつく

家康が江戸を本拠と定めた当時、江戸にプロの職人はいなかった。しかし築城や城下町の造成には職人の技術が不可欠だったので、幕府は三河や駿府、京都、近江などの諸都市から優秀な指導者として職人を江戸に招き入れ、新たに埋め立てられてできた神田や日本橋の土地に居住させた。この職種ごとに整備された職人町の職人は、城の建造や都市拡張に伴う工事に無償で従事するなど、幕府に奉仕(国役)する義務があり、その保障として拝領屋敷地の授与や税金の免除があった。やがて公儀ばかりではなく、武士たちの需要にも応じる職人も登場してくる。しかし、奉仕する代わりに、代役銭と呼ばれる金銭で納めることも多くなり、さらに大火などの災害による職人町からの脱出や、外部からの職人の流入も増えて、職人町というシステムは壊れていくことになる。

菱形の模様は広重の「ヒロ」をデザインしたもの〈歌川広重『名所江戸百景 神田紺屋町』国立国会図書館蔵〉

日本橋 大店が軒を連ねるショッピング街

家康が江戸入りした当時、江戸城の東側一帯は砂州からなる湿地帯だったが、埋め立てや堀割の掘削工事によって、やがて日本橋という土地が生まれた。開府で人口が増え、多種多様なモノへの需要が増大するが、それに応じるように家康の誘致などもあって、近江や京都などから次々と商人や職人が集まり、日本橋は一大商業地となる。江戸の住民はここで最高・最先端の商品に出会うことができた。

雛人形店
十軒店 じっけんだな
季節ごとの人形や玩具を売る店が並んだ

薬種問屋
式亭三馬 しきていさんば
滑稽本で知られる式亭三馬が営んだ店

呉服問屋
越後屋 えちごや
新商法で大繁盛した現在の三越の前身

書物問屋
須原屋 すはらや
『江戸切絵図』などの版元として有名

塗物問屋
伊勢屋 いせや
手堅い商売で知られる伊勢商人の店

外国人専用宿
長崎屋 ながさきや
オランダ人らが定宿として利用した宿

打物問屋
木屋 きや
漆器店から暖簾分けでできた刃物の店

呉服問屋
白木屋 しろきや
小さな小間物店から呉服店、百貨店へ

和紙
榛原 はいばら
雁皮紙や千代紙、うちわなどで評判となる

日本茶
山本山 やまもとやま
元禄時代に京都から江戸に出店した名店

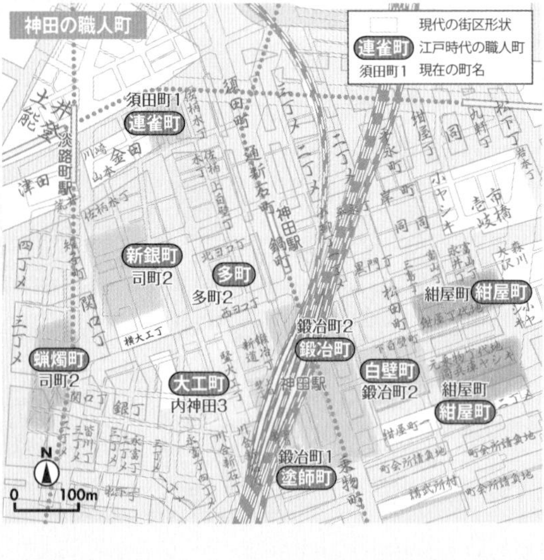

連雀職人
連雀町 れんじゃくちょう
連尺という背負子(しょいこ)を作る職人が多くいたので連尺町といわれ、やがて連雀の字があてられた。

青物商
多町 たちょう
慶長11年(1606)に成立した江戸古町のひとつ。古くは田町とも。青物市で知られ、幕府御用市場にもなった。

銀細工職人
新銀町 しんしろがねちょう
銀細工職人が住んだ町。隣接した雉子町には『江戸名所図会』で知られる斎藤月岑がいた。

ろうそく職人
蝋燭町 ろうそくちょう
ろうそく作り職人が多く住んでいた。その後、武家屋敷のない商人と職人の町として栄えた。

鍛冶職人
鍛冶町 かじちょう
幕府御用の鍛冶方棟梁・高井伊織がこのあたりに屋敷を拝領。多くの鍛冶職人らが集まった。

左官
白壁町 しらかべちょう
土蔵などの白壁を塗る左官職人が多かった。平賀源内も一時期ここに借家住まいだった。

藍染職人
紺屋町 こんやちょう
藍染めの浴衣や手ぬぐいの染物屋が多く並んだ。ここ以外で染めたものは「場違い」と呼ばれた。

漆工芸職人
塗師町 ぬしちょう
塗師とは漆器製造の職人。江戸漆器は家康が京都の優秀な漆工を招いたのが始まりとされる。

大工
大工町 だいくちょう
幕府御用を請け負った大工が多く居住。江戸で唯一の纏を作る纏屋治郎右衛門の店もあった。

歩く・観る●歴史

江戸～東京 歴史年表

西暦	元号	天皇	将軍	事項
1590	天正 18	後陽成	豊臣秀吉（関白）	豊臣秀吉、小田原城を攻め北条氏滅亡。徳川家康江戸入城
1600	慶長 5			関ヶ原の戦い
1603	8		徳川家康	家康、征夷大将軍となり、江戸幕府を開く。江戸日本橋が架橋
1606	11		秀忠	江戸城大増築工事の天下普請
1614	19	後水尾		大坂冬の陣
1615	元和 元			大坂夏の陣、豊臣家滅亡。禁中並公家諸法度・武家諸法度発令
1616	2			**神田明神（神田神社）** ➲P.103が現在の地に遷座される
1625	寛永 2		家光	天海が寛永寺を建立
1635	12	明正		外様大名の参勤交代を制度化
				伊勢詣で大流行
1639	16			第5次鎖国令で鎖国体制確立
1651	慶安 4	後光明	家綱	由井正雪の乱（慶安事件）
1652	承応 元			歌舞伎市村座が興行開始
1657	明暦 3	後西		明暦の大火（振袖火事）、天守閣焼失。吉原遊郭が浅草田圃に移転、新吉原始まる
1659	万治 2			江戸城本丸完成、天守閣廃止。両国橋架橋
1671	寛文 11	霊元		河村瑞賢、東廻航路開拓
1673	13			越後屋三井高利、江戸本町に呉服店開店（のちの三越）。初代市川団十郎、初舞台
1682	天和 2		綱吉	井原西鶴『好色一代男』刊行
1687	貞享 4	東山		生類憐みの令を施行
1702	元禄 15			赤穂浪士吉良義央邸へ討ち入り
1703	16			近松門左衛門『曾根崎心中』
1704	宝永 元			**日本橋さるや** ➲P.175創業
1706	3			**根津神社** ➲P.103の現在の社殿が創建される
1716	享保 元	中御門	吉宗	享保の改革始まる
1717	2			大岡忠相（越前守）江戸町奉行に異例の抜擢。浅草新鳥越に料理店「八百善」開店
1718	3			**江戸屋** ➲P.175創業
1733	18			隅田川で花火始まる
1746	延享 3	桜町	家重	竹田出雲『菅原伝授手習鑑』初演。『義経千本桜』（47年）、『仮名手本忠臣蔵』（48年）
1772	安永 元	後桃園	家治	目黒行人坂火事
1774	安永 3			杉田玄白『解体新書』刊行
1782	天明 2	光格		天明の大飢饉始まる
1783	3			浅間山が空前の大噴火
1785	5			山東京伝の黄表紙『江戸生艶気樺焼』発刊
1787	7		家斉	天明の打ちこわし。松平定信老中就任、寛政の改革始まる
1797	寛政 9			湯島に昌平坂学問所設立
1801	享和 元			**駒形どぜう** ➲P.65が創業
1806	文化 3			**榛原** ➲P.174が創業
＊				向島百花園が開園
1815	12			杉田玄白『蘭学事始』完成
1819	文政 2	仁孝		**羽二重団子** ➲P.97が創業
1825	8			異国船打払令
1831	天保 2			葛飾北斎『富嶽三十六景』この頃から刊行
1832	3			歌川広重『東海道五十三次』
1834	5			**千疋屋総本店 日本橋本店** ➲P.178が創業
1836	7			斎藤月岑『江戸名所図会』刊行
1837	8		家慶	**雷門 三定** ➲P.65が創業
1839	10			蛮社の獄で渡辺崋山、高野長英らを処罰
1853	嘉永 6	孝明	家定	ペリー率いるアメリカ東インド艦隊浦賀来航
				浅草花やしき ➲P.64が開園
1855	安永 2			安政の大地震
1857	4			**鈴本演芸場** ➲P.141が開場
1858	5		家茂	米・蘭・露・英・仏と修好通商条約を締結。福沢諭吉が築地鉄砲洲に学塾を開く（のちの慶應義塾）
1859	6			吉田松陰、安政の大獄で処刑
1866	慶応 2		慶喜	全国で世直し一揆、打ちこわしが発生
1867	3			大政奉還。「ええじゃないか」が流行
1868	明治 元	明治		鳥羽・伏見の戦い。上野戦争で彰義隊が敗走
				木村家 ➲P.63が創業
1869	2			東京遷都決定。戊辰戦争終結
1872	5			**東京国立博物館** ➲P.125開館
1880	13			**東京大神宮** ➲P.103創建
1897	30			**新宿末廣亭** ➲P.141創業

＊は年が特定できない事項

東京に点在する、いつ見ても新しい「名建築」に出会う

明治〜昭和の近代建築

多くの近代建築の傑作が震災や戦禍、建て替えなどによって失われてきたが、それでも東京にはまだ見るべきいくつかの建物が奇跡的に残る。その凛としたたたずまいが郷愁を誘う。

鎖国時の出島や開国後の居留地に洋風建築が見られたが、明治初期の日本の建築はその多くがお雇い外国人の手によるもので、たとえば明治初期に建築された銀座煉瓦街は英国人ウォートルスによる。丸の内にはコンドルらによってオフィス街「一丁倫敦」が建造され、コンドルの弟子、辰野金吾や曾禰達蔵らは多くの近代建築の名作を生み出し、アメリカの建築家フランク・ロイド・ライトは帝国ホテルや明日館などを残した。目にできないものもあるが、幸運にも残った作品はぜひ見ておきたい。

旧岩崎邸庭園

きゅういわさきていていえん

上野 MAP 付録P.8A-3　築造 1896年

三菱財閥の創業者である岩崎彌太郎の長男・久彌の本邸として建てられた。17世紀の英国ジャコビアン様式の装飾が見事。別棟の撞球室はスイスの山小屋風。設計はジョサイア・コンドル。

☎03-3823-8340 所台東区池之端1-3-45 開9:00〜17:00(入園は〜16:30) 休無休 料400円 交地下鉄・湯島駅から徒歩3分 Pなし

迎賓館赤坂離宮

げいひんかんあかさかりきゅう

赤坂 MAP 付録P.12A-2　築造 1909年

明治期に活躍した片山東熊による設計で建てられた、日本で唯一のネオ・バロック様式の宮殿建築物。国宝に指定。

☎03-5728-7788 所港区元赤坂2-1-1 開10:00〜17:00(入場は〜16:00) 休水曜 料特別展、コースにより異なる 交各線・四ツ谷駅から徒歩7分 Pなし

朝倉彫塑館

あさくらちょうそかん

谷中 MAP 付録P.6 C-1　築造 1935年

彫刻家・朝倉文夫が自ら設計したコンクリート造のアトリエと数寄屋造の住居。※入館時靴下着用

☎03-3821-4549 所台東区谷中7-18-10 開9:30〜16:30(入館は〜16:00) 休月・木曜(祝・休日の場合は翌平日休) 料500円 交JR日暮里駅から徒歩5分 Pなし

東京国立博物館 表慶館

とうきょうこくりつはくぶつかん ひょうけいかん

上野 MAP 付録P.8 C-1　築造 1909年

明治42年(1909)、日本初の本格的な美術館として建てられた。中央、左右のドーム屋根は明治末の洋風建築を代表する造り。

☎050-5541-8600(ハローダイヤル) 所台東区上野公園13-9 開特別展、イベント開催時は開館 料特別展、イベントにより異なる 交各線・上野駅から徒歩10〜15分／JR鶯谷駅から徒歩10分 Pなし

写真：日本銀行

日本銀行本店本館

にっぽんぎんこうほんてんほんかん

日本橋 MAP 付録P.13 E-1　築造 1896年

日本人建築家(辰野金吾)が設計した最初の国家的近代建築。国の重要文化財に指定されている。

☎03-3277-2815(見学受付) 所中央区日本橋本石町2-1-1 開見学は事前予約制(ネット予約)1日3回(火曜のみ4回)、各1時間 休土・日曜、祝日 料無料 交地下鉄・三越前駅から徒歩1分 Pなし

法務省赤れんが棟

ほうむしょうあかれんがとう

霞が関 MAP 付録P.5 D-1　築造 1895年

ドイツネオバロック様式の建物で、エンデらのドイツ人建築家が設計した。

☎03-3592-7911(法務史料展示室) 所千代田区霞が関1-1-1 開10:00〜18:00(第3金曜は〜16:00、最終入室は各30分前) 休土・日曜、祝日など 料無料 交地下鉄・霞ケ関駅から徒歩3分 Pなし

自由学園明日館

じゆうがくえんみょうにちかん

池袋 MAP 付録P.30 A-4　築造 1921年

フランク・ロイド・ライトによって草原様式で設計された自由学園の旧校舎。シンメトリックな構造が美しい。

☎03-3971-7535 所豊島区西池袋2-31-3 開10:00〜16:00(入館は30分前まで、第3金曜のみ夜間18:00〜21:00の見学あり) 休月曜(祝日の場合は翌日休)、ほか不定休(要確認) 料500円 交各線・池袋駅から徒歩5分 Pなし

アート・文化

有名無名、大小の美術館や
博物館、展示館の数に驚く。
寄席や劇場やホールも多い。
訪ねる目標を定めておけば
東京時間は何倍も濃密になる。

エンタメの首都。
今日も新しい
花が咲き誇る

国内外の近・現代美術の傑作が待ち受ける

常設展も見応え十分 世界のアートが集結

日本にいながら世界第一級の美術作品に出会えるのは、国際都市・東京ならでは。緑豊かな公園内に広い展示室を持つ美術館が多いのも魅力だ。

国立西洋美術館

こくりつせいようびじゅつかん

上野 MAP 付録P.8 C-2

珠玉の西洋美術作品を企画展と常設展で鑑賞

昭和34年(1959)、フランス美術を中心とする松方コレクションをもとに設立。欧米の美術館からの借用作品による多彩な企画展と、中世から20世紀までの豊富な所蔵作品による常設展が楽しめる。

☎050-5541-8600(ハローダイヤル)
所 台東区上野公園7-7
開 9:30〜17:30(金・土曜は〜20:00)入館は各閉館の30分前まで
休 月曜(祝日の場合は翌平日)
料 500円(企画展は別途)
交 JR上野駅から徒歩1分 P なし

↑上野公園内にあり、ゆったり過ごせるロケーション

↑常設展は松方コレクションの中核をなす彫刻作品や印象派絵画が充実

←本館は名建築家ル・コルビュジエの設計で、建物自体の意匠も興味深い

クロード・モネ
《睡蓮》
1916年
油彩、カンヴァス
国立西洋美術館
松方コレクション
モネの《睡蓮》の連作のうち、1916年制作の200.5×201㎝の大作を常設展示。睡蓮の池の光の描写が圧巻

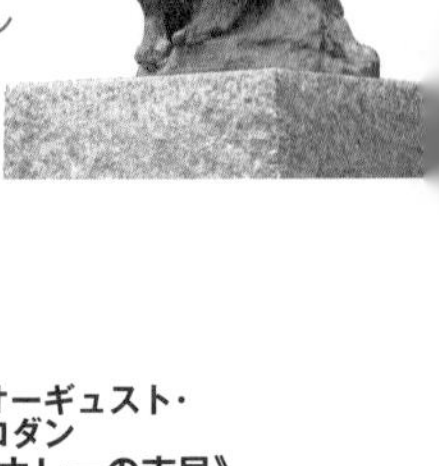

オーギュスト・ロダン
《考える人(拡大作)》
1881〜82年(原型)、1902〜03年(拡大)、1926年(鋳造) ブロンズ
国立西洋美術館 松方コレクション
前庭にオリジナルの拡大作を展示

ピエール=オーギュスト・ルノワール
《アルジェリア風のパリの女たち(ハーレム)》
1872年 油彩、カンヴァス
国立西洋美術館 松方コレクション
ドラクロワの名画にヒントを得て描かれた初期の代表作

オーギュスト・ロダン
《カレーの市民》
1884〜88年(原型)、1953年(鋳造)
ブロンズ
国立西洋美術館
フランスの港町・カレーの英雄となった市民たちのブロンズ像
©上野則宏

 写真提供:国立西洋美術館

東京国立近代美術館
とうきょうこくりつきんだいびじゅつかん

九段下 MAP 付録P.3 D-4

日本の近現代美術の流れを名画で体感できる

国内最大規模、国内外の近現代美術作品、1万3000点超を収蔵する日本で最初の国立美術館。所蔵作品展や企画展のほか、毎日14時から開催される対話によるガイドも好評。皇居など周辺散策も楽しめる。

☎050-5541-8600(ハローダイヤル) 所千代田区北の丸公園3-1 開10:00～17:00(金・土曜は～20:00) 入館は各30分前まで
休月曜(祝日の場合は翌日休)、展示替え期間
料500円(企画展は別途)
交地下鉄・竹橋駅から徒歩3分 Pなし

↑毎日開催される、対話を交えた「所蔵品ガイド」。新しい視点で作品を見ることができる

↑皇居近くに建つ日本初の国立美術館

荻原守衛
『女』
1910年 ブロンズ
作者がひそかに思いを寄せていた同郷の先輩の夫人相馬良(黒光)を想像させる作品。ロダンの影響を受けた上方へ伸びあがるようなポーズが特徴

古賀春江
『海』
1929年 油彩、カンヴァス
シュルレアリスム(超現実主義)絵画として名高い作品。関東大震災後6年を経て、近代化の進むなか、モダンな女性と工場を対比的に描いている

安井曽太郎
『金蓉』
1934年 油彩、カンヴァス
「肖像画の名手」と称された画家の代表作。モデルは元上海総領事の令嬢・小田切峰子。「金蓉」は彼女の愛称

岸田劉生
『道路と土手と塀(切通之写生)』
1915年 油彩、カンヴァス
「ぢかに自然の質量そのものにぶつかってみたい要求が目覚め」誕生した風景画。独自の写実様式を確立した作品で重要文化財

土田麦僊
『湯女(ゆな)』
1918年 絹本彩色、二曲一双屏風
自然の美しさと女性美、風景画と人物画が融合しながら、理知的に統一されている。重要文化財に指定

すべて東京国立近代美術館蔵

魅惑の主題に集う名作を訪ねて

話題の企画展に定評がある 感性を刺激する美術館

東京の美術館は、テーマ性のある企画展でも世界をリードする。成熟した都市の視点が選び、集めた万華鏡のような芸術作品を巡る旅へ。

東京都美術館
とうきょうとびじゅつかん

上野 MAP 付録P.8 B-1

大規模な特別展を実施 世界の名作に出会える

大正15年(1926)、日本初の公立美術館として開館。国内外の名品を楽しめる特別展や、多彩な企画展、公募展を開催するなど、「アートへの入口」としてさまざまな事業を展開。

☎03-3823-6921 所台東区上野公園8-36 開9:30〜17:30(入館は〜17:00、展覧会により変動あり) 休第1・3月曜、特別展と企画展は毎月曜(祝日の場合は翌日休)、整備休館日 料展覧会により異なる 交各線・上野駅から徒歩7〜10分 Pなし

美術館が立ち並ぶ上野公園の一角に、緑に溶け込むようにたたずむ。設計は前川國男 ©東京都美術館

ミュージアムショップにはオリジナルグッズもある

美術図書や展覧会カタログなどが閲覧できる美術情報室

サントリー美術館
サントリーびじゅつかん

六本木 MAP 付録P.20 C-1

「生活の中の美」がテーマの魅力的な企画

東京ミッドタウン内にあり、国宝、重要文化財を含む絵画、漆工、陶磁、染織など約3000点の作品を所蔵。日本美術を中心にテーマ性の深い企画展に合わせて名品・傑作を公開。

☎03-3479-8600 所港区赤坂9-7-4 東京ミッドタウン ガレリア3F 開10:00〜18:00(金・土曜は〜20:00、入館は各30分前まで) 休火曜、展示替え期間 料展覧会により異なる 交地下鉄・六本木駅からすぐ Pなし

風雅な茶室「玄鳥庵」もある

展示室は3・4階にあり、隈研吾氏が「和のモダン」を基調に設計 ©木奥惠三

上野の森美術館
うえののもりびじゅつかん

上野 MAP 付録P.8 C-2

幅広い芸術作品を扱う 多彩な企画展が話題

「日本美術協会」が運営する昭和47年(1972)開館の美術館。常設展はなく、国内外の美術品や書、マンガまで多様な企画展を開催。毎年美術館が主催する現代美術展・公募展は、新人の登竜門となっている。

「上野の森美術館大賞展」「日本の自然を描く展」などの公募展も毎年開催

本館1・2階がメインの展示室となり、ゆったりしたスペース。別館1階には小企画展向けの「上野の森美術館ギャラリー」がある

☎03-3833-4191
所 台東区上野公園1-2 開10:00～17:00(入館は～16:30、展覧会により変動あり) 休不定休 料展覧会により異なる
交各線・上野駅から徒歩3～5分 Pなし

2007年に国内5番目の国立美術館として六本木に誕生した。設計は黒川紀章氏で、波打つようなガラスのカーテンウォールが特徴だ

国立新美術館
こくりつしんびじゅつかん

六本木 MAP 付録P.20 B-1

日本最大級の展示空間 世界的な傑作を間近に

所蔵作品を持たず、1万4000㎡もの展示スペースで多彩な展覧会を開催する新しいタイプの美術館。世界的な視野に立った企画展の開催と、全国的な活動を展開している美術団体等の展覧会を行っている。

☎050-5541-8600(ハローダイヤル)
所港区六本木7-22-2 開10:00～18:00(金・土曜は～20:00、展覧会により異なる場合あり、入場は閉館の30分前まで)
休火曜(祝日の場合は翌平日休)
料展覧会により異なる
交地下鉄・乃木坂駅直結 Pなし

「こいのぼりなう！ 須藤玲子×アドリアン・ガルデール×齋藤精一によるインスタレーション」展示風景 2018年 国立新美術館 撮影:加藤健

「イケムラレイコ 土と星 Our Planet」展示風景 2019年 国立新美術館 撮影:志摩大輔

森美術館
もりびじゅつかん

六本木 MAP 付録P.20 B-2

先鋭的な現代美術を紹介 夜22時までの開館も魅力

六本木ヒルズ森タワー53階に位置する、国際的な現代アートの美術館。独自の視点でアートや建築、デザイン等の企画展を開催している。仕事帰りや食事のあとにもゆっくりアートが楽しめる。

☎050-5541-8600(ハローダイヤル)
所港区六本木6-10-1 六本木ヒルズ森タワー 53F 開10:00～22:00(火曜は～17:00、入館は各30分前まで)
休展覧会期中は無休 料展覧会により異なる 交 地下鉄・六本木駅からすぐ Pあり(有料)

展覧会だけでなくさまざまなプログラムも充実している

海抜約250mに位置する美術館。52階の展望台からは都市の景観が楽しめる

ミュージアムショップでは展覧会関連グッズやオリジナルグッズも販売

写真提供:森美術館

三菱一号館美術館
みつびしいちごうかんびじゅつかん

丸の内 MAP 付録P.14 B-3

赤レンガ造りの洋館で 西洋美術の名作に会う

2010年に開館。19世紀後半から20世紀前半の近代美術を主題とする企画展を中心に年3回開催。おしゃれなカフェ・バーもある。2024年秋(予定)まで休館中。

☎050-5541-8600(ハローダイヤル)
所千代田区丸の内2-6-2 開10:00～18:00(入館は～17:30) 夜間開館は公式HPで要確認 休月曜(祝日、振替休日、会期最終週の場合は開館)、展示替え期間 料展覧会により異なる
交各線・東京駅から徒歩5分 Pなし

ひと休みは旧銀行営業室を復元したカフェ・バー「Café 1894」で

赤レンガの建物は三菱が明治27年(1894)に建設した「三菱一号館」を復元したもの(ジョサイア・コンドル設計)

古美術から前衛芸術まで個性的な展示を誇る

オリジナリティあふれる作品の宝庫
多彩な専門美術館

設立者の"大好き"を貫く情熱が世界にも希有なコレクションをつくり上げた美術館の数々。展示スペースの洗練度や斬新さも、東京でこそのおもしろさだ。

↑彫刻、絵画、書跡、陶磁、漆工などの名品が揃い、国宝も7点所有

↑2009年に本館を新築し、いっそう魅力を増した

↑南青山の一等地で和の静寂のなか、古美術にふれられる

南青山のオアシス空間で 古美術鑑賞と庭園散策を

根津美術館
ねづびじゅつかん

青山 MAP 付録P.23 D-4

昭和16年(1941)、実業家・根津嘉一郎の収集品をもとに開館した。日本と東洋の古美術約7400点を所蔵し、年7回の展覧会で公開。4つの茶室が点在する日本庭園の散策もできる。

☎03-3400-2536 所港区南青山6-5-1 開10:00～17:00(入館は～16:30) ※オンライン予約制 休月曜(祝日の場合は翌日休)、展示替え期間 料1300円～ 交地下鉄・表参道駅から徒歩8分 Pあり

日用品の美に着目した名品 約1万7000点を所蔵

日本民藝館
にほんみんげいかん

駒場 MAP 本書P.3 D-2

民衆的工芸品を「民藝」と名付け、その美の普及を目指した思想家・柳宗悦が昭和11年(1936)に設立。和を基調としながら随所に洋を取り入れた建物の意匠も必見。陶磁器、木漆工、染織などが展示されている。

↑駒場の一等地で和の静寂のなか、民藝美を鑑賞できる

☎03-3467-4527 所目黒区駒場4-3-33 開10:00～17:00(入館は～16:30) 休月曜(祝日の場合は翌日休) 料1200円 交京王井の頭線・駒場東大前駅から徒歩7分 Pあり

↑本館では特別展を年5回実施し、併設展もある

↑展示室は石庭や座敷があるなど和の雰囲気に満ち、落ち着いて浮世絵を鑑賞できる

日本が誇る浮世絵の殿堂 月替わりの企画展も楽しみ

太田記念美術館
おおたきねんびじゅつかん

原宿 MAP 付録P.22 B-2

実業家・太田清蔵が収集した浮世絵を中心に、肉筆画、版画、浮世絵関連の版本など約1万5000点を所蔵する。毎月開催する企画展で、浮世絵の多彩な魅力を紹介。

☎050-5541-8600(ハローダイヤル) 所渋谷区神宮前1-10-10 開10:30～17:30(入館は～17:00) 休月曜(祝日の場合は翌日休) 料展示により異なる 交地下鉄・明治神宮前〈原宿〉駅から徒歩3分 Pなし

↓喜多川歌麿、葛飾北斎、歌川広重、菱川師宣など江戸時代の名作を多数展示

天才が40年以上暮らしたアトリエ
芸術が満ちる爆発空間を遊ぶ

岡本太郎記念館

おかもとたろうきねんかん

青山 MAP 付録P.23 D-4

万国博覧会の『太陽の塔』などで有名な天才芸術家、岡本太郎のアトリエ兼住居を公開。庭の植物と共存するように彫刻作品が並ぶ。ミュージアムショップには、作品をモチーフにしたグッズも。

☎03-3406-0801 所港区南青山6-1-19 開10:00～18:00(入館は～17:30) 休火曜(祝日の場合は開館) 料650円 交地下鉄・表参道駅から徒歩8分 Pなし

1階のアトリエとサロンは当時のまま保存して公開し、2階ではテーマごとにさまざまな作品を展示

アトリエはル・コルビュジエの弟子、坂倉準三が設計。南青山でもひときわ目を引く外壁の文字が目印

夢二に縁がある街、本郷で
大正ロマンの美と愛を偲ぶ

竹久夢二美術館

たけひさゆめじびじゅつかん

根津 MAP 付録P.3 D-2

美人画で知られる大正期の漂泊の画家、竹久夢二の専門美術館。創設者である鹿野琢見の夢二コレクションを常時200点以上公開し、夢二の生涯についての貴重な資料も展示している。

☎03-5689-0462 所文京区弥生2-4-2 開10:00～17:00(入館は～16:30) 休月曜(祝日の場合は翌日休) 料1000円 交地下鉄・根津駅／東大前駅から徒歩7分 Pなし

日本画、油彩画、版画、原画、スケッチ、装幀本など夢二作品が揃う

かつて夢二が逗留した「菊富士ホテル」があった本郷に創設

夢二の芸術をテーマとした企画展を定期的に開催

町子が自身の収集品を公開するために設立。2020年夏に分館「長谷川町子記念館」が誕生。ショップやカフェも併設している

人気漫画家のコレクションと
楽しい『サザエさん』ワールド

長谷川町子美術館

はせがわまちこびじゅつかん

桜新町 MAP 本書P.2 C-3

昭和期の漫画家・長谷川町子が長年暮らした世田谷区桜新町にある。町子が姉とともに収集した日本画、洋画、陶芸などの美術品を展示。長谷川町子の生涯と作品に関する展示も見られる。

記念館では『サザエさん』の原画も見られる

☎03-3701-8766 所世田谷区桜新町1-30-6 開10:00～17:30(入館は～16:30) 休月曜(祝日の場合は翌日休)、展示替え期間 料900円 交東急田園都市線・桜新町駅から徒歩7分 Pなし

センスの高さと貴重なコレクションが魅力

隠れた名作が待つ館内を巡る ハイレベルな企業美術館

日本を代表する企業やその創業者が収集した芸術作品を展示する企業美術館は、専門性の高さと独特の展示スペースが魅力だ。世界的な名作も多い。

出光美術館

いでみつびじゅつかん

日比谷 MAP 付録P.14A-4

東洋の古美術品に加え ルオーの絵画も展示

出光興産の創業者、出光佐三のコレクションが母体となる。日本と中国の絵画や書跡、陶磁器などを展覧会ごとに入れ替え展示。フランス人画家ルオーの所蔵品も秀逸だ。

☎050-5541-8600(ハローダイヤル) 所千代田区丸の内3-1-1 帝劇ビル9F 開10:00～17:00(最終入館16:30) 休月曜(祝日、振替休日の場合は開館、翌平日休館)、展示替え期間 料1200円 交各線・有楽町駅／地下鉄・日比谷駅から徒歩5分 Pなし ※帝劇ビル建替計画により2025年で閉館予定

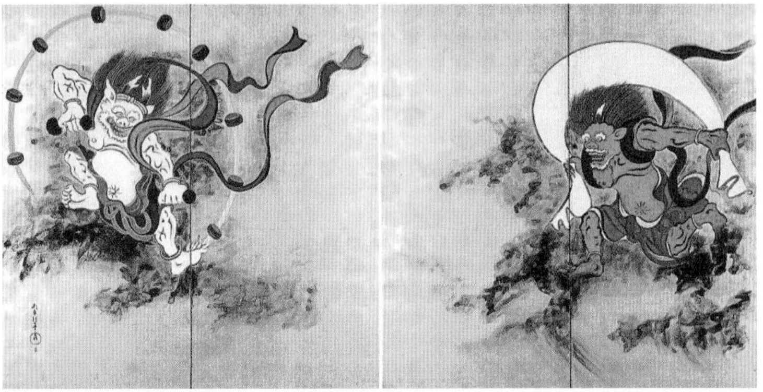

酒井抱一
『風神雷神図屏風』
江戸時代
原案は俵屋宗達の同名の作品。抱一作では軽快な雰囲気が付与されている

←皇居近くの帝劇ビル9階に昭和41年(1966)創設以来、ファンを増やす

SOMPO美術館

ソンポびじゅつかん

新宿 MAP 付録P.28 C-2

ゴッホの『ひまわり』に アジアで唯一会える美術館

昭和51年(1976)に東郷青児美術館として開館。2020年に移転し、SOMPO美術館として生まれ変わった。年に5回ほど、国内外作家の展覧会を開催している。

☎050-5541-8600(ハローダイヤル) 所新宿区西新宿1-26-1 開10:00～18:00(入館は～17:30) 休月曜(祝日の場合は開館)、展示替え期間 料展覧会により異なる 交各線・新宿駅から徒歩5分 Pなし

↑新宿の高層ビル街にある建物は、アートランドマークとして親しまれている

フィンセント・ファン・ゴッホ
『ひまわり』1888年 油彩、カンヴァス
7点あるゴッホの『ひまわり』のうち、アルル時代の1888年作を常設展示

洋風建築の空間に日本・東洋の美術品を展示、伝統的な造形の美を表現

三井記念美術館
みついきねんびじゅつかん

日本橋 MAP 付録P.13 E-2

国宝や重要文化財を含む茶道具の名品が多数

昭和初期の洋風建築、三井本館(重文)内に2005年開館

三井家が江戸時代から収集した日本と東洋の美術品約4000点を所蔵。約半数を茶道具類が占め、国宝の茶室「如庵」も再現。絵画や書跡の傑作も多い。

☎050-5541-8600(ハローダイヤル)
所中央区日本橋室町2-1-1 三井本館7F
開10:00〜17:00(入館は〜16:30)
休月曜(祝日の場合は翌日休)、展示替え期間ほか 料1000円(特別展は別途) 交地下鉄・三越前駅から徒歩1分 Pなし

ショップでは、美術館オリジナルの和小物などのグッズが購入できる

山種美術館
やまたねびじゅつかん

広尾 MAP 付録P.27 F-1

明治期から現代までの日本画の至宝が一堂に

特製の和洋菓子が味わえるカフェを併設

山種証券(現・SMBC日興証券)の創業者・山﨑種二の個人コレクションをもとに、昭和41年(1966)に日本初の日本画専門美術館として開館。約1800点を所蔵。

☎050-5541-8600(ハローダイヤル) 所渋谷区広尾3-12-36 開10:00〜17:00(入館は〜16:30) 休月曜(祝日の場合は翌日休)、展示替え期間 料1400円(展示により異なる) 交各線・恵比寿駅から徒歩10分 Pなし

横山大観、川合玉堂、奥村土牛、速水御舟らの日本画コレクションが充実

戸栗美術館
とぐりびじゅつかん

渋谷 MAP 付録P.24 A-2

伊万里焼をはじめとする古陶磁器の優品が集う

創設者の戸栗亨が収集した肥前磁器(伊万里焼、鍋島焼)、中国や朝鮮半島の陶磁器など約7000点を所蔵。年4回の企画展では合計約100点を紹介。学芸員による展示解説も開催。

☎03-3465-0070 所渋谷区松濤1-11-3 開10:00〜17:00(金・土曜は〜20:00)、入館は各閉館30分前まで 休月・火曜(祝日の場合は開館、いずれも祝日の場合のみ翌平日休)、展示替え期間 料展覧会により異なる 交各線・渋谷駅から徒歩15分／京王井の頭線・神泉駅から徒歩10分 Pなし

古陶磁器の専門美術館らしい、ゆったりした空間づくりも魅力だ

渋谷区松濤の旧鍋島家屋敷跡地に昭和62年(1987)、開館した

鑑賞陶磁器を中心とした展示

汐留のオフィスビルならではの洗練された展示空間

パナソニック汐留美術館
パナソニックしおどめびじゅつかん

汐留 MAP 付録P.18 B-1

ルオー作品が充実 21世紀型都市の文化空間

ジョルジュ・ルオーの油彩画や版画など約260点を所蔵し、常設展示。同社の事業に通じる「建築・住まい」「工芸・デザイン」などに関する企画展も興味深い。

2003年に誕生した美術館。企画展は年4回ほど開催されている

☎050-5541-8600(ハローダイヤル) 所港区東新橋1-5-1 パナソニック東京汐留ビル4F 開10:00〜18:00(入館は〜17:30) 料展覧会により異なる 休水曜(祝日の場合は開館) 交各線・新橋駅から徒歩6〜8分 Pなし

メトロポリタン東京を華麗に彩るアートとデザインの殿堂

現代アートの発信基地へ

ほとばしる大都市のエネルギーが磨き上げ、構築する現代芸術。東洋と西洋の文化を融合させながら飛翔する都市・東京ならではの、変化し続けるコンテンポラリーアートがおもしろい。

草間彌生美術館

くさまやよいびじゅつかん

※入館チケットはWEBサイトでのみ販売、美術館窓口での販売はなし

早稲田 MAP 付録P.2 C-3

世界を代表するアーティスト草間彌生の作品を展示

世界的にも人気を博している草間彌生の美術館。色彩豊かな彼女の作品が並び、独特な世界観にひたることができる。入館は日時指定・事前予約制となっている。

☎なし(問い合わせはinfo@yayoikusamamuseum.jpへ) 所新宿区弁天町107 開11:00～17:30 ※入場は日時指定の事前予約・定員制(各回90分) 休WEBサイトを要確認 料一般1100円 交地下鉄・早稲田駅から徒歩7分／地下鉄・牛込柳町駅から徒歩6分 Pなし

HP www.yayoikusamamuseum.jp

⬆アーティスト草間彌生氏のポートレート

Photo by Yusuke Miyazaki

©YAYOI KUSAMA

草間彌生

『天空にささげたわたしの心のすべてをかたる花たち』

2018年 ※展示作品は展覧会により異なる

©YAYOI KUSAMA

➡白が特徴的な外観

Photo by Kawasumi-Kobayashi Kenji Photograph Office

東京都現代美術館

とうきょうとげんだいびじゅつかん

清澄白河 MAP 本書P.3 E-2

現代美術コレクション展と多彩な企画展が話題

国内外の現代美術作品を約5700点所蔵。国内外の現代美術の流れを展望できるコレクション展で紹介。絵画、彫刻、ファッションなど多彩な企画展も見応えがある。

⬆木場公園内にあるモダンな建物

☎050-5542-8600(ハローダイヤル) 所江東区三好4-1-1 交地下鉄・清澄白河駅から徒歩9～13分 開10:00～18:00(展示室入場は～17:30) 休月曜(祝日の場合は翌平日)、年末年始、展示替え期間 料展覧会により異なる Pあり(有料)

21_21 DESIGN SIGHT

トゥーワン_トゥーワン デザインサイト

六本木 MAP 付録P.20 C-1

デザインを考え、発信する“ものづくりの拠点”

デザイナー・三宅一生氏が創立し、佐藤卓氏、深澤直人氏がディレクターを務める。日常のものごとをデザインの視点で捉える企画展を行い、会期中はさまざまなイベントも開催。

⬆建物は安藤忠雄氏の設計による

☎03-3475-2121 所港区赤坂9-7-6 東京ミッドタウン ミッドタウン・ガーデン 開10:00～19:00(入館は～18:30) 休火曜、展示替え期間 料1400円 交地下鉄・六本木駅から徒歩5分 Pなし

ワタリウム美術館

ワタリウムびじゅつかん

外苑前 MAP 付録P.23 D-2

国内外の現代アートを独創的な視点で紹介

私設美術館として1990年に誕生した。スイス人建築家マリオ・ボッタの設計による近未来的な外観の建物で、世界のコンテンポラリーアートに出会える。

☎03-3402-3001 所渋谷区神宮前3-7-6 開展覧会により異なる 休月曜(祝日の場合は開館) 料展覧会により異なる 交地下鉄・外苑前駅から徒歩8分 Pなし

⬆年間3～4回の企画展を開催

世界と日本の知の遺産と歴史が一堂に集まる

好奇心をそそる知の宝庫

有史以来の人類の遺産を所蔵する国立博物館や、江戸から昭和期の東京をテーマにした博物館など、歴史を遡る知のクルーズへ出かけたい。

東京国立博物館
とうきょうこくりつはくぶつかん

上野 MAP 付録P.8 C-1

国宝・重要文化財が多数 特別展の充実度も抜群

明治5年(1872)開館の、日本で最も長い歴史を持つ博物館。日本を中心とする美術作品と考古遺物を約12万件所蔵。国宝も多い。本館、東洋館、平成館など6つの展示館がある。

☎050-5541-8600(ハローダイヤル) 所台東区上野公園13-9 開9:30〜17:00(時期により変動あり、入館は各30分前まで) 休月曜(祝日の場合は翌平日休) 料1000円(特別展は別途) 交各線・上野駅から徒歩10〜15分／JR鶯谷駅から徒歩10分 Pなし ※開館時間が変更になる場合あり、詳細はWEBサイトで要確認

上野公園内に広大な敷地を持つ日本屈指の博物館

大規模な企画展示の特別展と、所蔵品などの総合文化展の両方を楽しめる(写真は総合文化展)

東京都江戸東京博物館
とうきょうとえどとうきょうはくぶつかん

両国 MAP 付録P.3 F-3

☎03-3626-9974 所墨田区横網1-4-1 開9:30〜17:30(入館は各30分前まで) 休月曜(祝日の場合は翌日休) 料600円 交各線・両国駅から徒歩1〜3分 Pあり(有料) ※2025年度まで休館中(予定)

江戸東京の歴史から 未来の都市を考える

徳川家康が幕府を開いてから約400年の「江戸東京」の歴史と文化を紹介。日本橋や棟割長屋、昭和30年代の公団住宅などの大型模型や体験型展示が人気を集める。

常設展の大型模型が特に圧巻
写真:東京都江戸東京博物館

国立科学博物館
こくりつかがくはくぶつかん

上野 MAP 付録P.8 C-2

☎050-5541-8600(ハローダイヤル) 所台東区上野公園7-20 開9:00〜17:00(最終入館16:30) 休月曜(祝日の場合は火曜休) 料630円(特別展は別途) 交各線・上野駅から徒歩5〜10分 Pなし

自然史と科学技術史の 貴重なコレクション

明治10年(1877)創立の総合科学博物館。自然史、科学技術史に関する調査研究を行い、その成果や貴重な標本資料をフロアごとにテーマを設けて展示。

写真:国立科学博物館

フタバスズキリュウの復元全身骨格

江戸東京たてもの園
えどとうきょうたてものえん

小金井 MAP 本書P.2 B-2

古き良き東京の街並みを 再現した野外博物館

都心から離れた小金井市の公園の一角にある、江戸東京博物館の分館。商家や銭湯など江戸から昭和中期までの歴史的建造物が30棟移築・復元され、懐かしい風情に浸れる。

のんびり散策しながら学べる

☎042-388-3300 所小金井市桜町3-7-1 都立小金井公園内 開9:30〜17:30(10〜3月は〜16:30) 入園は各30分前まで 休月曜(祝日の場合は翌日休) 料400円 交JR武蔵小金井駅から西武バスで5分、小金井公園西口バス停下車、徒歩5分 Pなし

下町風俗資料館
したまちふうぞくしりょうかん

上野 MAP 付録P.8 B-3

東京下町の暮らしを 追体験できる展示が充実

上野公園の不忍池近くに建つ小さな資料館。大正期の東京下町の街並みと家屋を再現した展示があり、狭い路地を歩きながら、そこに暮らす人びとの生活を追体験できる。

商家や長屋などの屋内外を再現

☎03-3823-7451 所台東区上野公園2-1 開9:30〜16:30(入館は〜16:00) 休月曜(祝日の場合は翌日休)、特別整理期間 料300円 交各線・上野駅から徒歩3〜5分 Pなし

※2025年3月(予定)まで休館中

テーマパーク

THEME PARK

大人流! ゆったり優雅な楽しみ方

東京ディズニーリゾート®

とうきょう ディズニーリゾート

世界中から行ってみたいテーマパークのひとつとして、常に注目される。大人だからこそちょっぴり贅沢でのんびりした過ごし方をしてみたい。

生みの親、ウォルト・ディズニーの夢のワンダーランドは永遠に続く

今やヨーロッパ、アジアにもこの夢の国は点在し、世界中から愛される。創始者ウォルト・ディズニーは娘たちと出かけた遊園地で、親も一緒に楽しめる場所がなぜないのかと考えたところからディズニーランド計画が始まった。常に新しい夢とアイデアで世界中のファンを驚かし続けている。

舞浜 MAP 本書P.3 F-3
☎0570-00-8632
(東京ディズニーリゾート・インフォメーションセンター、総合案内10:00～15:00)
所千葉県浦安市舞浜
開最長9:00～21:00(日によって変動があるのでオフィシャルウェブサイトで要確認)
休無休 料ゾーンにより異なる
交東京ディズニーランドはJR舞浜駅から徒歩4分、東京ディズニーシーはJR舞浜駅から徒歩13分、またはディズニーリゾートライン・東京ディズニーシー・ステーション下車すぐ
Pあり(有料)
東京ディズニーリゾート・オフィシャルウェブサイト
URL www.tokyodisneyresort.jp

※2024年2月時点の情報です。内容が変更になる場合があります。また、画像は過去に撮影したものです。一部、現在の運営ガイドラインや安全衛生対策と異なる場合があります。詳細は東京ディズニーリゾート・オフィシャルウェブサイトをご確認ください。

東京ディズニーランドのほぼ中心に位置するシンデレラ城

最新情報

2024年6月オープン予定! 新しいテーマポートに注目

8番目にあたるテーマポート「ファンタジースプリングス」が、東京ディズニーシーに登場する。ディズニー映画『アナと雪の女王』『ピーター・パン』『塔の上のラプンツェル』をテーマにした3つのエリアと、ディズニーホテル「東京ディズニーシー・ファンタジースプリングスホテル」で構成。入場にはパークのチケットに加え、対象アトラクションのスタンバイパス(無料)、またはディズニー・プレミアアクセス(有料)が必要。

雪山の麓、アレンデール王国の風景が美しいフローズンキングダム。城の中にはレストランも登場予定

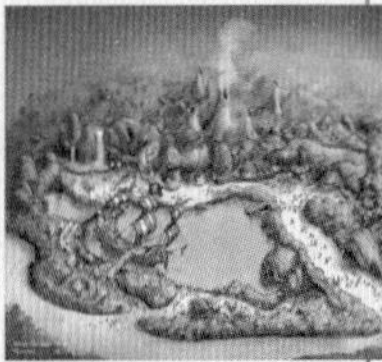

ピーターパンのネバーランドでは、ピーターパンたちと一緒にフック船長へ立ち向かう冒険を体験するアトラクションに注目

ラプンツェルが暮らしていた塔が印象的なラプンツェルの森。人気のランタンフェスティバルも体験できる

東京ディズニーシー・ファンタジースプリングスホテル。魔法の泉のほとりに立つ、パークと一体となったホテル

東京ディズニーリゾート®はこんなところです

広大な敷地内には2大パークが隣り合わせにあり、その周囲をリゾートホテルや商業施設が取り囲む。訪れるすべてのゲストに対してホスピタリティとサポートが行き届いた快適な場所。

東京ディズニーシー・ホテルミラコスタ
東京ディズニーシー®で遊んだあともパーク内に泊まれる

東京ディズニーシー®
➡P.130

東京ディズニーランド®
➡P.128

東京ディズニーランドホテル
東京ディズニーランド前に建つディズニーホテル。宿泊者だけの特典も

ディズニーアンバサダーホテル
日本で初めてのディズニーホテル。ディズニーキャラクターの客室が人気

イクスピアリ
ショップ、レストランに映画館まで充実した商業施設

ウエルカムセンター
JR舞浜駅から近くにある案内施設。東京ディズニーリゾート内の情報はここで

ボン・ヴォヤージュ
東京ディズニーランドと東京ディズニーシーのグッズが購入できるショップ

↑東京ディズニーランドのファンタジーランドにあるイッツ・ア・スモールワールド

↑東京ディズニーシー®のテーマポートのひとつ、メディテレーニアンハーバー

●チケットの種類と価格リスト

券種	大人（18歳以上）	中人（12～17歳）	小人（4～11歳）	内容
1デーパスポート	7900～1万900円	6600～9000円	4700～5600円	東京ディズニーランド、東京ディズニーシーのいずれかを1日楽しめる
アーリーイブニングパスポート	6500～8700円	5300～7200円	3800～4400円	休日の15時以降に、東京ディズニーランド、東京ディズニーシーのいずれかを楽しめる
ウィークナイトパスポート	4500～6200円			平日17時以降に、東京ディズニーランド、東京ディズニーシーのいずれかを楽しめる

パークをスマートに楽しむ

お役立ちinformation

便利な公式アプリ

スマートフォンで使える「東京ディズニーリゾート®・アプリ」を活用したい。デジタルガイドブックに現在地やアトラクション・レストランの待ち時間が表示されるので効率よく楽しめる。ディズニーeチケットの購入や、ショーの抽選、レストランやホテルの予約など、ほかにも多彩なサービスが受けられる。

チケットの種類・販売

目的や滞在時間によりいくつかチケットが用意されている。チケットは変動価格制を導入しており、同じ種類のチケットでも、時期や曜日によって価格は異なる。販売開始は入園日の2カ月前の同日（同日がない場合は翌月の1日）14：00から。数の上限に達すると、販売終了になることも。また予告なく販売再開することもある。

ディズニーeチケット

通常、チケット購入は、ウェブサイトまたはアプリで事前購入ができる。ウェブサイトの場合、当日、パークチケットを画面上に表示させて提示して入場。チケットブースでの引き換えが不要。アプリなら二次元コードをかざして入場する。

ディズニー・プレミアアクセス

一部のアトラクションやショー、パレードにおいて、体験時間や入場時刻を指定して予約できるサービス（有料）。短い待ち時間で利用できるものだ。東京ディズニーリゾート・アプリで購入。ほかにも一部、事前予約が必要なものがある。指定の時間帯に並べるスタンバイパスや、エントリーの結果で遊べるかどうかが決まるエントリー受付など、方法も数種類ある。

プライオリティ・シーティング

事前申し込みでパーク内のレストランの利用希望時間を指定し、少ない待ち時間で席に案内してもらえるサービス。対象となるレストランは、オフィシャルウェブサイトまたはアプリで確認を。

ディズニーバケーションパッケージ

東京ディズニーリゾートと提携ホテルの宿泊とパークチケットやお得なコンテンツが付いたオフィシャルの宿泊プラン。オフィシャルウェブサイトやアプリ、もしくは、旅行会社（一部プランのみ）で予約ができる。

さすがディズニー！ 大人でも十分楽しめる！

東京ディズニーランド®

とうきょうディズニーランド

舞浜 MAP 本書P.3 F-3

乗り物に夢中だった頃は急いでアトラクションの列に並んだけれど、時間をかけて歩きまわり、ディズニーの世界を思う存分味わってみるのもおすすめ。

ストーリーを感じながら大興奮のライド

アトラクション

スピード感やスリルを味わうことよりもアトラクションの細部を眺めたり、乗り物の座る位置によって今まで気がつかなかった驚きに出会える。各アトラクションのポイントをキャストに教えてもらうのもおすすめ。

『美女と野獣』の世界へ入り込む

美女と野獣"魔法のものがたり"

ファンタジーランド　所要時間 約8分

ディズニー映画『美女と野獣』の世界を体験できるエリア。ひときわ目を引く美女と野獣の城の中で繰り広げられる大型アトラクション。映画の名曲に合わせて、優雅に踊るように動く魔法のカップに乗り、映画のストーリーに沿って名シーンを巡る。

↑ダイニングではポット夫人などがベルを歌で歓迎する

↓ベルが野獣の待つお城まで戻り、真実の愛を見つける

世界初登場のアトラクション

ベイマックスのハッピーライド

トゥモローランド　所要時間 約1分30秒

『ベイマックス』をテーマにした新アトラクションが登場した。アップテンポな音楽が流れるとケア・ロボットが動き出し、ドキドキの冒険に出発！

←予測不能な動きと音楽が特徴的なハッピーなライド

↑オリジナルの音楽がジャングルで流れるのは日本が初めて

幻想的でスリリングな冒険へ出発！

ジャングルクルーズ：ワイルドライフ・エクスペディション

所要時間 約10分

アドベンチャーランド

船長の案内による船で野生動物が棲むジャングルを探検。昼とは印象が違う神秘的なナイトクルーズもおすすめ。

→年齢を問わず家族みんなで楽しめる内容

森の仲間たちとほんわかした世界を体験

プーさんのハニーハント

所要時間 約4分30秒

ファンタジーランド

絵本の世界そのままに心和むアトラクション。コースによっていろいろな仕掛けが体験できるので、何度も乗ってその違いを比べたい。

※2024年5月24日まで休止中

←プーさんは大人にも子どもにも愛される

乗りながら景色や夜景も楽しみたい

ビッグサンダー・マウンテン

所要時間 約4分

ウエスタンランド

コースター苦手派にも安心のスピードで走り、ゴールドラッシュ時代の金鉱を巡る。花火の上がる頃には感動的な場面に出会える。

※2024年6月13日まで休止中

←スリル満点なシチュエーションを味わって

落ち着いて食事ができる

大満足のレストラン

入ってみたら意外と歩きまわっていることに気づかされ長居をしてしまいそう。優雅にランチタイムを楽しもう。

広々としたパティオでくつろぎタイム

プラザパビリオン・レストラン

予算 ⓁⒹ1000円～

ウエスタンランド

好みの料理が選べるバフェテリアサービスのレストラン。ハンバーグやエビフライなどの洋食、お口直しのスイーツもある。

トレーを持って料理を選ぶ

日本の伝統的な味が恋しくなったら

れすとらん北齋

れすとらんほくさい

予算 ⓁⒹ1000円～

ワールドバザール

東京ディズニーランドで唯一、日本文化や日本の味にふれられるレストラン。和の味でひと息つきたいときに。

カジュアルな雰囲気の和食店

映画『ふしぎの国のアリス』をイメージ

クイーン・オブ・ハートのバンケットホール

予算 ⓁⒹ1000円～

ファンタジーランド

料理にはハート形にかたどったチーズや野菜が添えられ、キュートなアリスの世界が広がる。ハートづくしの店内も見どころ。

入口のトランプマンが目印

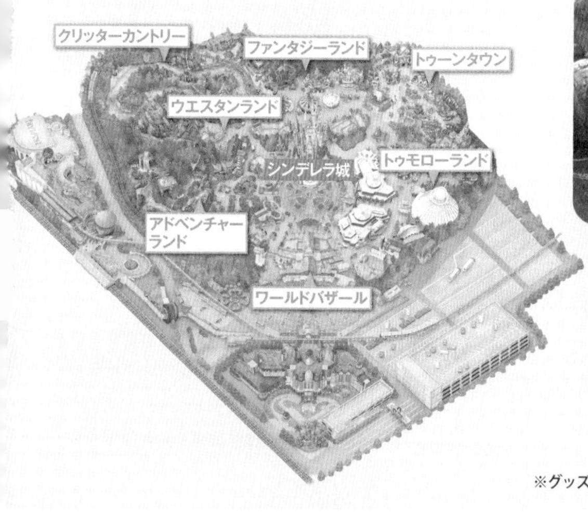

キャラクターとふれあう

グリーティングスポット

大好きなキャラクターとハグしたり、持参したカメラで記念撮影もできる。ワクワクする楽しいひとときを。

ミッキーの家とミート・ミッキー トゥーンタウン

ミッキーの家の納屋を改造したムービーバーンではミッキーの主演映画の予告編を上映中。ミッキーと写真撮影も楽しめる。

大人でも食べたい

テイクアウトおやつ

アトラクションの待ち時間やパーク歩きの合間に、小腹がすいたらお手軽おやつでリフレッシュ。

ミッキーワッフル 800円

焼きたてワッフルは外はカリッと中はフワフワの食感／グレートアメリカン・ワッフルカンパニー

ワールドバザール

ポークライスロール 600円

もっちりご飯と周りに巻かれた豚肉の取り合わせが絶妙／ペコスビル・カフェ

ウエスタンランド

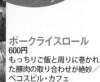

ストロベリーチョコチップマフィン 400円

愛らしいフォルムのマフィンが人気／ヒューイ・デューイ・ルーイのグッドタイム・カフェ

トゥーンタウン

※グッズおよびメニューは品切れや金額、内容等が変更になる場合があります

ロマンティックな街並みが広がる

東京ディズニーシー®

とうきょうディズニーシー

舞浜 MAP 本書P.3 F-3

情緒的な街には大人向けのアトラクションやエンタメが盛りだくさん。ダッフィーに会えるのはココだけ。

冒険とロマンが満ちあふれる

アトラクション

ストーリー仕立ての冒険ものから心が癒やされるものまで性別、年齢を問わず楽しめるアトラクションが多い。待ち時間が長い場合もあるので、オフィシャルウェブサイトまたはアプリで待ち時間の確認をしながら楽しみたい。

海外で大人気のアトラクションがオープン

ソアリン:ファンタスティック・フライト

所要時間 約5分

メディテレーニアンハーバー

舞台はメディテレーニアンハーバーの丘に建つ博物館、ファンタスティック・フライト・ミュージアム。さまざまな展示物を見ながら館内を巡る。最後に特別展のハイライトである空飛ぶ「ドリームフライヤー」に乗り、世界へ飛び立つ空の旅に出発。美しい景色とスリリングな冒険が待っている。

↑切り立った岩壁が目の前に迫る

←↑カメリア・ファルコという女性の特別展が開催されている(左)。万里の長城を上空から見渡せる(上)

↑美しい景色を眺めながら大空を飛びまわろう

ドキドキしながら超常現象を疑似体験

タワー・オブ・テラー

所要時間 約2分

アメリカンウォーターフロント

超常現象を体験するフリーフォール型アトラクション。時代は1912年のニューヨーク。過去に謎の事件が起こったホテルハイタワーのエレベーターで起こる怪現象を体験しよう。

→3台あるエレベーター、6カ所の乗り場

ひと息つくのにぴったりの癒やし系アトラクション

ヴェネツィアン・ゴンドラ

所要時間 約11分30秒

メディテレーニアンハーバー

2人のゴンドリエが漕ぐゴンドラに乗って運河を優雅に一周。ゴンドリエの楽しいおしゃべりを聞きながら、美しい景色をゆったりと楽しむ。

→願いが叶うという橋も案内してくれる

ジョーンズ博士も登場する遺跡探検ツアー

インディ・ジョーンズ®アドベンチャー:クリスタルスカルの魔宮

所要時間 約3分

ロストリバーデルタ

「若さの泉」を求め古代遺跡の中を巡る冒険に出発。クリスタルスカルの呪いから車で逃げ切るため、最初から最後までスリリングな冒険が続く。

→映画の世界に入り込んだ感覚になる

お酒も飲める

大人なレストラン

食事中にアルコール類がいただけるレストランが多い。グラスを片手にリッチな気分に浸りたい。

上質なコース料理とワインを堪能

マゼランズ

予算
Ⓛ2000円～
Ⓓ5000円～

メディテレーニアンハーバー

大航海時代の探険家マゼランから名付けられた。当時を彷彿させる装飾品に囲まれて世界の料理を味わうことができる。

⇧店の中央には大きな地球儀が

美しい景色を眺めながらいただく

リストランテ・ディ・カナレット

予算
ⓁⒹ2000円～

メディテレーニアンハーバー

貴婦人の邸宅のようなイタリアン・レストラン。テラス席からは運河が眺められ、石窯で焼いた本格ピッツァが人気だ。

※2024年3月31日まで休止中

⇧ワインの種類が豊富

豪華客船で優雅なディナーを

S.S.コロンビア・ダイニングルーム

エスエスコロンビア ダイニングルーム

予算
ⓁⒹ2000円～

アメリカンウォーターフロント

グリル料理がメインのコース料理や、アラカルトで好みの料理を選ぶこともできる。

⇧アール・ヌーヴォー調の店内

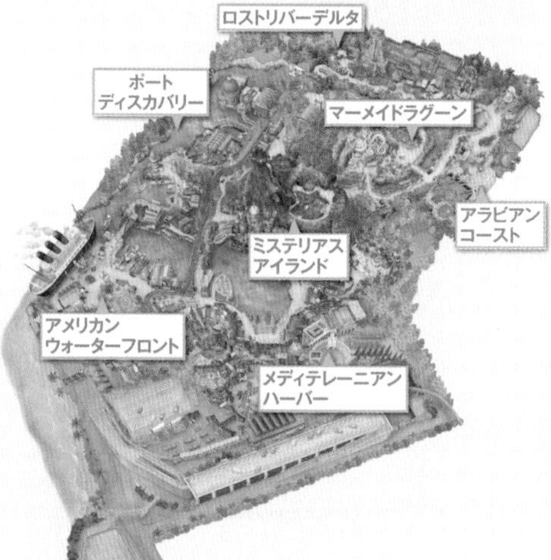

キャラクターとふれあう

グリーティングスポット

大好きなキャラクターとハグしたり、持参したカメラで記念撮影もできる。ワクワクする楽しいひとときを。

ミッキー&フレンズ・グリーティングトレイル

ジャングルに囲まれた場所で、古代文明の遺跡や、植物や昆虫などの調査・研究をしているディズニーの仲間たちと写真撮影ができる。

ロストリバーデルタ

"サルードス・アミーゴス!"グリーティングドック

新鮮な果物や村の民芸品、楽器の屋台が並ぶ一角で、ラテンアメリカの伝統的な衣装を身につけたダッフィーと一緒に写真撮影ができる。

ロストリバーデルタ

小腹を満たす

テイクアウトおやつ

海をイメージしたメニューや、東京ディズニーシーならではのキャラクターおやつがたくさん。

ギョウザドッグ 600円

食べごたえ満点のしょっぱい系おやつ。ディズニーシーの名物として愛されている／ノーチラスギャレー

ミステリアスアイランド

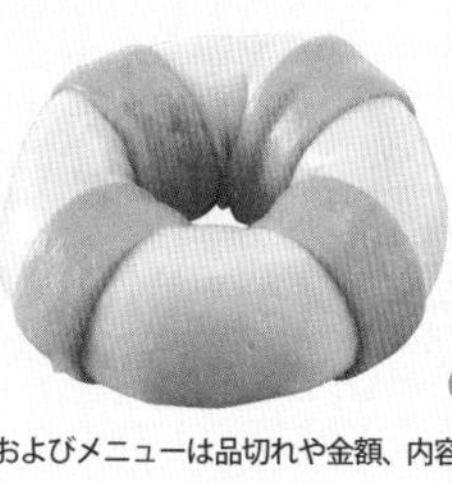

うきわまん（エビ） 600円

エビ味の中華まんはうきわ形／シーサイドスナック

※2024年2月現在、販売休止中

ポートディスカバリー

※グッズおよびメニューは品切れや金額、内容等が変更になる場合があります

水族館 無邪気な笑顔に会いたくなる

かわいい海の生き物たち

**ぼんやりと眺めているだけで愛らしい表情に心癒やされる。
今どきの水族館の、光や映像を取り入れた幻想的な美しさにも注目。**

音と光と映像を駆使した
最先端のエンタメ施設

マクセル アクアパーク品川

マクセル アクアパークしながわ

品川 MAP 付録P.34 B-2

四季と生き物が調和する展示やクラゲが幻想的に大空間を漂うジェリーフィッシュランブルなど、水族館の枠を越えた斬新な演出が話題に。昼夜で内容が異なるドルフィンパフォーマンスは必見だ。

☎03-5421-1111 所港区高輪4-10-30 品川プリンスホテル内 開10:00～20:00(入場は～19:00、時期により異なる) 休無休 料2500円 交各線・品川駅から徒歩2分 P品川プリンスホテル駐車場利用(有料)

色とりどりの光の中、クラゲが漂うジェリーフィッシュランブル

水やライティングの演出が美しいイルカのナイトパフォーマンス

生きもののライフサイクルを伝える新展示エリア「リトルライフ」

ここでしか見られない
クロマグロの群泳は迫力満点

葛西臨海水族園

かさいりんかいすいぞくえん

葛西 MAP 本書P.3 F-3

大きなガラスドームが目を引く水族館。クロマグロが群泳する「大洋の航海者マグロ」水槽をはじめ、世界中の海を再現した「世界の海」エリアや「東京の海」エリアなど、見どころがたくさん。

☎03-3869-5152 所江戸川区臨海町6-2-3 開9:30～17:00(入園は～16:00) 休水曜(水曜が祝日の場合は翌日) 料一般700円 交JR葛西臨海公園駅から徒歩7分 Pなし

谷口吉生氏が設計したガラスドームの建物

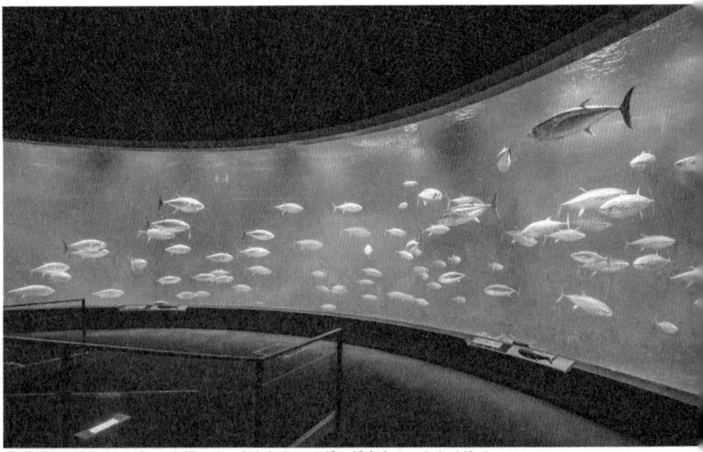

「大洋の航海者マグロ」水槽では、大きなクロマグロが止まることなく泳ぐ

都心のビルの屋上にある
天空のオアシス

サンシャイン水族館
サンシャインすいぞくかん

池袋 MAP 付録P.31 E-3

まるでアシカやペンギンが都会の空を飛ぶように泳ぐ、屋外エリア「マリンガーデン」の展示が見もの。屋内エリアでは、海や河川などで生き物が暮らす水のある風景が楽しめる。

☎03-3989-3466 所豊島区東池袋3-1 サンシャインシティワールドインポートマートビル屋上 開9:30〜21:00(秋冬は10:00〜18:00、入場は各1時間前まで) 休無休 料2600円〜 交各線・池袋駅から徒歩10分／地下鉄・東池袋駅から徒歩5分 Pあり(有料)

空や光、水と緑に包まれた南国をイメージさせる非日常的空間。地上40mのビルの屋上にあり、都会の空をまるで飛んでいるかのようにペンギンが開放感のある水槽で泳ぐ

どの方向からも至近距離で観察できるアシカトレーニング

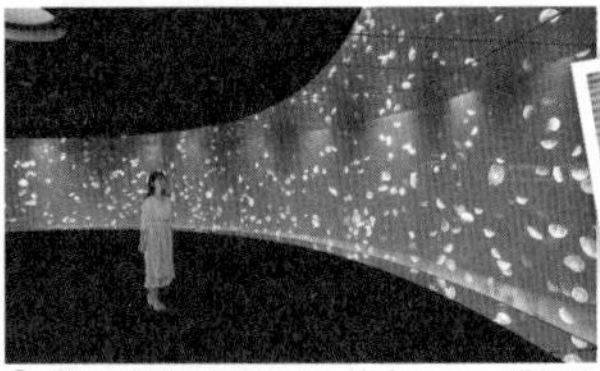
「海月空感」にあるクラゲパノラマ。横幅約14mの水中世界が広がる

マリンガーデンはカワウソやペリカンも見られる

華のある金魚が揺らぐ
和情緒あふれるスポット

すみだ水族館
すみだすいぞくかん

押上 MAP 付録P.9 E-4

東京スカイツリータウン®内にある水族館。約260種、7000点もの海と川の生きものを展示。日本最大級の金魚展示ゾーンである「江戸リウム」があり、江戸をテーマにした和の空間で多くの金魚が泳ぐ姿を見ることができる。➡P.69

屋内開放プールでのびのびと泳ぐペンギンを見ることができる

ゆらゆらと優雅に揺れる金魚を眺めることができる「江戸リウム」

自然豊かな公園内で
愛嬌ある生き物に出会う

しながわ水族館
しながわすいぞくかん

品川 MAP 本書P.3 D-3

しながわ区民公園内にあるアットホームな水族館。ダイナミックで疾走感あるイルカのショーや、愛くるしいアザラシのショーが人気。迫力のある大型のサメ「シロワニ」も必見だ。

☎03-3762-3433
所品川区勝島3-2-1
開10:00〜17:00
休火曜(祝日の場合は営業) 料1350円
交京急本線・大森海岸駅から徒歩8分 Pあり

息づかいを感じるほど、間近で見られるイルカショー

海中散歩気分が満喫できるトンネル水槽

アミューズメントスポット　非日常の空間で大人も大はしゃぎ

たまにはハメを外してエンジョイ!

プラネタリウムや忍者がコンセプトのエンタメレストラン、ミュージアムなど、最新技術を駆使したスポットが盛りだくさん。うっとり、ワクワク、ドキドキ感動に身を委ねてみるのも悪くない。

お酒を楽しみながら
最新鋭の夜空を旅する

コニカミノルタ プラネタリア TOKYO

コニカミノルタプラネタリア トウキョウ

有楽町 MAP 付録P.16 C-2

昭和13年(1938)、東京初のプラネタリウムがオープンした有楽町に、80年の時を越えて最新プラネタリウムが誕生。最新投映機や、きめ細かな音像移動を表現する「SOUND DOME®」システムを導入。限りなくリアルな星空と、最新技術を駆使したドーム映像や演劇、音楽ライブなどが融合したコンテンツを楽しめる。

☎03-6269-9952 所千代田区有楽町2-5-1 有楽町マリオン9F 営10:30〜21:30(最終受付20:40) 休無休
料1600円(プログラムにより異なる)
交各線・有楽町駅から徒歩2分 Pあり

➡プラネタリウムドームシアターでは輝く星空を満喫できる。cafe Planetariaで販売している惑星をイメージしたカクテルや軽食も持ち込みできる

⬆銀河を表現した西陣織でできた「銀河シート」でくつろぐ

⬆高級感あふれるエントランス。ギフトショップも併設している

ラグジュアリーな
洗練された大人の空間

マハラジャ六本木

マハラジャろっぽんぎ

六本木 MAP 付録 P.20 C-2

'80〜'90年代に一世を風靡した高級ディスコが、クラブ&ディスコのミックススタイルでリニューアルオープン。豪華な内装が今ではノスタルジー。

☎03-6804-1798 所港区六本木6-1-3 六門ビル6F 営19:00〜24:00(金・土曜、祝前日は〜翌5:00) 日曜、祝日はイベントにより異なる(昼営業の可能性もあり)
休無休 料1000円〜
交地下鉄・六本木駅から徒歩1分 Pなし

⬆ワンランク上のVIPルームを用意

⬆ディスコソング中心。リクエストも可能

⬇最新LED照明とともにお立ち台も健在

日常を忘れて子どもの心で
映画の世界で迷子になる

三鷹の森ジブリ美術館

みたかのもりジブリびじゅつかん

三鷹 MAP 本書P.2 B-2

宮﨑駿監督がデザインしたジブリ作品の世界が存分に味わえる美術館。アニメーションの制作の工程、スタジオジブリオリジナル短編アニメの上映などもある。快適に楽しむために入場チケットは日時指定の予約制。ローソンでのみ販売。

☎0570-055777
所三鷹市下連雀1-1-83
開10:00〜18:00
※入場予約制
休火曜(長期休館あり)
料1000円
交 JR三鷹駅から徒歩15分
Pなし

⬆屋上庭園にある巨大なロボット兵

⬅迷路のような空間が広がる中央ホール

©Museo d'Arte Ghibli

©トキワ荘マンガミュージアム

ほぼ原寸大で作られたミュージアム外観

マンガの巨匠たちが住んだ
伝説のアパートを再現

豊島区立トキワ荘マンガミュージアム

としまくりつトキワそうマンガミュージアム

©Forward Stroke inc.
当時の炊事場の様子を再現

池袋 MAP 付録P.2A-2

昭和57年(1982)に解体されたトキワ荘を、2020年にミュージアムとして再現し開館。手塚治虫などマンガの巨匠たちが住んだトキワ荘の持つ、歴史的意義や文化的価値を伝えてくれる。

©Forward Stroke inc.
昭和30年代のマンガ家たちの生活を垣間見ることができる

☎03-6912-7706 所豊島区南長崎3-9-22 開10:00〜18:00(入館は〜17:30) 休月曜(祝日の場合は翌平日) 料特別企画展開催期間は全館有料 交地下鉄・落合南長崎駅から徒歩5分 Pなし

凝ったつくりの店内にはさまざまな仕掛けがある

本物志向の凝った内装
迷宮のような忍者屋敷

NINJA TOKYO

ニンジャ トウキョウ

東京駅周辺 MAP 付録P.14C-1

忍者がもてなすエンタメ店でありながら、星付きレストランで修業したシェフが腕をふるう、エンターテインメント料理も素晴らしいと評判。

2カ月前から予約できる完全予約制。外国人リピーターも多い

☎なし 所千代田区大手町2-2-1 新大手町ビル地下1F 営11:30〜14:30 17:00〜22:00(最終入店20:00) 休日曜、祝日 料1万3000円〜 交各線・東京駅から徒歩5分 Pなし

浸かってまったり。いい湯だね東京温泉物語

東京にありながら、まぎれもない温泉。
そのうえ、食べたり飲んだり、買い物したり一日楽しめるレジャー型施設をご紹介。

東京ドーム天然温泉 スパ ラクーア

とうきょうドームてんねんおんせん スパ ラクーア

後楽園 MAP 付録P.3D-3

会社帰りに立ち寄れる
都市型リゾート施設

都会の中心で心地よい温泉にリラックス(左)、地下1700mから湧き出る天然温泉の露天風呂で極楽気分(右)

露天風呂をはじめ、男女が一緒にくつろげるヒーリング バーデ、アトラクションバス、各種サウナなどが充実。女性専用のラウンジなどもある。

☎03-3817-4173 所文京区春日1-1-1 ラクーアビル5-9F(フロント6F)
営11:00〜翌9:00 休不定休
料3230円、土・日曜、祝日、特定日3890円
交地下鉄・後楽園駅から徒歩1分
Pあり(有料)

さまざまな効果が期待できる岩盤浴室や、専門サロンによるボディケアでリフレッシュ

「テレビ局」いつ行っても楽しめる
興味津々！エンタメスポット

いつもテレビで見ている光景が目の前にあります

フジテレビ本社ビル
フジテレビほんしゃビル

斬新な構造が目を引く お台場のシンボル的存在

お台場 MAP 付録P.32 B-2

一般公開されているスペースが多く、番組にまつわるコーナーやショップなどが充実している。夜には季節によって色が変わるイルミネーション「AURORA∞」がビル全体を彩る。

©長谷川町子美術館

☎0570-088-081 所港区台場2-4-8
営休施設により異なる 料無料(施設により異なる) 交ゆりかもめ・台場駅から徒歩3分／りんかい線・東京テレポート駅から徒歩5分 Pなし

1.1階フジテレビモールにある「サザエさんのお店」では、サザエさん焼の実演販売をしている 2.7階のフジテレビショップ「フジさん」 3.フジさんテラスへと続く大階段 4.「はちたま」が印象的な建物は丹下健三氏の設計

1.ショップ＆レストラン「ブランチパーク」 2.「ブランチパーク」で提供している生しぼりモンブラン1650円 3.地下鉄赤坂駅目の前のSacas Cafe 4.TBS赤坂ACTシアターもここにある

赤坂サカス
あかさかサカス

テレビやラジオの公開放送も！ 感性を刺激する情報発信基地

赤坂 MAP 付録P.12 B-3

TBS放送センターを中心に劇場、ショップ、レストランなどが集まる複合エンターテインメントエリア。テレビやラジオの公開放送なども行われる。

所港区赤坂5-3-1 営休施設により異なる
料無料 交地下鉄・赤坂駅から徒歩1分
Pなし

日本テレビタワー
にほんテレビタワー

世界最大級! 宮崎駿デザイン日テレ大時計は必見!

汐留 MAP 付録P.18 B-2

汐留にある日本テレビの社屋で、地下2階〜地上2階にある日テレPLAZAにはショップやカフェが集まっている。大時計の下のマイスタでは、生放送が行われる。

☎0570-040-040
所港区東新橋1-6-1
営休施設により異なる
料無料　交地下鉄・汐留駅／ゆりかもめ・新橋駅から徒歩1分
Pなし

1.番組関連のグッズを扱う日テレ屋
2.1日5〜6回決まった時間にからくりが動く　©Studio Ghibli

テレビ朝日
テレビあさひ

日本庭園を一望するスタイリッシュな空間

六本木 MAP 付録P.20 C-3

一般開放されているのは1階のアトリウム。番組やドラえもん、クレヨンしんちゃんの展示などがあり、記念撮影スポットとしても人気がある。

☎03-6406-1111
所港区六本木6-9-1
営9:30〜20:30(日曜は〜20:00)
休無休　料無料　交地下鉄・六本木駅から徒歩5分　Pなし

1.オリジナルグッズを扱うショップ
2.開放感たっぷりのカフェもある

感動と笑いが渦を巻くエンタメスポット

江戸時代に発展・完成された伝統芸能を体感する

さまざまなエンターテインメントショーが観られるのも東京ならではの楽しみだ。建物や出し物の歴史も興味深い。

歌舞伎座

かぶきざ

銀座 MAP 付録P.17 E-3

世界に誇る劇場空間へ 観る以外にも楽しみ満載

2010年に前期歌舞伎座を閉場し、3年の時を経てリニューアル。地上29階、地下4階の歌舞伎座タワーを併設した複合文化施設GINZA KABUKIZAとして蘇った。客席は1階の柱が取り払われ、座席も以前よりひと回り大きくなるなど、より快適に。また、イヤホンガイドを貸し出しており、初心者でも歌舞伎を楽しめる(有料)。お弁当や雑貨など、おみやげ探しのひとときも楽しみだ。歌舞伎座タワー5階には屋上庭園などがあり、チケットがなくても入れるので気軽に楽しめるのが魅力。

☎03-3545-6800
所中央区銀座4-12-15
営休料施設・公演により異なる
交地下鉄・東銀座駅からすぐ
Pあり(有料)

チケットの買い方

インターネット

ユーザー登録後、画面に従って購入手続きを進めるのでスムーズ。支払いはクレジットカードのみ。

チケットWeb松竹
www1.ticket-web-shochiku.com/
※24時間利用可能。発売初日は10:00～

電話

オペレーターに希望の公演、座席を伝える。公演の前日までに予約が必要。

チケットホン松竹
☎0570-000-489(ナビダイヤル)
※10:00～17:00
(年中無休・年末年始を除く)

通し狂言『菅原伝授手習鑑～道明寺』の舞台　©松竹株式会社

一幕見席
手軽な料金で一幕だけ観る

一幕見席とは

全幕観るには時間がない、といった人に好評を博している歌舞伎座ならではの席。好みの幕だけ映画並みの料金で鑑賞できる。4階の指定席約70席、自由席約20席が販売される。専用の入口から入場。

チケット

指定席エリアは、観劇前日の正午より前売り販売が行われる(公式HPで要確認)。自由席は観劇当日の10時から1階幕見席専用切符売り場で購入できる。

料金

歌舞伎座の公演は毎月異なり、その演目によって一幕見席の料金も変わる。おおむね500～2000円程度。指定席はクレジットカード決済のみ、自由席は現金のみでクレジットカードは使用できない。

建物
現在の建物は5期目。従来どおりの桃山風の構えで、第4期目の外観を踏襲している。背後には、品位あるオフィスタワーがそびえる。

ロビー
正面玄関を入ると、絢爛豪華な空間に。緋色の絨毯に描かれている「咋鳥(さくちょう)」は幸せを結縁するといわれている。開演前のロビーは歌舞伎好きの観客が集まり賑わう。

チケットがなくても楽しめる!

歌舞伎座屋上のオアシス
5F 屋上庭園
おくじょうていえん

歌舞伎座タワー5階にあり、無料開放されている緑豊かな空間。河竹黙阿弥(かわたけもくあみ)ゆかりの燈籠やつくばい、前期歌舞伎座の屋根瓦などが配されている。

歌舞伎の奥深い魅力を紹介
5F 歌舞伎座ギャラリー
かぶきざギャラリー

歌舞伎座タワー5階にある。舞台で使用された衣裳や小道具などが展示されている。歌舞伎に登場する馬に乗って記念撮影をするなど、さまざまな体験ができる。

※2024年1月現在休館中

多彩な江戸みやげが揃う
B2F 木挽町広場
こびきちょうひろば

東京メトロ東銀座駅と直結するショップ&飲食店街。歌舞伎座ならではのみやげ物が手に入る。わらび餅、いろはきんつばなどの甘味をぜひお試しを。

伝統芸能の公演が観られる劇場

都内には、街なかにあって観光の途中でふらりと訪れることができる劇場が点在。ぜひ立ち寄ってみたい。

新橋演舞場
しんばしえんぶじょう

東銀座 MAP 付録P.17 E-4

春の風物詩、東をどり 観劇向けの食事も楽しみ

新橋芸妓の技芸向上と披露の場として、大正14年(1925)に開場した。その後、公演ジャンルを広げ、歌舞伎、新派、現代劇、新喜劇などを上演。桟敷席や観劇の幕間に味わう日本料理も大評判。

☎03-3541-2600 所中央区銀座6-18-2
交地下鉄・東銀座駅から徒歩5分 Pなし

現在の劇場は昭和57年(1982)竣工

国立能楽堂
こくりつのうがくどう

千駄ヶ谷 MAP 付録P.4 B-1

日本の伝統芸能である 能と狂言を専門に上演

能楽(能と狂言)の保存と普及を図る目的として昭和58年(1983)に開場。能舞台の床材には木曽の樹齢400年の檜を使用。初心者や外国人の方も楽しめるようパーソナルタイプの座席字幕表示システムを備える。

☎03-3423-1331 所渋谷区千駄ヶ谷4-18-1
交JR千駄ケ谷駅から徒歩5分 Pなし

初心者でも楽しめるプログラムも用意

セルリアンタワー能楽堂
セルリアンタワーのうがくどう

渋谷 MAP 付録P.24 C-4

世界に向けた伝統文化の 発信機能を担う施設

2001年に東急電鉄の旧本社跡地に開場。能・狂言の公演を中心に、日本舞踊・邦楽演奏など伝統芸能の上演、また、バレエやクラシック音楽など異文化との共演など、多彩な公演活動も行う。

☎03-3477-6412 所渋谷区桜丘町26-1 B2
交各線・渋谷駅から徒歩5分 Pあり

芸術性の高い公演が多く感動すること間違いなし

観世能楽堂
かんぜのうがくどう

銀座 MAP 付録P.16 C-3

GINZA SIX内にできた 観世流の能舞台

2017年に落成したGINZA SIX地下にある総檜造りの能舞台を備えた本格的な能楽堂。能楽公演のほか、邦楽・洋楽のコンサートや演劇、講演会などにも利用されている。

演目は多様で客層も幅広い

☎03-6274-6579 所中央区銀座6-10-1 GINZA SIX B3 交地下鉄・銀座駅から徒歩2分／東銀座駅から徒歩3分 Pあり

明治座
めいじざ

人形町周辺 MAP 付録P.13 F-3

東京で最も長い歴史を持つ 下町の老舗劇場

明治6年(1873)に喜昇座の名で開場。改称と再建を繰り返し、現在の建物は1993年に完成。時代劇や人気歌手の特別公演など、バラエティ豊かな演目が楽しめる。

下町の風情が残るエリアに建つ劇場

☎03-3666-6666 所中央区日本橋浜町2-31-1 交地下鉄・浜町駅から徒歩1分 Pなし

浅草公会堂
あさくさこうかいどう

浅草 MAP 付録P.10 C-2

本格的な花道や音響機器 などを備えたホール

文化的催しや集会など幅広く活用される施設。入口前のスターの広場には、大衆芸能の振興に貢献した芸能人たちの原寸手形とサインが並べられている。

区民だけではなく催し物ごとに多くの客が訪れる

☎03-3844-7491 所台東区浅草1-38-6 交各線・浅草駅から徒歩5分 Pなし

宝生能楽堂
ほうしょうのうがくどう

水道橋 MAP 付録P.3 D-3

能楽五流を網羅できる 代表的な能楽堂

大正2年(1913)に神田猿楽町に創建し、幾多の変遷を乗り越えて昭和53年(1978)に現在の宝生能楽堂が完成。和の伝統美を盛り込んだ檜造りの舞台を有している。

能舞台をはじめ宝生流の拠点として伝統をつなぐ

☎03-3811-4843 所文京区本郷1-5-9 交地下鉄・水道橋駅から徒歩1分 Pなし

寄席に行こう

江戸時代から賑わいが続く笑いにあふれた憩いの場

始まりは1700年代中頃といわれ、浄瑠璃や小唄、講談などを演目としていた寄席。現代では、落語はもちろん、講談、漫才、漫談、音曲、手品、曲芸など、多芸なプログラムを展開し、最後に真打ちが登場するまで会場はいつも笑いに包まれている。

新宿末廣亭
しんじゅくすえひろてい

新宿 MAP 付録P.29 F-2

江戸の寄席の伝統をとどめる落語、色物、笑いの殿堂

昭和21年(1946)に建てられ、東京に4軒ある落語の定席のひとつ。趣ある木造の建物がひときわ目を引く。館内は全席自由で、畳敷きの桟敷席もある。通常は昼、夜の部の入れ替えがなく、最大9時間、通しで落語や漫才などを楽しむこともできる。客席でアルコール以外の飲食自由というのも魅力だ。土曜の夜の部のあとには、二つ目が登場する深夜寄席も行われている。

☎03-3351-2974 所新宿区新宿3-6-12
営昼の部12:00～16:30／夜の部17:00～21:00 ※入場は11:40～19:45 休無休
料入場料3000円 交地下鉄・新宿三丁目駅から徒歩1分 Pなし

チケットの買い方

個人での予約は行っておらず(団体のみ可)、入場券は窓口で当日に購入。入場できるのは11:40～19:45、全席自由席。

↑昼、夜の部ともに18組ほどが登場。そのうち11組ほどが落語で、そのほか、漫才、奇術、曲芸などの色物が楽しめる。出演者と演目は10日ごとに入れ替わる

→東京の寄席のうち木造はここだけ。手書きの看板が通りに面してずらりと並び、古き良き寄席情緒を漂わせている

鈴本演芸場
すずもとえんげいじょう

上野 MAP 付録P.8 B-3

不忍池の近くにある東京で最も古い寄席

安政4年(1857)、初代鈴木龍助が「軍談席本牧亭」を開場して以来続く寄席。落語を中心に漫才、曲芸、紙切り、奇術、ものまね、曲独楽、歌謡漫談、俗曲などバラエティに富んだ番組を10日ごとに変えて公演。

←上野広小路交差点近くの中央通り沿い

☎03-3834-5906 所台東区上野2-7-12 営昼の部12:00開場12:30開演16:00終演予定／夜の部16:30開場17:00開演20:15終演予定
休不定休 交地下鉄・上野広小路駅から徒歩1分／JR御徒町駅から徒歩5分 Pなし

↑5階建てのビルの3～4階は吹き抜けで全285席。通常興行は全席自由席で入れ替え制

浅草演芸ホール
あさくさえんげいホール

浅草 MAP 付録P.10 B-2

明治時代から続く浅草笑いの伝統

昭和39年(1964)に開設。10日替わりで落語協会と落語芸術協会が交互に公演を行っている。落語をはじめ、漫才やコント、マジック、曲芸などの笑いの絶えないプログラムを用意している。

↑萩本欽一やビートたけしらを輩出した

☎03-3841-6545 所台東区浅草1-43-12 営昼の部11:40～16:30、夜の部16:40～21:00 休無休
交各線・浅草駅から徒歩7分／つくばエクスプレス浅草駅から徒歩1分 Pなし

池袋演芸場
いけぶくろえんげいじょう

池袋 MAP 付録P.30 B-2

どの席からも芸人の生の声を楽しめる

昭和26年(1951)創業。かつては畳席で桟敷があったが、現在は92席の椅子席となっている。ほかの寄席と違って芸人の持ち時間が長く、初心者も落語好きな人も大いに楽しむことができる。

↑演者を身近に感じられるのが魅力

☎03-3971-4545 所豊島区西池袋1-23-1エルクルーセ 営上席(1～10日)・中席(11～20日)12:30～、17:00～／下席(21～30日)14:00～、18:00～
休無休 料入場料2800円
交各線・池袋駅から徒歩1分 Pなし

東京の主なお笑い劇場

テレビでもおなじみの芸人が登場するステージなどを、事前に探して訪れたい。

ヨシモト∞ホール

ヨシモトむげんだいホール

料金 1300円〜
※公演により異なる

渋谷 MAP 付録P.24 B-2

渋谷からお笑いの流行を発信 若手スターの登竜門

看板芸人「ムゲンダイレギュラー」を中心に、時代の最前線を行く若手芸人が多数所属する。同じビルの7階にある∞ドームでも、ネタバトルやトークライブなど、さまざまな企画ライブを開催している。

☎03-5728-8880
所 渋谷区宇田川町31-2
営 公演により異なる
休 第3火曜　交 各線・渋谷駅から徒歩7分　P なし

→新鮮なネタの爆笑企画を連日開催している

↑おすすめは平日に開催する劇場メイン公演「ワラムゲ!」。旬なネタとコーナーで盛り上がる70分

ルミネtheよしもと

ルミネザよしもと

新宿 MAP 付録P.29 D-2

人気お笑い芸人たちの ライブが連日楽しめる

吉本興業による常設劇場で東日本最大の規模を誇る。テレビで活躍する人気芸人が間近で見られると評判だ。昼はネタライブ、夜は企画ライブを中心に、漫才やコント、スペシャルコメディなど多彩なステージが楽しめる。

☎03-5339-1112
所 新宿区新宿3-38-2 ルミネ新宿店2 7F　営 13:00〜(土・日曜、祝日11:00〜)日により公演数、公演時間は異なる　休 ルミネ新宿店2の休館日、ほか不定休
交 各線・新宿駅からすぐ　P なし

↑芸人のオリジナルグッズやテレビ番組の関連グッズなども販売

料金 1200円〜
※公演により異なる

↑間近で芸人とふれあうことができる臨場感のある劇場

料金 2500円〜
※公演により異なる

↑若手からベテランまでさまざまな芸人が日替わりでステージに立つ

神保町よしもと漫才劇場

じんぼうちょうよしもとまんざいげきじょう

神保町 MAP 付録P.3 D-3

青田買いをするならココ 若手芸人を発掘

東京吉本の若手芸人による寄席公演や企画公演が行われる劇場。若手ならではのフレッシュなコントや漫才を楽しみたい。

☎03-3219-0678　所 千代田区神田神保町1-23 神保町シアタービル2F　営 公演により異なる
休 不定休　交 地下鉄・神保町駅から徒歩3分　P なし

↑漫才やコントなどフレッシュなお笑いライブを開催

GOURMET

Tokyo

食べる

料理人と食通の
真摯な闘いで
本物の皿が残る

世界有数の美食の街、
というのはたぶん本当だ。
もっとも味音痴たちのSNSで、
それも相当に揺らぎつつあるが、
通の舌はけっして惑わされず、
本物だけを守り継いでいく。
そんな店だけをご紹介。

世界で評判の店が続々と集結

シャトーレストラン2階、ガストロノミー"ジョエル・ロブション"のダイニング。エレガントかつモダンなインテリアは料理の印象とも重なる

東京進出! 各国からの8店

パリやローマ、香港と、各国料理の都で評価の高い名店が集結。飛行機に乗らずとも本場の最高峰が味わえます。

➡1階、ラ ターブル ドゥ ジョエル・ロブションは屋内席のほか、テラス席もオープン。緑や花を愛でつつ優雅な時が過ごせる

フランス　フランス料理

シャトーレストラン ジョエル・ロブション

東京を代表するグラン・メゾンで現代屈指の名シェフの皿を味わう

恵比寿 MAP 付録P.27 F-4

料理、もてなし、設いと、すべてが特別なレストラン。なかでも、2階ガストロノミー"ジョエル・ロブション"は、各国にある故ロブション氏の店のなかでも最高峰の味とサービスが満喫できる特別な空間。

☎03-5424-1338/03-5424-1347
所 目黒区三田1-13-1 恵比寿ガーデンプレイス
営 12:00～13:00(LO) 17:30～20:00(LO)
※ランチは土・日曜、祝日のみ　休 施設に準ずる
交 各線・恵比寿駅から徒歩5分　P あり
※入店に関する注意はhttps://www.robuchon.jp/topics/3338.htmlをご確認ください

⬅史上、最も多くの星を持つといわれる故ジョエル・ロブション氏。2021年、シャトーレストランの総料理長には関谷健一朗氏が就任。ラ ターブルのシェフは池田欣正氏が務める

予約 要
予算 2F ガストロノミー"ジョエル・ロブション"
Ⓛ3万5000円～ Ⓓ4万5000円～
1F ラ ターブル ドゥ ジョエル・ロブション
Ⓛ1万円～ Ⓓ1万5000円～

⬆ガーデンプレイスに建つ豪奢なシャトーレストラン ジョエル・ロブション

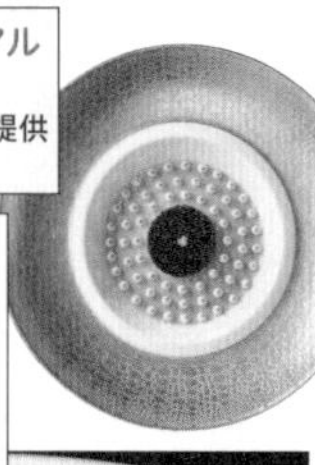

キャビア アンペリアル ロブションスタイル
2階ガストロノミーで提供する料理の一例

ニュージーランド産 オーラキング サーモンのマリネ
カリフラワーをクスクスに見立てた、1階ラ ターブルの料理の一例

その時季しか味わえない、現代のフランス料理で、特別なひとときを過ごす

フランス　モダンキュイジーヌ

Plaiga TOKYO

プレーガ トウキョウ

予約 要
予算 Ⓛ9500円～ Ⓓ1万5500円～

季節の最高級食材をふんだんに使った芸術の一皿

丸の内 MAP 付録P.14 A-1

旨みを凝縮させるフレンチの古典的な技法と、日本の四季折々の新鮮な食材を使い、日本人が好む新しいフレンチを追求。アートのように美しく洗練された一皿に感動すること間違いなし。贅沢な食材を大胆に組み合わせ、凝縮した旨みの相乗効果が醸し出す、ここでしか味わえないよろこびや感動を表現。

☎03-3284-0030
所千代田区丸の内1-1-3 日本生命丸の内ガーデンタワーM2F　営11:30～13:00(LO) 17:30～20:00(LO)
休火・木曜　交各線・大手町駅直結　Pあり

➡2022年に就任した池田翔太シェフ。フランスの星付きレストランで修業を重ねてきた

⬆プライベート性が高い個室もある

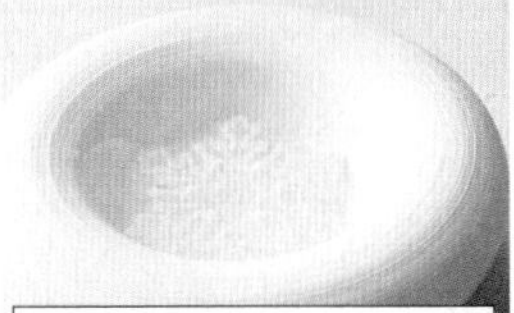
山形県寒河江
菅井農園つや姫米 毛蟹 雪の結晶
雪の結晶をイメージした、Plaiga TOKYOの看板メニュー。ムースの中にズワイガニが入っている

トリュフ香る
ショコラ
フランボワーズ
特製ケーキ
漆黒のチョコレートグラサージュには、香り高いトリュフをふんだんに使ったムース、フランボワーズの酸味がアクセントのジュレが入る

中国　北京料理

全聚徳

ぜんしゅとく

予約 望ましい
予算 Ⓛ2000円～ Ⓓ1万円～

各国首脳が舌鼓を打った北京ダックの名店

新宿 MAP 付録P.29 E-3

世界で最も有名な北京ダックの店。北京店は毛沢東、周恩来時代から現在に至るまで外交の舞台としても重用され、錚々たる各国首脳が訪れている。北京店で研鑽を積んだ烤鴨師の焼く鴨は絶品。

☎03-3358-8885
所新宿区新宿3-32-10 T&Tビル8・9F　営11:00～15:00(LO14:30) 17:00～22:00(LO21:00)
休無休　交地下鉄・新宿三丁目駅から徒歩2分
Pなし

丹波産京鴨の北京ダック 1万7600円
50もの工程を経て仕上がる。少人数の場合は1本から注文可

⬆北京店は元治元年(1864)創業。東京では新宿、六本木、銀座に続き、2022年に丸ビル(P.75)36階に4店舗目がオープン

⬆青鮫のフカヒレ姿煮込みや干し貝柱と白菜の煮込みも美味

香港 飲茶

添好運 日比谷店

ティム・ホー・ワン ひびやてん

香港から上陸した点心の行列店「世界一安い星付きレストラン」

日比谷 MAP 付録P.16 B-2

点心の本場・香港で創業した、ミシュラン1ツ星に輝いた世界的に有名な点心専門店。価格帯、雰囲気ともにカジュアルながら、味は本物だと好評を博し、地元である香港でも長い行列ができるほどの人気。

↑作り置きは一切せず、店内で1つずつ手作りしている

☎03-6550-8818
(予約不可)
所 千代田区有楽町1-2-2 日比谷シャンテ別館1F
営 11:00～23:00(LO22:00)
休 施設に準ずる
交 地下鉄・日比谷駅からすぐ
P なし

予約 不可
予算 L D 1800円～

→「高級店の味が日常的な料金で味わえる店を」と添好運を創業した麥桂培シェフと梁輝強シェフ

点心各種 456円～
ベイクド チャーシューバオが人気。焼点心、蒸点心など常時28種類が揃う

タイ イサーン(東北)料理

SOMTUM DER 代々木店

ソムタム ダーよよぎてん

予約 望ましい
予算 L 1300円～ D 3000円～

甘さ控えめ、化学調味料不使用 スッキリおいしいタイ料理

代々木 MAP 付録P.2A-4

日本で一般的に知られるタイ中部の料理に比べて野菜やハーブが多く、オイルと甘さを抑えたタイ東北部、イサーンの料理を供する。米の名産地でもあり、ご飯に合う料理が多いのも特徴だ。

☎03-3379-5379
所 渋谷区代々木1-58-10 松井ビル1F
営 11:30～15:00(LO14:15) 17:00～23:00(日曜、祝日は～22:30、LOは各閉店1時間前) 休 無休
交 各線・代々木駅から徒歩3分 P なし

←シンハーの生ビールやパクチー・モヒートなどお酒も充実

↓バンコク、NY、ホーチミンに店があり、好評を博している

ラープ ムー 1188円
豚ひき肉と野菜やハーブ、唐辛子を和えたピリ辛サラダ

スペイン シーフード

XIRINGUITO Escribà

チリンギート エスクリバ

予約 可
予算 Ⓛ3000円～ Ⓓ4000円～

バルセロナでいちばんおいしいパエリアが日本初上陸

渋谷 MAP 付録P.25 D-3

本場バルセロナの人気シーフードレストランが日本に進出。オーナーシェフのジョアン・エスクリバ氏直伝の味を再現するため、水分量が少なく、硬さが特徴の「バレンシア米」を使用したパエリアは絶品。

☎03-5468-6300
所渋谷区渋谷3-21-3 渋谷ストリーム3F
営11:00～23:00(日曜～22:00、フードLOは各1時間前、ドリンクLOは各30分前) 休無休
交各線・渋谷駅直結 Pあり

エスクリバパエリア
4240円(Mサイズ)
エビや魚介、チキン、野菜などの旨みが凝縮したスープとバレンシア米を17分間直火で炊き上げる

海をイメージしたテーブル席がある店内

イタリア ピザ

Gino Sorbillo Artista Pizza Napoletana

ジーノ ソルビッロ アーティスタ ピッツア ナポレターナ

予約 17時以降は可
予算 Ⓛ2000円～ Ⓓ4000円～

歴史と伝統を伝えるナポリのピッツェリア

日本橋 MAP 付録P.13 E-1

創業80年以上のナポリの老舗ピッツェリアが日本初上陸。カリスマ的存在のピザ職人、ジーノ・ソルビッロ氏の名店で、独自の製法は家族にしか明かしておらず、門外不出。イタリアから交代で愛弟子が訪れるというこだわり。

ナポリの店同様、行列ができる人気レストラン

☎03-6910-3553
所中央区日本橋室町3-2-1 コレド室町テラス1F
営11:00～23:00(LO21:30)
休無休 交各線・三越前駅から徒歩1分 Pなし

アンティカマルゲリータ
1870円
香ばしくやわらかい生地にトマトソース、モッツァレラ、オリーブオイル、バジルを乗せて

レストランターのビル氏が、くつろげるアットホームな空間をデザイン

オーストラリア オールデイダイニング

bills 表参道

ビルズ おもてさんどう

食材が命のシンプル料理でおいしく食べ、きれいになる

表参道 MAP 付録P.22 B-2

トレンドのアボカドトーストなどヘルシーな料理が人気のシドニー発オールデイダイニング。世界の食の最先端を巧みに取り入れた料理が充実している。

☎03-5772-1133
所渋谷区神宮前4-30-3 東急プラザ 表参道原宿7F 営8:30～22:00 休不定休 交地下鉄・明治神宮前(原宿)駅から徒歩1分 Pなし

©Anson Smart

アボカドトースト フレッシュ コリアンダーと ライム添え 1700円
新鮮なアボカドを贅沢にトッピングしたトレンドのメニュー

予約 可
予算 Ⓑ1500円～ Ⓛ2000円～ Ⓓ2500円～

味だけで勝負を挑む粋な名店へ

これぞ頂点! 和の絶対美食3店

割烹、寿司、天ぷらにふぐ。各カテゴリーで1軒ずつ、とびきりの名店のみをご紹介。
東京でも頂を極めた店でのみ味わえる、味蕾も心も大満足の絶対美食の3店です。

↑精進と進化を続け、日々年々、いっそう「と村」らしさが増す

京料理 と村

きょうりょうり とむら

虎ノ門 MAP 付録P.5 D-1

都内にあまたある割烹のなかでも普遍にして特別な一軒

余分なあしらいや飾りを排し、たっぷりと盛られた料理は一見シンプルでありながら、どれもこの店でしか出会えない絶品の皿ばかり。夏の鮎、ウナギといった定番に加え、冬に供する窯で焼いた鴨など試行錯誤を重ねた新作も秀逸。

☎03-3591-3303
所 港区虎ノ門1-11-14 第二ジェスペールビル1F
営 18:00～22:00(最終入店20:30) 休 日曜、祝日
交 地下鉄・虎ノ門駅から徒歩3分 P なし

予約 要
予算 D 3万円～

↑虎ノ門の路地に面して静かにたたずむ。主役級の皿はもちろん、焼き麩、白和え、食事に付く香の物までぬかりなく美味しい

↑赤坂から移転し、虎ノ門での歴史も10年を超えた。個室は大小2室

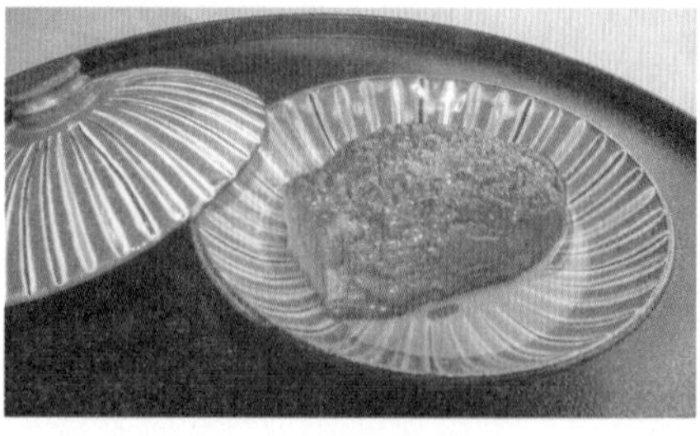

←炊いた賀茂茄子。箸を入れればトロリと割け、口中で品のよい甘さがとろけるように広がる。夏～秋口にかけての定番のひとつ

㐂寿司

きずし

人形町 MAP 付録P.13 E-3

代々継がれる江戸の美意識 すっきりとした潔さが身上

都内屈指の老舗であり、真っ当な江戸前寿司が食べられる店。高級店にありがちな堅苦しさは一切なく、客をくつろがせつつ極上の寿司を供する。赤、白、同割りの酢飯がすっきりと旨く、頼めば手綱巻きや印籠詰めなども楽しめる。

☎03-3666-1682
所 中央区日本橋人形町2-7-13
営 11:45〜14:30 17:00〜21:30(土曜は〜21:00) 休 日曜、祝日
交 地下鉄・人形町駅から徒歩3分 P なし

予約 要
予算
Ⓛ5000円〜
Ⓓ1万5000円〜

油井一浩氏。100年の老舗を継ぐ4代目

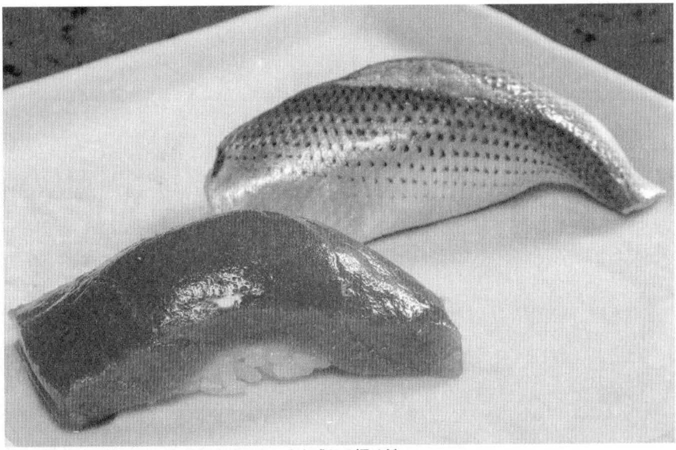
こだわりの赤身とコハダ。最も㐂寿司らしさを感じる握りだ

付近が花街だった頃は置屋だった建物

寿司店としての創業は大正12年(1923)

天ぷら 畑中

てんぷら はたなか

麻布十番 MAP 付録P.21 D-4

尽くされた計算と それを実現させる技術

たとえばそら豆。平たく広げるのはすべての粒と衣を最良の状態に仕上げるため。かくのごとく春夏秋冬すべての食材にふさわしい形、衣、油の温度、揚げ時間を考え抜く。細心の気遣いで揚げられた食材は畑中の天ぷらへと昇華する。

☎03-3456-2406
所 港区麻布十番2-21-10 麻布コート1F
営 18:00〜22:30(最終入店20:00)
休 水曜ほか不定休 交 地下鉄・麻布十番駅から徒歩2分 P なし

予約 要
予算
Ⓓ1万5730円〜

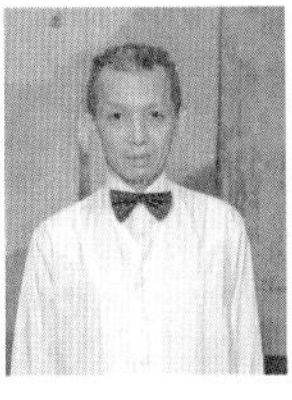
店主、畑中宏祥氏。かつて憧れた先輩にならい蝶ネクタイを愛用

初夏の天ぷら2種。香り高いそら豆と泳ぎださんばかりの鮎

天ぷらの華は魚介。もちろんうまいが、畑中では野菜が絶品

約10年の修業を経て開いた店の歴史は20年以上

本場の雰囲気そのまま!!

陽気なイタリアン とっておき 3店

3つの店に共通するのは、本場さながらの熱い空気。あの陽気でざわついた「元気」を、客とスタッフが醸し出す。イタリアの下町にいるような異空間が、毎夜盛り上がる!

↑南イタリアの温かな雰囲気に満ちたElio Locanda Italiana

Elio Locanda Italiana

エリオ ロカンダ イタリアーナ

麹町 MAP 付録P.12 C-1

南イタリアそのまま 郷土の味と喧騒が愉快

シェフはカラブリア州出身。かの地の郷土料理が本場そのままに味わえる、東京でも稀有な店だ。また食材へのこだわりも深く、肉や野菜は日本各地に直接出向き安全かつおいしいものを厳選。チーズは北海道の自社工房で製造している。

☎03-3239-6771
所千代田区麹町2-5-2半蔵門ハウス1F 営11:45～14:15(LO) 17:45～22:15(LO) 休日曜
交地下鉄・半蔵門駅から徒歩1分 Pなし

↑兄のエリオ氏とともにこの店を開いたシェフ、ジェルマーノ・オルサーラさん

予約 要
予算 L3000円～ D1万円～

↑自家製リコッタチーズとカラブリア名産の辛いサラミペースト「ンドゥイア」を使った手打ちキタッラ
←北海道の自社チーズ工場Fattoria Bio Hokkaidoのできたてブッラータとプロシュートの盛り合わせ

客のリクエストに気軽に応じてくれるのも、TRATTORIA CHE PACCHIAの魅力

TRATTORIA CHE PACCHIA

トラットリア ケ パッキア

麻布十番 MAP 付録P.20 C-3

☎03-6438-1185
所 港区麻布十番2-5-1 マニヴィアビル4F
営 17:00〜24:00(LO)
休 日曜、祝日の月曜
交 地下鉄・麻布十番駅から徒歩5分 Ⓟなし

予約	望ましい
予算	Ⓓ1万1000円〜

威勢のいいシェフとスタッフ 客のざわめきが心地よい料理店

名店ピアット・スズキから2009年に暖簾分け。食材の厳しい選別、ていねいな調理、客の要望に応える柔軟さといった基本姿勢はそのままに独自の進化を遂げ、わがままで舌の肥えた常連客を魅了し続ける。特に近年は魚介を使ったメニューの評価が高まっている。

↑イタリア有名星付きレストランで研修後、ケパッキアシェフに就任した酒井辰也シェフ

↑和牛ランプのロースト5940円。脂が少ない赤身の肉をていねいにロースト

↑気候の穏やかな季節はテラスもおすすめ

Trattorìa Siciliana Don Ciccio

トラットリア シチリアーナ ドン チッチョ

青山 MAP 付録P.23 F-1

☎03-5843-1393
所 港区南青山1-2-6 ラティス青山スクエア1F
営 18:00〜22:30(LO、変更の場合あり) 休 日曜、祝日の月曜
交 地下鉄・青山一丁目駅から徒歩2分 Ⓟなし

予約	可
予算	Ⓓ1万円〜

南イタリアの食堂同様の 陽気な賑わいが満ちる店

イタリア各地で修業時代を過ごしたシェフが、毎日食べても飽きなかったというシチリア料理は、魚介とオリーブオイル、トマトや柑橘を多用した、爽やかで気取らぬスタイル。ワインとともに思う存分味わいたい豪快な料理だ。

→数々の名シェフを輩出したクチーナ・ヒラタで研鑽を積み、イタリア各地で3年間腕を磨いた石川シェフ

↓イワシとウイキョウのカサレッチェ2400円は、松の実と干しブドウが効いた名物メニュー

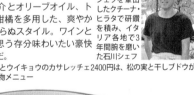

名シェフと極上の空間

気鋭のフレンチ セレブの店 4店

Quintessence店内。席数は以前のままに厨房が大きくなり料理の幅も格段に広がった

おいしいものだけを供したいという達人が作る、伝統の技に裏打ちされた新しいコンセプトの皿たち。それに似合う、上品で洗練されたインテリア。いうまでもなく、ホスピタリティもまた一流だ。

Quintessence

カンテサンス

品川 MAP 付録P.34 B-2

予約 要
予算 Ⓓ5万円～

最高の料理を最高の状態で供す 最も予約困難な店のひとつ

料理はおまかせコースのみ。「シェフ厳選の食材を最高の状態で楽しんでもらうため」と店は話すが、訪れるたびに異なる皿と出会えるのも常連客の喜びのひとつ。どの料理も一見シンプルかつモダンだが強烈にカンテサンス特有の印象を放つ。

☎03-6277-0090(予約専用)
☎03-6277-0485(問い合わせ)
所品川区北品川6-7-29 ガーデンシティ品川御殿山1F 営17:00～20:00 20:30～23:30
休日曜を中心に月6日 交京急線・北品川駅／JR五反田駅から徒歩10分 Pあり

パリ時代は、現3ツ星のアストランスでスーシェフまで務め、帰国して間もなくカンテサンスをオープンしたフレンチ界の若き旗手、岸田周三シェフ

7種類の天然きのこと真ダコのフリカッセ
牡丹エビと黄ニラを使った前菜。透明感あふれる岸田シェフらしい一皿

GINZA TOTOKI

ギンザ トトキ

銀座 MAP 付録P.16 C-3

若手シェフらの憧れにして先頭を走り続ける十時亨シェフ。2015年には料理マスターズ、現代の名工を同時受賞

正統派フレンチで堪能 豪胆なシェフのやさしい料理

食材は都内料理店でも屈指。一流料理人たちがうらやむ素材を揃える。さらに十時氏はフランス、ベルギーで腕を磨きレカンの料理長も務めた正統派凄腕。近年は以前から定評の健康志向も高まってトトキの料理からは活力を得られるとファンが多い。

☎03-5568-3511
所中央区銀座5-5-13 坂口ビル7F
営11:30～14:00(LO13:30) 18:00～22:00(LO21:00)
休月曜(祝日の場合は営業) 交地下鉄・銀座駅から徒歩2分 Pなし

ズワイガニと無農薬野菜のコンソメ風ゼリー、カニのクリーム味噌添え3200円。無農薬野菜もたっぷり

真っ白な空間で彩りと活力あふれる料理を堪能

予約 要
予算 Ⓛ4800円～ Ⓓ1万3000円～

restaurant Nabeno-Ism

レストラン ナベノ-イズム

蔵前 MAP 付録P.3 F-3

新たなフランス料理が花開く華麗な一皿

ミシュラン2ツ星の渡辺雄一郎シェフが手がけるレストラン。ウニやキャビアなどの食材をそばと融合させるなど、日本固有のおもてなしや四季の食材と、フランスの郷土料理の良さを生かしながら昇華させる。芸術的な料理の数々は圧巻。

☎03-5246-4056

所台東区駒形2-1-17 営12:00～15:00 18:00～22:00 休月曜、ほか不定休 交各線・蔵前駅から徒歩4分 Pなし

予約 要

予算 L1万7600円 D3万800円

隅田川のロマンティックな景色を眺めながら日本の四季とフランス料理のエスプリが融合した料理を堪能できる

ディナーコース「Nabeno-Ism」3万800円の一例

ESqUISSE

エスキス

銀座 MAP 付録P.16 C-2

感性を刺激する絵画のような皿の数々

エスキスとは素描の意。未完のまま進化を続ける精神を表す命名だ。日本の食材にフレンチの伝統、柑橘やエキゾチックハーブを使った料理はおまかせコース。軽やかで、まるでアートのような皿が次々に運ばれてくる。

☎03-5537-5580

所中央区銀座5-4-6 ロイヤルクリスタル銀座9F 営12:00～13:00(LO) 18:00～20:00(LO) 休不定休

交地下鉄・銀座駅から徒歩1分 Pなし

予約 要

予算 L2万円～ D3万3600円～

醤油粕とブルーチーズで48時間漬けこんだ鴨は、奥行きのある風味。サルミソース、スパイスやヴィネガーで風味付けした野菜、小豆、カシスを添えている

コルシカに生まれトロワグロの料理長も務めたリオネル・ベカ氏

ジロール茸のソテーとカボチャのピュレを薄い豆腐で覆って仕上げる

ナチュラルな色使いと自然の素材使いをベースにしたインテリア

アメリカの邸宅のようなシックなRuth's Chris Steak Houseのメインダイニング

海外セレブから支持される名店

お肉料理で絶対選びたい3店

熟成肉が流行り、赤身肉に人気が高まる昨今。本気で肉好きの諸兄諸姉にすすめたい店が、3店ある。イタリア風やフレンチ風だが、自慢はまさしく肉料理。

予約 要
予算
Ⓛ5000円〜
Ⓓ1万5000円〜

USDAプレミアビーフフィレはやわらかくジューシー。11oz（310g）1万300円

Ruth's Chris Steak House

ルース クリス ステーキ ハウス

霞が関 MAP 付録P.5 D-1

ニューオーリンズ発祥の老舗で上質な直火焼きステーキを

特別な日にふさわしい高級感あふれる店内で、本場アメリカのジューシーなステーキを味わえる。やわらかく芳醇な熟成肉は、980℃の高温で肉本来の旨みを閉じ込めている。メインダイニングのほか、プライベートダイニング、バーカウンターもある。

☎03-3501-0822
所千代田区霞が関3-2-6 東京倶楽部ビルディング1F　営11:00〜15:00(LO14:30) 17:30〜22:30(LO21:30) 土・日曜、祝日は〜21:30(LO21:00)　休不定休　交地下鉄・虎ノ門駅から徒歩2分　P無料の提携駐車場あり

一人でも気軽に立ち寄れる

IBAIA
イバイア

銀座 MAP 付録P.17 E-3

気遣いあふれるサービスと絶品料理、手ごろなお酒が揃う

温かな活気をたたえて木挽町の路地に建つ佳店。マルディグラで副料理長を務めたシェフは種類、部位を問わず肉の扱いに長けており何を食べても間違いない。店の姿勢を表すおいしくて手ごろなワインのラインナップも好評だ。

☎03-6264-2380
所中央区銀座3-12-5 1F
営17:00〜22:00（LO21:00） 休月曜
交地下鉄・東銀座駅から徒歩5分 Pなし

予約 要
予算 D9000円〜

歌舞伎座にほど近い路地にある

オーナーが自ら畑で栽培するなど、野菜の鮮度もこの店の魅力

一見シンプルにして力強く、その実繊細な深味シェフ(左)の料理と、オーナー兼安さん(右)の温かな気遣いが熱烈な常連客をつくる

「肉料理と揚げ物が得意」と話すシェフ最強の逸品、牛のヒレカツ4800円。分厚くもジューシーな赤身が香ばしい薄衣をまとう。野菜と牛のフォン、酒の甘みが効いたソースも美味

シャンデリアの下がる華麗な店内で、毎夜賑やかな肉の宴が繰り広げられている

ウルフギャング・ステーキハウス 六本木店
ウルフギャング・ステーキハウス ろっぽんぎてん

六本木 MAP 付録P.21 D-2

世界中のセレブから愛される本場アメリカの熟成肉ステーキ

NY発、アメリカで大変な人気を誇るステーキハウスの、国内第1号店がここ六本木店。店内でドライエイジングした最上級の肉を900℃の高温オーブンで焼き上げるため、外側は香ばしく、内側はジューシーでやわらかい絶妙な仕上がり。

☎03-5572-6341
所港区六本木5-16-50 六本木デュープレックスM's1F 営11:30〜23:30(LO22:30) 休無休
交地下鉄・六本木駅から徒歩5分 Pなし

アメリカで最上級の格付けである「プライムグレード」の肉を使用(左)。シーフードやサラダなど肉料理に合うサイドも豊富(右)

予約 可
予算 L2500円〜
D1万5000円〜

味は保証します!

東京で食べる最高の飲茶4店

飲茶の本場であり、食材の持ち味をダイレクトに味わう広東料理。その本物が味わえる広東料理 龍天門は、都内でも屈指のレストランだ。

東京で「飲茶」はどこがおいしいか、となれば、まずこの4つの中国料理店が群を抜く。種類も多く、飲茶だけで済ませることもできる。ここで食せば、わざわざ香港まで行く必要はない。

ランチの点心コースでは、本場香港で食しているような点心を提供

シェフが自ら調合した特製醤油をかけていただく本日の鮮魚の強火蒸し3100円

広東料理 龍天門

かんとんりょうり りゅうてんもん

予約	望ましい
予算	Ⓛ5000円～ Ⓓ1万円～

恵比寿 MAP 付録P.27 F-4

王宮のような空間で食す美しい広東料理

伝統料理をベースに独自のアレンジが光る、鮮やかな料理に魅せられる。飲茶に欠かせない中国茶も充実している。

☎03-5423-7787
所 目黒区三田1-4-1ウェスティンホテル東京2F
営 11:30～15:00(土・日曜、祝日11:00～) 17:30～21:30(土・日曜、祝日17:00～) 休 火曜
交 各線・恵比寿駅から徒歩10分 Ⓟあり

糖朝

とうちょう

日本橋 MAP 付録P.15 E-2

アジアを魅了した香港料理レストラン

香港で生まれたスイーツレストラン。おいしさと見た目の美しさにこだわった香港麺・粥、香港スイーツを展開している。

オーダーごとに材料と粥を炊き上げている糖朝五目粥1150円

しっかり歯ごたえのある極細麺が美味。海老ワンタン香港麺1300円

糖朝スイーツ人気No.1のマンゴプリン700円

☎03-3272-0075
所 中央区日本橋2-4-1 高島屋日本橋店本館8F 営 11:00～21:30(LO20:30) 休 なし
交 各線・日本橋駅から徒歩5分 Ⓟあり

予約	可
予算	Ⓛ1700円～ Ⓓ2500円～

↑落ち着いた店内で香港料理を存分に味わうことができる

大観苑
たいかんえん

赤坂周辺 MAP 付録P.12 B-2

昭和39年(1964)の開店以来美食家に愛される上海料理

「王道主義」を貫くメニューが並ぶ。特にフカヒレの姿煮は天日干しした上質なものを用いる。ソムリエの厳選するワインなども充実している。

☎03-3238-0030
所千代田区紀尾井町4-1 ホテルニューオータニ ザ・メイン16F 営11:30～21:00(LO20:30) 休無休 交地下鉄・赤坂見附駅/永田町駅から徒歩3分 Pあり

予約 望ましい
予算 Ⓛ2200円～ Ⓓ1万3200円～

↑ホテルの日本庭園や都心を望むダイニングからの眺望も絶景

人気の麻婆豆腐は四川風も用意。特小盆(1～2人用)3220円

職人がひとつひとつ手包みで仕上げる点心各種。各3個入り1380円～

赤坂璃宮 銀座店
あかさかりきゅう ぎんざてん

銀座 MAP 付録P.16 C-3

繊細かつ華やかな中華に心も体も満たされる

「医食同源」を実現する広東料理の名店。日本の食材を巧みに取り入れながら、広東料理の真髄を追求するスタイルが長年愛される理由だ。自慢の上湯スープを使ったフカヒレ・海鮮料理や、本格飲茶を堪能したい。

☎03-3569-2882
所中央区銀座6-8-7交詢ビル5F 営11:30～14:00(LO) 17:30～21:00(LO) 日曜、祝日11:30～16:00(LO) 16:00～20:00(LO) 休無休 交地下鉄・銀座駅から徒歩3分 Pあり

蒸し点心三種(海老蒸し餃子、とび子のせ海老焼売、にら入り蒸し餃子)各363円

左:カスタード揚げまんじゅう 右:黒ゴマあんの胡麻揚げ団子 各363円

予約 要
予算 Ⓛ5000円～ Ⓓ1万5000円～

↑中国伝統の四合院様式が広がる。洗練された空間で優雅な時を満喫

吹き抜けの構造は資生堂パーラー 銀座本店 レストランの開業当時の面影を残す

伝統のアイスクリームソーダは食後に注文可

昔ながらの懐かしい味

老舗の洋食店5店

明治・大正で生まれて昭和で完成した洋食はすでに、新種の「日本食」として定着したといっていいだろう。ここでは、熟成感さえある5つの店を厳選。

資生堂パーラー 銀座本店 レストラン

➡P.178

しせいどうパーラー ぎんざほんてん レストラン

銀座 MAP 付録P.16 C-4

憧れと郷愁を感じる
銀座のシンボル

創業から今に至るまで人々の憧れであり続ける老舗。基本レシピはレストラン開業当初から伝わるもので、姿こそ昔のままだが、常に改良し最良の食材を求めるなどの取り組みが極上の料理を作っている。

☎03-5537-6241
所 中央区銀座8-8-3東京銀座資生堂ビル4-5F
営 11:30〜21:30(LO20:30) 休 月曜(祝日の場合は営業) 交 地下鉄・銀座駅から徒歩7分/各線・新橋駅から徒歩5分
P あり(契約駐車場利用)

古きを守り進化を促す倉林龍助総調理長

予約 望ましい
予算 L 4000円〜 D 8000円〜

和牛三枚肉のビーフシチュー 4500円(別途サービス料10%)
昔ながらのレシピで調理。デミグラスソースにトマトが効いた、すっきりとしたおいしさで幅広い年齢層の心をつかんでいる

小川軒

おがわけん

代官山 MAP 付録P.26 C-1

➡P.176

計算し尽くされたシンプル
手間と技を尽くした完成度

明治38年(1905)創業の110年を超える老舗。代官山に移って最初の客が志賀直哉、以前も以降も名だたる文化人が通う名店だ。料理は一見シンプルだが考え抜き、最善を尽くした究極の姿。

☎03-3463-3809
所 渋谷区代官山町10-13
営 12:00〜15:00(LO14:00) 17:30〜22:00(LO21:00)
休 日曜、祝日 交 東急線・代官山駅から徒歩6分
P あり

店を継いで40年以上になる3代目の小川忠貞シェフ

予約 要
予算 L 2750円〜 D 1万9800円〜

ゆったりとした上品な空間

メニュー約80種。どれも手抜きなし

レストラン香味屋

レストランかみや

入谷 MAP 付録P.3 E-2

下町の気品と矜持を保つ 正統派にして上質な料理

大正14年(1925)、粋な花街、根岸に創業。ごちそうでありながら気取りすぎず、舶来料理ではあるがご飯に合うという洋食の魅力が存分に楽しめる店。手抜きのない澄んだ味の料理だ。

☎03-3873-2116

所台東区根岸3-18-18 営11:30～22:00(LO20:30) 休水曜 交地下鉄・入谷駅から徒歩5分／JR鶯谷駅から徒歩10分 Pあり

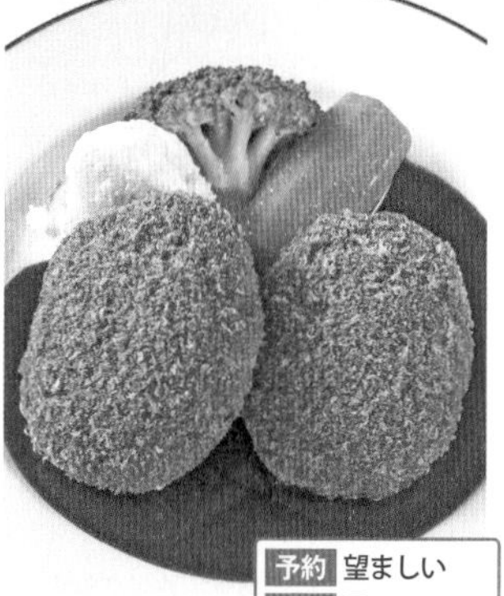

予約 望ましい
予算 Ⓛ3000円～ Ⓓ5000円～

メンチカツ
2200円

非の打ちどころのない最上級メンチ。創業時からのレシピどおり、野菜とスジ肉をソテーし煮詰めるという工程を繰り返して作るデミのうまさは一流だが、ウスターで食しても美味

風格のある店は住宅街で長年愛されている

目白 旬香亭

めじろ しゅんこうてい

目白 MAP 付録P.2 B-2

丹精込めて仕上げる洋食と 芳醇な味わいのワインが美味

太陽の光が注ぎ込む店内は、開放感たっぷりの空間。ロースカツレツやステーキハンバーグなど、豊富な洋食料理を揃え、技法と料理への情熱にあふれる古賀達彦シェフがもてなす。

☎03-5927-1606

所豊島区目白2-39-1 トラッド目白2F 営11:00～15:00(LO14:00) 17:00～22:00(LO21:00) 休無休 交JR目白駅から徒歩1分 Pなし

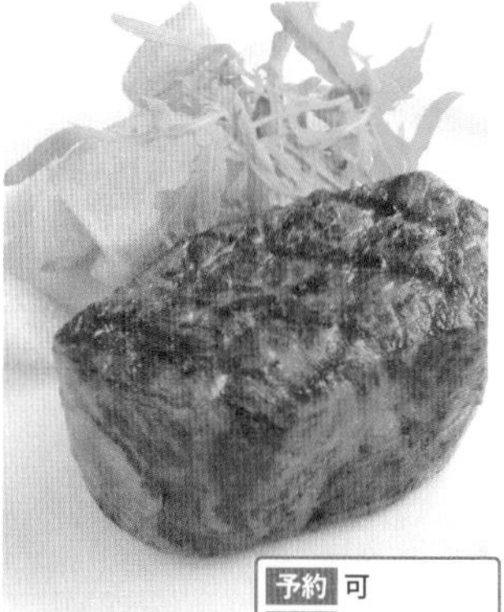

予約 可
予算 Ⓛ2000円～ Ⓓ4000円～

特選和牛ステーキランチ 4800円

ジューシーな和牛ステーキを絶妙な焼き加減で調理。素材の味を生かした和牛は肉厚ながらもやわらかく食べごたえがあり、ナイフを入れるとあふれる肉汁が食欲をそそる。スープとライス付き

海外の洋館のようなシックなたたずまい

銀座 みかわや

ぎんざ みかわや

銀座 MAP 付録P.17 D-2

創業当時のレシピを守る お箸で食べるフランス料理

フランス料理の真髄を日本に伝えた横浜ニューグランドホテルの初代料理長から、直接「技と心」を受け継ぐ洋食店。フランス料理の基本は残し、日本人に親しみやすい味を提供する。

☎03-3561-2006

所中央区銀座4-7-12銀座三越 新館1F 営11:00～21:00(LO20:00) 休無休 交各線・銀座駅から徒歩2分 Pなし

特撰オードゥーブル(9品)8250円は店の自慢の一品

予約 可
予算 Ⓛ5000円～ Ⓓ1万円～

ビーフステークフィレ
1万3200円

さっぱりとした国産牛を厳選して調理。表面はしっかりと焼き色をつけ、オーブンで旨みを閉じ込めながらゆっくりと焼いている。2週間かけて煮込んだ特製デミグラスソースとの相性も◎

一日の始まりは上質な食卓から

早起きしていただく 優雅な朝食

旅の朝はていねいにこしらえた
食事からスタート。お寺の和食をはじめ、
東京に上陸した有名パンケーキ店、
世界各国の食文化を感じられるレストランなど、
多様なメニューと穏やかな空間で過ごし、
エネルギーをチャージしたい。

予約 朝食のみ可
予算 Ⓑ2000円～

寺院の敷地内に誕生
話題の朝食で心安らぐ

築地本願寺カフェ Tsumugi

つきじほんがんじカフェ ツムギ

築地 MAP 付録P.19 F-1

築地本願寺のインフォメーションセンター内にあるカフェ。仏教や浄土真宗にちなんだ朝食やランチ、抹茶を使用した和スイーツ、オリジナルのお茶などを提供。話題の朝食「18品の朝ごはん」は店の人気メニュー。

☎なし
所中央区築地3-15-1 築地本願寺インフォメーションセンター内 営8:00～18:00 休無休 交地下鉄・築地駅出口1直結 Ⓟなし

⬅削り氷袋布向春園お抹茶＆北海道あずき1210円(左)、濃い苺みるく1210円(中)。創業約160年の老舗茶屋「袋布向春園本店」の深蒸し茶(冷茶)550円(右)

⬆彩りよく丹精込めて作られたこだわりの小鉢が美しい18品の朝ごはん。提供は数量限定。朝食や和スイーツを求めて訪れる人が多い

➡木洩れ日の光と店内のライトに照らされ心地よい雰囲気

ニューヨークで大人気の
パンケーキ店が東京に進出

CLINTON ST. BAKING COMPANY 東京店

クリントン ストリート ベイキング カンパニー とうきょうてん

青山 MAP 付録P.23 D-4

ホームメイドにこだわった朝食が人気のレストラン。看板メニューの「ブルーベリーパンケーキ」は、『ニューヨーク・マガジン』でNo.1の評価を2度も獲得するなど、老若男女に支持される。ワッフルやチキンなどのメニューも充実している。

☎03-6450-5944
所港区南青山5-17-1 営9:00～18:00(LO17:00) 休不定休 交地下鉄・表参道駅駅から徒歩6分 Ⓟなし

予約 望ましい
予算 Ⓑ1500円～

➡王道のブルーベリーパンケーキ1400円。中はモチモチ＆ふわふわ食感のパンケーキが美味

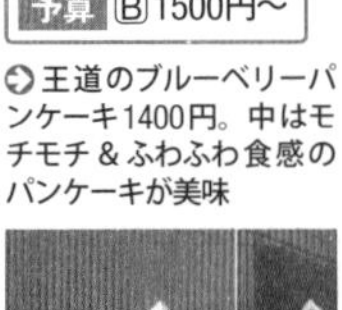

⬆表参道の骨董通りにある赤い壁が目印

食の文化と知恵が詰まった
世界各地の朝ごはんを味わう

WORLD BREAKFAST ALLDAY 外苑前店

ワールドブレックファーストオールデイ がいえんまえてん

予約 可
予算 Ⓑ1500円～

外苑前 MAP 付録P.23 D-2

「朝ごはんを通して世界を知る」をコンセプトに、東京にいながら食で世界旅行の気分を味わえるレストラン。メニュー開発は、大使館や政府観光局、東京在住の現地出身者の協力のもと、歴史や文化、栄養、彩りなどの伝統を再現している。2カ月ごとに変わる各国のメニューが待ち遠しくなる。

☎03-3401-0815
所渋谷区神宮前3-1-23-1F 営7:30～20:00(LO19:00) 休不定休
交地下鉄・外苑前駅から徒歩5分 Pなし

↗菓子パンなど朝食に甘いものを食べることが多いチェコの朝食。フレビーチェクはスライスしたパンにハムやサラダ、卵などを盛り付けたオープンサンド

↑イギリスの朝ごはん1900円。産業革命の頃から食べられている定番の朝ごはん。パンはトーストとフライドブレッドから選べる
←海外のこぢんまりとしたカフェのようなたたずまい

ニューヨーカーに愛される
洗練されたブランチを楽しむ

サラベス 東京店

サラベス とうきょうてん

予約 可
予算 Ⓑ1700円～

東京駅 MAP 付録P.15 D-2

昭和56年(1981)にニューヨークで創業。パンケーキやエッグベネディクトをはじめ、創業者サラベスが生み出す朝食メニューは、地元客だけでなく世界中の食通を魅了している。

☎03-6206-3551
所千代田区丸の内1-8-2鉄鋼ビルディング南館2-3F 営8:00(土・日曜9:00)～23:00(日曜、祝日は～22:00) 休無休
交各線・東京駅から徒歩2分 Pなし

↑ガラス張りの2階の店内には大きな窓から光が降り注ぐ

↑イングリッシュマフィンにとろける半熟卵、スモークハム、オランデーズソースをのせたクラシックエッグベネディクト1880円(10:30～16:30LO)

見た目のインパクト大！
パンケーキブームの先駆け

Eggs 'n Things 原宿店

エッグスンシングス はらじゅくてん

予約 可(土・日曜、祝日は望ましい)
予算 Ⓑ1000円～

表参道 MAP 付録P.22 B-2

1974年にハワイで誕生したカジュアルレストラン。甘さ控えめの生地に高さ15cmほどのホイップクリームが盛られたパンケーキは、世界中の人に愛されている。

☎03-5775-5735
所渋谷区神宮前4-30-2
営8:00～22:30(LO21:30)
休不定休
交地下鉄・明治神宮前〈原宿〉駅から徒歩2分 Pなし

↑ストロベリー、ホイップクリームとマカダミアナッツのパンケーキ1507円は迫力満点のビジュアルが人気

↑ハワイの雰囲気を感じる開放感のある店内。2階席も充実

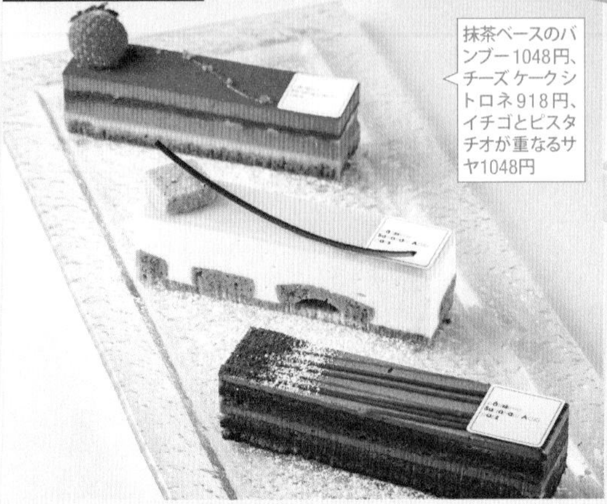

抹茶ベースのバンブー1048円、チーズ ケークシトロネ918円、イチゴとピスタチオが重なるサヤ1048円

↑まるでコスメのパレット。12色のボンボン ショコラ

↑パリで作り直送されるマカロン

↑店内にはカフェスペースがある。ここだけの限定商品にも注目

パリに拠点を持ち 本場の伝統と革新を提案
pâtisserie Sadaharu AOKI paris

パティスリー・サダハル・アオキ・パリ

日比谷 MAP 付録P.14 A-4

パリで活躍するパティシエ、青木定治氏のブティック。白を基調とした洗練された店内には、色鮮やかでスタイリッシュなスイーツが並ぶ。

☎03-5293-2800
所千代田区丸の内3-4-1 新国際ビル1F　営11:00～20:00(LO19:00)
休不定休　交各線・有楽町駅から徒歩2分／地下鉄・日比谷駅から徒歩3分　Pあり(有料)

青木定治
あおき さだはる
2001年パリで開業。現地での受賞歴も多く、今世界で最も注目されているパティシエの一人。

東京で絶対人気のパティシエがいる店

世界が認める 特別なスイーツ

自らの腕で自分の世界を築き上げた名パティシエの店へ 宝石のように輝く絶品スイーツを味わいに出かけたい。

ホテルが手がける 厳選素材の贅沢スイーツ
パティスリーSATSUKI

パティスリー サツキ

赤坂周辺 MAP 付録P.12 B-2

総料理長・中島眞介氏が全国を訪ね、厳選した素材で作る究極のスイーツ「スーパーシリーズ」は必食。イートインでも味わえる。

☎03-3221-7252
所千代田区紀尾井町4-1 ホテルニューオータニ ザ・メイン ロビィ階
営11:00～20:00　休無休
交地下鉄・赤坂見附駅／永田町駅から徒歩3分　Pあり(有料)

中島眞介
なかじましんすけ
ホテル・スイーツのイメージを一変させた総料理長。2015年フランス農事功労章シュヴァリエ受章。

厳選素材と職人の技から生まれる最上級ショートケーキ新エクストラスーパーメロンショートケーキ4320円

大粒のイチゴと濃厚なカスタードをサクサクなパイ生地に贅沢に挟んだあまおうナポレオン1296円

↑生のイチゴ「あまおう」を食べているかのような「あまおうクロワッサン」などパンもユニーク

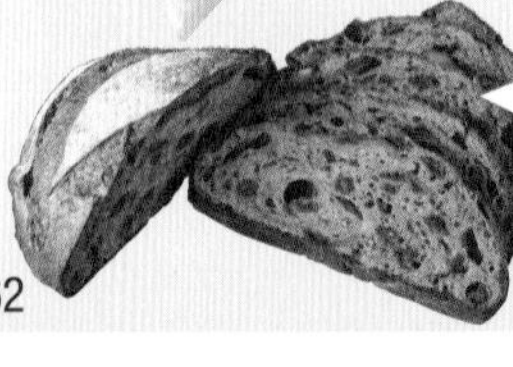

国産素材を取り入れ、からだにやさしくおいしさを追求した上質なJカンパーニュネクスト1836円

↓店頭に並ぶスイーツやパンは、毎日館内の厨房でパティシエが手作りしている

盛り付けは目の前で 五感で味わうデセール
Toshi Yoroizuka Mid Town
トシ ヨロイヅカ ミッドタウン

六本木 MAP 付録P.20 C-1

ミッドタウンでは、その場で食すからこそ味わえる、アシェット・デセールが楽しい。目の前でシェフが盛り付けていく様子はまるで魔法。

☎03-5413-3650

所 港区赤坂9-7-2 東京ミッドタウン・イースト1F
営 11:00～21:00(LO20:00) 休 無休
交 地下鉄・六本木駅から徒歩1分
P あり(有料)

鎧塚俊彦
よろいづか としひこ
国内で経験を積み渡欧、8年を過ごす。日本人初の3ツ星店シェフ・パティシエ就任など快挙を果たす。

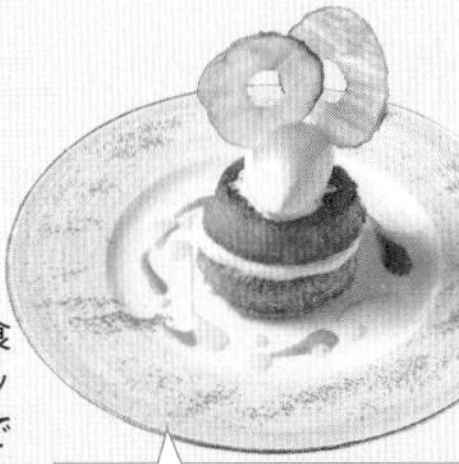

パイ生地、焼いた糖に包まれたとろけるリンゴにアイスと多彩な質感、温度が重なるタルトタタン1500円

ムースやクッキーなどチョコだけで4つのテクスチャームッシュ・キタノ720円

↑目の前でデセールを盛るカウンター席のサロン。ショップも併設

世界一のスイーツを求め 国内外からファンが訪れる
モンサンクレール

自由が丘 MAP 付録P.35 E-3

辻口博啓氏の原点であるパティスリー。自身の代表作であるセラヴィをはじめ、独創性に富んだプチガトーや焼き菓子、地方菓子やショコラなど80種類以上のスイーツが並ぶ。

☎03-3718-5200

所 目黒区自由が丘2-22-4 営 11:00～19:00、サロン11:00～17:30(LO)
休 水曜、臨時休業あり 交 東急線・自由が丘駅から徒歩10分 P あり

辻口博啓
つじぐち ひろのぶ
洋菓子の世界大会で多くの優勝経験を持つトップパティシエ。現在、全国で11ブランドを展開中。

ショコラとピスタチオが香るブロンテ830円(上)と、フランボワーズとライチが香るリチア830円(下)

フランボワーズの酸味とピスタチオの香ばしさがホワイトチョコレートの甘さを際立たせるセラヴィ820円

↓ショーケースには宝石のように美しいケーキが並ぶ

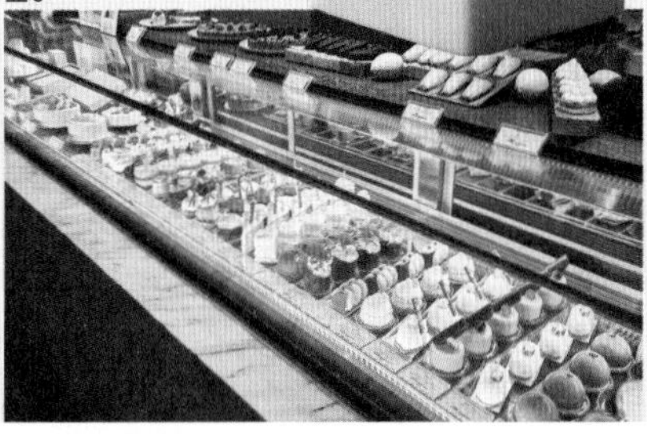

さまざまに姿を変える 多彩なショコラを堪能
ショコラティエ ➡P.176 パレド オール

丸の内 MAP 付録P.14 B-2

カカオ豆からチョコレート作りを手がける専門店。三枝シェフが作り出す、華やかで上品なチョコレートの数々は特別なギフトにもオススメ。

☎03-5293-8877

所 千代田区丸の内1-5-1 新丸ビル1F
営 11:00～21:00(日曜、祝日は～20:00) LOは各30分前 休 ビルに準ずる
交 各線・東京駅から徒歩1分 P なし

自家製4種のチョコを使用した美しいパルフェ(季節に合わせて変わる)ショコラパルフェ2541円

↑まるで宝石店。穏やかな季節には仲通りに面したテラス席も素敵

三枝俊介
さえぐさ しゅんすけ
カカオ豆からビターやミルク、ホワイトチョコレートまで自家製で揃える。探究心と遊び心にあふれている。

カラフルな草花やグリーンに囲まれた空間やメニュー

ボタニカルカフェで癒やされる

1

花に包まれた優雅な時間を提供

青山フラワーマーケット ティーハウス 赤坂Bizタワー店

あおやまフラワーマーケット ティーハウス あかさかビズタワーてん

赤坂 MAP 付録P.12 B-3

都内有数のフラワーショップが提案する、「毎日の生活に花を」をコンセプトにしたカフェ。その場にいるだけで癒やされる空間が広がり、フードやドリンクは、多様な種類のフラワーやハーブを使用。ヘルシー指向にもうれしい。

☎03-3586-0687

所港区赤坂5-3-1 赤坂Bizタワー1F

営8:00～19:00(フードLO18:00、ドリンクLO 18:30、営業時間は変動の可能性あり)

休無休 交 地下鉄・赤坂駅から徒歩2分 Pなし

2

3

4

1.花が生まれ育つ「温室」をイメージしてつくられた 2.店内ではイベントも多数開催 3.バラの花びらがアクセントのパフェ(右)とこだわりの紅茶(左) 4.有機栽培のハーブをたっぷり使った花かんむりのフレンチトースト

近年、フラワーショップと融合したカフェが増加中。
美しく心癒やされる花に囲まれて、優雅なカフェタイムを楽しめる。
提供されるメニューにはカラフルで香りの良いエディブルフラワーが
使用されるなど、店内だけではなくテーブルでも華やかさを演出してくれる。

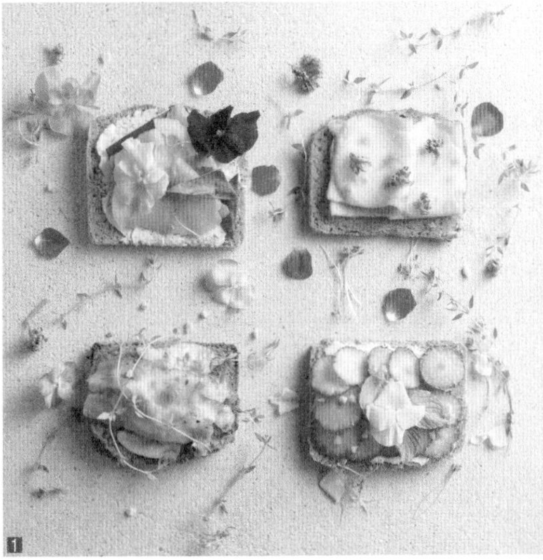

1.オープンサンドは良質なライ麦を使用　2.ゆったりとした空間に心身ともに癒やされる　3.花の色をモチーフにしたスムージー　4.フレッシュなフルーツをふんだんに使ったフルーツサンド(土・日曜のみ販売)

花にも人にもやさしいカフェ

LORANS.原宿店

ローランズ.はらじゅくてん

原宿 MAP 付録P.22 B-1

原宿の閑静な住宅街にあるカフェ。多数の観賞植物に彩られ、気に入った花は購入することもできる。全部で4種類あるオープンサンドはすべてにエディブルフラワーを使用。新商品の手作りフルーツサンドも華やか。

☎03-6434-0607
所渋谷区千駄ヶ谷3-54-15 ベルズ原宿ビル1F　営11:30〜19:00(LO18:30)　休無休
交地下鉄・北参道駅から徒歩5分　Pなし

自然豊かな止まり木カフェ

Les Grands Arbres

レグラン ザルブル

広尾 MAP 付録P.4 B-2

大きなタブの木に包まれたフワラーショップ&ガーデンカフェ。店内や屋上テラスは、花や緑をあしらった空間演出でまさに都会のオアシス。新鮮野菜を使ったヘルシーメニューが充実している。

☎03-5791-1212
所港区南麻布5-15-11 フルール・ユニヴェセール3F
営11:00〜19:00(LO18:00)
休不定休　交地下鉄・広尾駅から徒歩2分　Pなし

1.ブドウの蔓が屋根になった開放感ある屋上テラス　2.ヘルシーデリプレート1650円。3種のデリとハムの盛り合わせ。一日に必要な野菜が半分以上補える　3.まるで森の中にいるような癒やし空間

本やアートとコラボしたスペースで、カフェのもうひとつの過ごし方

くつろぎ+αの多目的カフェ

コーヒーを飲んだり食事したりするだけでなく、ギャラリーや書店と合体したカフェが増加中。アート鑑賞しながら、買い物をしながら、カフェタイムを楽しみたい。

1.多彩な展示が随時行われるギャラリー。写真は度會保浩氏の作品　2.梁の風合いが風情ある店内。近隣にある東京藝術大学の学生のアトリエ兼シェアハウスとして利用されていた。2階にはホテルのレセプションがある　3.ラム漬け無花果のチーズケーキ　©Yikin HYO

1.ギャラリー、カフェ、グッズ販売スペースがらせん状に連なる広がりのある空間　2.ギャラリースペースではさまざまなアート展が開催される　3.一杯ずつていねいに淹れるPaper drip coffee605円～　4.コーヒーと味わいたいサンドイッチ。相性のよいコーヒーも提案してくれる

1.店内には荒木良二や田村セツコをはじめ、有名絵本作家の原画も常設　2.ケーキセット880円。写真はむらさきいもチーズケーキとスパイスチャイ　3.お気に入りの絵本を探してみよう　4.幅広い層が訪れる。ランチどきには手作りの玄米カレーを目当てに来店する人も多い

木造のレトロな空間でアート鑑賞

HAGI CAFE

ハギカフェ

谷中 MAP 付録P.6 C-1

下町情緒あふれる"谷根千"にたたずむ築60年のアパートをリノベーションした文化複合施設。1階はカフェやギャラリーになっており、ハンドドリップのコーヒーや季節のメニューとともに若手アーティストの作品を楽しめる。

☎03-5832-9808
所台東区谷中3-10-25 HAGISO
営8:00～10:30 12:00～17:00(土・日曜、祝日は～20:00)　休不定休　交JR日暮里駅／地下鉄・千駄木駅から徒歩5分　Pなし

アート空間で味わう本格コーヒー

モンキーカフェ&モンキーギャラリー

代官山 MAP 付録P.26 C-1

十二角形の建物が存在感を放つカフェ。注文後に豆を挽きハンドドリップでていねいに淹れるコーヒーは、深い風味とまろやかな口あたりがやみつきに。くつろいだあとは、併設のギャラリーで現代アートの展示を満喫。

☎03-5728-6260
所渋谷区猿楽町12-8　営10:00～19:00
休不定休　交東急線・代官山駅から徒歩5分
Pなし

絵本喫茶の草分け的存在

SEE MORE GLASS

シーモアグラス

原宿 MAP 付録P.22 A-3

1996年創業。ビル地下にある店内はやわらかな照明と木のぬくもりに包まれ、棚には2500冊以上の絵本がぎっしり。絵本の世界に没頭しながら、おいしいチャイやケーキを堪能したい。

☎03-5469-9469
所渋谷区神宮前6-27-8 京セラ原宿ビルB1
営12:00～18:00
休不定休(HP内「今月の予定」にて確認)
交地下鉄・明治神宮前〈原宿〉駅から徒歩3分
Pなし

いつのまにかブーム到来!

ベーカリーの人気食パン

**モチモチ、ふわふわ、しっとりなど
食感も味も多彩な食パンが揃う。
パンを知り尽くした専門店ならではの
トースト・メニューも美味。**

創業から約80年
東京で愛され続ける人気パン

Pelican CAFE

ペリカンカフェ

浅草周辺 MAP 付録P.3 F-3

多くのレストランや喫茶店からの注文も多い老舗パン屋さん、ペリカンのカフェ。炭火で炙るトースト、中身もおいしいハムカツサンドやフルーツサンドが好評で、店頭には連日、行列ができる。

☎03-6231-7636
所台東区寿3-9-11
営9:00〜17:00(LO)
休日曜、祝日
交地下鉄・田原町駅から徒歩7分 Pなし

比較的回転が早いため、行列していても待ち時間は意外と短い

白いチーズトースト
950円
モッツァレラ、フロマージュ・ブラン、パルミジャーノとチーズの旨みが重なる

黄色いチーズトースト
850円
マスタードを効かせたチェダーチーズのトーストはお酒とも好相性

買って帰れる食パン

食パン
1斤500円、1.5斤750円
昔ながらの製法で作る食パンは飽きがこず毎日食べられる。2日前には電話予約が無難

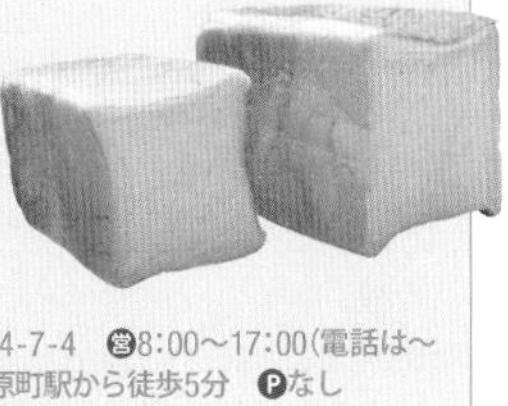

Pelican

ペリカン

浅草 MAP 付録P.10 B-4
☎03-3841-4686 所台東区寿4-7-4 営8:00〜17:00(電話は〜15:30) 休日曜 交地下鉄・田原町駅から徒歩5分 Pなし

人気の食パン「ムー」を用い
鉄板で供する絶品フレンチトースト

パンとエスプレッソと

表参道 MAP 付録P.22 C-2

ムーは、しっとり、もっちりとした生地ながら歯切れがよいと好評。1日に4〜5回焼くが、15時30分には売り切れてしまうことも多い。テラスを備えたカフェを併設しており、パニーニなどもおすすめ。

☎03-5410-2040
所渋谷区神宮前3-4-9
営8:00〜19:00
休不定休 交地下鉄・表参道駅から徒歩7分
Pなし

買って帰れる食パン

ムー 400円
バターをふんだんに使用。耳が薄く、中の生地がふわふわとやわらかい

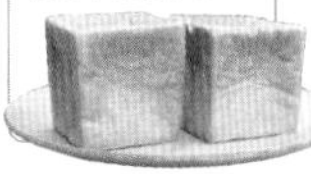

フレンチトースト
1050円
1日30〜40食限定。前日から漬け込んだ卵液がたっぷり染みて、食感もトロトロに

店名からもわかるが、コーヒーにもこだわっている。豆は自家焙煎、パンと同様、飽きのこない上質なエスプレッソも自慢

職人技が光る
京都発祥のデニッシュ食パン

CAFE & BAKERY MIYABI 神保町店

カフェ&ベーカリー ミヤビ じんぼうちょうてん

神保町 MAP 付録P.3 D-3

パンの激戦区、京都で育まれたデニッシュ食パンの有名店。クリームやバターを練り込んだリッチな味わいとほんのりとした上品な甘さ、軽い食感がクセになるおいしさだ。

☎03-5212-6286
所千代田区西神田2-1-13 営7:15〜20:00
休無休 交地下鉄・神保町駅／JR水道橋駅から徒歩5分 Pなし

買って帰れる食パン

ミヤビ
デニッシュ
1.5斤1100円
バターをたっぷり練り込んだ、香り豊かなデニッシュ生地の食パン

10時30分以降はカレーやパスタなども

ハニートースト
900円
カリッとトースト後、アイスや生クリーム、ハチミツをトッピング

美しい夜景とこだわりの食事で
大切な時間を過ごして

THE DINING シノワ 唐紅花 & 鉄板フレンチ 蒔絵

ザ ダイニング シノワ からくれない & てっぱんフレンチ まきえ

浅草 MAP 付録P.10 B-1

広東料理をベースとした新感覚中国料理のヌーヴェルシノワと、鉄板焼など、厳選素材を生かした美食を提案する鉄板フレンチ。中国料理&フレンチのコラボレーションコースをはじめ、両方の味わいを自由に楽しめる新スタイルレストラン。

☎03-3842-2124
所台東区西浅草3-17-1 浅草ビューホテル27F
営11:30～15:00(LO14:00) 17:30～21:00(LO20:00) 休無休 交つくばエクスプレス・浅草駅直結/地下鉄・田原町駅から徒歩7分 Pあり

予約 可
予算 L5000円～ D7000円～

↑窓に面した席から見る夜景が素晴らしい。記憶に残る料理とともに素敵な思い出に

↑選べるシェフ&シェフコース7700円

東京の街を眺めるレストラン 記念日を彩る

地上345mのロケーション
そこはまるで空の上

Sky Restaurant 634(musashi)

スカイレストラン ムサシ

押上 MAP 付録P.9 E-4

昼は東京のパノラマを、夜は美しい夜景を眼下に見下ろしながら楽しめる最上級のレストラン。華やかなフランス料理の技法と美しい和の心意気、さらに厳選した食材で奏でられる料理はどれも絶品。

☎03-3623-0634(10:00～19:00)
所東京スカイツリー天望デッキ フロア345(墨田区押上1-1-2) 営12:00(土・日曜、祝日11:30)～14:30(最終入店14:00) 17:30～21:00(最終入店19:00) 休無休 交東武スカイツリーライン・とうきょうスカイツリー駅/各線・押上(スカイツリー前)駅からすぐ Pあり(東京スカイツリータウン駐車場)

予約 要
予算 L8000円～ D1万8000円～
※東京スカイツリー天望デッキへの入場券別途

↑地上345mから眺める都心の風景は格別だ(写真はイメージ)

→彩りも美しく盛り付けられた料理(写真はイメージ)

予約	要
予算	L 7600円〜
	D 1万4700円〜

記念日にはぜひ窓際を予約して
特別なディナータイムを満喫

タワーズレストラン クーカーニョ

渋谷 **MAP** 付録P.24 C-4

セルリアンタワー東急ホテルの40階にあり、お台場、横浜方面を見渡す眺めは息をのむ美しさ。伝統の技術と斬新なアイデアで作り出すプロヴァンス料理は魚介や野菜も多く、軽やかな仕上がり。フランス料理の魅力を身近に感じられるレストランだ。

☎03-3476-3404
所渋谷区桜丘町26-1セルリアンタワー東急ホテル40F 営11:30〜15:00(LO14:00) 17:00〜22:00(LO20:00) 休火曜
交各線・渋谷駅から徒歩5分 Pあり

→メニューは季節ごとに変更。旬の味覚を味わえる

↑広大な街の明かりがきらめくロマンティックな景色は記念日にふさわしい

素敵な夜景

高層フロアから眺める東京の街並みは、明かりが灯り始める夕暮れどきが美しい。ライトアップされた東京スカイツリー®や東京タワーが輝く夜景に彩りを添える。

予約	前日17:00まで
予算	L 9900円〜
	D 1万5000円〜

360度の眺望が満喫できる
ビュッフェダイニング

VIEW & DINING THE SKY

ビュー＆ダイニング ザスカイ

赤坂 **MAP** 付録P.12 B-2

全席窓際席で、360度のパノラマビューが楽しめる。食事はビュッフェスタイルで、和、洋、中とあらゆるごちそうが夜は約100種類も用意。食で有名なホテルニューオータニのダイニングとあって、できたてで提供される料理はどれも美しく味も抜群。

☎03-3238-0028
所千代田区紀尾井町4-1 ホテルニューオータニ ザ・メイン17F 営ランチ11:30〜、12:00〜、12:30〜、13:00〜(土・日曜、祝日13:45〜)、ディナー17:30〜、18:00〜、18:30〜、19:00〜 ※120分制 休無休 交地下鉄・赤坂見附駅／永田町駅から徒歩3分 Pあり(有料)

→前菜からメイン、スイーツまで多彩な料理が並ぶ

↑東京タワー、東京スカイツリー、新宿と風景が移る。窓と反対側のオープンキッチンも活気があって楽しい

東京の夜を豊かに演出する

上質なナイト空間 大人のためのバー

厳選4店

年齢を重ねたからこそ落ち着ける空間がある。
カウンターで育まれるのは大人だけの密かな夢。
インテリアにもカクテルにも接客にも、
細やかな配慮が感じられる極上の時間。

⬆銀座を代表する店だけに、洗練された接客と居心地のよさはさすがスタア・バー・ギンザ

スタア・バー・ギンザ

銀座 MAP 付録P.17 E-1

名店ひしめく銀座を牽引する貫禄と華やぎが体感できるバー

当店はカクテルがメインでモルトなども置く、と店主は言うが、用意されたウイスキーはざっと200銘柄。自信のカクテルは、権威あるコンペでの幾度もの優勝が物語るとおり無論、秀逸。隙のない店づくりとやわらかな接客で出迎える極上の空間だ。

⬆国内外の権威あるコンペティションで数多くの受賞歴を誇るオーナー岸さん

予約	不可
予算	4500円～ チャージ1100円

☎03-3535-8005
所中央区銀座1-5-13 MODERNS GINZA B1
営17:00～23:30 休無休
交地下鉄・銀座駅から徒歩5分

⬇落ち着いた空間のもと、経験豊かなバーテンダーとの会話も楽しみ

COFFEE BAR K

カフェ バー ケー

銀座 MAP 付録P.16 B-3

軽やかにわがままを聞く店で肩肘張らずに楽しむひととき

構えは銀座の高級バーだが、実態は気取らず、そのうえ、客の要望を軽々と実現してみせる真の一流店。カクテルやモルトの品揃えはもちろん、カツサンドやパスタ、ピザ、ガレットといったフードメニューのラインナップと質の高さにも定評がある。

⬆予算、気分、シチュエーションを伝えれば心地よく過ごせる本物のバー

予約	望ましい
予算	7000円～ チャージ1000円 ※別途サービス料10%

☎03-5568-1999
所中央区銀座6-4-12 KNビル3F
営17:00～翌5:00 休日曜、祝日
交地下鉄・銀座駅から徒歩6分

⬇アップル・ブランデーの爽やかさを楽しむ華やかなカクテル、ジャックローズ1500円

⬆オリジナル・スタンダードから樽や年代違いなどのスコッチを楽しむのも一興

⬆古材の手ざわりが重厚感を醸し出し、照明・音響ともに完璧な演出をするのはBar La Hulotte

WODKA TONIC

ウォッカ トニック

西麻布 MAP 付録P.20 A-2

リクエストには全力で対応 西麻布の一流隠れ家バー

⬆バーテンダーの山田一隆さん。幅広い年齢層に多くのファンがいる

ウイスキー、カクテル、ブランデーにワインはもちろん、焼酎、日本酒から養命酒にいたるまであらゆる酒を準備。さらには料理も種類豊富で、なかでも赤と黒、2色のカレーが店の名物となっており、満腹でもスプーン1杯とオーダーする客が絶えない。

予約	望ましい
予算	5000円～ チャージ1000円 ※別途税・サービス料15%

☎03-3400-5474

所 港区西麻布2-25-11 田村ビルB1 営 18:00～朝(料理のLO翌4:00) 休 土・日曜、祝日 交 地下鉄・広尾駅／乃木坂駅／六本木駅から徒歩10分

⬇店は昭和61年(1986)のオープン。2024年で38周年を迎え、西麻布の名店として存在感を増している

⬅この店では「とりあえずウォッカトニック」1200円という注文が多い

Bar La Hulotte

バーラ ユロット

麻布十番 MAP 付録P.20 C-4

本物のインテリアが醸す 重厚な雰囲気と軽やかな接客

⬆名だたるバーで研鑽を積んだオーナー川瀬彰由さんが理想を実現させたバー

住宅地にひっそりとたたずむ。古民家で使われていた建材を切り出して使用し、イギリスの骨董家具を配した店内は、まるでヨーロッパの古城か修道院といった趣。極上の一日の締めくくりにふさわしいスタイリッシュなバーだ。

予約	不可
予算	5000円～ チャージ1000円

☎03-3401-8839

所 港区元麻布3-12-34 大野ビル1F 営 19:00～24:00(LO23:30) 休 日曜、祝日 交 地下鉄・六本木駅／麻布十番駅から徒歩10分

⬇そこはかとなく、葉巻の香りが漂う。初めて訪れる女性客はホグワーツ城を想起する人も多い

⬆ディナーのあと、食後の締めにふさわしい一杯に出会えるお店

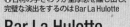

夜な夜な賑わう酒飲みの聖地
昭和の香りのレトロな夜の街

個性に富んだ飲み屋や飲食店がぎっしりと並び、
黄昏どきになると、常連はもとより
外国人観光客など多くの人が群がる“街”

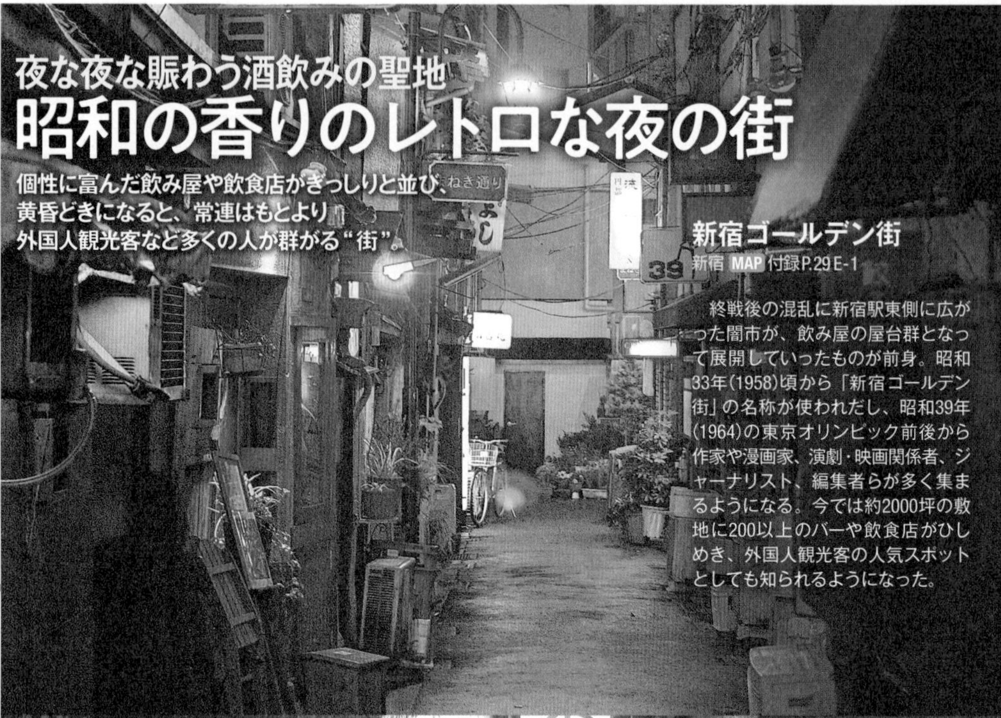

新宿ゴールデン街

新宿 MAP 付録P.29 E-1

終戦後の混乱に新宿駅東側に広がった闇市が、飲み屋の屋台群となって展開していったものが前身。昭和33年(1958)頃から「新宿ゴールデン街」の名称が使われだし、昭和39年(1964)の東京オリンピック前後から作家や漫画家、演劇・映画関係者、ジャーナリスト、編集者らが多く集まるようになる。今では約2000坪の敷地に200以上のバーや飲食店がひしめき、外国人観光客の人気スポットとしても知られるようになった。

渋谷のんべい横丁

渋谷 MAP 付録P.25 D-2

激しく変貌を続ける渋谷の街にあって、変わらないエリア。JR渋谷駅の北東の線路沿いある飲み屋街で、南北に35m、東西15mの極めて小さな一角を占めている。そこに面積おおよそ2坪(約6.6㎡)の店がひしめき、日が暮れる頃になると、なじみの常連客はもちろん、若いカップルや文化人、芸能人、昨今では外国人観光客など、エリア全体に漂う「昭和の香り」を求めて多くの人が集まる。

買う

先代の技術と知恵を受け継ぐ老舗の逸品

身にまとう素材と仕立ての良さや、
長年愛され続ける食材の味わい。
老舗が紡ぐこだわりの品は、
暮らしをより洗練させる。
数ある百貨店から、
おいしい食みやげを選べるのも、
東京ならではの贅沢。

「通」が認める東京の一級品

大切な人へ。老舗の逸品

伝統の技を守り、育ててきた職人たちの手仕事。歴史を超えて生き続けるものには万人が認める価値がある。

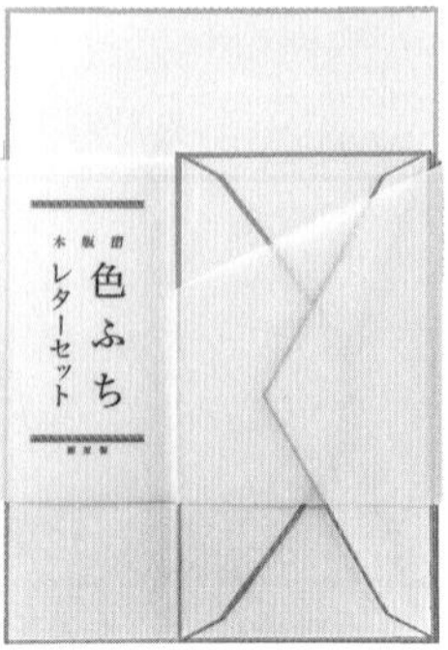

A レターセット
橙の色縁が、シンプルながらあでやか1320円

A 千代紙箱
色ガラス柄の千代紙文箱1650円
菊を描いた重陽、松竹梅の小箱各990円

A 老舗が作る美しい和紙製品は今も昔も人々の憧れ

榛原

はいばら

日本橋 MAP 付録P.15 E-2

200年にわたり日本橋で和紙を商い、幕末～明治には博覧会などで和紙と日本のデザインを紹介。ヨーロッパで大好評となった。現在でも和でありながらモダンな意匠と高い品質は本物指向の人々の支持を集める。

☎03-3272-3801
所中央区日本橋2-7-1 東京日本橋タワー 営10:00～18:30(土・日曜は～17:30)
休祝日 交各線・日本橋駅から徒歩1分 Pなし

A レターセット
蛇腹便箋の千代見草レターセット。綴った手紙の長さによって好きなところで切って使える660円

B ボールペン
1990年以来のロングセラー。赤、黒、白、グレーの4色1100円

B ショッピングだけでなくゆっくり時を過ごしたくなる店

銀座 伊東屋 本店

ぎんざ いとうや ほんてん

銀座 MAP 付録P.17 E-2

明治37年(1904)創業の文房具専門店。オリジナル商品を中心に定番はもちろん世界中の品々が並ぶ。オーダーして目の前でできあがるノートや、自社ビルで水耕栽培で育てた野菜を供するカフェ、手紙を書き投函できるスペースも。

☎03-3561-8311
所中央区銀座2-7-15
営10:00～20:00(土・日曜、祝日は～19:00) 休無休 交地下鉄・銀座駅/銀座一丁目駅から徒歩2分 Pあり

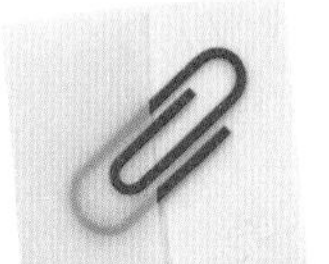

B クリップ
伊東屋のシグニチャー、レッドクリップ330円

B トートバッグ
人気の高いショップバッグをイメージした丈夫な帆布のバッグ4400円

C オリジナルネクタイ

上品なシルクの光沢。無地のソリッドタイはビジネスからパーティーシーンまでを演出2万2000円

C オーダーシャツ

上質なコットン素材で作られるジャストフィット感は既製品では味わえない2万2000円〜

D 豆楊枝入れ

外出先で注目を浴びること間違いなし。和柄の種類も豊富。黒文字5本付各990円

D 千両箱 小箱

縁起のよい「金千両」の文字は、代々の当主がひとつひとつ書き上げる 990円

F 孫の手ブラシ

硬めの馬毛だが、掻いたときの心地よさと、傷をつくらない絶妙な掻き心地が最高2640円

F 歯ブラシ

馬の尻尾の毛を使用。ナイロンのように毛先がつぶれないのが利点550円

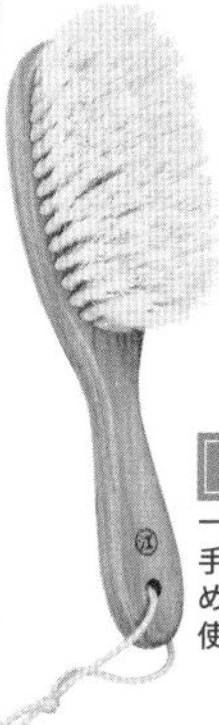

F 洋服ブラシ

一本一本ていねいに純豚毛を手植えしたブラシは生地を傷めにくくカシミヤや着物にも使用可能1万9800円

F ヘアブラシ

特級黒豚毛を使ったやや硬めのブラシ9900円

C 質の良いものを取り揃えた 創業約85年のオーダー紳士服店

銀座英國屋 銀座三丁目店

ぎんざえいこくや ぎんざさんちょうめてん

銀座 MAP 付録P.17 D-2

1940年に創業したオーダーメイドの紳士服店。世界に通用するエグゼクティブな装いを提供。スーツやシャツはもちろん、ネクタイなどの小物まで品の良いものを扱っているので、ギフトにもおすすめ。

➡P.54

D 300年以上の歴史を誇る 日本で唯一の楊枝専門店

日本橋さるや

にほんばしさるや

日本橋 MAP 付録P.13 F-2

宝永元年(1704)創業の江戸時代から続く老舗。上質なクロモジの木を職人が1本ずつ削って仕上げる楊枝は、極細なのに弾力があり、口元で爽やかな香りを放つ。桐箱に名入れしてくれるサービスもあり、ギフトにも最適だ。

☎03-5542-1905
所中央区日本橋室町1-12-5
営10:00〜17:00
休日曜、祝日 交地下鉄・三越前駅から徒歩5分 Pなし
※名入れサービスは、注文後1週間〜10日後に発送

F 将軍家から屋号を賜った老舗 今も新たな刷毛とブラシを製造

江戸屋

えどや

小伝馬町 MAP 付録P.3 E-4

享保3年(1718)、将軍家から称号を賜り創業した江戸でも屈指の老舗。今もさまざまな用途や需要に合わせた刷毛とブラシを作り続け、取り扱う種類は3000におよぶ。国登録の有形文化財に指定された建物も一見の価値あり。

☎03-3664-5671
所中央区日本橋大伝馬町2-16
営9:00〜17:00 休土・日曜、祝日 交地下鉄・小伝馬町駅から徒歩5分／JR新日本橋駅から徒歩10分 Pなし

A 人気のフランス菓子は予約必須
オーボンヴュータン

等々力 MAP 本書P.2 C-3

日本のフランス菓子界を牽引してきた河田勝彦氏の店。アントルメやパンなどどれもおいしいが焼き菓子は別格。

☎03-3703-8428
所世田谷区等々力2-1-3
営10:00～17:00
休火・水曜
交東急線・尾山台駅から徒歩7分 Ⓟなし

B 熟練の職人が炊く和菓子の基本にして真髄
銀座鹿乃子 銀座三越店
ぎんざかのこ ぎんざみつこしてん

銀座 MAP 付録P.17 D-2

小豆にとら豆、青えんどうと、厳選した国産の豆を職人が1種類ずつ炊く。上品な甘さと宝石のような見た目が素敵。

☎03-3562-1111(大代表)
所中央区銀座4-6-16 銀座三越 本館B2
営10:00～20:00
休銀座三越休館日に準ずる 交地下鉄・銀座駅からすぐ Ⓟあり(有料)

C 今も昔も変わらない懐かしくも特別な菓子
小川軒 ➡P.158
おがわけん

代官山 MAP 付録P.26 C-1

最高級老舗洋食店が営むケーキ店。ショートケーキやシュークリームなどクラシカルなラインナップで味は格別。

☎03-3463-3660
所渋谷区代官山町10-13
営10:00～18:00
休日曜、祝日
交東急線・代官山駅から徒歩6分 Ⓟあり

D 元禄創業、当主は18代目老舗の極上半ぺん
神茂
かんも

日本橋 MAP 付録P.13 F-2

今も気仙沼や焼津から届く新鮮な青鮫・ヨシキリ鮫を原料に木べらや石臼を使って職人が手作り。どの練物も逸品。

☎03-3241-3988
所中央区日本橋室町1-11-8
営10:00～18:00(土曜は～17:00) 休日曜、祝日
交地下鉄・三越前駅から徒歩3分 Ⓟなし

E 日本酒やハチミツとカカオのマリアージュ
ショコラティエ パレドオール ➡P.163

丸の内 MAP 付録P.14 B-2

カカオ豆からチョコレート作りを行う本格的なショコラティエ。素材の持つ個性を引き出したショコラが味わえる。

☎03-5293-8877
所千代田区丸の内1-5-1 新丸ビル1F
営11:00～21:00(日曜、祝日は～20:00) 休ビルに準ずる 交各線・東京駅から徒歩1分 Ⓟなし

レベルが違う、知る人ぞ知る逸品!
絶対に喜ばれる東京みやげ

どら焼き、せんべい、佃煮、半ぺん、チョコレート。
どれも目新しくはないけれど、
特別、別格のおいしいものだけ、選り抜きでご紹介。

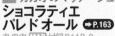

A オーボンヴュータン
カスタードとブランデー香る洋梨のコンポート、キャラメルが層をなす。453円

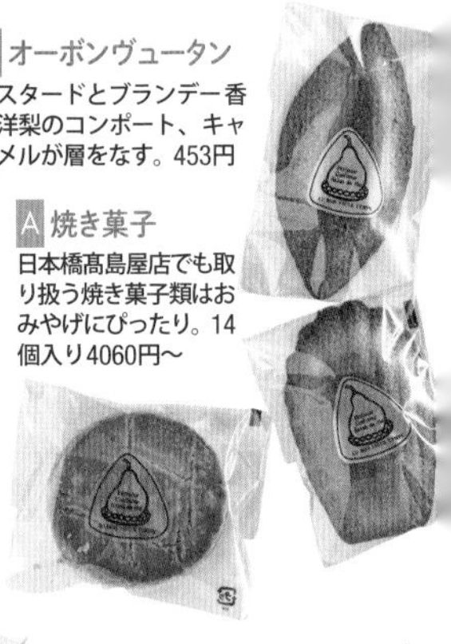

A 焼き菓子
日本橋髙島屋店でも取り扱う焼き菓子類はおみやげにぴったり。14個入り4060円～

B 姫かのこ6個入り
素材の状態に合わせて炊く技術が職人の技。1167円

C レイズンウイッチ
サクサクのクッキーで洋酒の効いたレーズンと芳醇なクリームをサンド。世に類似の菓子はあるがここのは格別。1600円(10個)

D 手取り半ぺん
ふんわりととけるような食感と魚の旨みが絶妙。少し炙るとまたおいしい。432円(1枚)。6枚箱入りは2808円

E 東京マール
皇居周辺で採れたハチミツ入りで、東京店限定販売。2851円

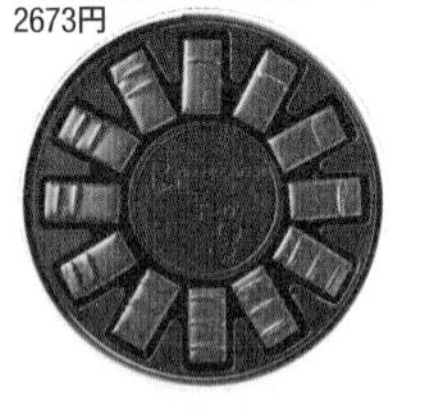

E からだにおいしすぎるショコラ
砂糖、バター、クリームでなくメープルとハチミツ、ゴマ油、豆乳を使用。一粒にナノ型乳酸菌1000億個入り。2673円

F どら焼き(大判・小判)

ハチミツと卵の効いた皮で吟味した十勝産つぶ餡を包む。文久元年(1861)創業の歴史を感じる箱も素敵。300円

※予約と購入のコツ
当日分は10時頃売り切れる。確実に入手するなら1カ月前に予約し、当日15時以降に店を訪ねるとよい

H 塩せんべい

厳選されたうるち米を独特製法により薄くのばし食感を残して仕上げる。23枚入り1250円

G ゴルゴンゾーラ

赤ワインとの相性抜群、大人へのギフトに最適だ。ほかにゴーダやリコッタなどもある。580円

G 東京フロマージュ

デンマーク産とオーストラリア産、2種類のクリームチーズを使用したバランス抜群のケーキ540円

I マーブルクッキー

模様が特徴的なクッキーは噛むほどに小麦の旨みがじんわり。味は抹茶とチョコレート。時期によっては2～3週間待ちの人気商品。260g入り缶2080円
※予約販売のみ

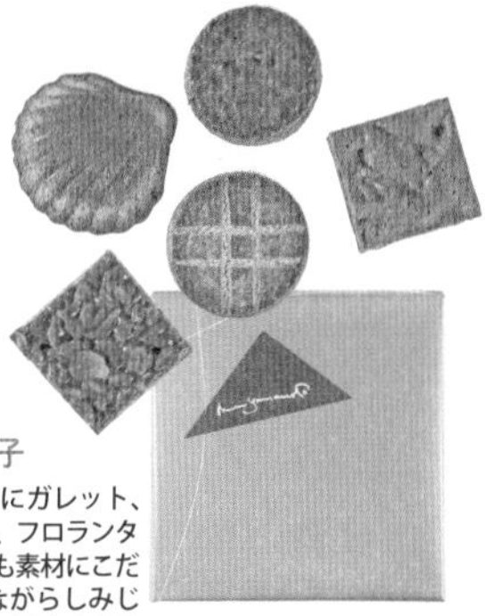

I 焼き菓子

マドレーヌにガレット、ブラウニー、フロランタン。いずれも素材にこだわり素朴ながらしみじみおいしい。日本人の口に合う洋菓子だ。

J 一と口あなご

定番人気商品。国産の脂ののった穴子にこだわる。60g3456円

E タブレット

ハイチやベトナム、トリニダードなど、産地ごとに異なるカカオを楽しむシリーズ。各1188円

F 香ばしく甘さしっかり 王道、最上のどら焼き

清寿軒
せいじゅけん

人形町 MAP 付録P.3 E-4

素材は当然厳選。鍋前を離れずとろ火で餡を炊き皮を一枚ずつ手焼きする。どら焼きはうまいと再認識する絶品。

☎03-3661-0940
所 中央区日本橋堀留町1-4-16 営9:00～17:00(売り切れ次第閉店)
休 土・日曜、祝日
交 地下鉄・人形町駅／三越前駅から徒歩5分 P なし

G お酒にもピッタリ 多彩なチーズのケーキ

パティスリー ル ラピュタ

西葛西 MAP 本書P.3 F-2

上質な王道ケーキがおいしく近所でも評判だが、おすすめはオリジナルのチーズケーキ。

☎03-5674-5007
所 江戸川区西葛西3-3-1
営 10:00～19:00
休 火・水曜(祝日の場合は営業)
交 地下鉄・西葛西駅から徒歩7分 P なし

H 薄くのばした生地をていねいに焼き上げる

三原堂本店
みはらどうほんてん

人形町 MAP 付録P.13 E-4

明治10年(1877)創業の和菓子の老舗。つぶつぶ感を残し薄くのばした生地を焼き上げた塩せんべいが名物。

☎03-3666-3333
所 中央区日本橋人形町1-14-10 営9:30～19:00(土・日曜は～18:00) 休 無休
交 地下鉄・水天宮前駅から徒歩1分 P なし

I 創業以来手作りを守り続ける

山本道子の店
やまもとみちこのみせ

麹町 MAP 付録P.12 C-1

明治7年(1874)創業の洋菓子店の姉妹店。日本人の味覚に合った焼き菓子やクッキーは数量限定で販売されている。

☎03-3261-4883
所 千代田区一番町27
営 10:00～17:00
休 第1・3土曜、日曜、祝日
交 地下鉄・半蔵門駅から徒歩2分 P なし

J 江戸風情を色濃く残す絶品佃煮の老舗

柳ばし 小松屋
やなぎばしこまつや

浅草橋 MAP 付録P.3 F-3

季節の食材を醤油、みりん、砂糖だけでしっかりと煮上げた佃煮は、ご飯やお酒と相性のよい江戸の味わい。

☎03-3851-2783
所 台東区柳橋1-2-1
営 9:30～18:00(土曜は～17:00)
休 日曜、祝日
交 JR浅草橋駅から徒歩5分
P なし

レベルが違う、知る人ぞ知る逸品!

逸品はデパ地下にある 東京・味みやげ

老舗や有名店の商品が勢揃いのデパート地下食品売り場。東京ならではの気の利いたおみやげがわざわざ出かけなくても手に入る。

マカロン
10個詰合わせ 4266円

サクサクした食感が絶妙。各種フレーバーが揃い、見た目も美しい
PIERRE HERMÉ PARIS

PIERRE HERMÉ PARIS Aoyama
ピエール エルメ パリ アオヤマ
青山 MAP 付録P.22 C-4
☎03-5485-7766 所渋谷区神宮前5-51-8 ラ・ポルト青山1-2F

チーズケーキ
3個入り 1080円

北海道小麦の生地に包まれたデンマーク産クリームチーズが濃厚美味
資生堂パーラー

ピュアフルーツジェリー
8個入り 4320円

サクランボやピオーネなど国産のフルーツがごろっと入った艶やかなゼリー
千疋屋総本店

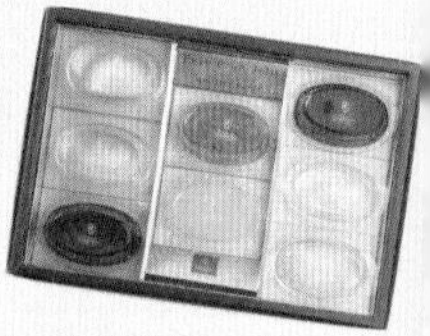

花椿ビスケット
48枚入り 3510円

シンプルながら後引くおいしさ。おやつはもちろん朝食代わりにもおすすめ
資生堂パーラー

資生堂パーラー 銀座本店
しせいどうパーラー ぎんざほんてん
銀座 ➡P.158
MAP 付録P.16 C-4
☎03-3572-2147
所中央区銀座8-8-3

ストレートジュース
8本入り 4752円

果実の旨みがギュッと濃厚に詰まった専門店らしい一品
千疋屋総本店

千疋屋総本店 日本橋本店
せんびきやそうほんてん にほんばしほんてん
日本橋 MAP 付録P.13 E-1
☎03-3241-0877(販売)
所中央区日本橋室町2-1-2日本橋三井タワー内

肉まん
1個 648円

上質な素材を使ったグルメな肉まん。ボリュームも満点
維新號

維新號 銀座本店
いしんごう ぎんざほんてん
銀座 MAP 付録P.16 B-3
☎03-3571-6297 所中央区銀座8-7-22 MARUGENビル隣(旧ゴルフビル)B1
※百貨店で販売する肉まんは銀座本店の系列工場で製造しています

豆菓子各種
378円～

定番から洋菓子風と種類豊富。素材の味が生きる
豆源

豆源
まめげん ➡P.98
麻布十番
MAP 付録P.21 D-3
☎03-3583-0962
所港区麻布十番1-8-12

ボンボン ショコラ9個
3780円

こだわり抜いたショコラの定番詰め合わせ　※詰め合わせ内容は季節により異なる。パッケージは写真と異なる場合あり
ジャン=ポール・エヴァン

ジャン＝ポール・エヴァン
新宿 MAP 付録P.29 E-2
☎03-3352-1111(大代表)
所新宿区新宿3-14-1
伊勢丹新宿本店B1

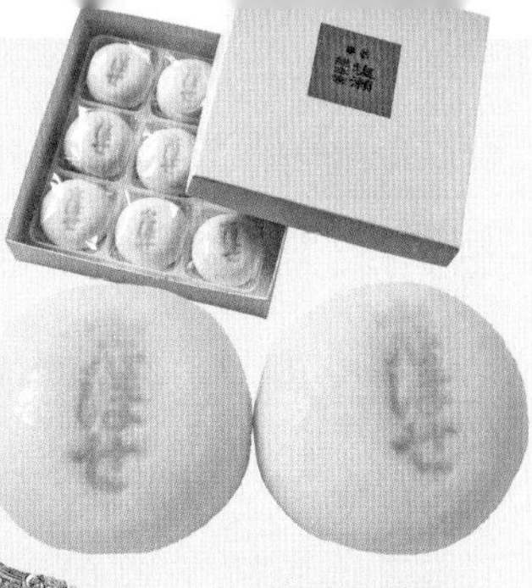

志ほせ饅頭
9個入り1296円

十勝産小豆で作った餡を秘伝の皮で包んだ伝統の味
塩瀬総本家

塩瀬総本家
しおせそうほんけ
築地 MAP 付録P.5 E-1
☎03-6264-2550
所中央区明石町7-14

パリートウキョウ 12個
4320円

素材の持ち味を存分に引き出し、風味豊かに焼き上げたマドレーヌやフィナンシェなど、焼菓子4種各3個の詰め合わせ
ジャン=ポール・エヴァン

リーフパイ
8枚入り1512円

パイ生地を256層まで折りたたんで木の葉形に。サックリとした食感が特徴
銀座ウエスト

銀座ウエスト本店
ぎんざウエストほんてん
銀座 MAP 付録P.16 B-3
☎03-3571-1554
所中央区銀座7-3-6

芋きん
6個入り 908円

良質のサツマイモを使ったきんつば。素材の甘みを生かした上品な味わい
浅草満願堂

浅草満願堂
あさくさまんがんどう
浅草 MAP 付録P.10 C-3
☎03-5828-0548
所台東区浅草1-21-5

牛肉すきやき
1080円

ご飯やお酒のおともに最適な牛肉の佃煮。秘伝の割り下が味の決め手
浅草今半

浅草今半 国際通り本店
あさくさいまはん こくさいどおりほんてん
浅草 MAP 付録P.10 B-2
☎03-3841-1114
所台東区西浅草3-1-12

デパ地下の売り場早見表	大丸東京店	日本橋三越	日本橋髙島屋	三越銀座店	松屋銀座店	伊勢丹新宿本店	新宿髙島屋	新宿小田急	京王新宿店	西武渋谷	池袋東武	池袋西武	松屋浅草店	上野松坂屋
浅草今半	○	○	○	○	○	○	○	○	○		○	○	○	○
浅草満願堂	○													
維新號		○	○	○		○		○				○	○	
銀座ウエスト	○	○	○	○		○	○		○		○			○
塩瀬総本家	○	○	○		○									
資生堂パーラー		○	○		○	○			○		○			○
ジャン＝ポール・エヴァン		○		○		○								
千疋屋総本店			○	○	○	○	○					○		
PIERRE HERMÉ PARIS	○	○			○	○						○		
豆源	○		○		○	○					○			

東京旅最後のお楽しみは車内で!

東京駅で買えるお弁当

東京駅改札内外では味自慢の有名店がお弁当を販売。最後の食事は車内で堪能したい。おみやげにしても喜ばれる。

東京ちらし 1580円

五反田の老舗味噌店による味噌昆布、伊豆大島のべっこう醤油など、東京の逸品が集まったちらし寿司。金～日曜、祝日限定。グランスタ丸の内でも販売

●サカナバッカ／グランスタ東京

絶品！塚だまタルタル若鶏のチキン南蛮弁当 950円

やわらかな若鶏のチキン南蛮に、塚田農場のこだわり卵「塚だま」で作るタルタルソースをたっぷりかけて味わう

●塚田農場 OBENTO＆DELI／グランスタ東京

からっ鳥弁当 1280円

親子丼で有名な人形町「玉ひで」監修の店。もも肉とむね肉のさっぱり塩味、にんにく醤油も入っている

●たまひで からっ鳥／大丸東京店

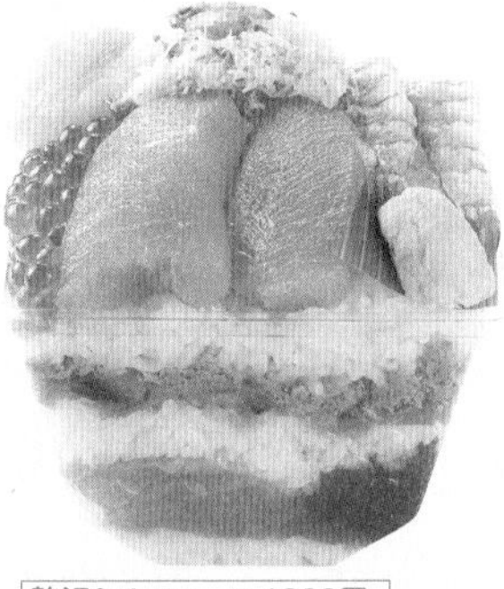

贅沢ミルフィーユ 1980円

東京駅の名物弁当、海鮮贅沢丼。海の幸が何層にも重ねられ、見た目も美しい

●創作鮨処 タキモト／大丸東京店

江戸前天丼弁当 1500円

こだわりのゴマ油で揚げた天ぷらと、秘伝のタレにご飯もすすむ。穴子をまるごと1本使用している豪快なひと品

●日本橋 天丼 天むす 金子半之助／グランスタ東京

鰻弁当(中) 3996円

国産のウナギを毎朝店内厨房で調理し、「秘伝のたれ」で焼き上げた蒲焼はふっくらとしておいしい

●日本橋 伊勢定／大丸東京店

洋食やのまかないライス 980円

洋食屋の名店「たいめいけん」のお弁当。オムライスは店頭で焼き上げるのでできたてが味わえる

●洋食や 三代目たいめいけん／大丸東京店

カルビ弁当 3400円

白いご飯の上に絶品カルビがたっぷり。一流焼き肉店の味をお持ち帰り

●叙々苑／大丸東京店

問い合わせ先

グランスタ東京 MAP 付録P.14 C-2 ➡P.76
☎050-3354-0710
大丸東京店 MAP 付録P.15 D-2 ➡P.75
☎03-3212-8011

TRANSPORTATION

再開発で
新しい駅や
ルートが登場

アクセスと都内交通

全国各地から多様な交通機関が
集結する東京。都内はJRをはじめ、
地下鉄や私鉄などが充実しており、
目的や予算に合わせて移動ルートを
選択できるのも強みだ。

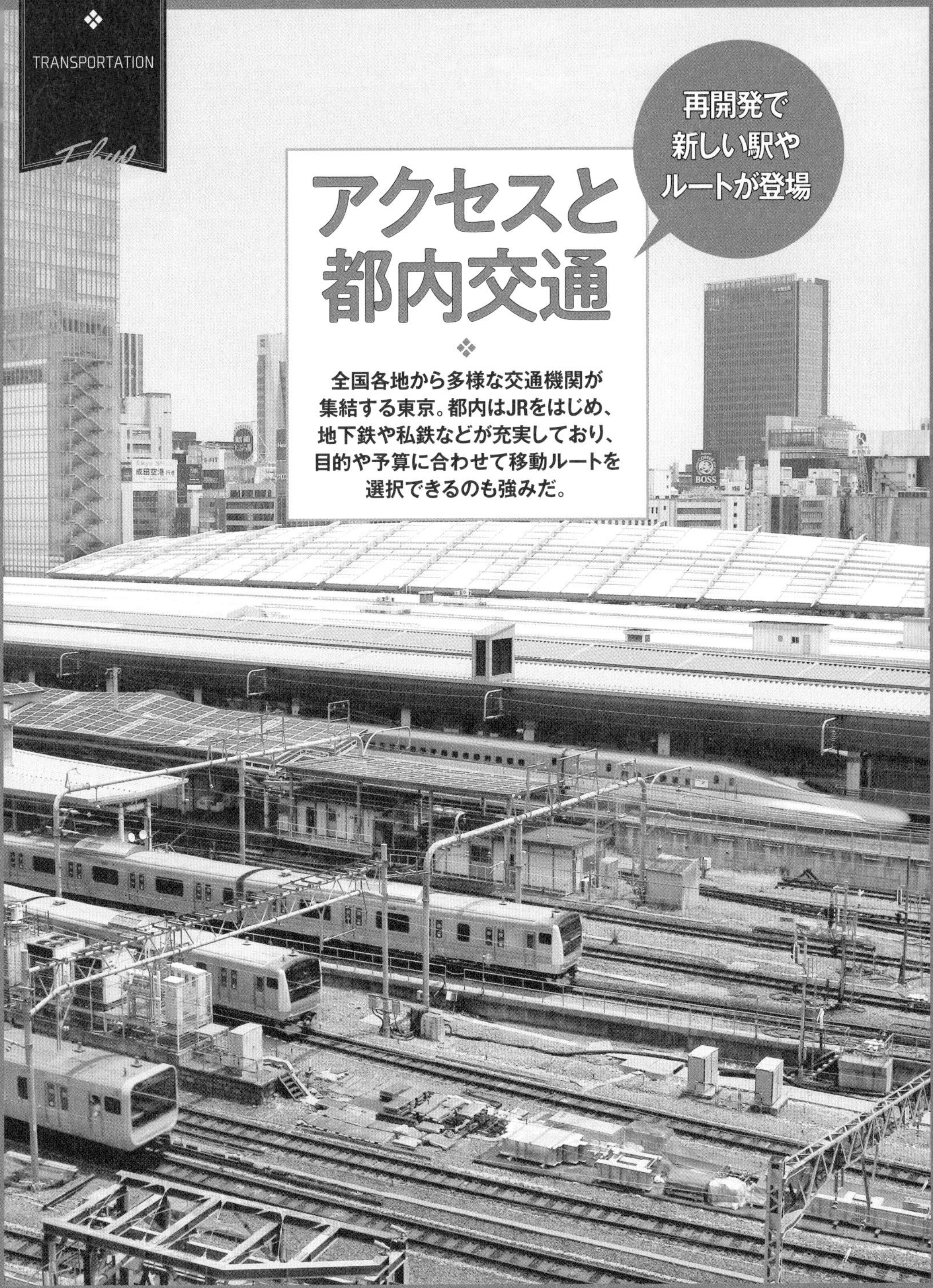

全国各地から路線も本数もたくさん。予算と好みで選ぼう

東京へのアクセス

飛行機は羽田空港や成田国際空港へ向かう。空港から都心へ向かう鉄道やバスも充実している。新幹線は東京駅のほか品川駅や上野駅にも停車する。バスは東京駅や新宿駅での発着が多い。

飛行機でのアクセス

全国各地から直行便が乗り入れる

北海道、沖縄をはじめとした遠隔地や、鉄道の便が悪い場所から出発する場合は飛行機で。ANAやJALのほか、成田国際空港には格安航空会社も発着している。

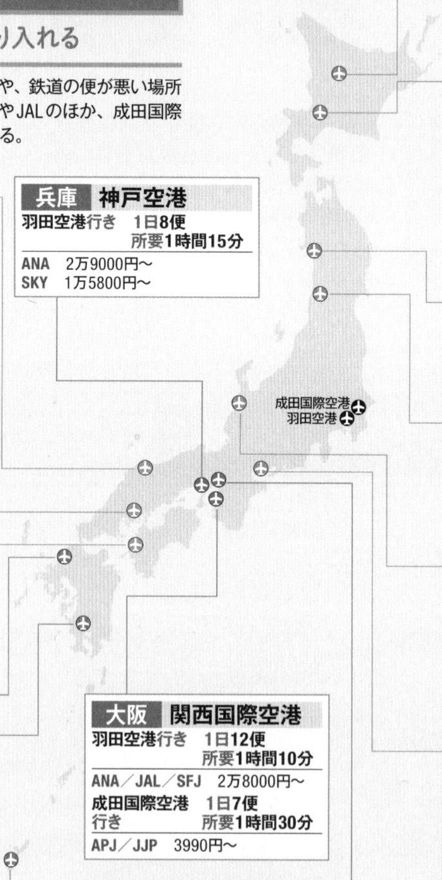

鳥取 米子空港
羽田空港行き 1日6便 所要1時間30分
ANA 3万4900円～

兵庫 神戸空港
羽田空港行き 1日8便 所要1時間15分
ANA 2万9000円～
SKY 1万5800円～

広島 広島空港
羽田空港行き 1日16便 所要1時間20分
ANA／JAL 3万8600円～
成田国際空港行き 1日2便 所要1時間35分
SJO 3980円～

愛媛 松山空港
羽田空港行き 1日12便 所要1時間25分
ANA／JAL 4万700円～
成田国際空港行き 1日2～3便 所要1時間35分
JJP 4990円～

福岡 福岡空港
羽田空港行き 1日57便 所要1時間40分
ANA／JAL／SFJ 4万6400円～
SKY 2万7000円～
成田国際空港行き 1日11～15便 所要1時間55分
APJ／JJP 5590円～

大阪 関西国際空港
羽田空港行き 1日12便 所要1時間10分
ANA／JAL／SFJ 2万8000円～
成田国際空港行き 1日7便 所要1時間30分
APJ／JJP 3990円～

鹿児島 鹿児島空港
羽田空港行き 1日22便 所要1時間40分
ANA／JAL／SNA 4万6500円～
SKY 2万8200円～
成田国際空港行き 1日1便 所要1時間50分
JJP 5590円～

沖縄 那覇空港
羽田空港行き 1日35便 所要2時間30分
ANA／JAL／SNA 4万8800円～
SKY 2万9500円～
成田国際空港行き 1日5～6便 所要2時間45分
APJ／JJP 6390円～

北海道 旭川空港
羽田空港行き 1日7便 所要1時間45分
ANA／JAL／ADO 3万7380円～

北海道 新千歳空港
羽田空港行き 1日53～54便 所要1時間40分
ANA／JAL／ADO 3万1080円～
SKY 2万6000円～
成田国際空港行き 1日13～21便 所要1時間45分
ANA 4万3100円～
JJP／APJ／SJO 4990円～

秋田 秋田空港
羽田空港行き 1日9便 所要1時間10分
ANA／JAL 3万1200円～

山形 庄内空港
羽田空港行き 1日5便 所要1時間5分
ANA 2万5400円～

石川 小松空港
羽田空港行き 1日10便 所要1時間10分
ANA／JAL 2万8100円～

愛知 中部国際空港
羽田空港行き 1日3便 所要1時間
ANA／JAL 2万3200円～
成田国際空港行き 1日3便 所要1時間10分
ANA／JAL 2万3200円～

大阪 大阪空港（伊丹）
羽田空港行き 1日30便 所要1時間10分
ANA／JAL 2万9000円～
成田国際空港行き 1日2便 所要1時間20分
ANA／JAL 2万9000円～

各空港からのアクセス

羽田空港
- 京浜空港線・快特 → 品川駅　約15分／330円
- 東京モノレール・空港快速 → 浜松町駅　約19分／500円
- 東京空港交通バス → 東京駅・新宿駅　約45～55分／1000～1400円

成田国際空港
- 京成成田スカイアクセス線・スカイライナー → 京成上野駅　約45分／2570円
- JR特急成田エクスプレス → 東京駅　約1時間／3070円
- エアポートバス東京・成田 → 東京駅　約1時間10～20分／1300円

問い合わせ先

ANA（全日空）☎0570-029-222
JAL（日本航空）☎0570-025-071
ジェットスター・ジャパン（JJP）☎0570-550-538
ピーチ（APJ）☎0570-001-292
IBEXエアラインズ（IBX）☎0570-057-489
スターフライヤー（SFJ）☎0570-07-3200
エア・ドゥ（ADO）☎011-707-1122
スカイマーク（SKY）☎0570-039-283
ソラシド エア（SNA）☎0570-037-283
スプリング・ジャパン（SJO）☎0570-666-118
成田国際空港インフォメーション ☎0476-34-8000
羽田空港ターミナルインフォメーション ☎03-5757-8111
東京空港交通（リムジンバス）☎03-3665-7220
JRバス関東高速バス案内センター（エアポートバス東京・成田）☎0570-048905

高速バスでのアクセス

交通費を安く抑えるには一番よい手段

運賃が割安。東京駅と新宿駅に向かう便が多いので、観光したいエリアに合わせて降車場所を決めよう。夜行バスも多く発着しているので、時間を有効に使いたい人におすすめ。

- 仙台駅 → ニュースター号ほか → バスタ新宿・東京駅　約5時間20分／3700円～
- 長野駅 → 京王高速バス／アルピコ交通 → バスタ新宿　約3時間40分／4200円～
- 静岡駅 → 駿府ライナーほか → バスタ新宿　約3時間20分／3000円～
- JR名古屋駅新幹線口 → スーパーライナーほか → バスタ新宿・東京駅　約5時間10分／5500円
- 大阪駅JR高速バスターミナル → グランドリーム号ほか → バスタ新宿・東京駅　約8時間30分／5000円～

問い合わせ先

JRバス東北 ☎022-256-6646
東北急行バス ☎022-262-7031
京王高速バス ☎03-5376-2222
JR東海バス ☎0570-048-939
名鉄バス ☎052-582-0489
JRバス関東 ☎0570-048905
西日本JRバス ☎0570-00-2424
近鉄バス ☎0570-00-1631
中国JRバス ☎0570-666-012
九州高速バス ☎0120-489-939

新幹線・鉄道でのアクセス

まずは観光の拠点・東京駅へ向かう

新たに開業した新幹線のおかげで、より短時間でアクセスできる地域も増えた。出発地によって割引サービスやお得なきっぷもあるので、滞在日数や目的に合わせて利用したい。

東北方面から
- 新青森駅 → 新幹線はやぶさ → 東京駅　約3時間30分／1万7670円
- 仙台駅 → 新幹線はやぶさ → 東京駅　約1時間35分／1万1410円

関東方面から
- 宇都宮駅 → 新幹線やまびこ → 東京駅　約50分／5020円
- 横浜駅 → JR東海道本線 → 東京駅　約30分／490円

中部方面から
- 新潟駅 → 新幹線とき → 東京駅　約2時間10分／1万760円
- 松本駅 → 特急あずさ → 新宿駅 → JR中央線快速 → 東京駅　約3時間／6620円
- 長野駅 → 新幹線かがやき → 東京駅　約1時間30分／8340円
- 金沢駅 → 新幹線かがやき → 東京駅　約2時間40分／1万4380円
- 静岡駅 → 新幹線ひかり → 東京駅　約1時間／6470円
- 名古屋駅 → 新幹線のぞみ → 東京駅　約1時間40分／1万1300円

関西方面から
- 新大阪駅 → 新幹線のぞみ → 東京駅　約2時間30分／1万4720円
- 奈良駅 → JR奈良線 → 京都駅 → 新幹線のぞみ → 東京駅　約3時間30分／1万4720円

四国・中国・九州方面から
- 高松駅 → JRマリンライナー → 岡山駅 → 新幹線のぞみ → 東京駅　約4時間30分／1万8750円
- 広島駅 → 新幹線のぞみ → 東京駅　約4時間／1万9760円
- 博多駅 → 新幹線のぞみ → 東京駅　約5時間／2万3810円

問い合わせ先

JR東日本お問い合わせセンター☎050-2016-1600（6:00～24:00）
JR西日本お客様センター☎0570-00-2486（6:00～23:00）
JR東海テレフォンセンター☎050-3772-3910（6:00～24:00）
JR四国電話案内センター☎0570-00-4592（8:00～19:00）
JR九州案内センター☎0570-04-1717（9:00～17:30）

※情報は2024年1月のものです。飛行機は通常期の正規料金、鉄道は通常期に指定席を利用した場合の料金です。

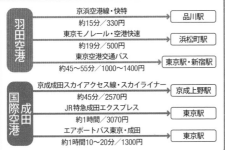

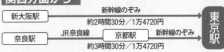

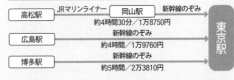

複雑に入り組む交通手段を乗りこなすのも、旅の楽しみ方のひとつ

東京都内の交通

多くの人が利用する東京の交通は本数が多く、鉄道やバスは待ち時間を気にしなくても大丈夫。行き方は多岐にわたるので、出かける前にチェックしておきたい。フリーパスを活用するのもおすすめ。

鉄道

JR山手線、中央線をベースに利用したい

JR

東京、上野、池袋、新宿、渋谷、品川などを結び、約1時間で一周する山手線と、東京—新宿間を約15分で結ぶ中央線が移動の中心。目的のエリアの駅に向かい、地下鉄や私鉄に乗り換えるのが無難。多くの駅では複数の路線に乗り換えられるので、乗り場を間違えないよう、駅の案内板などで確認したい。

山手線

中央線

地下鉄

東京メトロと都営地下鉄が網の目のように張りめぐらされ、複数の地下鉄路線が停車する駅も多い。路線ごとにシンボルカラーが定められているので、マークを目印にするとわかりやすい。また駅名が異なっていても、徒歩数分で移動できる駅もあれば、同じ駅名でも乗り場が離れている駅もある。

銀座線

私鉄

お台場を走るゆりかもめやりんかい線、羽田空港や成田国際空港から都心へ向かう路線など、山手線の外側を走る路線がほとんど。渋谷、新宿、品川などから地下鉄に直通運行しているものもある。

ゆりかもめ

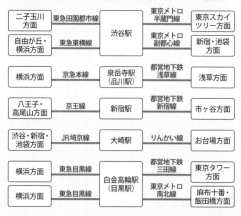

私鉄・地下鉄乗り入れ駅

東京では直通で異なる路線を走る鉄道もある。乗り場が複雑なターミナル駅で乗り換える必要がないのが便利。

二子玉川方面	東急田園都市線	渋谷駅	東京メトロ半蔵門線	東京スカイツリー方面
自由が丘・横浜方面	東急東横線	渋谷駅	東京メトロ副都心線	新宿・池袋方面
横浜方面	京急本線	泉岳寺駅（品川駅）	都営地下鉄浅草線	浅草方面
八王子・高尾山方面	京王線	新宿駅	都営地下鉄新宿線	市ヶ谷方面
渋谷・新宿・池袋方面	JR埼京線	大崎駅	りんかい線	お台場方面
横浜方面	東急目黒線	白金高輪駅（目黒駅）	都営地下鉄三田線	東京タワー方面
横浜方面	東急目黒線	白金高輪駅（目黒駅）	東京メトロ南北線	麻布十番・飯田橋方面

問い合わせ先

JR東日本お問い合わせセンター ☎050-2016-1600
東京メトロお客様センター ☎0570-200-222
都営交通お客様センター ☎03-3816-5700
ゆりかもめお客様センター ☎03-3529-7221
東京臨海高速鉄道 ☎03-3527-7134
東京モノレールお客さまセンター ☎050-2016-1640
京急ご案内センター ☎03-5789-8686
京成お客様ダイヤル ☎0570-081-160
北総鉄道カスタマーセンター ☎0570-00-7000
西武鉄道お客さまセンター ☎04-2996-2888
東武鉄道お客さまセンター ☎03-5962-0102
小田急お客さまセンター ☎044-299-8200
京王お客さまセンター ☎042-357-6161
東急お客さまセンター ☎03-3477-0109

東京観光に便利なフリー乗車券

①東京フリーきっぷ
価格:1600円　**有効期限**:1日
乗り放題範囲:東京都区内のJR線、東京メトロ、都営地下鉄、日暮里・舎人ライナー、都電荒川線、都営バス
発売場所:JR、東京メトロ、都営地下鉄、日暮里・舎人ライナーの各駅など

②東京メトロ・都営地下鉄共通一日乗車券
価格:900円　**有効期限**:1日
乗り放題範囲:東京メトロ・都営地下鉄の全線
発売場所:東京メトロ・都営地下鉄の各駅の券売機

③東京メトロ24時間券
価格:600円　**有効期限**:24時間
乗り放題範囲:東京メトロ全線　**発売場所**:東京メトロ各駅の券売機、定期券売り場(一部除く)

④都営まるごときっぷ
価格:700円　**有効期限**:1日　**乗り放題範囲**:都営地下鉄、都営バス、都電荒川線、日暮里・舎人ライナー
発売場所:都営地下鉄各駅の券売機、都営バス・都電の車内、日暮里・舎人ライナー各駅の券売機

⑤都区内パス
価格:760円　**有効期限**:1日
乗り放題範囲:23区内のJR線の普通列車(自由席)
発売場所:東京都区内のJRの券売機

⑥ゆりかもめ一日乗車券
価格:820円　**有効期限**:1日
乗り放題範囲:ゆりかもめ全線
発売場所:ゆりかもめの各駅の券売機

※①〜④は乗車券を提示すると、施設の入場料割引や特典などが受けられる「ちかとく」を実施している。詳しくはchikatoku.enjoytokyo.jp/まで

徒歩で乗り換えられる駅

駅名は異なっても、通路でつながっていたり、歩いて数分で移動できる駅が多いのも交通網が複雑に入り組む東京ならでは。

原宿 JR山手線	←徒歩すぐ→	明治神宮前〈原宿〉 東京メトロ千代田線・副都心線
新橋 JR山手線、東京メトロ銀座線、都営地下鉄浅草線ほか	←徒歩5分→	汐留 都営地下鉄大江戸線、ゆりかもめ
東京 JR山手線、東京メトロ丸ノ内線ほか	←徒歩5分→	大手町 東京メトロ半蔵門線・東西線、都営地下鉄三田線ほか
有楽町 JR山手線・京浜東北線、東京メトロ有楽町線	←徒歩3分→	日比谷 東京メトロ日比谷線・千代田線、都営地下鉄三田線

バス

鉄道と上手に組み合わせてスムーズに移動

●路線バス

運賃は210〜220円で多くのバスは前乗り前払い。東京フリーきっぷなど都営バスが1日乗り放題のきっぷもある。

●コミュニティバス・無料循環バス

自治体が運営していたり、特定のエリア向けに運営しているバスも充実。低料金で気軽に利用できるのが魅力。

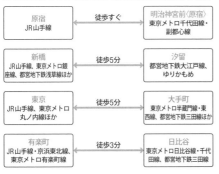

ハチ公バス
恵比寿・代官山ルートや原宿・表参道ルートなどがある。料金は100円。
東急バス淡島営業所
☎03-3413-7711

丸の内シャトル
大手町や丸の内、有楽町など東京の中心を約15分間隔で走る無料巡回バス。
日の丸自動車興業株式会社
東京営業所　☎03-6903-3334

新宿WEバス
新宿周辺の観光スポット、商業施設、ホテルなどを巡回する。料金は100円、1日乗車券は300円。
京王バス株式会社
中野営業所　☎03-3382-1511

メトロリンク日本橋
東京駅八重洲口と日本橋を結び、無料で利用できる。10〜20時まで、約10分間隔で運行している。
日の丸自動車興業株式会社
東京営業所　☎03-6903-3334

めぐりん
上野、浅草を中心とした台東区内の5路線で運行。料金は100円で、1回限り無料で乗り継ぎも。
台東区都市づくり部
交通対策課　☎03-5246-1361

ちぃばす
六本木、麻布十番、東京タワーなど港区内を循環するバス。料金は100円。
フジエクスプレスちぃばす
お客様窓口　☎03-3455-2213

メトロリンク日本橋Eライン
東京駅八重洲口から日本橋兜町エリアまでを結ぶ。8〜18時(土・日曜、祝日10〜20時)運行、無料。
日の丸自動車興業株式会社
東京営業所　☎03-6903-3334

タクシー

数人で利用するなら、便利でお得な場合も

初乗り500円。グループでの利用なら、バスや鉄道よりも割安になることも。渋滞時は最短の迂回ルートで目的地まで案内。料金目安は東京駅から東京スカイツリー®まで約2900円。
大和自動車交通 ☎03-3563-5151

水上バス

大都市・東京を川から眺める

お台場などのベイエリアと浅草の下町エリア間を移動するなら、船を使うのもおすすめ。隅田川沿いの江戸情緒あふれる景色や東京スカイツリー®を一望できる。
東京水辺ライン ☎03-5608-8869

東京、海に関連した偉人をモチーフにした船の1号線「竜馬」

水の上から東京をのんびり眺める

隅田川&東京湾クルーズ

東京の乗り物は移動手段としてだけでなく、観光を楽しめるアトラクションにもなる。大都市の景観に新しい魅力が見えてきそう。

TOKYO CRUISE

トウキョウ クルーズ

浅草 MAP 付録P.11 D-3

個性的なデザインの船で水上散歩に出かける

浅草から隅田川を下ってお台場方面へ向かう観光船で、移動手段としても便利。テーマが異なるさまざまな船が運航しており、乗ること自体も楽しみだ。

☎なし
所台東区花川戸1-1-1
営休料コースにより異なる
交各線・浅草駅から徒歩1〜3分
Pなし

↑東京スカイツリー®を望みながら隅田川を下る「ホタルナ」

EMERALDAS 浅草お台場直通ライン

所要時間 55分　料金 1720円

浅草駅発着所から出発し、隅田川に架かる橋やレインボーブリッジをくぐる。ひと味違う東京の景色を眺めながら、お台場海浜公園へ移動できる。

HIMIKO 浅草豊洲直通ライン

所要時間 1時間15分　料金 2220円

浅草駅発着所から、ららぽーと豊洲の目の前にある豊洲水上バス乗り場へ向かう。地下鉄で移動するルートと時間に大差がなく、景色を眺めながらゆったり過ごせる。

こちらもおすすめ

お花見船 隅田川ルート

浅草、浜離宮、日の出桟橋を結び、隅田川沿いに咲く桜の花を眺めることができる。

所要時間 料金 WEBサイトで確認
開催時期 3月下旬〜4月上旬

スカイダック

押上 MAP 付録P.9 E-4

水陸両用の乗り物でアトラクション気分を満喫

東京スカイツリー®を起点にして、バスと船を兼ねたユニークな乗り物で東京の下町エリアを周遊する。人気のツアーなので、事前に予約をしておきたい。

☎03-3215-0008(スカイバスコールセンター)　所墨田区業平1-17-6(とうきょうスカイツリー駅前営業所)　営9:00〜18:00　休不定休　料3600円　交東武スカイツリーライン・とうきょうスカイツリー駅から徒歩3分　Pなし

とうきょうスカイツリーコース

所要時間 約1時間20分　料金 3600円

観光バスとして東京の下町や名所を車窓から眺めたあと、旧中川にバスごと入水し船の旅が楽しめる。

↑ガイドの案内とともに東京観光が楽しめる

↓ツアー最大の魅力は川へダイブする大迫力の瞬間

東京水辺ライン

とうきょうみずべライン

浅草 MAP 付録P.11 E-3

旅の目的に合わせて利用できる水上バス

両国リバーセンターを始発に隅田川、ベイエリアで運航している。周遊コースもあり、交通手段だけでなく、川や橋を巡るための観光船としての利用も可能だ。

☎03-5608-8869
所両国リバーセンター内
営コースにより異なる　休月・火曜
料コースにより異なる
交各線・両国駅から徒歩3〜7分

浅草・お台場クルーズ

所要時間 5分〜　料金 200円〜

浅草からお台場へ向かうコース。片道約1時間。同じコースで往復するので、旅の目的に合わせて利用しよう。

→水上から眺めるレインボーブリッジは迫力のある光景だ

↓2大タワーや橋のライトアップが見どころ

こちらもおすすめ

ナイトクルーズ

隅田川に架かる橋や東京湾の光輝く夜景を満喫できる。運航日・予約は公式HPで要確認。

所要時間 約1時間30分
料金 2400円(事前予約制)

主要観光地をぐるりと一周
東京観光バスツアー

短い滞在のなかで、より多くの名所に行きたいという人には、観光バスで巡るのがおすすめ。

国会議事堂
こっかいぎじどう
日比谷公園から霞ヶ関を通って国会議事堂へ。歴史的建造物は一度は見ておきたい

東京タワー
とうきょうタワー
おなじみの東京のシンボルタワー。晴れた日には青空と赤のコントラストが圧巻

はとバス
はとバス

東京観光を満喫できるコースが豊富に揃う

東京の主要スポットをガイドが案内してくれるので、初めて東京に来る人にも安心。プランも多様なので時間、目的に合ったものを選びたい。

☎03-3761-1100(はとバス予約センター) 所千代田区丸の内1-10-15(はとバス東京営業所) 営休料コースにより異なる 交各線・東京駅からすぐ Pなし

TOKYOパノラマドライブ
所要時間 約1時間　料金 2000〜2200円
出発時間 9:30〜16:00(時期により異なる)
発着場所 東京駅丸の内南口
2階建てオープンバスで運行。東京のダイナミックな景観を車窓から思う存分堪能できる。

レインボーブリッジ
バスは東京ベイエリアを走行。車窓から見えるお台場の景色は、気分爽快にしてくれる

➡黄色い車体が印象的

歌舞伎座
かぶきざ
豊洲、築地を通って銀座エリアの名所のひとつである歌舞伎座へ

スカイバス東京
スカイバスとうきょう

開放的なバスに乗って効率よく東京を巡る

皇居周辺、東京タワー、お台場を周遊するコースが揃う。途中下車のない車窓観光だが、自由に乗り降りできる「スカイホップバス」もある。

☎03-3215-0008(スカイバスコールセンター) 所千代田区丸の内2-5-2 三菱ビル1F(スカイバスチケットカウンター) 営休料コースにより異なる 交各線・東京駅から徒歩3分 Pなし

皇居・銀座・丸の内コース
所要時間 約50分　料金 1800円
出発時間 10:00から4便
発着場所 三菱ビル前
東京駅丸の内南口の近くにあるビルから出発して、皇居外周、官庁街、銀座を巡るコース。

国会議事堂
こっかいぎじどう
日本の政治の中枢が正面に見えてくる。記念撮影のスポットとしてもおすすめ

霞ヶ関
かすみがせき
重要文化財にも指定されている法務省旧本館。赤レンガ造りの重厚な建物だ

皇居周辺
こうきょしゅうへん
東京駅を出発したバスは皇居の周りを走る。車窓からは大手門や濠が見える

⬆屋根がない2階建てのオープンバス。どの席からも抜群の眺望だ

鍛冶橋交差点付近
かじばしこうさてんふきん
高架下の高さ制限をぎりぎりで通過する。屋根がないバスならではのスリルを体感

丸の内ビル街
まるのうちビルがい
オフィスビルや商業施設が並び立つ丸の内を通過し、東京駅に戻ってくる

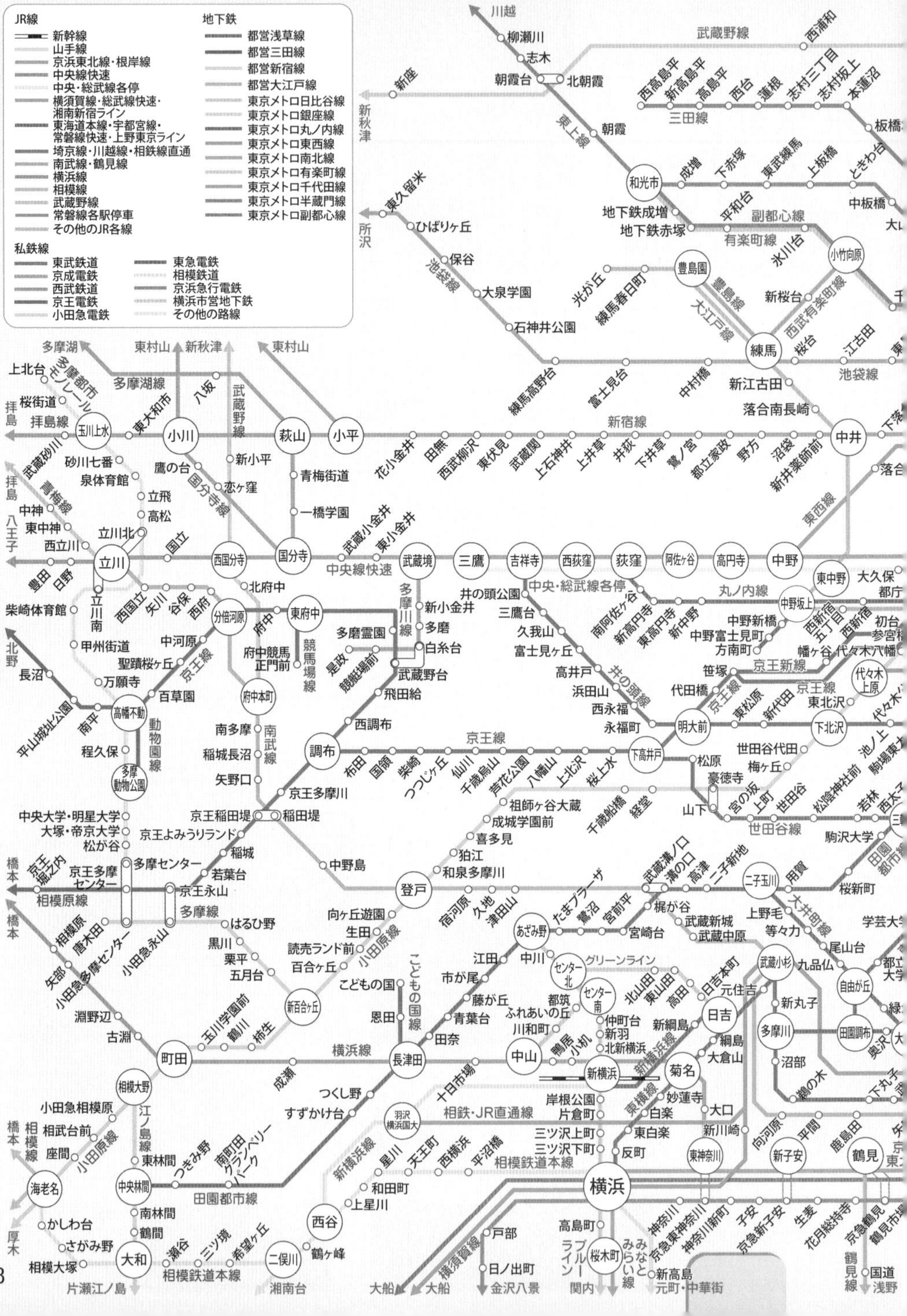
JR線
新幹線
山手線
京浜東北線・根岸線
中央線快速
中央・総武線各停
横須賀線・総武線快速・湘南新宿ライン
東海道本線・宇都宮線・常磐線快速・上野東京ライン
埼京線・川越線・相鉄線直通
南武線・鶴見線
横浜線
相模線
武蔵野線
常磐線各駅停車
その他のJR各線
地下鉄
都営浅草線
都営三田線
都営新宿線
都営大江戸線
東京メトロ日比谷線
東京メトロ銀座線
東京メトロ丸ノ内線
東京メトロ東西線
東京メトロ南北線
東京メトロ有楽町線
東京メトロ千代田線
東京メトロ半蔵門線
東京メトロ副都心線
私鉄線
東武鉄道
京成電鉄
西武鉄道
京王電鉄
小田急電鉄
東急電鉄
相模鉄道
京浜急行電鉄
横浜市営地下鉄
その他の路線
川越
柳瀬川
志木
朝霞台
北朝霞
東上線
朝霞
和光市
新座
新秋津
武蔵野線
西浦和
西高島平
新高島平
高島平
西台
蓮根
志村三丁目
志村坂上
本蓮沼
三田線
板橋
成増
下赤塚
東武練馬
上板橋
ときわ台
中板橋
東久留米
所沢
ひばりヶ丘
保谷
池袋線
大泉学園
石神井公園
地下鉄成増
地下鉄赤塚
平和台
副都心線
有楽町線
氷川台
小竹向原
豊島園
光が丘
練馬春日町
豊島線
大江戸線
新桜台
西武有楽町線
練馬
桜台
江古田
池袋線
練馬高野台
富士見台
中村橋
新江古田
落合南長崎
多摩湖
東村山
新秋津
東村山
上北台
多摩都市モノレール
多摩湖線
八坂
武蔵野線
拝島
桜街道
玉川上水
拝島線
東大和市
小川
萩山
小平
新宿線
中井
花小金井
田無
西武柳沢
東伏見
武蔵関
上石神井
上井草
井荻
下井草
鷺ノ宮
都立家政
野方
沼袋
新井薬師前
下落合
落合
武蔵砂川
砂川七番
鷹の台
新小平
泉体育館
国分寺線
恋ヶ窪
青梅街道
拝島
青梅線
立飛
中神
高松
一橋学園
東西線
東中神
八王子
立川北
西立川
国立
武蔵小金井
東小金井
立川
西国分寺
国分寺
武蔵境
三鷹
吉祥寺
西荻窪
荻窪
阿佐ケ谷
高円寺
中野
豊田
日野
中央線快速
北府中
多摩川線
井の頭公園
中央・総武線各停
東中野
大久保
立川南
新小金井
丸ノ内線
都庁
柴崎体育館
西国立
矢川
谷保
西府
分倍河原
府中
東府中
多磨
三鷹台
南阿佐ケ谷
新高円寺
東高円寺
新中野
中野坂上
西新宿五丁目
西新宿
初台
甲州街道
中河原
多磨霊園
白糸台
久我山
中野新橋
中野富士見町
参宮橋
北野
京王線
府中競馬正門前
競馬場線
是政
競艇場前
武蔵野台
富士見ヶ丘
方南町
幡ヶ谷
代々木八幡
長沼
聖蹟桜ヶ丘
高井戸
笹塚
京王新線
万願寺
飛田給
浜田山
井の頭線
代田橋
代々木上原
平山城址公園
高幡不動
百草園
府中本町
西永福
京王線
東松原
新代田
東北沢
南平
動物園線
南多摩
南武線
西調布
永福町
明大前
下北沢
代々木
程久保
稲城長沼
調布
京王線
下高井戸
世田谷代田
池ノ上
多摩動物公園
矢野口
布田
国領
柴崎
つつじヶ丘
仙川
千歳烏山
芦花公園
八幡山
上北沢
桜上水
松原
梅ヶ丘
駒場東大
豪徳寺
京王多摩川
祖師ヶ谷大蔵
千歳船橋
経堂
宮の坂
上町
世田谷
松陰神社前
若林
西太子堂
三軒
中央大学・明星大学
京王稲田堤
稲田堤
成城学園前
山下
世田谷線
大塚・帝京大学
京王よみうりランド
喜多見
駒沢大学
松が谷
稲城
狛江
田園都市線
橋本
京王堀之内
京王多摩センター
多摩センター
若葉台
中野島
和泉多摩川
武蔵溝ノ口
溝の口
高津
二子新地
二子玉川
用賀
桜新町
京王永山
登戸
相模原線
宿河原
久地
津田山
たまプラーザ
鷺沼
宮前平
梶が谷
多摩線
はるひ野
向ヶ丘遊園
あざみ野
武蔵新城
上野毛
学芸大学
橋本
相模原
唐木田
小田急永山
生田
宮崎台
武蔵中原
等々力
黒川
小田原線
読売ランド前
江田
中川
グリーンライン
尾山台
矢部
小田急多摩センター
栗平
百合ヶ丘
センター北
北山田
東山田
日吉本町
武蔵小杉
九品仏
都立大学
五月台
こどもの国線
市が尾
元住吉
自由が丘
こどもの国
藤が丘
都筑ふれあいの丘
センター南
高田
新丸子
新百合ヶ丘
恩田
青葉台
仲町台
新羽
北新横浜
日吉
新綱島
綱島
多摩川
田園調布
緑が丘
淵野辺
玉川学園前
鶴川
柿生
田奈
川和町
大倉山
沼部
大岡山
奥沢
古淵
横浜線
鴨居
小机
新横浜線
東横線
町田
長津田
中山
菊名
鵜の木
下丸子
多摩川線
成瀬
十日市場
新横浜
相模大野
つくし野
妙蓮寺
岸根公園
片倉町
白楽
大口
小田急相模原
江ノ島線
すずかけ台
羽沢横浜国大
相鉄・JR直通線
東白楽
新川崎
向河原
平間
鹿島田
相武台前
東林間
南町田グランベリーパーク
三ツ沢上町
三ツ沢下町
反町
座間
小田原線
新横浜線
星川
天王町
西横浜
平沼橋
相模鉄道本線
東神奈川
新子安
鶴見
相模線
中央林間
つきみ野
和田町
横浜
海老名
田園都市線
上星川
京急東神奈川
神奈川
神奈川新町
子安
京急新子安
生麦
花月総持寺
京急鶴見
鶴見市場
かしわ台
南林間
西谷
高島町
戸部
厚木
さがみ野
鶴間
瀬谷
三ツ境
希望ヶ丘
二俣川
鶴ヶ峰
横須賀線
ブルーライン
桜木町
みなとみらい線
新高島
鶴見線
国道
相模大塚
大和
相模鉄道本線
日ノ出町
元町・中華街
浅野
片瀬江ノ島
湘南台
大船
大船
金沢八景
関内

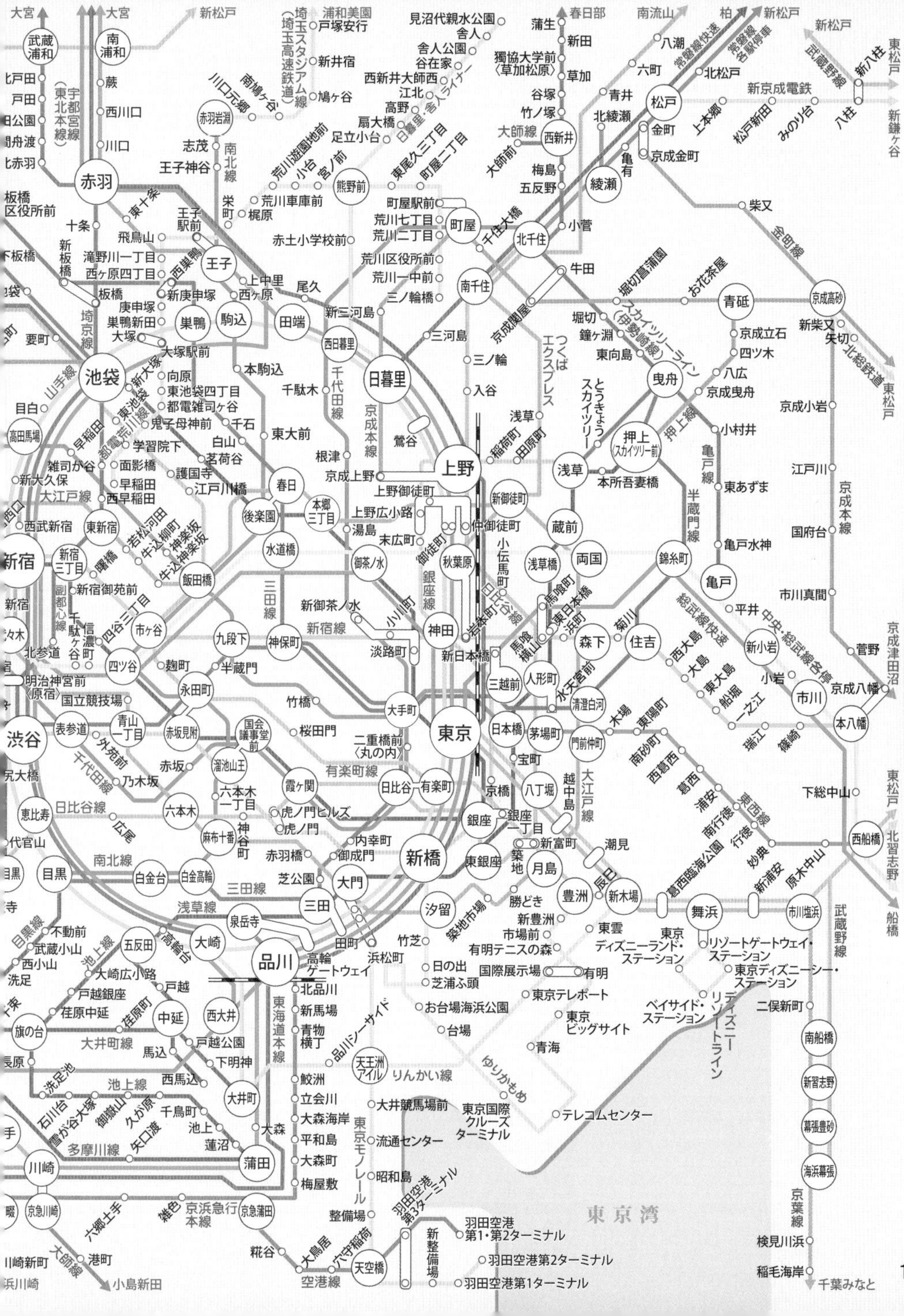

大宮
大宮
新松戸
武蔵浦和
南浦和
埼玉高速鉄道線（埼玉スタジアム線）
浦和美園
戸塚安行
新井宿
鳩ヶ谷
南鳩ヶ谷
川口元郷
赤羽岩淵
見沼代親水公園
舎人
舎人公園
谷在家
西新井大師西
江北
高野
扇大橋
足立小台
日暮里・舎人ライナー
蒲生
新田
獨協大学前〈草加松原〉
草加
谷塚
竹ノ塚
西新井
大師線
大師前
梅島
五反野
小菅
春日部
南流山
柏
新松戸
常磐線快速
常磐線各駅停車
八潮
六町
北松戸
青井
北綾瀬
松戸
金町
京成金町
亀有
綾瀬
新松戸
武蔵野線
新八柱
東松戸
八柱
新京成電鉄
上本郷
松戸新田
みのり台
新鎌ヶ谷
北戸田
戸田
戸田公園
浮間舟渡
北赤羽
東北本線（宇都宮線）
蕨
西川口
川口
赤羽
志茂
王子神谷
南北線
荒川遊園地前
小台
宮ノ前
熊野前
東尾久三丁目
町屋二丁目
町屋駅前
荒川七丁目
荒川二丁目
町屋
千住大橋
北千住
南千住
牛田
柴又
金町線
板橋区役所前
十条
東十条
栄町
荒川車庫前
梶原
王子駅前
飛鳥山
滝野川一丁目
西ヶ原四丁目
下板橋
新板橋
板橋
埼京線
王子
西巣鴨
新庚申塚
庚申塚
巣鴨新田
大塚
上中里
西ヶ原
尾久
赤土小学校前
荒川区役所前
荒川一中前
三ノ輪橋
新三河島
三河島
三ノ輪
入谷
京成関屋
つくばエクスプレス
堀切菖蒲園
お花茶屋
青砥
京成高砂
堀切
鐘ヶ淵
東向島
スカイツリーライン（伊勢崎線）
京成立石
四ツ木
八広
京成曳舟
曳舟
新柴又
矢切
北総鉄道
東松戸
京成小岩
池袋
要町
巣鴨
駒込
田端
大塚駅前
本駒込
向原
東池袋四丁目
都電雑司ヶ谷
鬼子母神前
千石
白山
東大前
西日暮里
日暮里
千代田線
京成本線
千駄木
根津
鶯谷
京成上野
上野
稲荷町
田原町
浅草
とうきょうスカイツリー
押上〈スカイツリー前〉
小村井
山手線
新大塚
東池袋
都電荒川線
学習院下
面影橋
早稲田
茗荷谷
護国寺
江戸川橋
目白
高田馬場
早稲田
雑司が谷
新大久保
西早稲田
大江戸線
押上線
亀戸線
本所吾妻橋
東あずま
江戸川
京成本線
国府台
春日
後楽園
本郷三丁目
上野御徒町
上野広小路
湯島
末広町
仲御徒町
新御徒町
蔵前
半蔵門線
亀戸水神
西武新宿
東新宿
若松河田
牛込柳町
牛込神楽坂
新宿
新宿三丁目
曙橋
飯田橋
水道橋
三田線
御茶ノ水
御徒町
秋葉原
小伝馬町
日比谷線
浅草橋
両国
錦糸町
亀戸
市川真間
新宿
副都心線
新宿御苑前
四谷三丁目
千駄ヶ谷
信濃町
市ヶ谷
九段下
神保町
新宿線
新御茶ノ水
小川町
淡路町
神田
岩本町
馬喰町
東日本橋
浜町
馬喰横山
森下
菊川
住吉
総武線快速
平井
中央・総武線各停
新小岩
京成津田沼
北参道
四ツ谷
麹町
半蔵門
永田町
竹橋
大手町
新日本橋
三越前
人形町
水天宮前
清澄白河
西大島
大島
東大島
船堀
一之江
小岩
市川
菅野
京成八幡
本八幡
明治神宮前〈原宿〉
国立競技場
青山一丁目
赤坂見附
国会議事堂前
桜田門
二重橋前〈丸の内〉
東京
日本橋
茅場町
門前仲町
木場
東陽町
瑞江
篠崎
渋谷
表参道
外苑前
千代田線
乃木坂
赤坂
溜池山王
有楽町線
霞ケ関
日比谷
有楽町
京橋
宝町
八丁堀
越中島
大江戸線
南砂町
西葛西
葛西
浦安
南行徳
行徳
東西線
妙典
下総中山
東松戸
恵比寿
日比谷線
広尾
六本木
六本木一丁目
神谷町
虎ノ門ヒルズ
虎ノ門
内幸町
銀座
銀座一丁目
新富町
潮見
北習志野
西船橋
代官山
南北線
麻布十番
赤羽橋
御成門
新橋
東銀座
築地
月島
辰巳
新木場
葛西臨海公園
舞浜
新浦安
市川塩浜
原木中山
船橋
中目黒
目黒
白金台
白金高輪
三田線
芝公園
大門
豊洲
勝どき
武蔵野線
祐天寺
浅草線
三田
泉岳寺
汐留
築地市場
新豊洲
東雲
東京ディズニーランド・ステーション
リゾートゲートウェイ・ステーション
東京ディズニーシー・ステーション
目黒線
不動前
武蔵小山
西小山
洗足
池上線
五反田
高輪台
大崎
品川
高輪ゲートウェイ
田町
浜松町
竹芝
市場前
有明テニスの森
日の出
国際展示場
有明
芝浦ふ頭
大崎広小路
戸越
戸越銀座
荏原中延
荏原町
中延
西大井
北品川
新馬場
青物横丁
東海道本線
品川シーサイド
お台場海浜公園
東京テレポート
台場
東京ビッグサイト
ベイサイド・ステーション
ディズニーリゾートライン
二俣新町
南船橋
旗の台
大井町線
戸越公園
馬込
下明神
西馬込
大井町
天王洲アイル
りんかい線
青海
ゆりかもめ
新習志野
長原
洗足池
池上線
石川台
雪が谷大塚
御嶽山
久が原
千鳥町
池上
矢口渡
蓮沼
多摩川線
鮫洲
立会川
大森海岸
平和島
大森町
梅屋敷
大森
大井競馬場前
流通センター
昭和島
東京モノレール
東京国際クルーズターミナル
テレコムセンター
幕張豊砂
海浜幕張
蒲田
川崎
京急川崎
六郷土手
雑色
京浜急行本線
京急蒲田
整備場
羽田空港第3ターミナル
新整備場
羽田空港第1・第2ターミナル
羽田空港第2ターミナル
羽田空港第1ターミナル
東京湾
京葉線
検見川浜
稲毛海岸
千葉みなと
糀谷
大鳥居
穴守稲荷
天空橋
空港線
大師線
港町
川崎新町
浜川崎
小島新田

鉄道路線図

INDEX

歩く・観る

食べる

買う

泊まる

STAFF

編集制作 Editors
(株)K&Bパブリッシャーズ

取材・執筆・撮影 Writers & Photographers
高橋靖乃　宮里夢子　白川由紀　佐藤麻由子
村山博則　瀧渡尚樹　安田真樹　雪岡直樹

執筆協力 Writers
内野究　重松久美子　上山奈津子　西連寺くらら
伊藤麻衣子　遠藤優子　古賀由美子

編集協力 Editors
(株)ジェオ

本文・表紙デザイン Cover & Editorial Design
(株)K&Bパブリッシャーズ

表紙写真 Cover Photo
PIXTA

地図制作 Maps
トラベラ・ドットネット(株)
DIG.Factory

写真協力 Photographs
関係各市町村観光課・観光協会
関係諸施設
PIXTA

総合プロデューサー Total Producer
河村季里

TAC出版担当 Producer
君塚太

TAC出版海外版権担当 Copyright Export
野崎博和

エグゼクティヴ・プロデューサー
Executive Producer
猪野樹

おとな旅（たび）プレミアム
東京（とうきょう）　第4版

2024年4月6日　初版　第1刷発行

著　　者　TAC出版編集部（しゅっぱんへんしゅうぶ）
発行者　多　田　敏　男
発行所　TAC株式会社　出版事業部
　　　　（TAC出版）

〒101-8383 東京都千代田区神田三崎町3-2-18
電話　03(5276)9492(営業)
FAX　03(5276)9674
https://shuppan.tac-school.co.jp

印　　刷　株式会社　光邦
製　　本　東京美術紙工協業組合

ISBN978-4-300-10967-0
N.D.C.291

本書に掲載した地図の作成に当たっては，国土地理院発行の数値地図（国土基本情報）電子国土基本図（地図情報），数値地図（国土基本情報）電子国土基本図（地名情報）及び数値地図（国土基本情報20万）を調整しました。